国家治理研究书系

基本公共服务均等化

知识图谱与研究热点述评

姜晓萍　田　昭等／著

中国人民大学出版社
·北京·

序　言

基本公共服务是保障公民基本人道生活的基线，享有基本公共服务是公民的权利，供给基本公共服务是政府的责任。改革开放38年，我国经济社会发展取得了举世瞩目的成就，但还有一个大的问题没有得到很好解决，就是区域之间、城乡之间、阶层之间享有的基本公共服务存在较大差距，由此加剧了贫富分化，导致社会建设严重滞后，社会公平问题凸显。

实现基本公共服务均等化旨在构建全体公民享有起点公平与机会公平的基本公共服务体制和机制，保障他们平等参与现代化进程，在共建共享发展中有更多获得感、安全感、幸福感。因为基本公共服务的供给不仅能为弱势人群提供生存和发展的基础性保障，有助于减少绝对贫困，形成有效的社会安全网，也有助于缩小居民在初次分配中可能存在的不平等，防止收入差距的进一步扩大，避免贫困和不平等的代际传递，有效回应“公平正义”的社会价值诉求。

随着《国家基本公共服务体系“十二五”规划》的颁布，基本公共服务均等化的研究成为经济学、政治学、公共管理学、社会学等领域的研究热点，产生了很多高质量的研究成果。本书立足该专题的“元研究”，主要采用CNKI和CSSCI作为研究的数据来源，以知识图谱作为呈现工具，对我国基本公共服务均等化研究动态做“全景式”扫描和多样化分析。期望通过对基本公共服务均等化研究的研究，梳理出我国学界对该问题研究的基本脉动，发现关键问题、发展趋势等，以便为后来研究者提供基础信息与资料集成，同时也为各级政府决策提供参考资料。

本书作为国家社科基金重大招标项目“城乡基本公共服务均等化的实现机制与监测体系研究”的阶段性成果，是集体智慧的结晶。姜晓萍教授负责了全书的理念与总体设计，并参与具体章节的撰写。郭金云、田昭、苏楠、李珂、陈朝兵、张璇、代佳欣、谢星全、张鹏、张超、刘晓燕、韩永君、吕金晶、刘太敏等负责了部分章节的撰写。感谢大家的共同努力！感谢中国人民大学出版社的支持！

目　录

第一篇　基本公共服务均等化专题研究述评

第二篇 基本公共服务均等化分类研究述评

第一篇
基本公共服务均等化专题研究述评

第一章
基本公共服务均等化研究述评*

姜晓萍　吴　菁　苏　楠**

促进基本公共服务均等化是目前切实改善民生，化解社会矛盾，促进社会公平的现实着力点，也是近年来理论研究的热点。这些研究主要围绕基本公共服务均等化的概念、内涵与本质属性，基本公共服务均等化的范围与实现机制，我国基本公共服务均等化的现状及问题，基本公共服务均等化的质量与绩效评估等方面开展，初步形成了我国基本公共服务均等化是什么、怎么办、怎么样的专题研究体系。

一、数据来源与研究方法

文献选取自中国学术期刊网络出版总库（CNKI），以基本公共服务均等化为检索主题词，文献来源类别：核心期刊，文献来源年限：2001—2015年，检索条件：精确，检索到相关文献1 534篇，经过比对筛选后获取精确文献1 151篇，操作时间为2015年11月30日。为了提升研究精度，我们对相关数据进行了清洗，如合并建议、对策、路径等部分泛义词。

科学知识图谱是以知识域（knowledge domain）为对象，显示科学知识的发展进程与结构关系的一种图像。它具有“图”和“谱”的双重性质与特征：既是可视化的知识图形，又是序列化的知识谱系，显示了知识单元或知识群之间网络、结构、互动、交叉、演化或衍生等诸多隐含的复杂关系，而这些复杂的知识关系正孕育着新的知识。知识图谱是科

* 本章部分内容曾发表在《上海行政学院学报》2012年第5期，原题目为《国内外基本公共服务均等化研究综述》，收入本书中内容有改动。

** 姜晓萍，四川大学公共管理学院院长、教授，博士生导师。吴菁，四川大学公共管理学院硕士研究生，研究方向：行政管理。苏楠，四川大学公共管理学院博士研究生，研究方向：公共管理。

学计量学、文献计量学的重要研究工具，也是信息可视化研究的展示方式之一。通过词频分析、共词分析、聚类分析等可以将含义相近的关联词依据其疏密度情况，进行整合聚类，进而形成对某一领域研究主题的聚焦展示，通过对生成图谱的深度解读进而探究该领域研究的主要热点、发展趋势等。本文运用的科学知识图谱工具是美国德雷克塞尔大学陈超美博士开发的第三代可视化分析工具 CiteSpace Ⅲ，综合绘制基于高频次关键词的共词分析聚类图谱与时区视图，在检测其显著度效果后对相关热点进行剖析。

二、基本公共服务均等化研究的时区分布与研究力量

基本公共服务是对服务型政府建设与公共服务体系建构的深入发展，基本公共服务均等化是面对我国社会公共服务不均衡而做出的现实选择，是确保社会公平公正的“底线”保障。基本公共服务均等化是我国基本公共服务体系建设的新阶段。从图 1—1 可以看到，基本公共服务均等化在 2006 年前后进入发文量高潮期，由于文献发表时间的滞后性，通过政策梳理发现，2005 年中共十六届五中全会首次提出“公共服务均等化原则”，2006 年党中央强调“服务型政府建设”“公共服务体系构建”，2007 年党的十七大提出“推进基本公共服务均等化和主体功能区建设”，一系列政策导向指引了基本公共服务均等化研究的迅速发展。2010 年前后，基本公共服务均等化的原则、内涵、范围、水平等已经被大量论证，关于上述内容学界虽有不同的观点表述，但是总体上取得了相对一致的意见。2013 年后，基本公共服务均等化的建设推进，尤其是城乡基本公共服务均等化问题成为社会各界最关注的议题。未来，围绕基本公共服务均等化的制度设计、路径探索以及理论内涵、质量水平等的再探究还会有新的发展，该领域研究高发文量的状态还将持续。

近年来，国家对推进基本公共服务均等化越来越重视，大量的专家学者回应社会需求，积极展开相关研究，不仅扩大了该研究领域的影响力，凝聚了一批优秀学者，而且提升了科学研究水平，产生了大量研究成果。从表 1—1 可以看到在基本公共服务均等化领域发文量居前 20 位的研究

机构，主要是国内知名高校及部分研究所，其研究视角各有侧重、研究成果各具特色，这些机构是基本公共服务均等化研究的重要科研平台。其中，中国人民大学、华中师范大学、武汉大学、财政部财政科学研究所、吉林大学、中央财经大学、四川大学、国家行政学院等单位的高水平论文成果尤为突出，这主要得益于其拥有一支快速成长、日益成熟的研究团队或骨干学者群体。

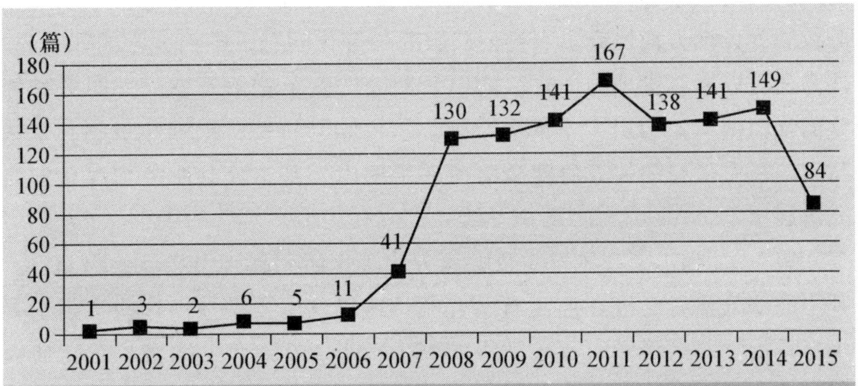

图 1—1　我国基本公共服务均等化研究文献的年代分布

表 1—1　我国基本公共服务均等化研究发文量居前 20 位的核心机构

序号	单位	篇数	序号	单位	篇数
1	中国人民大学	55	11	厦门大学	19
2	华中师范大学	49	12	国家行政学院	18
3	武汉大学	40	13	中国社科院财贸所	16
4	财政部财政科学研究所	37	14	南京大学	15
5	吉林大学	33	15	西北大学	14
6	中央财经大学	28	16	华中科技大学	13
7	四川大学	25	17	国务院发展研究中心	12
8	东北财经大学	24	18	浙江大学	12
9	中南财经政法大学	22	19	中共中央党校	12
10	北京大学	21	20	北京师范大学	12

其中部分代表学者及其主要研究有：吉林大学的孙德超，开展了基于社会政策的基本公共服务均等化评价指标体系研究，并对基本公共服务均等化的经济思想变迁进行了挖掘；国家行政学院的丁元竹，较早地从社会福利、城乡社会保障、专项转移支付、人事体制改革等方面提出

完善我国基本公共服务均等化的对策；中国人民大学的安体富，从需求因素与财政转移支付的视角探究了基本公共服务均等化应达到的目标；武汉大学的王玮，指出均等化推进的基本策略应该是“先城乡、后地区”，循序渐进开展改革；华中师范大学的项继权，提出了“同步推进、分步实现”的基本公共服务均等化发展战略；财政部财政科学研究所的刘尚希，提出了构建以政府为主体的多渠道、多形式、多层次的多元供给式的农村基本公共服务均等化实现路径；复旦大学的胡志平，从财政分权制度设计方面探究了农村公共服务均等化问题；中山大学的郭小聪，认为还可以通过管理的、立法的以及制度的变革化解基本公共服务均等化面临的困境；四川大学的姜晓萍，从内涵与特性、范围与机制、现状与问题、质量与绩效等角度全面梳理了国内外基本公共服务均等化的研究进展。

表1—2列出了我国基本公共服务均等化研究高被引文献的前20位，其中的部分学者已经在前文有所介绍，这里就不再赘述。这些文献主要来自政治学、经济学、行政学等领域，表明了基本公共服务均等化研究相对综合的学科属性。表1—2的文献中，一方面阐述了基本公共服务均等化的内涵概念、理论基础、研究意义等；另一方面剖析了基本公共服务均等化问题的解决路径，如供需安排、财政制度、指标体系、区域均衡、城乡统筹等。这说明，政府与学界在基本公共服务研究方面的理论问题已经取得相对一致的认识，目前更受关注的是均等化问题的解决途径、实践举措等。

表1—2　　我国基本公共服务均等化研究高被引文献前20位

序号	作者	篇名	被引频次	年（期）	期刊名
1	安体富 任强	公共服务均等化：理论、问题与对策	537	2007（8）	财贸经济
2	安体富 任强	中国公共服务均等化水平指标体系的构建——基于地区差别视角的量化分析	585	2008（6）	财贸经济
3	项继权	基本公共服务均等化：政策目标与制度保障	256	2008（1）	华中师范大学学报（人文社会科学版）
4	陈海威	中国基本公共服务体系研究	208	2007（3）	科学社会主义
5	金人庆	完善公共财政制度　逐步实现基本公共服务均等化	177	2006（22）	求是

续前表

序号	作者	篇名	被引频次	年（期）	期刊名
6	马国贤	基本公共服务均等化的公共财政政策研究	159	2007（10）	财政研究
7	陈海威 田侃	我国基本公共服务均等化问题探讨	151	2007（3）	中州学刊
8	吕炜 王伟同	我国基本公共服务提供均等化问题研究——基于公共需求与政府能力视角的分析	138	2008（5）	财政研究
9	国家发改委宏观经济研究院课题组	促进我国的基本公共服务均等化	123	2008（5）	宏观经济研究
10	刘尚希 杨元杰 张洵	基本公共服务均等化与公共财政制度	115	2008（40）	经济研究参考
11	楼继伟	完善转移支付制度　推进基本公共服务均等化	108	2006（3）	中国财政
12	陈昌盛	基本公共服务均等化：中国行动路线图	107	2008（2）	财会研究
13	迟福林 等	加快推进基本公共服务均等化（12条建议）	104	2008（3）	经济研究参考
14	丁元竹	基本公共服务如何均等化	99	2007（22）	瞭望
15	常修泽	公共服务均等化亟须体制支撑	97	2007（7）	瞭望
16	郭小聪 刘述良	中国基本公共服务均等化：困境与出路	96	2010（5）	中山大学学报（社会科学版）
17	王翠芳	试探新农村建设中城乡基本公共服务均等化问题	85	2007（5）	经济问题
18	刘德吉	国内外公共服务均等化问题研究综述	84	2009（6）	上海行政学院学报
19	安体富 任强	政府间财政转移支付与基本公共服务均等化	82	2010（47）	经济研究参考
20	丁元竹	促进我国基本公共服务均等化的对策	79	2008（3）	宏观经济管理

三、基本公共服务均等化研究的知识图谱分析

通过词频分析软件，统计获得基本公共服务均等化研究前60位的高频关键词列表（见表1—3），由这些关键词构成的知识网络基本概括了该研究领域的所有内容，这无疑能够显示基本公共服务研究的基本主题及其背后的规律、特征。“均等化”“基本公共服务均等化”“公共服务均等化”等是该研究领域的象征性标签，也是学者使用最多的关键词。

表1—3　基本公共服务均等化研究高频关键词列表（前60位）

序号	关键词	频数	序号	关键词	频数	序号	关键词	频数	序号	关键词	频数
1	均等化	344	16	指标体系	15	31	路径选择	9	46	分税制	6
2	基本公共服务	248	17	财政转移支付	14	32	财政支出	9	47	供给	6
3	公共服务	172	18	民族地区	14	33	农民工	9	48	熵值法	6
4	公共服务均等化	116	19	城乡差距	13	34	主体功能区	9	49	城市化	6
5	基本公共服务均等化	111	20	转移支付制度	12	35	泰尔指数	9	50	基尼系数	6
6	转移支付	52	21	财政均等化	11	36	政府职能	8	51	公平正义	6
7	公共财政	30	22	义务教育	11	37	财政分权	8	52	公共政策	6
8	城乡	26	23	流动人口	11	38	社会保障	7	53	新型城镇化	6
9	体育公共服务	23	24	农村	11	39	公共产品	7	54	基本公共服务体系	5
10	农村公共服务	21	25	城镇化	11	40	基本公共服务设施	7	55	财政	5
11	对策	18	26	城乡统筹	10	41	政府	7	56	公平	5
12	城乡基本公共服务	18	27	基础教育	10	42	因子分析	7	57	城乡公共服务均等化	5
13	财政体制	17	28	路径	10	43	区域差异	7	58	政府责任	5
14	城乡一体化	16	29	服务均等化	10	44	非均等化	7	59	内涵	5
15	服务型政府	16	30	地方政府	9	45	城乡二元结构	6	60	财政政策	5

本文通过文献计量工具，构建关键词矩阵，制作了关键词共现知识图谱，如图 1—2 所示。关键词共现分析常用来确定该文献集所代表学科中存在的各个主题以及主题之间的相互关系。其原理主要是对一组词两两统计它们在同一篇文献中出现的次数，并对这些词进行聚类分析，从而达到挖掘隐含信息的目的，进而反映这些词所代表的学科和主题的结构变化。文中采用 CiteSpace 最小树生成算法构建了基本公共服务均等化研究的知识图谱。根据后台校验数据显示，基本公共服务均等化树形图谱的模块值（Q 值）为 0.756 3、平均轮廓值（S 值）为 0.641 1，均达到较好的网络结构和聚类效果，其节点社团结构、枝干脉络、节点连线等情况都比较显著，其中图谱中共有节点 341 个、连线 291 条。为了图谱的清晰度，文中对其中一些非主要枝节、部分散点进行了简化，并使其节点标签大小一致以免相互遮盖。在树形知识图谱中，关键词的频次、连线和中心度是判断主题聚类的重要指标，图谱中节点圈层越大则表示关键词使用频次越高，节点颜色越深则表示该节点中心度越高，属于研究关注的热点。

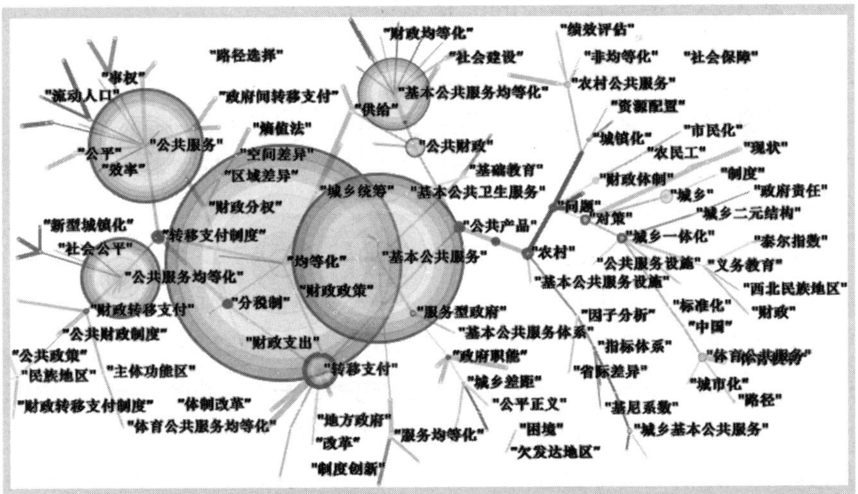

图 1—2 基本公共服务均等化研究的最小树聚类图谱

由列表和知识图谱可以发现，均等化（344）、基本公共服务（248）、公共服务（172）、公共服务均等化（116）、基本公共服务均等化（111）不仅频次最高，而且处于图谱的核心位置，与其他节点联系较为密切，是该领域的重要标志。综合分析，可以归纳出当前在基本公共服务均等化研究领域存在几大研究聚类：一是关注基本公共服务均等化概念内涵、本质属性、政府责任等理论基础的研究，如公平、内涵、正义等；二是关注基本公共服务均等化范围与机制的研究，如基本公共服务、农村公共服务、体育公共服务、基础教育、社会保障、城乡、农村以及公共财政、转移支付制度、供给等；三是关注我国基本公共服务均等化现状及问题，如城乡二元结构、流动人口、农民工、泰尔指数、基尼指数、城市化、统筹城乡、公共政策、对策、路径选择、基本公共服务体系、因子分析等；四是关注基本公共服务均等化的质量控制与绩效评估，如泰尔指数、区域差异、非均等化、服务型政府、绩效评估、均等化水平、效率、资源配置等。这些聚类之间存在相互关联，遵循了“问题识别—靶向研究—策略制定—精准实施”的螺旋上升式研究理性。

四、基本公共服务均等化研究的热点与专题分析

（一）基本公共服务均等化的内涵与特性

准确把握研究对象的概念、内涵与本质属性是一切研究的逻辑起点。基本公共服务均等化是由“公共服务”“基本公共服务”和“均等化”三个核心概念组成，诸多学者都围绕这三个核心概念解析基本公共服务均等化的内涵与本质属性。

1. 关于基本公共服务的概念与内涵

对基本公共服务的概念，国内外学者进行了不同阐释。最早提出基本公共服务概念的学者是19世纪后半叶的德国社会政治政策学派代表瓦格纳（Adolf Heinrich Gotthilf Wagner），他提出基本公共服务是政府财政支出的重要部分。20世纪初期，法国公法学者莱昂·狄骥认为：“任何因其与社会团结的实现与促进不可分割，而必须由政府来加以规范和控制的活动，就是一项基本公共服务，只要它具有除非通过政府干预，否则便不能得到保障的特征。”① 20世纪中期，西方公共经济学者萨缪尔森（Samuelson）、马斯格雷夫（Musgrave）、布坎南（Buchanan）等从公共物品角度解读基本公共服务的含义，认为基本公共服务就是“由人民建立起

① ［法］莱昂·狄骥：《公法的变迁：法律与国家》，53页，沈阳，辽海出版社、春风文艺出版社，1999。

来的，为公民提供服务，维护集体利益，并承担相应义务的相关活动”①。

我国学者对基本公共服务的概念、内涵的理解由于研究视角的不同而各有侧重，主要从需求、权利、范围和职能四个维度进行基本公共服务概念的界定。一是强调农村基本公共服务的需求导向。刘尚希认为，基本公共服务可从两个角度理解：从消费需求的层次看，与低层次消费需要有直接关联的即为基本公共服务；从消费需求的同质性看，人们的差异消费需求属于基本公共服务。② 基本公共服务均等化与政府财政责任课题组将基本公共服务界定为覆盖全体公民、满足公民对公共资源最低需求的基本公共服务。③ 二是强调基本公共服务的权利本位。唐钧就认为基本公共服务正是对公民生存权、健康权、居住权、受教育权、工作权和资产形成权的保障。④ 三是强调基本公共服务的范围。如张立荣等将基本公共服务界定为“居民在生产、生活中共同享用的具有消费上的非竞争性、效用上的不可分割性以及收益上的非排他性的公共设施和服务”⑤。蔡放波从公益性、可经营性程度来界定基本公共服务。⑥ 四是强调政府职能的幅度。一种观点认为基本公共服务主要指政府四大职能中的“基本公共服务”；另一种观点认为基本公共服务包括政府的四项职能，即经济调节、市场监管、社会管理和基本公共服务。

2. 关于基本公共服务均等化的概念和内涵

关于基本公共服务均等化的概念，学者们主要从权利均等、机会均等、结果均等、结构均等角度进行界定。

第一，从基本权利的角度来界定。楼继伟、唐钧、郭琪、丁元竹、陈海威认为，基本公共服务均等化是指公民都有平等享受基本公共服务的权利。

第二，从机会均等的角度来界定。刘尚希等认为，基本公共服务均

---

① 转引自［美］詹姆斯·S·鲍曼等：《职业优势：公告服务中的技能三角》，4页，北京，中国人民大学出版社，2005。

② 参见刘尚希：《基本公共服务均等化：现实要求和政策路径》，载《浙江经济》，2007（13）。

③ 参见基本公共服务均等化与政府财政责任课题组：《基本公共服务均等化与政府财政责任》，载《财会研究》，2008（6）。

④ 参见唐钧：《“基本公共服务均等化”保障6种基本权利》，载《时事报告》，2006（6）。

⑤ 张立荣等：《基本公共服务均等化趋向下的政府行为变革》，载《政治学研究》，2007（12）。

⑥ 参见蔡放波：《略论加快建设我国基本公共服务体系》，载《学习与实践》，2007（5）。

等化的本质是通过某一个层面的结果平等来达到机会均等。刘尚希、常修泽、迟福林等认为，基本公共服务均等化的内涵应包括全体公民享有基本公共服务的机会均等，结果大体相等，同时在提供大体均等的基本公共服务过程中，尊重社会成员的自由选择权。也有学者认为，基本公共服务均等化是指政府要为社会公众提供基本的、在不同阶段具有不同标准的、最终大致均等的公共物品和服务，为各地居民的生活和社会经济发展提供基本条件。

第三，从结果均等的角度来界定。强调公民享受的基本公共服务水平大致相当，也即结果的平等。迟福林、张恒龙、陈宪、贾康认为，基本公共服务均等化是指一国范围内的全体居民应当享受到的水平大致相当的基本公共服务，包括义务教育、基础卫生医疗、就业和社会保障等。

第四，从构成要素角度来界定。孙庆国认为，应该从均等的主体（谁跟谁均等）、均等的客体（哪些方面要均等）、均等的标准（如何判断）三个方面来理解，并认为均等的主体是地区间、城乡间的社会成员，均等的客体是基本公共服务。[①] 刘德吉也认为基本公共服务均等化应从均等的主体、客体及内涵方面来理解。[②] 陈海威、田侃指出，社会公正的功能性结构由分配的结果公正、起点公正（机会均等）和过程公正（程序公正）三个要素构成。[③]

3. 关于基本公共服务均等化的特性

尽管中外学者对基本公共服务概念的解读各有不同，但观点的论争与视角的多元使我们对基本公共服务的本质属性有了更清晰的认识，纵观诸多学者的研究，我们发现多数学者对基本公共服务的下列特征基本认同：

（1）多元化的供给主体。

基本公共服务主体指基本公共服务的生产者与供给者。首先，政府应承担基本公共服务供给的主要责任，但对这种供给责任的理解应是保证会有服务，而不一定直接生产服务。也就是说政府在基本公共服务供

① 参见孙庆国：《论基本公共服务均等化的衡量指标》，载《中国浦东干部学院学报》，2009（1）。

② 参见刘德吉：《公共服务均等化的评价体系构建》，载《江西行政学院学报》，2010（1）。

③ 参见陈海威、田侃：《我国基本公共服务均等化问题探讨》，载《中州学刊》，2007（5）。

给中的主导地位可以是直接生产公共产品，也可以是由政府出资购买由非营利组织或私营部门生产的公共产品，并加强对公共产品质量的监管，以满足社会成员基本人道生活的公共需求。其次，非营利组织也是基本公共服务供给的有生力量。政府在基本公共服务供给中的职能是弥补市场缺位与失灵。但政府并非万能的，由于缺乏有效的管理和激励，也可能导致基本公共服务水平的低下和数量短缺，形成“政府失灵”。这就迫切需要打破基本公共服务供给中的政府垄断，发挥非政府组织的作用，广泛调动社会力量参与基本公共服务的生产与供给，建立政府与社会合作的多中心治理结构。同时，也要适度引进基本公共服务中的市场竞争机制，通过“特许经营”“合约外包”等形式将部分准公共产品和特殊私人产品，委托给企业等多种市场主体，形成市场竞争机制。如交通、电信、邮政、基础设施建设等。这样既可以借助社会资源提高基本公共服务的生产能力，又可以通过价格机制显示公众对于基本公共服务的真实需求。

（2）普适性的服务对象。

基本公共服务的对象是全体社会成员和组织，享有基本公共服务是每一位公民的权利。这是因为基本公共服务具有公共物品的“非竞争性”和“非排他性”，建立人人共享的基本公共服务体系，是各国基本公共服务的目标。

（3）多样化的服务内容。

基本公共服务的内容根据公共产品的不同可以分为纯粹公共物品、混合性公共物品，以及带有生产的弱竞争性和消费的弱选择性私人物品的生产与供给。也可以根据政府的职能分为维护性基本公共服务、经济性基本公共服务、社会性基本公共服务。多样化的分类表明基本公共服务的内容丰富、范围广泛。与民生相关的领域几乎都离不开基本公共服务。

（4）公平、公正的价值追求。

基本公共服务的目的是满足公共需求，维护公共利益。这就注定基本公共服务的价值追求应是公平优先，兼顾效率。在社会发展进程中，市场机制是资源配置最基本、最有效的制度安排。然而市场机制的作用重在实现机会平等和规则平等，但在促进社会公平正义方面却存在失灵现象。基本公共服务通过社会财富再分配的手段保障民众的基本权利、满足民众的基本需求，实现公共品供给的均等化，有利于建立成果分享机制，缩短贫富之间，城乡之间、区域之间的差距，增进全社会福祉。

（二）基本公共服务均等化的范围与实现机制

明确界定基本公共服务的范围，建立和创新基本公共服务均等化的实现机制，不仅是目前各级地方政府实践中的关键环节，也是学界高度关注的重点和难点问题。

1. 关于基本公共服务的范围界定

应该将哪些基本公共服务纳入基本公共服务的范畴？政府在基本公共服务供给中的责任边界在哪里？政府应构建怎样的基本公共服务体系？要解答这些问题，前提是必须首先明确基本公共服务的范围。围绕这一问题，学界进行了激烈的争论，主要有以下三种观点：

一种是以基本公共服务的分类来界定基本公共服务的范围。常修泽等把基本公共服务分为四类，即基本民生性服务（就业、社会保障）、公共事业性服务（教育、公共卫生、公共文化）、公益基础性服务（公益性基础设施、生态环境保护）、公共安全性服务（生产安全、消费安全、社会安全、国防安全）等。① 陈昌盛等把基本公共服务分为社会性服务（基础教育、公共卫生、社会保障）、经济性服务（基础设施、基础科技、环境保护）、维持性服务（一般行政管理、外交）。②

一种是从公民应享有的基本公共服务权利的视角界定基本公共服务的范围。陈海威等从保障公民生存权、发展权、环境权、安全权等角度界定基本公共服务体系的构成，即底线生存服务（就业服务、社会保障、社会福利和社会救助），目的是保障公民的生存权；公众发展服务（义务教育、公共卫生和基本医疗、公共文化体育），目的是保障公民的发展权；环境服务（居住服务、公共交通、公共通信、公用设施和环境保护），目的是保障公民的环境权；公共安全服务（包括食品药品安全、消费安全、社会治安和国防安全等领域），目的是保障公民的安全权。③ 中国（海南）改革发展研究院从公民应享有的生存权、发展权、健康权角度提出基本公共服务包括三个基本点：一是基本就业保障、基本养老保

① 参见常修泽：《逐步实现基本公共服务均等化》，载《人民日报》，2007-01-31。

② 参见陈昌盛、蔡跃洲：《中国政府基本公共服务：体制变迁与地区综合评估》，北京，中国社会科学出版社，2007。

③ 参见陈海威、田侃：《我国基本公共服务均等化问题探讨》，载《中州学刊》，2007（5）。

障、基本生活保障，以保障人的基本生存权；二是基本的教育和文化服务，满足基本尊严（或体面）和基本能力的需要；三是基本的健康保障，保障公民的基本健康需要。①

一种是从社会事业与民生问题的角度列举基本公共服务范围：国家发改委宏观经济研究院课题组把我国现阶段的全国性基本公共服务的范围划定为医疗卫生（或者叫公共卫生和基本医疗）、基本教育（义务教育）、社会救济、就业服务、养老保险和保障性住房。② 2012 年 5 月 18 日，国务院常务会议通过的《国家基本公共服务体系“十二五”规划》把基本公共服务范围确定为：基本公共教育、劳动就业服务、社会保险、基本社会服务、基本医疗卫生、人口和计划生育、基本住房保障、公共文化体育及残疾人基本公共服务领域等。

2. 关于基本公共服务均等化的实现机制

围绕基本公共服务均等化的实现机制，学者们主要从基本公共服务的供给导向、供给主体、供给方式、供给机制等方面进行探讨。

基本公共服务供给导向的研究。国外如麦克米伦和图福尔（McMillan and Tuffour）认为，（农村）基本公共服务为达到帕累托最优应结合不同地区的特点，与需求导向相结合。③ 国内如江明融④、蒋瑛⑤ 认为公共产品的供给在于实现基本公共服务的均等化；陈海威、田侃，何伟福、陈俊松，王金水从服务提供方（政府）和受益方（公民）两个维度探讨基本公共服务供给的功能；汪锦军则从利益和目标两个变量出发建构基本公共服务的协同体系。⑥

基本公共服务供给主体的研究。一是从政府供给视角，以萨缪尔森、马斯格雷夫为代表的主流公共产品理论倡导者认为：公共产品的特性决定了其不能由市场有效提供，应该由政府提供，而传统公共行政学也将基本

---

① 参见中国（海南）改革发展研究院：《加快推进基本公共服务均等化》，载《经济研究参考》，2008（3）。

② 参见国家发改委宏观经济研究院课题组：《促进我国的基本公共服务均等化》，载《宏观经济研究》，2008（5）。

③ Melville L. McMillan and Joe Amoako-Tuffour，“Demands for Local Public Sector Outputs in Rural and Urban Municipalities，” *American Journal of Agricultural Economics*，73（2），1991，pp. 313-325.

④ 参见江明融：《构建城乡统筹的公共产品供给制度研究》，载《农村经济》，2006（8）。

⑤ 参见蒋瑛：《公共服务均等化的中国实践》，载《行政论坛》，2011（5）。

⑥ 参见汪锦军：《构建公共服务的协同机制：一个界定性框架》，载《中国行政管理》，2012（1）。

公共服务作为精英政府所独有的行为。① 二是从市场化供给视角，萨瓦斯（Savas）拓展了政府内部竞争的观点，他认为将部分生产基本公共服务的责任交给第三部门和私营部门，比仅仅依靠政府内部的竞争能更好地改善基本公共服务的质量，而且这还有利于缩减政府规模。② 三是从社会多元化供给视角，如周耀虹认为，政府与民间组织共同成为基本公共服务的提供方，可以有效整合社会资源，提高资源合理配置效率，一方面可使政府专注于宏观建设和管理，另一方面也给民间组织创造发展的空间。③ 徐祖荣认为，为了建设"基本公共服务型"政府，政府必须实行基本公共服务提供的分权化，让私营企业、社会组织加入公共产品和服务的提供者当中。④

基本公共服务供给方式研究。国外学者主要关注公共产品的供给，多从经济学角度入手，如萨拉蒙（Salamon）提出应建立政府与第三部门功能互补的供给模式⑤；雷蒙特（Reymont）提出了基本公共服务供给的PPP（Public-Private-Partnership）模式；萨瓦斯提出了政府推动私营部门提供公共产品的三种路径：委托、撤资及代替⑥；克劳泽（Krauze）认为只有私有化才能解决公共生产的各种弊端；布坎南（Buchanan）、奥斯特罗姆（Ostrom）、萨瓦斯认为可以实现基本公共服务的多元供给。国内学者林耘、史传林、张开云、汪锦军等分别从基本公共服务的提供者角度（如政府、社会组织、私营企业等）来分析基本公共服务供给方式。如史传林把农村基本公共服务社会化供给划分为三种模式，即参与型模式、合作型模式和社会化主体主导型模式。⑦ 项继权指出，政府在基本公共服务的生产和供给中有三个基本的方式：一是规制，二是付费，三是生产。⑧ 汪锦军

① Richard Abel Musgrave, *The Theory of Public Finance: A Study in Public Economy*, New York: McGraw-Hill, 1959.

② E. S. Savas, *Privatization: The Key to Better Government*, Chatham, NJ: Chatham House, 1987.

③ 参见周耀虹：《创新体制　实现民间组织参与公共服务》，载《党政论坛》，2007（7）。

④ 参见徐祖荣：《社会组织与公共服务主体多元化——基于浙江的研究》，载《理论与改革》，2009（1）。

⑤ L. M. Salmon, *Partners in Pubic Service: The Scope and Theory of Government-Nonprofit Relations*, New Haven: Yale University Press, 1987.

⑥ E. S. Savas, "Privatization," in Mary Hawkeaworth and Mau-rice Kogan eds., *Encyclopedia of Government and Politics*, New York: Routledge, 1992.

⑦ 参见史传林：《农村公共服务社会化的模式构建与测量探讨》，载《中国行政管理》，2008（8）。

⑧ 参见项继权：《基本公共服务均等化：政策目标与制度保障》，载《华中师范大学学报（人文社会科学版）》，2008（1）。

立足于政府主导供给模式的官僚化困境、自主供给模式源困境和委托供给模式的监督困境，提出构建多方合作参与供给模式。①

基本公共服务供给机制研究。关于基本公共服务供给机制的研究主要从多元主体协同机制、财政保障机制、能力提升机制、综合配套机制等方面进行研究。

第一，多元主体协同机制。周义程认为应借鉴新公共管理、治理理论等分析工具，构建我国基本公共服务的“一主多元”型供给新模式。②史传林分析了农村基本公共服务社会化的模式构建：参与型、合作型与主导型三种，并提出了相应的构建策略。③ 艾医卫、屈双湖认为应该构建由政府、市场、社会和农民多元主体协同参与的农村基本公共服务多元供给机制，形成“政府主导、市场优化、社会协同、农民参与”的农村基本公共服务供给格局。④ 汪锦军根据利益和目标两个变量的组合构建了基本公共服务协同体系的分析框架。

第二，财政保障机制。大部分的观点都强调加快改革现行中央对地方转移支付制度是基本公共服务均等化实现的主要手段。贾康认为，应进一步明确财权和事权的划分，把完善转移支付制度作为下一步调整中央地方关系的重点。⑤ 王磊对财政转移支付与基本公共服务均等化的关系进行了实证检验，认为税收返还与基本公共服务不均等程度有显著的正相关关系，一般性转移支付与基本公共服务不均等程度有明显的负相关关系，专项拨款与基本公共服务不均等程度有明显的负相关关系。⑥刘铭达认为，转移支付促进基本公共服务均等化，要合理地确定转移支付补助规模的稳定增长机制。⑦ 对于地区经济发展不均衡的问题，在财政体制的设计上应统筹考虑。丁元竹认为，根据国际经验，基本公共服

---

① 参见汪锦军：《农村公共服务提供：超越碎片化的协同攻击之道——成都市公共服务的统筹改革及对农村公共服务供给模式的启示》，载《经济体制改革》，2011（5）。

② 参见周义程：《集体物品供给主体观的历史演变与最新进展》，载《理论学刊》，2005（5）。

③ 参见史传林：《农村基本公共服务社会化的模式构建与测量探讨》，载《中国行政管理》，2008（8）。

④ 参见艾医卫、屈双湖：《建立和完善农村公共服务多元供给机制》，载《中国行政管理》，2008（10）。

⑤ 参见贾康：《关于建立公共财政框架的探讨》，载《国家行政学院学报》，2005（3）。

⑥ 参见王磊：《我国政府间转移支付制度对公共服务均等化的影响》，载《经济体制改革》，2006（1）。

⑦ 参见刘铭达：《如何让地方财政不再“扭曲”》，载《中国改革》，2007（9）。

务均等化的基础和基本实现手段是财政能力均等化，而且各个国家在实现基本公共服务均等化过程中采取的财政体制也是不一样的，如财政能力均等化、税收均等化、财政需求均等化等，基本公共服务均等化通常通过财政能力均等化来实现。①

第三，能力提升机制。李军鹏探讨了公共供给竞争机制的三个组成部分：国家间公共供给竞争、地方政府间公共供给竞争、公共部门间公共供给竞争。② 谢来位认为，基本公共服务能力建设要围绕公共组织在基本公共服务中的一些基本能力要素进行，主要包括基本公共服务价值目标平衡能力、基本公共服务信息开发与利用能力、基本公共服务品种与技术创新能力、基本公共服务责任分担与利益协调能力、基本公共服务供给组织能力等。③

第四，综合配套机制。丁元竹分析了与基本公共服务均等化相配套的、其他的体制机制怎么完善的问题。他认为，实现基本公共服务均等化既要考虑增量问题，又要考虑结构问题；既要考虑效率问题，也要考虑公平问题。贾凌民、吕旭宁探讨了创新基本公共服务供给的决策机制、生产和提供机制、监督与管理机制。④ 郭金喜、鲁娜认为需要完善自下而上的农民利益表达机制、政策决策形成机制与政府回应机制以解决基本公共服务供给矛盾。⑤ 祝小宁、白秀银揭示了城乡统筹基本公共服务配置、沟通、协调与共享的网格机制，以实现不同地域、不同领域和不同发展水平的基本公共服务配置和共享。⑥ 雷晓康、方媛、王少博认为一个完整的基本公共服务供给体系包括基本公共服务需求表达机制、基层基本公共服务供给机制、监督机制、绩效评估机制以及基本公共服务问责机制等。⑦

（三）我国基本公共服务均等化现状及问题

学者们认为，目前我国在推进基本公共服务均等化中主要存在以下问题：

---

① 参见丁元竹：《转移支付的国际经验》，载《人民论坛》，2007（24）。

② 参见李军鹏：《论公共供给竞争机制》，载《广东行政学院学报》，2001（4）。

③ 参见谢来位：《公共服务能力建设要点分析》，载《行政与法》，2006（2）。

④ 参见贾凌民、吕旭宁：《创新公共服务供给模式的研究》，载《中国行政管理》，2007（4）。

⑤ 参见郭金喜、鲁娜：《农村公共服务供给：基于公共政策视角的分析》，载《农村经济》，2010（5）。

⑥ 参见祝小宁、白秀银：《城乡统筹的公共服务网格机制研究》，载《中国行政管理》，2010（9）。

⑦ 参见雷晓康、方媛、王少博：《强县扩权背景下我国基层政府公共服务供给能力研究》，载《中国行政管理》，2011（3）。

第一，供给需求不均等。程建华、武靖州认为公共物品的高成本与非均衡供给、反公共物品现象及派生外在性问题是我国公共物品低效供给的主要表现。① 王小林以三个镇为例考察农村基本公共服务的供给与需求矛盾。胡仙芝认为改革开放以来中国现代化的分步走战略决定了中国基本公共服务均等化的现状不容乐观，重点表现在资源占有不均、服务水平不等和权益保障失衡三大方面。②

第二，区域间不均等。主要表现为基本公共服务地区间发展不平衡，东部整体优于中西部。项中新通过人均财力、财政支出比较，研究我国南北差异和东、西差异。张恒龙、安体富、宋迎法等通过人均财政支出来分析区域均等化状况。胡仙芝指出东部、中部及西部以及各省市之间的基本公共服务水平是不一致的，有的还有很大的落差。③ 郁建兴指出，在经济先发地区，由于地方财力相对丰厚，往往能够提供相对充足和水平较高的基本公共服务，因此这也造成了比较显著的基本公共服务供给的区域性差距。④

第三，城乡间不均等。陈继宁对城乡教育、医疗卫生、社会保障等方面进行了比较。⑤ 张丽琴等对城乡医疗卫生服务的距离可及性、经济可及性和资源可及性进行了比较。⑥ 李雪萍等对城乡社会保障进行了比较。⑦ 陈东重点分析了影响农村公共品供给效率的供给制度因素和供给主体行为因素。⑧ 龙兴海、曾伏秋等以农村公共教育、医疗、文化服务、社会保障、交通管理服务以及社会管理服务等为例，从宏观和微观两个层面对我国农村基本公共服务供给问题进行了分门别类的理论解释和理论分析。胡仙芝认为，城乡之间基本公共服务的水平差距较大，是我国

---

① 参见程建华、武靖州：《我国公共物品低效供给的表现与对策》，载《农村经济》，2008（2）。

②③ 参见胡仙芝：《中国基本公共服务均等化现状与改革方向》，载《北京联合大学学报（人文社会科学版）》，2010（3）。

④ 参见郁建兴：《中国的公共服务体系：发展历程、社会政策与体制机制》，载《学术月刊》，2011（3）。

⑤ 参见陈继宁：《论小城镇建设与城乡公共服务均等化》，载《中共四川省委省级机关党校学报》，2007（3）。

⑥ 参见张丽琴、王勤、唐鸣：《医疗卫生服务的差异分析与均等化对策》，载《社会主义研究》，2007（6）。

⑦ 参见李雪萍、刘志昌：《基本公共服务均等化的区域对比与城乡比较——以社会保障为例》，载《华中师范大学报（人文社会科学版）》，2008（3）。

⑧ 参见陈东：《农村公共品供给意愿、利益群体与行为博弈》，载《改革》，2008（6）。

基本公共服务非均衡性或非均等性的主要表征。农村仍旧成为基本公共服务的洼地和薄弱环节，农民成为基本公共服务均等化呼声最高的群体。①

第四，群体间不均等。丁元竹认为，与发达国家实现均等化战略不同的是，中国的基本公共服务均等化在实施过程中不仅要解决地区差距问题，而且要解决城乡差距，以及由于城乡体制分割造成的农民工这一特殊群体与城市居民和农民之间的差距。② 胡仙芝指出，除了以上三个方面的差距外，基本公共服务的不均等，还体现为国民不同群体之间享受的不均衡，如男女性别的不均衡，不同年龄分段之间的不均衡等，这也会造成很多潜在的社会问题。③ 郁建兴认为，由于受发展主义意识形态的影响，以及财权不充分的属地化基本公共服务供给模式，导致各级政府的基本公共服务投入和供给严重不足，大大降低了基本公共服务的普遍可及性，大部分贫困群体、农村居民、灵活就业人员和转移劳动力处于基本公共服务供给的边缘化地位。④

同时，国内学者对我国基本公共服务不能均衡发展的原因也从政府缺位、制度缺失等方面进行了探讨。

(1) 政府缺位。王锋、陶学荣认为，问题在于片面的发展观和管理观导致了政府基本公共服务职能的“缺位”，模糊的职能范围导致了政府基本公共服务职能的“越位”和“错位”。⑤ 丁元竹认为，我国基本公共服务非均等化的原因主要是各级政府间的事权与财权关系划分不清。⑥ 项继权、袁方成认为，政府对基本公共服务的财政投入状况在相当程度上决定了基本公共服务的数量和质量，公共财政资源的分配及投入方式也将影响甚至决定基本公共服务均等化的程度。⑦

---

① 参见胡仙芝：《中国基本公共服务均等化现状与改革方向》，载《北京联合大学学报（人文社会科学版）》，2010 (3)。

② 参见丁元竹：《促进我国基本公共服务均等化的对策》，载《宏观经济管理》，2008 (3)。

③ 参见胡仙芝：《中国基本公共服务均等化现状与改革方向》，载《北京联合大学学报（人文社会科学版）》，2010 (3)。

④ 参见郁建兴：《中国的公共服务体系：发展历程、社会政策与体制机制》，载《学术月刊》，2011 (3)。

⑤ 参见王锋、陶学荣：《政府公共服务职能的界定、问题分析及对策》，载《甘肃社会科学》，2005 (4)。

⑥ 参见丁元竹：《基本公共服务如何均等化》，载《瞭望》，2007 (5)。

⑦ 参见项继权、袁方成：《我国基本公共服务均等化的财政投入与需求分析》，载《公共行政评论》，2008 (3)。

（2）制度缺失。迟福林认为，从改革实践看，我国基本公共服务非均等化的根源在于体制机制不健全。① 江明融认为，由于我国一直实行城市偏向型的非均衡供给制度和公共产品“自上而下”决策机制，从而导致了基本公共服务不均等。② 张恒龙、安体富等的研究表明，我国转移支付制度存在的问题导致了基本公共服务不均等。任强等认为公共财政制度尚不完善，政府转移支付制度总体设计存在缺陷，形式过多，结构不合理导致基本公共服务均等化存在问题。③ 夏杰长认为，财政支出的经济建设偏好和民主财政机制的缺失以及现行的政绩考核机制导致了基本公共服务非均等化。④ 郭朝晖、徐鹏基于政治家理论、官僚经济理论、利益集团理论分析发现，在现行公共政策的决策模式下，农民难以在城乡基本公共服务均等化建设中通过正常渠道行使话语权来进行意愿表达，认为不合理的话语机制决定的决策规则是造成当前城乡基本公共服务非均等的根源。⑤ 丁元竹认为，长期的城乡分治在城乡之间形成严重体制分割和城乡歧视，造成了城乡失衡。⑥ 徐越倩认为城乡基本公共服务非均等化的症结在于城乡二元体制。⑦

（四）基本公共服务均等化的质量控制与绩效评估

建立基本公共服务的质量控制与绩效评估体系，不仅有利于促进基本公共服务供给过程控制与绩效导向的有机互动，全面提升基本公共服务质量，也有利于建立基本公共服务供给的激励机制，促进基本公共服务供给体制与机制的持续改进。近年来，学者们主要围绕基本公共服务均等化的质量标准体系与绩效评估体系等问题进行了有益的探讨。

---

① 参见迟福林：《公共服务均等化：构建新型中央地方关系》，载《廉政瞭望》，2006（12）。

② 参见江明融：《构建城乡统筹的公共产品供给制度研究》，载《农村经济》，2006（8）。

③ 参见安体富、任强：《基本公共服务均等化：理论、问题与对策》，载《财贸经济》，2007（8）。

④ 参见夏杰长：《提高基本公共服务供给水平的政策思路——基于公共财政视角下的分析》，载《经济与管理》，2007（1）。

⑤ 参见郭朝晖、徐鹏：《城乡基本公共服务均等化过程中的话语机制——基于公共选择理论视野》，载《山西青年管理干部学院学报》，2008（4）。

⑥ 参见丁元竹：《促进我国基本公共服务均等化的对策》，载《宏观经济管理》，2008（3）。

⑦ 参见徐越倩：《城乡统筹的新型城市化与基本公共服务均等化》，载《中共浙江省委党校学报》，2011（1）。

1. 关于基本公共服务质量标准体系研究

学者对基本公共服务质量标准体系的研究主要从基本公共服务均等化质量指标体系设计与权重系数的确定两个方面入手。

基本公共服务均等化质量指标体系的设计。国内外学者在构建指标体系时常用的逻辑框架主要有“3E”逻辑框架、“政治—经济—社会”逻辑框架、“综合指标—分类指标—单项指标”逻辑框架、平衡计分卡逻辑框架和绩效棱柱框架以及知识资本导航者框架等。① 当前学术界对基本公共服务质量指标的设计主要有三种思路。

（1）以基本公共服务职能为依据进行指标设计。相当一部分学者在分析时多与政府职能相联系，认为基本公共服务是政府职能的工作表现和成果。因而在指标设计中划分了如政治、经济、社会等各个层面的职能，或包括了内部自我管理职能和外部社会管理职能，具体的表述有所区别，表现在他们所强调的侧重面有所不同，但总体上没有脱离这个框架。帕特里夏·基利以美国俄勒冈州为例，介绍了包括经济、教育、环境、市民参与、社会支持、公共安全、社区发展等 7 个领域共 158 个具体指标的俄勒冈州政府绩效评估体系。② 李凤廷在借鉴绩效管理工具——平衡计分卡基本思想的基础上，从社会公众、内部业务流程、法律遵从和财务四个角度出发，形成了基本公共服务质量管理绩效指标体系的平衡计分卡框架。③ 孙庆国、张乐、江海旭、周素萍、赵晏等则均以政府基本公共服务职能分类为切入点，将基本公共服务均等化的衡量指标分为基础教育、基本医疗与公共卫生、公共安全、社会保障、就业服务、公益性基础设施以及环境保护等。

（2）以基本公共服务价值取向为依据进行指标设计。部分学者从基本公共服务的价值取向的角度进行分析，如张钢、牛志江、贺珊借鉴王永贵等对顾客价值和客户关系管理的分析，提出从功能价值、情感价值、社会价值和感知代价 4 个维度，共 45 个具体指标的基本公共服务质量评价指标体系。④ 卓越从操作的角度把政府绩效评估的指标体系分为了三

---

① 参见彭国甫主编：《地方政府绩效评估研究》，长沙，湖南人民出版社，2005。

② 参见丁元竹：《当前我国的基本公共服务现状及原因》，载《中国经济时报》，2008-01-11。

③ 参见李凤廷：《公共服务质量管理绩效指标体系及其应用研究》，南昌大学硕士学位论文，2006。

④ 参见张钢、牛志江、贺珊：《地方政府公共服务质量评价体系及其应用》，载《浙江大学学报（人文社会科学版）》，2008（6）。

个层级架构：一是要素指标，二是证据指标，三是量化指标。[①] 徐双敏认为政府绩效评价指标中应设置“硬指标”和“软指标”。[②]

（3）以通用模型式为依据进行指标设计。如原国家人事部“中国政府绩效评估研究”课题组提出了一套适用于全面系统评估我国地方各级政府的、包括“职能指标、影响指标和潜力指标”的绩效评估指标体系。[③] ISO9000族标准作为国际上通用的质量标准，反映了质量管理体系的基本思想和过程要求，可以适用于企事业单位、社会团体以及政府部门等各类组织的管理和运作。[④] 我国也发布了同样采用该系列标准的2000版GB/T19000族质量管理标准；另外，我国国家质量监督检验检疫总局和国家标准化管理委员会于2004年8月30日联合发布了《卓越绩效评价准则》，并于2005年1月1日正式实施。

基本公共服务均等化质量指标体系权重系数的确定。确定基本公共服务质量指标体系的权重系数的方法很多，概括起来有两大类，即主观赋权法和客观赋权法。主观赋权法是评估主体根据各个指标的主观重视程度而赋予权重的一种方法，比较常用的有专家评定法、层次分析法（AHP）和灰色关联分析法等。客观赋权法是根据指标自身的作用和影响确定权重的方法，主要有熵权法、主成分分析法、数据包络分析法（DEA）等多元分析方法。对于基本公共服务质量指标体系权重系数的确定研究，当前学术界主要集中运用以下几种分析法：

层次分析法是美国著名运筹学家、匹兹堡大学教授萨蒂（Saaty）于20世纪70年代提出的一种系统分析方法，是当前影响较大、应用较多的方法。[⑤] 彭国甫等对应用AHP来确定政府绩效评估指标权重进行了研究。[⑥] 郑毅、王频应用AHP对2004年桂林市政府绩效进行了综合评价。[⑦]

---

① 参见卓越：《政府绩效评估指标设计的类型和方法》，载《中国行政管理》，2007（2）。

② 参见徐双敏：《我国实行政府绩效管理的可行性研究》，载《中南财经政法大学学报》，2003（5）。

③ 参见国家人事部“中国政府绩效评估研究”课题组：《地方政府绩效评估体系》，载《瞭望》，2004（7）。

④ 参见尤建新、张建同、杜学美：《质量管理学》，北京，科学出版社，2003。

⑤ T. L. Saaty，*The Analytic Hierarchy Process*，New York：Mc Graw-Hill，1980，p. 20.

⑥ 参见彭国甫、李树丞、盛明科：《应用层次分析法确定政府绩效评估指标权重研究》，载《中国软科学》，2004（6）。

⑦ 参见郑毅、王频：《AHP和BSC在政府绩效评估研究中的综合应用——以桂林市政府为例》，载《社会科学家》，2007（3）。

周素萍应用AHP来确定农村基本公共服务指标体系的权重。[①] 网络分析法（ANP）是萨蒂教授于20世纪90年代提出的，是在AHP基础上发展而形成的一种新的实用决策方法。刘惠萍就《中国政府绩效评估研究》报告中的评价体系，运用ANP对我国地方政府绩效评估指标权重的确定进行了探讨。

数据包络分析法（DEA），目前国内外学者多数运用此方法对基本公共服务效率进行测评。布坎南运用DEA对美国农业社区公共品供给效率进行研究；唐任伍等借助政府公共部门的DEA模型来测度、量化我国省级地方政府的效率；朱玉春等利用DEA对全国28个省（自治区、直辖市）的农村基本公共服务效率进行了实证分析[②]；张鸣鸣采用DEA比较我国各年财政支农资金对第一产业的贡献、农村基础教育、公共卫生及其综合效率；王爱民借助DEA对苏北农村基本公共服务的效率进行分析[③]。彭国甫运用模糊综合评价模型，对湖南省11个地级州市政府1995—2002年的公共事业管理绩效进行了实证研究；赵红梅将层次分析法和熵技术引入计算评估指标的合理权重，选择以模糊数学理论为基础的多级模糊综合评判法评估地方政府绩效[④]；王汝发基于模糊分析，得到农村基本公共服务数量和质量绩效评价模型[⑤]。

主观赋权法和客观赋权法都有优点，也都有一定的局限性。如主观赋权法在赋权时，主要是依靠专家对指标重要性的了解来对指标赋予权重系数。它的优点是采用均值、层次分析、灰色关联分析等方法对专家赋权结果进行处理，不仅减少了赋权的主观性，而且简单直接，易于操作。其缺陷是得出的权重对专家存在不同程度的依赖。客观赋权法的优点是通过数理的运算来获得指标的信息权重，避免了人为因素和主观因

---

① 参见周素萍：《我国农村公共服务指数的建立及应用》，载《统计与决策》，2010（10）。

② 参见唐任伍、唐天伟：《政府效率的特殊性及其测度指标的选择》，载《北京师范大学学报（社会科学版）》，2004（2）。

③ 参见王爱民：《农村公共服务效率及其影响因素的实证研究——以苏北地区为例》，载《安徽农业大学学报（社会科学版）》，2011（7）。

④ 参见赵红梅：《基于多级模糊综合评判法地方政府绩效评估研究》，载《科技管理研究》，2008（10）。

⑤ 参见王汝发：《基于模糊分析的农村公共服务绩效评价》，载《郧阳师范高等专科学校学报》，2009（3）。

素的影响，但其缺陷在于赋权结果没有能够客观反映指标的实际重要程度，有时赋权结果与客观实际存在一定的差距。

2. 关于基本公共服务均等化绩效评估体系研究

对基本公共服务均等化绩效评价最常见的思路是将评价标准分为客观评价和主观评价。它主要是评价基本公共服务的客观质量和主观质量。客观质量由不同服务的绩效考察指标构成，而主观质量则主要通过公民的满意度和感知质量来评价。前者可以依据基本公共服务质量标准体系通过数量的统计获得，而后者则需要通过调查公众的主观感受来获得。基于上文已经对关于基本公共服务质量标准体系的研究做了较为详细的综述，在此将主要对关于绩效评价中主观评价的研究进行梳理。

公众感知服务质量测量和公民满意度测评是两种主要的基本公共服务质量主观评估方法。

（1）公众感知服务质量测量。公众感知服务质量测量是重要的质量测评方式之一，是基于服务过程的无形性、易逝性、生产与消费的同时性等特点进行测评的方法，其潜在的前提是设定政府基本公共服务评价的准确性是能够在服务对象的主观感知中获得的。也就是说，服务水平是由顾客界定的，顾客在服务接受的过程中可以通过自身的体验和感觉准确地感知到政府基本公共服务的实际绩效水平。因此，基本公共服务的感知质量也就是公众对服务绩效的直接评价。学者范秀成提出服务交互模型与顾客感知服务质量模型，并指出服务质量与实体产品质量的区别。① 因此，感知服务质量被看作顾客感知和期望的差异。白长虹、陈晔借鉴服务质量差距模型（service quality model），认为公共服务质量包括供能质量和服务过程质量两个维度。② 杨永恒等也提出了评价基本公共服务质量的有形性、移情性、可靠性、信任性、吻合性、及时性、服务能力和服务声望 8 个评价维度和 26 个指标体系。③ 张亚明等提出的公众感知质量包含了文明性、规范性、可及性、方便性、时间性 5 个宏观感知指标。④ 吕维霞、

---

① 参见范秀成：《服务质量管理：交互过程与交互质量》，载《南开管理评论》，1999 (1)。

② 参见白长虹、陈晔：《一个公用服务质量测评模型的构建和分析：来自中国公用服务业的证据》，载《南开管理评论》，2005 (4)。

③ 参见杨永恒、王有强、王磊：《公共服务质量的评价维度和指标：市民与官员的认知对比》，见《绩效评估与政府创新国际研讨会（浙江）论文集》，229 页，2007。

④ 参见张亚明、郑景元：《基于 CSI 的政府服务评价研究》，载《北京行政学院学报》，2008 (4)。

陈晔、黄晶构建了“公众感知行政服务质量测评模型”。①

（2）公民满意度测评。公民满意度测评是质量测评的另一种重要方式。通过多维度的顾客满意度指数模型来研究政府的公众满意度或对具体服务进行满意度的评估是最重要的测评方式。在经济领域中，美国密歇根大学商学院质量研究中心总结出的“顾客满意度指数”（CSI）广泛应用于各国政府质量测评研究中。我国基本公共服务的满意度研究大多借鉴了国外顾客满意度理论的研究成果。朱国玮对基本公共服务的公众满意度测评的理论及其测评模型（PSCSI）进行了验证。② 刘武、刘钊、孙宇则采用结构方程模型（structural equation modeling，SEM）设计了行政服务中心基本公共服务满意度指数模型与一般基本公共服务满意度指数。③ 朱玉春等基于陕西省380名农村居民对农村公共物品的评价数据，运用主成分分析法和logit模型对农村居民的满意度进行了实证分析。④《小康》杂志发布的“中国公共服务小康指数”主要从行政管理、教育、社会保障、就业服务、医疗卫生、科技、市政建设及环保、文化娱乐、公共安全九个方面来衡量公共服务小康指数。⑤ 零点研究咨询集团发布的年度《零点中国公共服务公众评价指数报告》（2003年至今），包括公共安全、公共交通、公共事业、医疗卫生、社会保障、基础教育、就业服务、环卫治理和农业生产服务等与民生密切相关的九个不同领域的公众满意度评估。2010年，连氏“中国城市公共服务质量指数调查”用公共服务总体满意度、企业经营环境和一般公共服务3个维度，34个次级指标，106个测量指标对中国32个主要城市的公共服务质量进行了测评。中国社科院组织的“中国公共服务综合评估”在全面梳理新中国公共服务供给制度演进的基础上，开发了一个含8个子系统和165个指标的指标体系。

---

① 参见吕维霞、陈晔、黄晶：《公众感知行政服务质量模型与评价研究——跨地区、跨公众群体的比较研究》，载《南开管理评论》，2009（4）。

② 参见朱国玮：《公众满意度测评理论与实证研究》，载《兰州大学学报（社会科学版）》，2007（3）。

③ 参见刘武、刘钊、孙宇：《公共服务顾客满意度测评的结构方程模型方法》，载《科技与管理》，2009（4）。

④ 参见朱玉春、乔文、王芳：《农民对农村公共品供给满意度实证分析——基于陕西省32个乡镇的调查数据》，载《农业经济问题》，2010。

⑤ 参见中国全面小康研究中心：《2010—2011中国公共服务小康指数：71.9》，见http://www.chinaxiaokang.com/xkzz3/newsview.asp? Id=5255，2011-03-02。

（五）基本公共服务均等化研究的发展趋势

科学知识图谱的另一个特征是其能够通过挖掘引文信息、关联信息等，识别该领域研究的历史进程，探测未来的发展趋势。CiteSpace 可视化分析工具的时区视图就是一种侧重于从时间维度上表示知识演进的图谱，它可以清晰地展示出文献的更新和相互影响（见图 1—3）。

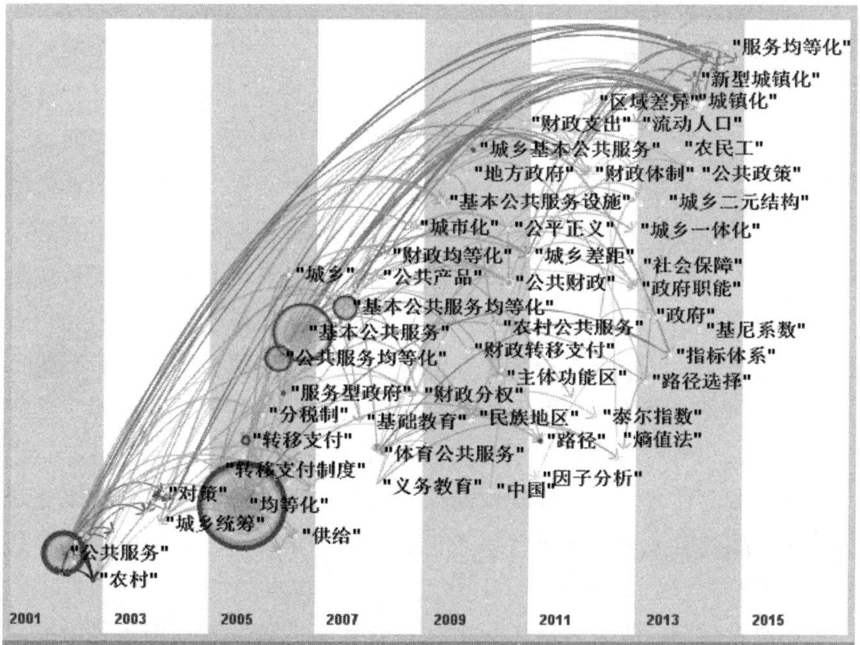

图 1—3　基本公共服务均等化研究的前沿时区视图

2005 年，中共十六届五中全会首次提出“按照公共服务均等化原则，加大国家对欠发达地区的支持力度，加快革命老区、民族地区、边疆地区和贫困地区经济社会发展”。社会各界响应中央精神，面向社会现实，积极推进基本公共服务均等化，构建基本公共服务体系，并开始意识到农村公共服务是基本公共服务均等化的重点方向。

2007 年，党的十七大报告把“推进基本公共服务均等化和主体功能区建设，完善公共财政体系”，确定为深化财政体制改革的一个基本方针。在这个大背景下，社会各界相对关注通过公共财政转移支付的形式解决基层政府财力不足的困境，促进农村公共服务能力的提升。随着国家财政收入的大幅增加，政府部门更加强调基本公共服务的“供给”，以图尽快减小城乡基本公共服务的差距，确保实现基本公共服务的“底线”

目标。

2010 年左右，基本公共服务包括哪些内容，基本公共服务均等化的标准、机制、转移支付等成为社会讨论的热点。讨论意见也被中央政府广泛听取。2012 年，《国家基本公共服务体系“十二五”规划》发布，首次明确界定了基本公共服务的范围、国家基本标准，教育、就业、住房、医疗卫生、社会保障等都被纳入基本公共服务均等化的范畴。在文件的指导下，基本公共服务均等化研究开始走向精细化、系统化。

2013 年，十八届三中全会通过的《中共中央关于全面深化改革若干重大问题的决定》强调，“推进基本公共服务均等化，加快形成科学有效的社会治理体制”，并且明确了“城乡基本公共服务均等化”是当前最需要关注的。城乡基本公共服务均等化面临的难题很大一部分在于农村低水平的公共服务能力、流动人口和农民工公共服务提供、农村公共服务财力投入不足、农村公共服务供需错位、城市与农村公共服务水平差距巨大等问题。

推进基本公共服务均等化、提升农村基本公共服务水平、缩小城乡基本公共服务差距是实现全面建设小康社会伟大目标的重要内容。近两年来，政府和学界从提升基层政府财政能力、增加公共财政转移支付、支持公共服务社会参与、鼓励政府购买公共服务、强化基本公共服务绩效评估、构建有效可靠的公共服务供需机制等角度，不断推进基本公共服务均等化。

中央精神与国家政策对于我国各界开展基本公共服务均等化研究起到了很好的引导作用，极大地推动了基本公共服务均等化研究走向深入。从学术研究的角度看，我国对基本公共服务均等化的研究在取得显著成果的同时，也存在一些薄弱环节，有待进一步加强。

第一，在研究视角方面，目前学者对基本公共服务均等化的研究多从行政学和经济学的角度切入，以公共行政学视角研究的成果多数运用新公共管理理论、新公共服务理论、治理理论等探讨公共服务供给模式的制度变迁，即单一供给模式——公共服务供给的市场化与社会化——公共服务多元主体的合作治理模式；以经济学视角研究的成果多数通过公共产品理论、公共选择理论以及社会福利函数的研究，逐步探索公共服务质量如何提高的问题。但从社会学、伦理学的视角研究基本公共服务均等化的成果较少，尤其缺乏基本公共服务均等化与社会公平内在逻辑的深度研究，导致工具理性的讨论多，价值理性的思问薄弱。

第二，在研究内容方面，侧重应然研究，实然研究比较薄弱。当前学术界对基本公共服务均等化的概念、内涵、特性、范围、供给主体、实现机制等应然层面的研究成果较多，但对目前我国基本公共服务均等化的质量以及绩效等实然层面的研究较少，尽管也有不少对目前我国基本公共服务均等化现状与问题的描述，但这些研究多数都是从现象的角度描述我们各级政府如何推进基本公共服务的均等化，在推进过程中存在哪些问题，缺乏从基本公共服务均等化的目标群体——城乡居民的角度分析基本公共服务均等化的质量问题与绩效问题。尤其缺乏将基本公共服务的客观评价和主观评价有机衔接，系统研究基本公共服务质量管理与绩效评估的成果。

第三，在研究方法方面，偏重定性研究，定量研究比较薄弱。目前，大部分学者都是运用定性的方法研究基本公共服务均等化问题，虽然也有小部分学者试图建立可量化的指标来衡量基本公共服务水平，但主要是借助公共经济学和财政学的一些标准，多以单指标简单加权处理为主，缺乏多指标联动的标准体系；同时评价指标的设计多是以公共服务供给的能力和水平为指向，而不是以城乡公共服务均等化的水平为指向，更鲜有借助可行性评价方法进行基本公共服务均等化绩效评价的研究。

《中共中央关于制定国民经济和社会发展第十三个五年规划的建议》强调："推动城乡协调发展。坚持工业反哺农业、城市支持农村，健全城乡发展一体化体制机制，推进城乡要素平等交换、合理配置和基本公共服务均等化。"同时要求："促进城乡公共资源均衡配置，健全农村基础设施投入长效机制，把社会事业发展重点放在农村和接纳农业转移人口较多的城镇，推动城镇公共服务向农村延伸。"这指明了未来五年，我国基本公共服务均等化的发展重点，也为基本公共服务均等化研究提供了新的靶标。将来，各界学者应该结合国家战略与社会现实的需求，以实际问题为导向，积极开展靶向研究，获得精准研究成果。

第一，加强对基本公共服务均等化理论基础的研究。基本公共服务均等化理论的研究涉及公共行政学、公共经济学、社会学、政治学等学科。综合运用相关理论对基本公共服务均等化的理论基础、本质属性、社会发展价值等进行深度分析，是今后研究的着力点。

第二，优化对基本公共服务均等化的研究结构。基本公共服务均等化的核心在于均等化，这就需要改变原来的研究结构，不仅重视基本公共服务效率，更要重视基本公共服务的质量与公平问题；不仅要高度重视城市基本公共服务供给，更要继续深入研究农村基本公共服务供给的相关问题，尤其要锁定均等化这个关键环节，探索实现均等化的目标、任务、标准与制度保障等。

第三，拓展基本公共服务均等化的研究内容。要针对已有研究的薄弱环节，进一步拓展研究内容，建立基本公共服务从需求收集到标准确定再到服务供给和评价的全程质量管理体系。如，关于我国基本公共服务均等化的需求调查与研究、我国基本公共服务均等化的范围与职责标准、我国基本公共服务均等化的质量控制与绩效评估研究等。

第四，创新基本公共服务均等化的研究方法。由于基本公共服务均等化的跨学科特性，决定了基本公共服务均等化的研究应该是多学科的交叉融合，在规范研究的基础上，更加重视实证研究，在定性分析的基础上，更加重视定量分析。比如，当前学者对于基本公共服务的绩效评价，要么集中于基本公共服务的质量标准，要么集中在基本公共服务的顾客感知和满意度的研究，而对基本公共服务的社会效益研究较少。如何将基本公共服务客观和主观评价有效结合来系统全面研究基本公共服务质量管理与绩效评估问题是后续研究的重点，尤其是综合型的基本公共服务均等化水平评价指标体系的系统性研究有待加强。

第二章 基本公共服务均等化研究方法现状与述评

谢星全*

根据研究主题，笔者在中国学术期刊网络出版总库围绕篇名“基本公共服务”检索出中文社会科学引文索引（CSSCI）来源（含扩展版）、核心期刊收录学术论文 758 篇，择取主题为“均等化”议题论文 505 篇，筛选出实证研究取向的论文后，重点对公共服务均等化方法论进行了述评，并对国内学界采用的主要定量研究方法进行述评，如普通最小二乘法（OLS）估计、面板模型、综合评价、指数法、因子聚类分析、方差分析等，并对其数理逻辑进行了简单介绍，以期“抛砖引玉”，推动基本公共服务研究的规范化和科学化。

一、我国基本公共服务均等化研究方法总体简介

1. 重视工具理性，忽视价值导向

传统公共经济学派追求工具理性，从财力转移机制、政府行为偏好、经济产业结构、地区资源禀赋等角度定量研究我国基本公共服务配置效率、供给范围及均等化水平，忽视基本公共服务也是保障人权、增加社会福利、促进公平正义等政治哲学议题。基本公共服务不仅要依赖“谁来供给”“为谁供给”“供给什么”等工具理性，解决供给主体、范围和供给机制等规模效率问题，更应理性思考“为谁供给”的问题，重视基本公共服务的公平、普惠、可及和需求性等价值问题，才能改革传统单向投入型公共服务供给模式，构建“双向互动—需求侧调节”的新公共服务供给体制。这是提升基本公共服务质量的重要途径。

---

* 谢星全，四川大学公共管理学院博士研究生，研究方向：公共治理与公共服务评价、比较政治、边疆治理。

2. 客观评价多，主观评价少

基本公共服务是面向公众提供的产品和服务，公众应是参与基本公共服务生产、分配、消费及评价环节的最重要主体。调查公众需求表达和满意度水平的主观评价是实现基本公共服务“共创共享”的民主途径。分析国内学界评价公共服务的数据来源，可以发现：它们多为年鉴、政府公报、公开文件、政策文本等客观资料，采集公众主观数据的研究较少。虽然有专家赋权的综合评价可在一定程度上减少评价偏误，但是专家意见不等于公众意见，难以对不同民族、阶层、职业群体、年龄、城乡居民等不同主体的利益进行客观评判和利益协调。

3. 数据来源差异大，质量参差不齐

基本公共服务数据按来源途径可分为官方数据和调查数据。前者包括各级政府统计年鉴、公报、政策文件及外国政府或国际组织发布的信息资料（如联合国计划开发署发布的人类发展指数等）。后者则包括抽样调查数据、定性数据（访谈资料、文本信息等）、实验数据。目前，官方数据的有效性存在较多争议，特别是许多研究者在研究设计中没有说明数据缺失情况、处理方法，据此得出的评价结论的信度和效度值得怀疑。即便官方数据可以覆盖不同年份、不同地区、不同行业等数据，但数据全不等于数据质量高。数据的质量取决于其有效性与可靠性，其中数据信息的变异性是衡量数据有效性的重要指标。目前，官方数据多是均值数据，数据平均后导致数据信息变异性差，目标群体的组间差异和组内差距发生偏倚，基本公共服务均等化水平可能被高估或低估。而随着抽样调查、定性研究技术的发展和完善，研究者通过严格抽样程序和科学调查方法，可以极大提高数据质量。

4. 定量研究较多，定性研究少

分析国内评估基本公共服务均等化等议题的文献数量，可以发现公共服务评价和城乡公共服务均等化议题的实证研究较多，规范分析较少。特别是实证途径的定量研究大行其道，定性研究凤毛麟角。基于数理统计基础的计量模型常面临经验数据与理论描述不一致的情形。现实环境的计量模型难以避免变量“内生性”“联立性”“遗漏性”“函数形式设定错误”等弊端，据此统计的变量系数容易有偏和不一致，因此定量研究公共服务问题的结论存在较多争议。即便运用专家赋权的多维综合评价方法，但由于赋予变量权重的主观性较大、标准不一、权重各异，得出的公共服务政策建议难免陷入“众说纷纭”的尴尬境地。其实，基本公共服务评估和公共服务均等化首先是提供者与受众的心理感知与评价，考察行政人员与公众的公共服务动机、个体心理与环境的互动机制为定性研究中的访谈、田野调查、焦点小组、个案研究等方法和实验研究提供了新视野，有待学界共同努力，推动公共服务研究的规范化、科学化及范式转变。

5. 评估技术不科学

研究基本公共服务的城乡差异只有采取“同中求异”的比较研究才能避免选择偏差和类比推理的谬误。例如研究者要论证造成基本公共服务城乡差异的制度诱因是“城乡二元户籍”，科学的研究设计应该是把同一类基本公共服务置于相同地理环境、经济社会水平、人文氛围及相似人口属性特征的多维框架下考察，如果不把这些因素作为控制变量，研究者就不能准确分析均等化的真实水平及户籍制度的独立效应。如果研究基本公共服务均等化问题思路不正确，就如用错误的研究途径分析了正确的研究议题，研究结论的信度与效度就值得商榷。

二、我国基本公共服务均等化研究方法述评

（一）泰尔指数法研究述评

泰尔指数“是一个常用的测度个人或地区间收入差距，抑或不均等程度的分析方法”①。在公共服务均等化议题中，是反映总熵指数在不同地区或城乡之间服务差距权重为 1 的特例。泰尔指数的一般计算公式为

$$E(y)=\frac{1}{n}\sum_{i=1}^{n}\frac{y_i}{\mu}\ln\frac{y_i}{\mu}$$

式中，n 是样本数，可以是评价对象的地区如省份、市、县等；y_i 代表基本公共服务均等化水平从低到高第 i 个省的数值。泰尔指数的取值范围为 0～1，值为 0 表示完全均等，而取值为 1 表示完全不均等。“泰尔指数的最大特点是可以衡量组内差距和组间差距对总差距的贡献”②，而且泰尔指数比变异系数更敏感地反映均等化过程，可以更好地评价地区间的差距。但是一般泰尔指数不能消除人口规模的影响，使用人口加权系数可

① 类骁、韩伯棠、尚瑶：《长江三角洲地区知识溢出水平研究——基于泰尔指数方法》，载《科学学与科学技术管理》，2011，32（6）。

② 杨光：《省际间基本公共服务供给均等化绩效评价》，载《财经问题研究》，2015（1）。

以在一定程度上纠正泰尔指数的偏差。

曾国平等学者采用泰尔指数法，基于政府年鉴和公报数据，量化分析了我国省级基本公共服务的地区差异和时间趋势。① 王守坤采用1995—2009年我国省级面板数据，用泰尔指数测算分税制前后时段公共交通、卫生及教育水平变化趋势，实证分析中央转移支付力度对各省份上述公共服务提供水平的影响。② 龚峰利用中国省级义务教育和医疗卫生服务数据计算泰尔指数，评估公共服务供给均等化的区域差距。田发采用泰尔指数法评估财政体制运行对区域基本公共服务均等化的影响效应。蔡晓珊运用泰尔指数法分析了广东各地公共服务均等化水平。李林君用泰尔指数测算户籍人口和常住人口两种口径下公共服务不均等程度。范柏乃采用浙江省11个地市2005—2012年统计数据，运用泰尔指数法评估了浙江省基本公共服务均等化水平。

（二）变异系数研究述评

变异系数是采用统计学中标准差和均值比来表示的，其公式为

$$V=\left[\sum_{i=1}^{n}[(X_i-\overline{X})/n]^{1/2}\right]/\overline{X}$$

式中，V为变异系数，X_i为地区某属性值（例如：人均教育经费支出），n为地区个数。V反映了各地区某属性值相对于该指标平均值的整体离散状况，V越大表明某属性值的区域间差异越大。

加权变异系数考虑了人口规模的影响，其公式为

$$V_n=\sqrt{M}/\overline{X}$$

$$M=\left[\sum_{i=1}^{n}(X_i-\overline{X})^2/P_i/P\right]/n$$

式中，P_i为第i个地区人口数，P为全市人口数，其他同上式，P_i/P为i地区占全市人口数的比重，用以反映该地区人口规模的影响。V_n越大表明某属性值区域间差异越大。

学者王悦荣运用变异系数分别研究了广东、四川、重庆、深圳、江

① 参见曾国平、王正攀、曹跃群：《中国地区公共服务水平差异及变动趋势的实证检验——基于政府投入角度》，载《经济体制改革》，2011（4）。

② 参见王守坤：《中国转移支付体制的公共服务均等化效应：分布演进与计量检验》，载《经济经纬》，2012（4）。

苏、新疆的基本公共服务均等化水平。[①] 马昊等学者采用变异系数研究了我国省级基本公共服务均等化差异。[②] 张序、李连芬、王郁分别研究了民族地区、西部教育、环境保护公共服务均等化水平。

变异系数虽然可以消除指标不同量纲的差异，为不同类别基本公共服务横向比较创造了优势，但是它的计算过程却不能敏感地反映不同组间公共服务均等化水平。

（三）威廉森系数法研究述评

威廉森系数是由美国学者威廉森提出的，其计算公式为

$$W=\sqrt{S}$$

$$S=\sum_{i=1}^{n}(y_i-y)^2P_i/P$$

式中，W 为威廉森系数，y 与 P 分别为区域的某属性值和人口数，y_i 及 P_i 分别为该区域内第 i 个地区的该属性值及人口数。W 值愈大，说明区域内该属性值区域差异愈大。该指数虽然增加了地区属性和人口规模的权数，指数有效性较标准化数据高。但是国内单独采用此研究方法的较少，只是零星出现在综合评价的文献中。

（四）标准数据法研究述评

指标不仅存在指标间量纲差异，而且存在正指标和逆（负）指标的差别，可以在面板数据基础上，对原始数据标准化，消除指标间不同量纲和正负指标差异对因子分析结果产生的影响。标准化方法如下：

$$zx_i=(x_i-\min x_i)/(\max x_i-\min x_i)$$

所有逆（负）指标标准化公式为

$$zx_i=(\max x_i-x_i)/(\max x_i-\min x_i)$$

式中，zx_i 为标准化后的第 i 个指标数据，正、负指标依次类推，新数据代替原始数据组成新的标准化指标数据。

单独采用标准化指标评估基本公共服务均等化水平的研究较少，研究者通常把数据标准化消除量纲差异，再作为综合评价和计量分析的技术手

---

① 参见王悦荣：《财政支出视角广东公共服务均等化研究》，载《宏观经济研究》，2010（8）。

② 参见马昊、曾小溪：《我国基本公共服务均等化的评价指标体系构建——基于东中西部代表省份的实证研究》，载《江汉论坛》，2011（11）。

段。如唐天伟用标准化指数对 2003—2012 年我国省级基本公共服务财政支出排序与分类，评价了我国省级基本公共服务的时间趋势和空间差异。

（五）基尼系数法研究述评

$$G=1+\left(\frac{1}{N}\right)-\frac{2\times(Y_1+2Y_2+3Y_3+\cdots+NY_n)}{N^2\bar{Y}}$$

式中，G 是基尼系数；N 为样本量；$\bar{Y}$ 为样本均值；Y_1，Y_2，Y_3，…，Y_n 为从大到小的样本值。

李洺运用基尼系数作为公共服务均等化服务标准，分析了我国改革开放后居民绝对收入及生活质量的差异。崔惠玉等通过测算辽宁 1987—2007 年的教育基尼系数，分析了辽宁公共教育均等化水平。① 林阳衍等利用 2003—2010 年我国 198 个地级市的实际数据计算了我国基本公共服务供给水平的基尼系数，描述性地分析了我国地级市基本公共服务时间趋势和地区差异。② 武力超构建基尼系数，估测各省份的公共服务均等化水平。魏福成综合了 7 大类基本公共服务评价指标，对 2005—2012 年省际的基本公共服务均等化状况进行了考察。

运用基尼系数去测度公共服务均等化程度是不尽合理的，原因有二。一是，基尼系数的原始数据一般不是目标对象的所有数据，而是来源于抽样调查，抽样方法及样本量的不同直接影响基尼系数评估公共服务均等化水平的准确性。二是，基尼系数实际上反映了某类基本公共服务总体时点的差异水平，却不能有效测度不同层次基本公共服务在连续时间轴的发展趋势。

三、综合评价研究方法述评

在公共服务均等化领域，综合评价是常用研究方法，主要用于考察指标值变异的程度。综合评价是整合定量与定性分析思路的研究方法，既可以缩小客观数据与主观情境的差距，也在一定程度上减少了主观评价的随意性。综合评价主要有层次分析法、熵值法及模糊综合评价法等。

① 参见崔惠玉、刘国辉：《基本教育公共服务均等化研究》，载《财经问题研究》，2010（5）。

② 参见林阳衍、张欣然、刘晔：《基本公共服务均等化：指标体系、综合评价与现状分析——基于我国 198 个地级市的实证研究》，载《福建论坛（人文社会科学版）》，2014（6）。

层次分析法受主观评价影响最大，熵值法受主观随意性干扰最小，模糊综合评价居于其中。下面，笔者对上述研究方法及应用现状做简单介绍。

(一) 层次分析法研究述评

层次分析法（analytic hierarchy process，AHP）主要适用于决策结构复杂、决策准则多、指标确权性较大的综合评价问题，是典型的复杂问题简单化的操作方法。层次分析法是主观赋权法的一种，其主观因素就表现在对各指标权重的选择上，实证中往往采用问卷调查的形式来确定每一级指标的权重。基本公共服务是多类别、多层次的政策议题，运用层次分析法对基本公共服务进行分层研究，不仅思路清晰，确权容易，且通过判断矩阵及一致性检验能够确立指标权重的信度及合理性。

1. 层次分析法简介

笔者以层次分析法为例，对研究基本公共服务均等化的层次分析方法的一般过程做简介。

(1) 建立基本公共服务层次结构。研究者首先要确定基本公共服务均等化评价层次及其指标体系。例如研究者可以建立四类三级层次的基本公共服务评价体系，如图 2—1 所示。

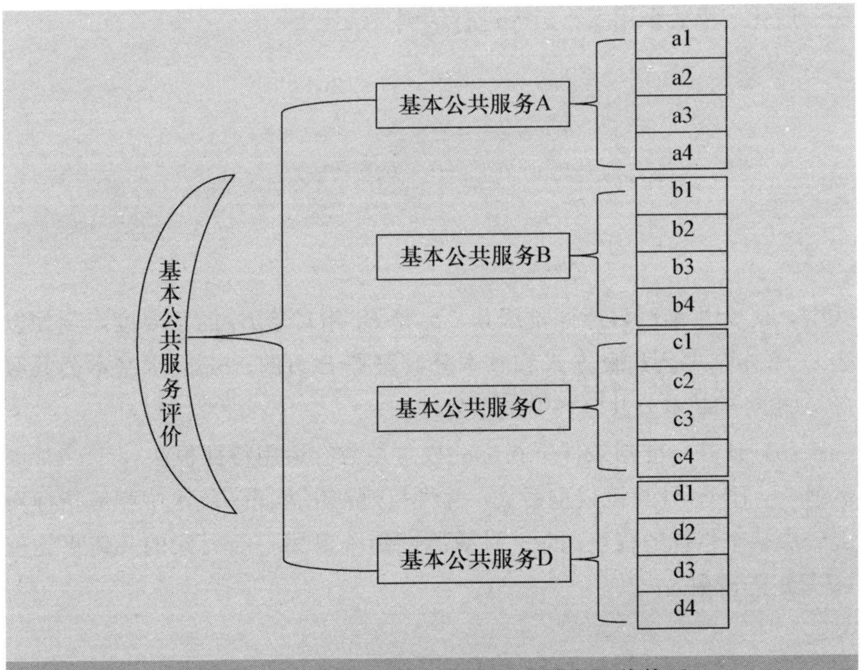

图 2—1　四类三级层次的基本公共服务评价体系

（2）建立权重评价矩阵。层次分析权重结构见表2—1。

表2—1　　层次分析权重结构

数值权重	含义
5/5	表示两个元素相比，具有同等重要性
6/4	表示两个元素相比，一个元素比另一个元素稍微重要
7/3	表示两个元素相比，一个元素比另一个元素明显重要
8/2	表示两个元素相比，一个元素比另一个元素非常明显重要
9/3	表示两个元素相比，一个元素比另一个元素最重要

经过公共服务专家、政府官员、公众等多主体反复磋商，最后得出评价指标权重系数如表2—2所示。

表2—2　　评价指标权重系数

基本公共服务（A）	基本公共服务（B）	基本公共服务（C）	基本公共服务（D）
4	6	5	8

专家对同一层次指标进行两两比较，给出它们相对重要的判断值，全部指标经过两两判定之后，就可以形成一个比较判断矩阵。这里为不失一般化，笔者采用 b_{m*n} 矩阵进行示例：

$$B_{ij}=(b_{ij})_{m*n}=\begin{matrix} b_{11} & b_{12} & \cdots & b_{1j} & b_{1n} \\ b_{21} & b_{22} & \cdots & b_{2j} & b_{2n} \\ b_{i1} & b_{i2} & \cdots & b_{ij} & b_{in} \\ \vdots & \vdots & & \vdots & \vdots \\ b_{m1} & b_{m2} & \cdots & b_{mj} & b_{mn} \end{matrix}$$

式中，B_i 为当前层目标评价因素，b_{ij} 是 B_i 相对于 B_j 的重要度，例如以表2—2中基本公共服务A和基本公共服务B为例，b_{AB} 表示基本公共服务A相对于基本公共服务B的重要度。

（3）计算单准则条件下指标的权重系数。运用特征根法（eigenvalue method，EM）计算该权重系数，并将其归一化为同一层次中相应指标对上一层某个指标的权重向量。计算判断矩阵B每一行元素的几何平均值（n 是矩阵阶数）：

$$\overline{W}_i=\sqrt[n]{\prod_{i=1}^{n} b_{ij}}\,(i=1,2,\cdots,n)$$

$\overline{W}_i=(\overline{W}_1,\overline{W}_2,\cdots,\overline{W}_n)^T$ 做归一化处理：

$$\overline{W}_i=\frac{\overline{W}_i}{\sum_{j=1}^{n}\overline{W}_j}\ (j=1,2,\cdots,n)$$

式中，W_i 为所求指标的权重系数值，最后的权重向量 $W=(W_1,W_2,\cdots,W_n)^T$。

（4）进行一致性检验。为了保证所得权重的合理性及正确性，在计算权重向量后，应对每个判断矩阵都进行一致性检验，无法通过一致性检验的矩阵，反馈给打分者，由其对指标分值进行适当修改。求判断矩阵的最大特征根 λ_{max}：

$$\lambda_{max}=\frac{1}{n}\sum_{i=1}^{n}\frac{(BW)_i}{W_i}$$

计算一致性评价指标，将 CI 作为度量判断矩阵偏离一致性的指标：

$$CI=\frac{\lambda_{max}-n}{n-1}$$

计算一致性比率 CR，为了得到不同阶数的矩阵均适用的一致性检验的临界值，还需引入平均随机一致性指标 RI，n—2 阶数的判断矩阵所对应的 RI 值见表 2—3。

表 2—3　　　n—2 阶数的判断矩阵所对应的 RI 值

阶数 n	2	3	4	5	6	7	8	9	10	11	…
RI	0	0.58	0.9	1.12	1.24	1.32	1.41	1.45	1.49	1.51	…

通过公式 CR=CI/RI，求得随机一致性比率 CR。当“CR≤0.1 时，一般认为该判断矩阵具有满意的一致性；当 CR>0.1 时，则认为该判断矩阵不具有一致性，应该调整判断值，直到通过一致性检验为止”①。

（5）计算组合权重。评价指标的组合权重是每层指标系数占总目标的权重系数，例如基本公共服务 A～D 的各项指标系数占基本公共服务总体系数的权重，其数值是上一层评价指标与下一层评价指标权重系数的乘积。

① 林闽钢、王增文：《区域性基本公共服务均等化评估研究——以江苏省为例》，载《城市发展研究》，2013（3）。

（6）对基本公共服务进行分类评价。按照层次分析法得出的各项基本公共服务的权重系数乘以其各层指标的数值，就可得出各项基本公共服务指数，然后建立相应的衡量标准，如“区位熵”等，用以评估各项基本公共服务的时空差异。

2. 公共服务均等化层次研究方法述评

采用层次分析法的学者，如王新民评估了我国省级公共服务均等化水平；刘亮测度了我国体育公共服务的均等化水平；林闽钢等评价了江苏公共服务均等化水平；皮灿研究了广州马赛克式村落公共服务设施均等化水平。

国内学界运用层次分析法研究基本公共服务均等化议题，指标赋权存在主观随意性较强的缺点。基本公共服务不仅是客观指标的量化，也是典型的主观概念。一是，其蕴含丰富的政治哲学意蕴，公共价值本身是难以量化的多维概念，不能简单被统计数据代表；二是，层次分析法的判断矩阵的指标赋权深受评分者知识、经验及态度的影响，难以避免权重随意性大的缺陷。

（二）熵值法研究述评

在信息论中，熵是系统无序程度的度量。熵值法可以尽可能地保留数据原始信息，减少确定权重的主观性以及多指标变量间信息的重叠。通过计算评价指标信息的离散程度确定各项指标的权重，评价对象的指标值离散程度越高，信息熵越小，说明该指标包含信息越多，其权重也越大；反之该指标的权重越小。当评价对象各项指标离散程度为 0 时，熵值取最大值，表示该指标不能提供有效信息，应该从评价项目中剔除。

设有 m 个基本公共服务方案，n 项评价指标，形成原始指标数据矩阵 $X=(x_{ij})_{m*n}$，其中 $x_{ij}\geqslant 0$，$0\leqslant i\leqslant m$，$0\leqslant j\leqslant n$。对于某项指标，不同方案的指标值 x_{ij} 差距越大，则该指标在综合评价中所起的作用越大，其权重也越大。具体公式如下：

$$e_i = -k\sum_{i=1}^{m} p(x_{ij})\ln p(x_{ij})$$

$$p_{ij} = x_{ij} / \sum_{i=1}^{m} x_{ij}$$

（1）标准化数据。

为了减少评价对象量纲和数量级的差异，需要对原始指标进行标准化处理。主要有统计标准法和极值标准法，这里主要介绍极值标准法，通常需要对正负指标做不同处理。计算第 i 个地区的第 j 个评价指标的比重 y_{ij}。

正指标：

$$y_{ij}=\frac{x_{ij}-\min(x_{1j}x_{2j},\cdots,x_{mj})}{\max(x_{1j}x_{2j},\cdots,x_{mj})-\min(x_{1j}x_{2j},\cdots,x_{mj})}$$

负指标：

$$y_{ij}=\frac{\max(x_{1j}x_{2j},\cdots,x_{mj})-x_{ij}}{\max(x_{1j}x_{2j},\cdots,x_{mj})-\min(x_{1j}x_{2j},\cdots,x_{mj})}$$

（2）计算第 j 个指标的熵值。

$$e_i=-k\sum_{i=1}^{m}p(x_{ij})\ln p_{(X_{ij})}$$

式中，$k>0$，ln 为自然对数，$e_i\geqslant0$。如果 x_{ij} 对于给定的 j 全部相等，那么 $e_i=-k\sum_{i=1}^{m}\frac{1}{m}\ln\frac{1}{m}=k\ln m$。若设 $k=1/\ln m$，于是有 $0\leqslant e_i\leqslant1$。计算第 j 个指标的差异性系数

$$g_i=1-e_i$$

式中，$0\leqslant g_i\leqslant1$。差异系数表示某项指标的离散程度，反映了该指标信息有效性大小，它取决于该指标的熵值 e_i 与 1 之间的差值，决定指标权重的大小。例如，对于第 i 项指标，离散程度越大，熵值就越小，有效信息就越高，权重系数也就越大，综合评价就越受该指标的影响。

（3）计算权重。

$$a_j=g_j/\sum_{j=1}^{n}g_j$$

（4）计算综合得分。

$$S_m=\sum_{j=1}^{n}a_jx_{ij}$$

式中，S_m 是第 m 项公共服务方案的综合得分。

由于熵值法可以最大限度减少主观随意性，尽可能地反映数据原始信息，通常与其他技术结合使用，已成为综合评价最多的研究方法。单独运用熵值法研究公共服务均等化议题较少。沙智慧运用熵值法评价四

川城乡基本公共服务均等化水平；王肖惠量化分析了陕西农村公共服务的空间差异；徐翠枚评估海南省公共服务均等化水平；冯骁研究了我国城市公共服务的空间差异与影响趋势。

四、基本计量模型研究方法述评

（一）运用面板数据研究基本公共服务均等化述评

如果研究者要探索基本公共服务在不同时点的影响因素、形成机制、作用大小或随时空变化的动态趋势，面板数据方法是理想的研究方法。正如我们指出的那样，基本公共服务是一个随时间变迁和跨区域的公共产品和服务，它既有随时间不随地点而变化的可观测特质，也有随地点而不随时间变化的属性，还有随时间又随地点而变化的动态特性。采用大样本容量，把不同时点从同一总体中抽取的多个随机样本混合起来使用，可以获得更精密的估计量和更具功效的检验统计量。笔者认为，实现对我国城乡基本公共服务均等化的动态监测，面板方法是有效途径。

面板数据是研究者在不同时间尽可能地跟踪同一个人、同一个家庭的公共教育支出、劳动就业小时数、基本卫生医疗设施等信息资料集合。在以后若干时点上，对同样的人群反复采访，以便得到同一群人在不同年份的基本公共服务信息资料。我国学界多采用年度省级面板数据，数据均来自官方的年鉴、公报等政策文件，指标的客观性较强。使用主观调查的动态面板数据（如中国家庭金融调查、中国家庭动态调查等）研究基本公共议题的较少。

1. 面板数据的一般模型

对于随机抽取的横截面观测值 i 来说，基本的不可观测效应模型（UEM）可以写为

$$y_{it}=x_{it}\beta+c_i+\mu_{it}\,(t=1,\ 2,\ \cdots,\ T)$$

式中，x_{it} 表示一个 $1*K$ 向量，它能够包含随 t 而不随 i 变化的可观测变量、随 i 而不随 t 变化的可观测变量，还有随 i 又随 t 变化的可观测变量。对于 c_i 来说，在应用中也称为“不可观测效应”“特征变量”及“不可观测异质性”。在公共服务议题研究中，它可表示为个体感知水平、家庭隐性收入、公共服务质量等横截面数据，μ_{it} 表示特质误差或特质扰动项，它表示不可观测的变量，这些变量既随时间 t 而变化也随 i 变化，例如它可以

代表不同个体的公共服务满意度、公共财政支出、政府支出偏好去影响因变量 y_{it}。在面板数据模型传统处理方法中，当把 c_i 看成一个随机变量时，即当研究者从理论上认为或逻辑判断 c_i 与可观测解释变量 x_{it} 和不可观测特质误差项 μ_{it} 都不相关时，该模型被称为“随机效应”模型。相反，当 c_i 看成一个随机变量时，即当研究者从理论上认为或逻辑判断 c_i 与可观测解释变量 x_{it} 存在任意相关性时，此时 c_i 称为“个体固定效应”。针对 c_i 的不同性质，研究者通常会分别采取随机效应估计和固定效应估计 β 系数。

2. 面板模型的假设与估计

在高级计量经济学中，研究者一般不假设 x_{it} 是非随机的，而是限制 y_{it} 的期望值如何依赖于其他时期的解释变量，即对于 $s \neq t$，一旦控制 x_{it} 和 c_i 时，x_{is} 对 y_{it} 没有偏效应，这样的假设与没有以不可观测效应为条件的严格外生性假设相比，却更符合现实情况。

对于面板不可观测效应模型，传统上有两类估计方法：

（1）当对于固定时间 T 而言，横截面样本 N 充分大时，采用混合 OLS 估计模型参数是渐进有效的；

（2）当 μ_{it} 在控制 x_i 和 c_i 条件下的期望为 0，且它的方差具有随时间 t 变化的常数值时，当 $N \to \infty$，$\widehat{\beta_{RE}}$ 的估计系数是渐进一致的；当且 μ_{it} 是序列相关时，利用稳健方差矩阵可获得沃尔德统计量去构造有效的统计推断，此时可采用一般 FGLS 分析，特别是对于非常大的 N 来说，该方法估计是不错的选择。更多情况是，研究者利用面板数据考虑 c_i 与 x_{it} 是任意相关时，固定效应估计方法是不错的选择。当 μ_{it} 在控制 x_i 和 c_i 条件下的期望为 0 时，此时固定效应要满足两个假设条件：当 x_{it} 的每一个元素对于某些横截面单位来说是不随时间而变化时，$\widehat{\beta_{FE}}$ 是以 X 为条件的无偏估计量；当 μ_{it} 的方差是不随时间 t 变化的常数时且不存在序列相关时，$N \to \infty$，$\widehat{\beta_{FE}}$ 估计量是渐进有效的，此时普通最小二乘法和差分法是合适的估计方法。

3. 国内面板数据研究述评

王磊通过建构柯布—道格拉斯生产函数模型，利用 1997—2004 年青海省的时间序列数据和我国 13 个省市 2003 年的面板数据建立计量模型，实证了我国各项财政支付政策对公共服务均等化的影响。① 曾红颖定量

① 参见王磊：《我国政府间转移支付制度对公共服务均等化的影响》，载《经济体制改革》，2006（1）。

分析了各项政府不可控因素对地方收入能力和支出成本的影响，建立了全国基本公共服务均等化收入、支出和转移支付测算模型，并测算了中央财政对省级区域转移支付的效果。① 贾俊雪运用动态空间面板数据模型分析政府间财政收支责任安排对公共服务均等化的影响。贾晓俊利用河北省 136 个县 2002—2006 年的统计数据，定量分析上级政府对县级政府教育支出的影响。李凡利用普通面板固定效应模型，检验中央对各省级政府的转移支付对省级公共服务均等化的影响。曾明等利用中国 31 个省级行政区的面板数据构建门槛模型，从财政自给的视角实证考察 1994—2012 年中央转移支付与地区间公共服务均等化的关系。朱洁用 2001—2011 年的面板数据进行主元分析，选择稳健方差检验个体固定效应模型，解释了我国公共服务影响因素极其作用大小，评估我国省级公共服务均等化程度。② 汪利锬用面板趋同模型对中国 31 个省份 1995—2012 年间公共服务支出差异拉大的速度进行了测度，定量分析了省级财政转移支付与公共服务支出的关系。③ 安体富采用中国 31 个省份 2002—2006 年共 5 年的面板数据，实证分析了财政能力、转移支付与公共服务水平的内在联系。贾俊雪运用空间面板数据模型考察了改革开放以来我国政府间财政收支责任安排对地方公共服务发展和均等化的影响。刘成奎基于 2004—2011 年我国 26 个省份的面板数据，实证分析了财政分权、地方政府城市偏好与基本公共服务均等化的关系。赵楠通过 1998—2008 年的面板数据实证检验中央财政转移支付在民族地区公共服务均等化中的效应。和立道基于 2000—2008 年的面板数据的估计，实证分析财政支出、居民收入水平、城镇化与城乡基本公共服务供给的内在联系。胡洪曙采用空间面板模型，分析 2005—2012 年各省政府基本公共服务财政投入和产出水平的空间相关关系，研究了转移支付对公共服务供给的空间作用机制。甘家武采用面板似不相关回归估计方程（SUR）进行估计，考察了 2000—2011 年云、贵、川和黔四省区之间的基本公共服务均等化、商品市场分割的变化趋势。刘成奎采用 2004—2010 年中国 28 个省份面板数据的联立方程组，定量分析了政府城市偏好、网络信息与城乡

---

① 参见曾红颖：《我国基本公共服务均等化标准体系及转移支付效果评价》，载《经济研究》，2012（6）。

② 参见朱洁：《中国省际基本公共服务均等化程度评价研究》，载《东岳论丛》，2015（7）。

③ 参见汪利锬：《地方政府公共服务支出均等化测度与改革路径——来自 1995—2012 年省级面板数据的估计》，载《公共管理学报》，2014（4）。

基本公共服务均等化的一般联系。赵建国采用我国 2004—2013 年年鉴和政府公报数据，构建面板模型，实证研究中央财政转移支付制度对东、中、西部地区基本公共服务供给均等化的影响。

目前，学界应用面板研究基本公共服务均等化的棘手问题之一是不能假定不同时点的观测数据是独立分布的，如果假设不满足，估计参数会产生严重偏误。需要研究者敏锐识别模型错误并采取补救技术，修正相关模型后，谨慎地得出结论。

虽然国内学者常用差分法消除那些不随时间变化的无法观测的变量，例如基本公共服务属性，普惠性、公平性等变量，但是现实情况是面板模型的回归元如地方政府财政收入与上一期的公共财政支出有显著相关性，此时固定效应估计量的效度将会显著下降。

另一个常被国内学界忽略的问题是，面板模型的数据存在测量误差时，差分估计会失效。例如我国统计年鉴数据的真实性和有效性一直备受争议，如果数据存在测量偏差，差分面板模型将会导致比混合 OLS 估计更糟糕的结果，研究结论几乎无效度可言，需要研究者小心地求证，谨慎地得出结论。

(二) OLS 估计法研究基本公共服务均等化述评

使用回归分析是探索公共服务均等化解释性问题的基本途径，可以对公共服务均等化的影响因素、形成机制、演变趋势及功能价值做出评价、解释、预测，并据此提出相关对策建议。笔者首先简单回顾 OLS 估计一般方法，然后再对回归模型的前提假设及应用问题进行阐释。

1. OLS 多元回归分析的一般模型简介

多元回归分析允许我们分析多个可观测因素（解释变量或自变量）x 影响被解释变量（因变量）y。一般的多元回归模型总体可以写成

$$y=\beta_0+\beta_1 x_1+\beta_2 x_2+\beta_3 x_3+\cdots+\beta_k x_k+\mu$$

β_0 为方程截距，β_1，β_2，…，β_k 分别是与 x_1，x_2，…，x_k 相联系的参数，我们把这类不同于截距的参数 β_k 称为斜率参数，它表示在控制其他变量因素条件下，x_k 每变化一个单位，y 平均变化 β_k 个单位。但是对于 OLS 估计量要达到无偏性和有效性，却需要满足以下几个前提条件：

(1) OLS 估计的总体模型需要是 β_0，β_1，…，β_k 的线性函数，但是 y

和自变量 x_k 都可以是我们所关注变量的任意函数，因为这样才能保证参数对 y 的合理有效的解释。

（2）变量是包含 n 次观测的随机样本，$\{(x_{i1}, x_{i2}, \cdots, x_{ik}, y_i), i=1, 2, \cdots, n\}$ 它来自假设 1 的总体模型。

（3）在样本中（因而在总体中），没有一个自变量是常数，自变量之间也不存在严格的共线关系，即该假设允许自变量之间存在相关关系，但不能高度相关。

（4）给定自变量的任何值，误差 μ 的期望值为 0，此假设表明总体模型没有遗漏与自变量相关的重要因素，且模型的函数形式设定正确（如没有不正确的设定自变量的高次项和交互项等）。

统计研究表明，在假设（1）～（4）下，回归估计量 $\hat{\beta}_j$ 是总体参数 β_j 的无偏估计量，即 $\hat{\beta}_j=\beta_j$（$j=0, 1, \cdots, k$）。

（5）总体模型中给定任意解释变量，误差 μ 都具有相同的方差，它表示在误差方差是常数时，OLS 估计参数是总体真实参数的一致估计量。

2. 国内 OLS 估计基本公共服务均等化研究方法述评

皮灿以广州市各区（市）为评价单元，采用皮尔逊相关分析法及通径分析法，分析了广州公共设施的空间差异及基本公共服务的供需状况。王敬尧采用双变量 probit 模型进行回归分析发现，公共服务产出和公民感受呈现显著的非一致性。宋洁用 R 型聚类和复相关系数筛选指标，实证研究某省 1991—2009 年公共服务均等化水平。胡德仁采用多元线性回归方法，利用 2004—2006 年中国各地财政支出数据，分析中国现行财政转移支付政策的主要影响因素和价值取向。杨亦然采用 2000—2010 年统计数据，利用 OLS 回归估计方法，研究了重庆市各区县财政支出对基本公共服务水平的影响程度。侯建明用二元 logit 模型，分析了长春市、吉林市、延边朝鲜自治州三地流动人口公共服务均等化水平。① 李斌等用动态空间自回归及空间杜宾模型，量化研究了“我国 286 个城市 2002—2012 年间公共服务差异、城乡公共服务均等化及民生财政支出对城市化的影响”②。

笔者认为，国内 OLS 估计研究公共服务均等化议题可能存在的缺陷

---

① 参见侯建明：《“长吉图”地区流动人口公共服务均等化研究》，载《人口学刊》，2012（6）。

② 李斌、李拓、朱业：《公共服务均等化、民生财政支出与城市化——基于中国 286 个城市面板数据的动态空间计量检验》，载《中国软科学》，2015（6）。

主要有以下几个方面：

（1）研究者缺少总体模型是线性参数的论据。

OLS 回归估计方法的第一个前提是研究者必须理论论证或给出的总体模型是线性的统计证据，否则回归估计模型参数将是有偏的。国内许多研究者在使用 OLS 估计时，没有给出残差散点图和回归拟合图，也缺少总体模型是参数的线性理论说明。如此，公共服务均等化统计结论的效度是有待商榷的。

（2）变量多重共线问题。

国内部分学者用 OLS 估计法研究公共服务均等化议题时，许多解释变量在理论上是显著相关的，如地方政府财政自给能力与中央转移支付在统计上也可能高度相关，如果是非自动识别多重共线软件操作，会导致模型估计参数的严重偏误，如果不寻找有效的代理变量或工具变量，则又可能会造成模型遗漏变量问题，导致估计参数有偏。

（3）遗漏变量问题。

在 OLS 估计基本公共服务均等化模型中，由于基本公共服务理论要素的残缺、某些理论概念难以量化及数据的不可得性，模型无法避免应该纳入模型却没有纳入模型的变量遗漏问题，会导致模型参数估计的不一致。例如研究者在模型中想研究地方政府财政收入与公共服务支出的关系，按照一般财政学理论，模型显然遗漏了“经济建设支出”这一解释变量，就会造成模型的内生性问题，造成模型估计参数不一致。

（4）联立性问题。

在定量研究公共服务均等化模型中，部分变量会互为因果关系。例如地方政府公共服务支出不仅显著影响公共服务均等化水平，公共服务均等化水平也会影响地方政府公共服务支出数额。研究者如果仅考虑公共服务财力投入的单向影响，则有可能造成模型参数估计不一致，统计结论的可靠性较低。

（5）异方差检验问题。

许多研究者在用 OLS 估计公共服务均等化模型时，并没有呈现统计模型是否是异方差的稳健检验统计量，如果在异方差条件下，估计参数的方差越大，表明估计量越不精确，也就暗示所给出的置信区间和假设检验越不准确，统计结论的信度也就越低。

（三）因子分析法研究基本公共服务均等化述评

因子分析的基本思想是根据评价对象相关性大小把原始变量分组，

使得同组内的变量之间相关性较高，而不同组的变量间的相关性则较低。每组变量代表一个基本结构，并用一个不可观测的综合变量（因子）来表示，这个基本结构就称为公因子。对于研究某一具体问题，原始变量可以分解成两部分之和的形式，一部分是少数几个不可测的所谓公共因子的线性函数，另一部分是与公共因子无关的特殊因子。设有 k 个观测变量，分别为 x_1，x_2，…，x_k，其中 x_i 是标准化变量。因子模型的一般表达式可以表示为

$$x_i = a_{i1}F_1 + a_{i2}F_2 + \cdots + a_{im}F_m + \mu_i (i=1, 2, \cdots, k)$$

在该模型中：

（1）F_1，F_2，…，F_m 叫公因子，它们是各个观测变量所共有的因子，解释了变量之间的相关程度。

（2）μ_i 为特殊因子，它是每个观测变量所特有的因子，相当于多元回归的残差项，表示该变量不能被公因子所解释的部分。

（3）a_{im} 称为因子载荷，它是第 i 个变量在第 m 个公因子上的负载，即它们之间的相关系数，它的绝对值数值越大表示变量 x_i 与公因子 F_m 关系越密切。

（4）变量 x_i 和 x_j 之间的负载可以理解为通径系数，如果从观测数据计算出的相关系数和从模型推导出的变量间的相关系数差别很小，那么我可以说模型很好地拟合了数据，因子解是最优解。

（5）公因子方差又叫共同度，指观测变量方差由公因子决定的比例。如变量 x_i 的公因子方差记为 h_i^2。变量的方差由两部分组成，一部分由公因子决定，一部分由特殊因子决定。公因子方差表示了变量方差中能被公因子所解释的部分，公因子方差越大，变量能被因子说明的程度越高，公因子代替观测变量后，保留了每个变量的大部分信息。

$$h_i^2 = a_{i1}^2 + a_{i2}^2 + \cdots + a_{im}^2$$

（6）因子贡献。记为 V_p，它等于和该因子有关的因子负载的平方和。现实中，用每个因子所解释的方差占所有变量的总方差的比例表示，k 个变量的总方差记为 V_k，则 V_p/V_k 表示第 p 个因子解释所有变量总方差的比例。

按照经济计量学关于因子分析的一般描述，因子分析主要包括以下四个步骤：

（1）计算所有变量的相关矩阵。相关矩阵用于判断应用因子分析方法是否合适，一是可以看反映象相关矩阵元素数值大小，二是看巴特利特球体检验系数大小，如果巴特利特球体检验 KMO 值大于 0.7，意味着不适合做因子分析的原假设被拒绝，则说明因子分析是合适的。

（2）提取公因子。这一步研究者可以根据研究目标的不同，选取特征根法或碎石法确定因子数目，但也可以根据理论假设主观确定有意义的因子数目，这样就可以求出因子解。

（3）进行因子旋转。如果因子分析的目标只是把很多变量浓缩为少数几个因子，因子的确切含义是什么并不重要，应该选用正交旋转；如果研究者是想得到几个理论上有意义的因子，应该选用斜交因子；如果两个因子确定高度相关，研究者一般会选取更少的因子重新进行分析。

（4）计算因子值。因子值是各个因子在每个样本案例上的得分值，一般可采用主成分分析法或公因子法求解因子值。得出因子值后，研究者根据研究目标，把因子作为变量来使用，进行如回归、分类或综合评价等其他统计分析。

国内采用因子分析法估算基本公共服务均等化的学者，如姜鑫、成小平对我国省际公共服务均等化水平进行了评估；方元子考察了影响地区公共服务成本差异的环境因素；吴强计算了各省级地区基本公共服务成本差异系数，动态测算各地区所需的转移支付数额；睢党臣用因子聚类技术，评估了陕西农村基本公共服务的空间差异和发展趋势；崔敏、牛芳兵、黄小舟通过实证分析了河南镇平县、山东省、武汉市公共服务的区域分布特点。

由于研究者多使用年鉴、公报等客观数据，提取公因子过程主观性较大。根据特征根法提取的公因子可能会丢失有理论价值的指标。相反如果采用探索性因子分析，公因子涵盖的指标可能包括没有理论意义或错误归类的指标。研究者运用因子分析法，应该在统计指标和专业理论之间做出合理取舍，尽可能地发挥因子分析的优点，减少分析盲目性。

（四）运用方差分析法研究基本公共服务均等化述评

在公共服务均等化议题中，研究者如果要研究基本公共服务均等化水平，可以通过定量分析基本公共服务在城镇地区和农村地区之间是否存在显著差异，也就是比较多个研究总体均值问题，方差分析就是有效的方法。在分析随机变量的可控因素时，如果我们只考察基本公共服务满意度、财政支出等是否在不同地区（如东部、中部、西部）显著不同时，我们称之为单因素分析。如果研究者要同时比较公共服务满意度、财政支出在不同地区、户籍、阶层、职业等群体分布中是否存在显著差异，此时可以采用多因素分析。进行方差分析的基本思路是首先通过实验或调查，取得不同变量（一般是类别变量）观测水平条件下被解释变量的样本，然后利用样本构造统计量，检验被解释变量总体均值在不同因素（类别变量）的总体均值是否相等，如果均值相等的假设被检验，则说明因素及水平对被解释变量的影响不显著，反之则显著。从方差分析目的看，要检验被解释变量如基本公共服务的不同满意度水平在不同因素之间（地区、户籍）是否存在显著差异，而实现这个目的的手段是进行方差比较。我们知道被解释变量的观察值差异一方面可能是由因素（不妨称之为自变量）水平本身造成的，例如公共服务不同满意度可能是不同户籍居民评价存在显著差异，我们称之为系统性差异；另一方面由于抽选样本的随机性而产生的差异，例如农村居民对基本公共服务满意度也显著不同。这两个方面产生的差异可以用两个方差来分析，一个是水平之间的方差（组间差异），另一个是水平内部的方差（组内差异），前者既包括系统性差异，也包括随机性差异，而后者仅包括随机性差异。如果因素的不同水平不影响被解释变量的不同观察水平，那么在水平之间的方差就仅有随机性差异，而没有系统性差异，则此时它与水平内部的方差就应该近似，两个不同水平的方差比值接近于1。反之，不同的水平对结果产生影响，在水平之间的方差中就不仅包括随机性差异，也包括系统性差异，这时，水平之间的方差就会大于水平之内的方差，两个方差的比值就远高于1，当这个比值达到统计临界值，我们就可以做出判断，即因素的不同水平之间存在显著差异。

水平间方差和水平内方差之比通常服从F分布。本文基于现实广泛应用的多因素方差进行解释，以无交互作用的双因素方差分析为例。

假设所有的 X_{ij} 都互相独立且服从相同方差的正态分布，即有 $X_{ij} \sim N(\mu_{ij}, \sigma^2)$。因此，如果两个因素对实验的结果影响都不显著，那么显然所有的观察值有 X_{ij} 都来自同一分布总体，有 $X_{ij} \sim N(\mu_{ij}, \sigma^2)$。记总体均值的总平均值为

$$\mu = \frac{1}{kr}\sum_{i=1}^{k}\sum_{j=1}^{r}\mu_{ij} = \frac{1}{k}\sum_{i=1}^{k}\mu_{ij} = \frac{1}{r}\sum_{j=1}^{r}\mu_{ij}$$

$a_i = \mu_i - \mu$，称 a_i 为水平 A_i 的效应；$b_i = \mu_i - \mu$，称 b_i 为水平 B_i 的效应，

显然有：

$$\sum_{i=1}^{k} a_i = 0;\ \sum_{j=1}^{r} b_j = 0$$

在上述假设下，可以得到以下数学模型：

$$X_{ij} = \mu + a_i + b_j + \varepsilon_{ij},\varepsilon_{ij} \sim N(0,\delta^2)$$

上式表明，X_{ij}一方面受A、B两因素的影响，另一方面也受许多随机因素的影响。如果a_i的影响不显著，则所有的效应值a_1，a_2，…，a_k的值都为0，否则必有一些效应值不为0；如果水平B_i对总体的影响不显著，则所有效应值b_1，b_2，…，b_k不为0。因此，如果要检验因素A的作用，可建立假设：H_0：$a_1 = a_2 = \cdots = a_k = 0$；$H_1$：$a_1$，$a_2$，…，$a_k$不全为0。

总离差平方和为

$$\begin{aligned} \mathrm{SST} &= \sum_{i=1}^{k}\sum_{j=1}^{r}(\overline{X}_i - \overline{X})^2 + \sum_{i=1}^{k}\sum_{j=1}^{r}(\overline{X}_j - \overline{X})^2 \\ &\quad + \sum_{i=1}^{k}\sum_{j=1}^{r}(X_{ij} - X_i - X_j + \overline{X})^2 \\ &= \mathrm{SSA} + \mathrm{SSB} + \mathrm{SSE} \end{aligned}$$

上式中，SST为总离差平方和，SSA为因素A各水平组的组平均值与总平均值之间的离差平方和，SSB是因素B的离差平方和，SSE是误差平方和，SSE= SST－SSA－SSB可以证明SSA与SSB是相互独立的。$\mathrm{SSE} \sim X^2\,[(k-1)(r-1)]$，在$H_0$成立时，有$\frac{\mathrm{SSA}}{\delta^2} \sim X^2(k-1)$，从而比值$\hat{F} = \frac{\mathrm{SSA}/(k-1)}{\mathrm{SSE}/(k-1)(r-1)} \sim F\,[(k-1),\ (k-1)(r-1)]$，容易得知，当$H_0$不成立时，比值$\hat{F}$有增大的趋势，因此在显著性水平$\alpha$下，若$\hat{F} > F_\alpha\,[(k-1),\ (k-1)(r-1)]$，则拒绝原假设$H_0$。同理，要检验因素$B$的作用，则可建立假设：$H'_0$：$b_1 = b_2 = \cdots = b_r = 0$；$H'_1$：$b_1 = b_2 = \cdots = b_r$不全为0。

则在H'_0成立时，可以证明$\mathrm{SSB} \sim X^2(r-1)$，于是有$\hat{F} = \frac{\mathrm{SSB}/(r-1)}{\mathrm{SSE}/(k-1)(r-1)} \sim F\,[(k-1),\ (k-1)(r-1)]$，因此在显著性水平$\alpha$下，若$\hat{F} > F_\alpha\,[(k-1),\ (k-1)(r-1)]$，则拒绝原假设$H'_0$。

笔者采用大规模调查数据，首次把居民不同人口特征置于地区、城乡的三维框架下进行考察，对基本公共服务满意度进行方差分析。实证表明：同一区域相似人口属性的居民对基本公共服务满意度评价存在显著的城乡差异；均为城镇或农村户籍的相似人口属性的居民对基本公共服务评价存在显著的区域差距；同一区域均是城镇或农村户籍的居民对基本公共服务满意度评价存在人口学差异。

（五）数据包络分析研究方法述评

国内部分学者也采用数据包络分析法（DEA）研究公共服务均等化问题，如学者陈昌盛、蔡跃洲评估了各地区公共服务水平间的相对效率。① 龚锋实证评估了 2005 年中国内地 70 个大中城市公共安全服务的供给效率。

但是，数据包络分析法也存在较多应用短板。一是，它不能评估公共服务在地区或城乡间的绝对效率，从而无法考证我国基本公共服务特别是农村公共服务投入不足的问题 。二是，数据包络分析是建立在评价对象的绩效基础之上的，而基本公共服务是一个综合产品和服务，基本公共服务的评价应立足价值而不仅是建基于效率。这类工具理性的评估方法忽视了公共服务的价值尺度及公民满意度，造成量化研究的有效性不高。

---

① 参见陈昌盛、蔡跃洲：《中国政府公共服务：基本价值取向与综合绩效评估》，载《财政研究》，2007（6）。

第三章

城乡基本公共服务均等化研究述评

姜晓萍　田　昭　苏　楠*

破除城乡二元体制，健全城乡发展一体化体制机制是实现国家治理体系和治理能力现代化的重大现实问题。改革开放38年，我国经济社会发展取得了举世瞩目的成就，但还有一个大的问题没有很好解决，就是对于几十年来形成的城乡二元体制的改革相对滞后，导致“三农”问题仍然严重，城乡发展不协调，城乡差距呈扩大趋势。这不仅影响社会公平和社会和谐，也是制约我国实现国家治理体系和治理能力现代化的体制障碍。党的十八大把解决好“三农”问题作为全党工作的重中之重，明确提出“城乡发展一体化是解决‘三农’问题的根本途径”。十八届三中全会的决定更是把健全城乡发展一体化体制机制作为推进国家治理体系和治理能力现代化的重要举措，提出“城乡二元结构是制约城乡发展一体化的主要障碍。必须健全体制机制，形成以工促农、以城带乡、工农互惠、城乡一体的新型工农城乡关系”。这就向我们提出了围绕健全城乡发展一体化体制机制开展理论与对策研究的国家急需，同时也提出了如何准确把握健全城乡发展一体化体制机制的重点、难点和着力点，寻找破解城乡二元体制突破口的问题。

城乡基本公共服务均等化是城乡发展一体化体制机制的关键环节，也是破解城乡二元体制的突破口。城乡发展一体化体制机制，是以城乡融合发展为目的，促进城乡生产要素充分流动和平等交换、公共资源均衡配置的制度体系，内容包括城乡规划、产业发展、公共服务、要素市场、社会管理等在内的一系列制度安排。其中，科学规划是导航，产业发展是支撑，公共服务是关键，要素市场是动力，社会管理是保障。从制度层面看，城乡二元体制表现在区别身份的户籍制度，障碍在导致城

---

* 姜晓萍，博士，四川大学公共管理学院院长、教授，博士生导师。田昭，四川大学公共管理学院教师，公共管理博士研究生，研究方向：地方政府管理、公共服务。苏楠，四川大学公共管理学院博士研究生，研究方向：公共管理。

乡基本公共服务严重不均等的体制机制，根子在不清晰不完善的农民财产权利。故构建城乡基本公共服务均等化机制是破除城乡二元体制、实现社会公平正义的基本要旨，也是构建城乡要素统一市场的前提条件，更是缩小城乡差距、统筹城乡发展的必由之路。

首先，完善城乡基本公共服务均等化的实现机制是促进城乡平权、缩小城乡差距的出发点。我国城乡二元割裂发展体制使农民长期不能享受与城镇居民均等的“国民待遇”。“城乡分治”政策以及“城乡分立”公共财政和公共资源使用制度导致了城乡居民基本权利的不均等，并由此加速并催化自然不平等，从而加剧了城乡发展的差距。实现城乡基本公共服务均等化，凸显和回应了“公平正义”的社会价值诉求，是保障农民基本权益、促进城乡平权、缩小城乡差距的出发点。

其次，完善城乡基本公共服务均等化的实现机制是深化统筹城乡改革、建立城乡要素统一市场的着力点。我国市场经济体制不健全，重点是城乡要素不能充分流动，根源在于农村土地所承担的社会保障等社会功能。如果不能按照公民权利的原则实现基本公共服务的国家供给和城乡公平，土地就不能真正回归生产要素的本质，劳动力就不能在城乡之间自由流动，资本就不能真正打通城乡市场壁垒，统一的市场经济体制就不能真正形成。只有均等化的公共服务才能够保障生产要素及资源在城乡间合理地配置与自由流动，故城乡基本公共服务均等化是建立城乡要素统一市场，加快统筹城乡发展的着力点。

最后，完善城乡基本公共服务均等化的实现机制是促进社会公平正义的归结点。实现城乡基本公共服务均等化旨在通过构建城乡居民享有起点公平与机会公平的基本公共服务体制和机制，保障农民享受与城市居民平等的政治、经济、文化、社会权益和同质化的基本公共服务，以化解社会矛盾，促进社会公平正义，增强国家的凝聚力。因为基本公共服务的供给不仅能为弱势人群提供其生存和发展的基础性保障，有助于减少绝对贫困，形成有效的社会安全网。也有助于缩小城乡居民初次分配可能造成的不平等，防止收入差距的进一步扩大，避免贫困和不平等的代际传递。这就要求我们不仅要把城乡基本公共服务均等化作为健全城乡发展一体化体制机制的关键环节，而且要将其作为破解城乡二元体制，加快推进新型工业化、新型城镇化和农业现代化，实现城乡经济社会同发展共繁荣的突破口。因此，研究城乡基本公共服务均等化的实现机制与监测体系，是一项关系公民权利保障、社会公平正义、国家长治久安的大事，能够为实现十八届三中全会提出的“让发展成果更多更公平惠及全体人民”提供理论导航与实施策略。

一、数据来源与研究方法

通过对中国期刊全文数据库、中国学术期刊网络出版总库、万方数据知识服务平台、硕博学位论文数据库、读秀中文学术搜索系统（超星），以及 Web of Knowledge（含 SSCI、SCI）、EI、Google Scholar、Google Books、Amazon、Science Direct 等中外文资料进行检索分析，根据课题组研究的对象内容，我们提取了基本公共服务、均等化、城乡、体制机制四个主关键词，并设计了主关键词及其同义词的组配检索列表。检索关键词如表 3—1 所示。

表 3—1　　课题检索关键词分布

序号	主关键词	同义关键词（中文）	同义关键词（英文）
1	基本公共服务	公共服务、公共产品、社会福利、农村公共服务、公共服务体系、统筹城乡发展、城乡公共服务、城乡基本公共服务	Public Service，Public Goods，Social Welfare，Public Service System，Urban and rural public services
2	均等化	公共服务均等化、基本公共服务均等化	
3	城乡	城乡一体化、城乡统筹、一体化、统筹城乡、新型城镇化、城乡差距、城镇化	Urban and rural
4	体制机制	制度、体系、顶层设计、程序	Institution，Mechanisms，System，Program
备注	在检索中若遇到主关键词组配无检索结果或者检索结果较少的情况，则按同义关键词组配适当扩检，如“公共服务”可扩检为“公共产品”，“均等化”可扩检为“公共服务均等化”。		

基于中文社会科学引文索引（CSSCI）文献数据库，采用“城乡基本公共服务均等化”主关键词及其组配词进行关联检索，检索时间为 2014 年 7 月，文献类型为学术论文，获得文献 670 余篇，将相关度较低的文献去除并进行数据清洗后，获得精确文献 312 条，这些文献多数源于高

水平期刊，能够为研究分析提供参考借鉴。

文献分析工具采用的是美国德雷克塞尔大学陈超美博士开发的科学计量软件 CiteSpace。该软件是国际领先的专业知识网络分析工具，其独特优点在于它能够通过最小生成树算法挖掘学科研究的主体维度和前沿主题，并形成若干前沿主题的演化历程。运用 CiteSpace 软件绘制的科学知识图谱，其基本原理以科学学、计量学为基础，通过应用数学、信息科学及计算机技术等方法开展对文献要素（如文献题名、作者、关键词）的同质性、契合性开展研究测度。基于一定规模学术文献的计量分析和数据运算，CiteSpace 软件即可实现对文献各要素的相互关联和有效聚类，进而探测出某知识领域的研究维度、知识结构、演变趋势等。本研究将经过前述处理的研究文献按照特定格式导入 CiteSpaceⅢ软件，设置年度切片为 1 年，阀值取前 50，选择最小生成树算法，从而绘制出后文所示的共现图谱、时区视图等，并生成了相应的参考信息。

二、城乡基本公共服务均等化研究的时区分布与研究力量

（一）学术论文基本情况

通过 CSSCI、CNKI 等的精确检索可知，国内与城乡基本公共服务均等化体制机制研究直接相关的研究成果不多。尽管在基本公共服务及基本公共服务均等化领域的研究已经有大量成熟成果，1998 年至今仅 CSSCI 及北大核心文献就达到 1 800 篇以上，但是其中大多数文献没有将城乡基本公共服务均等化的体制机制作为研究核心，这些文献只是与其部分内容具有相关性。检索甄别后，发现与本研究主题具有较大相关性的文献仅有 300 余篇。其主要特点如下：

从研究文献主题数量来看，关于城乡基本公共服务均等化的内涵概念与理论构建的文献达 100 多篇，关于城乡基本公共服务均等化的供给问题研究的达到 50 余篇，关于城乡基本公共服务均等化的财政问题研究的达到 40 余篇，关于城乡基本公共服务均等化中农民、农民工及农业人口转移问题研究的有 60 余篇，关于城乡基本公共服务均等化中制度障碍与

体系重构研究的有50余篇，关于城乡基本公共服务均等化中标准及测度研究的有15篇左右，关于城乡基本公共服务均等化中绩效评估问题研究的有20余篇，关于城乡基本公共服务均等化中地方实践的案例分析有30余篇，关于城乡基本公共服务均等化中价值导向的分析有10余篇，关于城乡基本公共服务均等化的述评研究也有10余篇。这些研究虽针对不同的主题，但却存在明显的交叉性，并且研究中“问题—对策”“现状—问题—对策”的特征浓厚。

从研究文献年代分布来看，第一篇关于城乡基本公共服务均等化研究的文献出现于2001年，之后从2004年开始文献数量逐步增加，这主要得益于中央政策的重视。2004—2007年是研究的稳步发展时期，平均文献量达到了10篇左右；2008年至今是该领域研究快速发展的阶段，这主要受到中央对民生问题关注的影响，以及服务型政府建设和构建公共服务体系等政策战略的驱动，该阶段年均发文量达到50余篇，并且每一次的发文高潮期都与国家重要会议决议的出台密切相关（见图3—1）。

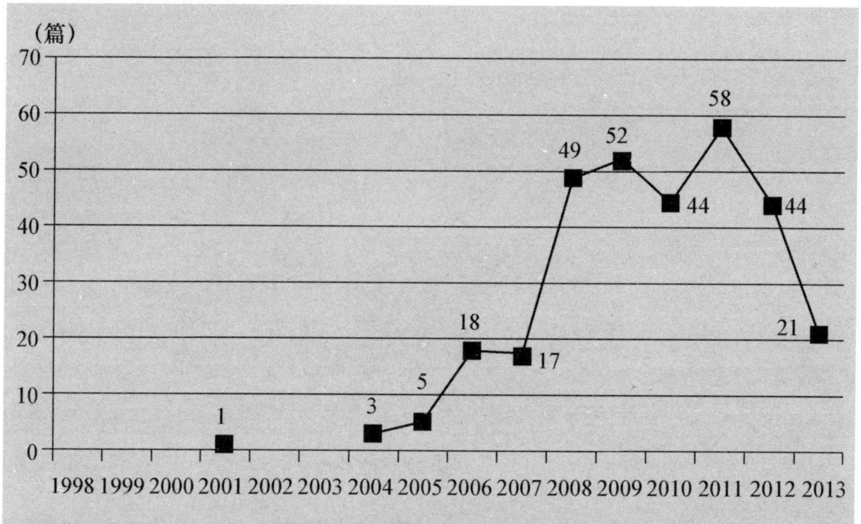

图3—1　城乡基本公共服务均等化研究文献的年代分布

通过Web of Knowledge（含SSCI、SCI）、Google Scholar、Google Books、Science Direct等的检索分析，发现国外关于城乡基本公共服务均等化研究得较少，很大原因在于国外的相关研究以社会福利或具体领域的公共服务研究存在，并且城乡差距不明显，例如均等化、城乡一体化等在国外研究中并不存在明显的问题导向。但是内容相关的研究文献则是海量的，1998 年至今大约有 4 000 篇，其中仅 Web of Knowledge 核心期刊合集（含 SSCI、SCI）中就有多达 3 200 篇相关文献。国外相关文献的研究关注公共服务或社会福利的财政投入、公共服务的供给实现、公共服务过程中的新技术运用、落后国家及地区的公共服务现状、公共服务的价值理念及理论基础研究、基于实证数据的具体公共服务研究（教育、医疗、基础设施等）。

（二）研究的学科分布分析

通过对期刊文献的分析发现，城乡基本公共服务均等化体制机制相关研究的文献来源于不同的学科领域，主要包括公共行政类、政治学类、管理类、农业经济类、财政与税务类、社会学类等，但是其中存在较多的交叉研究（见图 3—2）。这一方面说明该主题的研究还比较滞后，研究层次较浅，研究不够成熟；另一方面则凸显了该领域具有较大交叉性、创新性、合作性的研究特征，具有很大的研究价值和研究潜力。

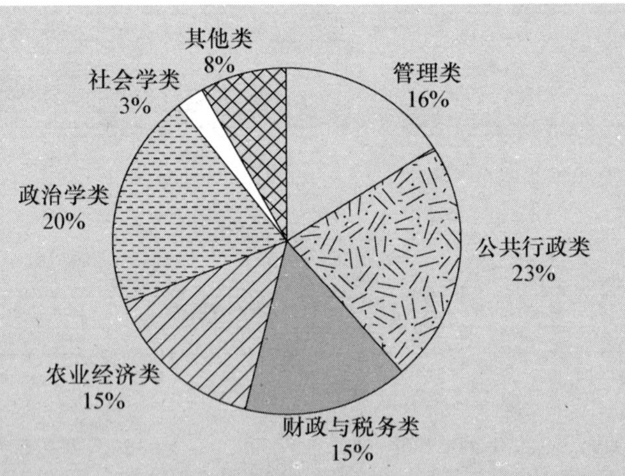

图 3—2　城乡基本公共服务均等化研究文献的学科分布

（三）研究的作者分布和主要机构

在城乡基本公共服务均等化研究领域，高校机构及其学者团队是主要的研究力量，文中统计了近 15 年来关注相关研究的学者的发文情况，

表 3—2 为 1998—2013 年发文量居前 20 位的高产作者。这些高产作者大多持续关注基本公共服务或公共服务均等化领域，在这个过程中积累了大量的研究材料和丰富的研究经验，并产出了一系列重要的研究成果。如吴业苗主要关注在农民市民化进程中的身份转变与其公共服务需求实现问题，并提出农村公共服务社区化思路。张立荣教授较早关注公共服务的区域差异及短缺，并提出政府行为的优化是实现基本公共服务均等化的重要前提和保障。他在调研农村公共服务现状的基础上提出旨在满足农民公共需求的“以钱养事”＋“无缝隙服务”公共服务模式。姜晓萍团队则在成都统筹城乡综合配套改革试验区进行深入调研基础上，认为促进城乡基本公共服务均等化是破解城乡二元难题的出发点，提出城乡基本公共服务均等化必须以民生需求为导向、以城乡社区为重点、以制度配套为关键、以民主参与为手段、以质量控制为保障。迟福林将城乡基本公共服务均等化放在人的城镇化视角下考虑，认为城乡基本公共服务均等化面临的最大问题是公共成本分担机制构建问题，机制统一后城乡公共服务在底线水平上能够逐步地接近。丁元竹则从城乡基本公共服务均等化的基本原理及国际发达国家经验做法上提供了相关对策建议，并强调财政均等化是基本公共服务均等化的手段。安体富、贾康、胡志平、温来成、王玮、樊丽明、王立华等学者则主要从财政体制改革、中央转移支付、事权与财权再匹配等角度，讨论城乡基本公共服务均等化的财政保障机制。

表 3—3 为 1998—2013 年发文量居前 20 位的核心机构。从列表中可以看出华中师范大学管理学院、四川大学公共管理学院是该领域研究最具代表性的大学机构，这两家研究机构不仅平台发文量最多，而且具有若干代表学者，如华中师范大学的张立荣、徐增阳和四川大学的姜晓萍、沙治慧等。进一步研究发现，这两支团队一直关注服务型政府建设、公共服务体系建构等研究，且多次获得国家社会科学基金的项目支持，尤其是四川大学姜晓萍教授团队在 2014 年获得国家社科基金重大招标项目“城乡基本公共服务均等化的实现机制与监测体系研究”，为进一步推进城乡基本公共服务均等化研究注入了新的动力。他们在前期研究中已经对农村公共服务、城乡公共服务一体化等问题进行了深入探讨，相关研究成果获得了中央及省级政府部门的高度重视，一些对策建议已经被政府部门采纳。从列表中还可以发现关注城乡基本公共服务均等化的研究机构，大多分布在农业或农村人口集聚的大省，如湖北、四

川、陕西、甘肃等中西部地区，其代表机构有华中师范大学管理学院、四川大学公共管理学院、兰州大学管理学院、西安交通大学经济与金融学院、湖北省社会科学院等；也有部分属于自身学科特征较为明显的机构，如华中农业大学、西北农林科技大学、中国农业大学、华南农业大学、中国社会科学院农村发展研究所等。从发文量列表及发文年代分布图可以看出，有些研究机构已经在城乡基本公共服务均等化研究领域深耕多年、学术成果众多，也有部分机构是近年来回应政策导向和社会热点而开始关注该领域，这些说明城乡基本公共服务均等化研究在新常态时期具有强大的社会现实基础，是未来国家治理、公共服务领域的重要议题。

表 3—2　　1998—2013 年发文量居前 20 位的高产作者及所在单位

序号	作者	篇数	单位	序号	作者	篇数	单位
1	吴业苗	6	南京师范大学社会发展学院	11	温来成	4	中央财经大学财政学院
2	胡志平	6	华东政法大学政治理论部	12	程又中	4	华中师范大学政治学研究院
3	姜晓萍	5	四川大学公共管理学院	13	史传林	4	华南农业大学公共管理学院
4	张立荣	5	华中师范大学管理学院	14	王玮	3	武汉大学经济与管理学院
5	吴春梅	5	华中农业大学马克思主义学院	15	贾康	3	财政部财政科学研究所
6	沙治慧	4	四川大学公共管理学院	16	俞雅乖	3	宁波大学商学院
7	徐增阳	4	华中师范大学管理学院	17	张开云	3	华南农业大学公共管理学院
8	迟福林	4	中国（海南）改革发展研究院	18	王立华	3	西安交通大学经济与金融学院
9	丁元竹	4	国家行政学院决策咨询部	19	樊丽明	3	山东大学经济学院
10	安体富	4	中国人民大学财政金融学院	20	田发	3	上海理工大学管理学院

表 3—3　　1998—2013 年发文量居前 26 位的核心机构

序号	单位	篇数	序号	单位	篇数
1	华中师范大学管理学院	20	14	武汉大学经济管理学院	9
2	四川大学公共管理学院	20	15	财政部财政科学研究所	7
3	华南农业大学公共管理学院	17	16	山东大学经济学院	6
4	华中农业大学马克思主义学院	14	17	浙江大学公共管理学院	6
5	南京师范大学社会发展学院	12	18	中国（海南）改革发展研究院	6
6	兰州大学管理学院	11	19	华中农业大学经济管理学院	5
7	南开大学周恩来政府管理学院	11	20	宁波大学商学院	5
8	华中师范大学政治学研究院	11	21	中国人民大学公共管理学院	5
9	天津大学管理学院	10	22	成都市社会科学院	4
10	湖北省社会科学院	10	23	吉林大学行政学院	4
11	西安交通大学经济与金融学院	10	24	中国社会科学院农村发展研究所	4
12	中国农业大学经济管理学院	9	25	南京大学政府管理学院	4
13	西北农林科技大学经济管理学院	9	26	云南财经大学财政与经济学院	4

三、城乡基本公共服务均等化的知识图谱分析

为了准确了解城乡基本公共服务均等化研究的研究主题与聚焦热点，本书采用了科学知识图谱的文献分析工具对 2000—2014 年城乡基本公共服务均等化的研究成果进行分析，描绘成聚类图谱（见图 3—3）。

依据聚类图谱分析可知：目前对城乡基本公共服务均等化的研究主要聚焦在概念内涵解读等基础理论分析、城乡基本公共服务的非均等化与农村基本公共服务供给、政府职能转变与城乡基本公共服务供给主体、城乡基本公共服务的财政保障机制、新型城镇化与农民工市民化、城乡基本公共服务均等化的绩效管理等主题。

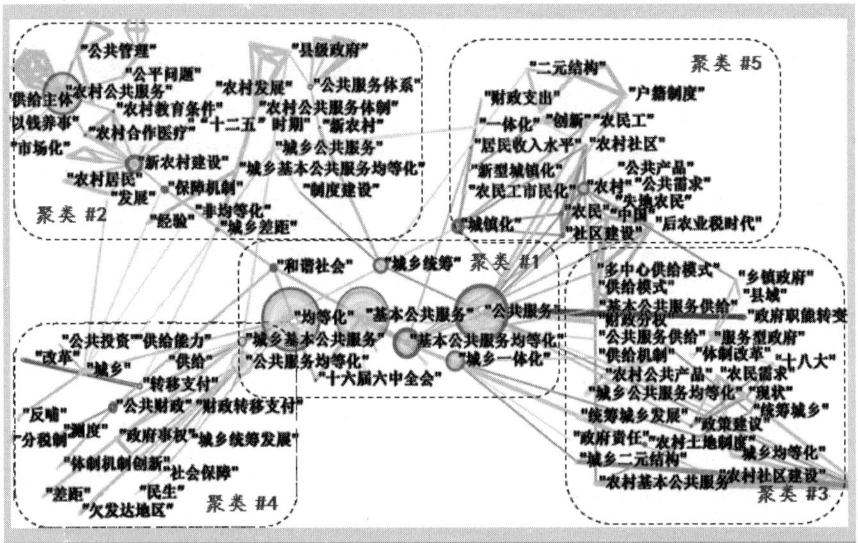

图 3—3　城乡基本公共服务均等化研究聚类图谱

1. 城乡基本公共服务均等化的基础理论研究现状（聚类 ♯1）

对于城乡基本公共服务均等化的基础理论研究仍然是囿于基本公共服务均等化的理论分析框架，但对基于城乡一体化基本公共服务均等化的专门理论研究涉及较少。有学者从政治学视角研究基本公共服务均等化中的公民权利、政府职责、社会公正等；有学者从经济学视角分析公共产品（公共服务）的经济属性（非排他性和非竞争性）、供需机制、成本与收益分析等；有学者从权利均等、机会均等、结果均等、结构均等等维度界定基本公共服务的概念与内涵，对基本公共服务的范围与责任主体、基本公共服务均等化的现实需求与实现策略等进行了深入的研究；有学者从城乡互补和城乡融合的角度探讨城乡基本公共服务均等化的概念与目标；也有学者从福利经济学和社会公平视角分析了城乡基本公共服务均等化的理论基础。

2. 城乡基本公共服务的非均等化与农村基本公共服务供给研究现状（聚类 ♯2）

对城乡基本公共服务非均等化研究较多，但对导致非均等的制度障碍与诱因分析相对薄弱。一是制度设计的非均等化，主要表现为当前因为户籍制度、收入分配制度等制度设计所形成的城乡二元体制机制；二是资源配置的非均等化，主要包括城乡之间的人、财、信息等资源配置的不均等导致的基本公共服务非均等化；三是收益效果的非均等化，主要从当前城乡公共服务差异和城乡居民收入水平差异的角度进行了分析和论述；四是农民工享受均等化公共服务的问题，主要涉及入城农民工在城市化、城镇化过程中如何高效、便捷地享受基本公共服务的问题。也有部分学者为寻找解决城乡基本公共服务非均等化的现实途径，将研究重点放在如何解决农村基本公共服务供给的问题上，从农村基本公共服务供给主体、供给模式、供给机制等方面进行了研究。

3. 政府职能与城乡基本公共服务供给主体研究现状（聚类 ♯3）

对政府职能与基本公共服务供给的责任主体研究较多，但对城乡基本公共服务供给中多元协同机制与激励机制研究相对薄弱。有些学者从服务型政府、政府职能转变等视角分析各级政府如何加强公共服务职能；有些学者从政府、市场、社会关系视角分析城乡基本公共服务的责任主体，认为政府、市场、社会都是城乡基本公共服务供给的责任主体，主张在发挥政府主力作用的前提下，推进基本公共服务供给中的市场化和社会化；有些学者从中央—地方关系视角分析城乡基本公共服务供给责任主体，认为构建科学的基本公共服务分工和问责机制，是理顺中央与地方政府间财权与事权分配不均问题的前提。必须在明确政府总体职责的前提下，按照基本公共服务均等化原则，改革和规范中央与地方的关系。

4. 关于城乡基本公共服务均等化的财政保障机制研究现状（聚类 ♯4）

对于城乡基本公共服务均等化的财政保障机制研究较多，但是涉及财力保障机制的可持续性的研究相对薄弱。有的学者研究政府之间、政府与社会之间关于公共财政的财权划分问题，提出了财权与事权相平衡的公共财政改革方向和以公共服务均等化为导向的分税制改革建议；有的学者研究推进基本公共服务均等化的财政能力均等化问题，论述了发达国家财政人均财力均等化模式、财政支出需求均等化模式、财政收支均等化模式；有的学者研究基本公共服务均等化的转移支付问题，重点研究了转移支付机制与公共服务均等化之间的关系、影响因素和改进措施。

5. 新型城镇化与农民工市民化研究现状（聚类 ♯5）

对统筹城乡发展中农民工市民化的现实困境与制度需求研究，尤其是新型城镇化进程中农村转移人口享受城镇基本公共服务的实现机制与制度供给研究十分薄弱。当前对于农民工市民化的研究，有的学者研究了农民工市民化过程中的公共服务问题，认为公共服务均等化是农民工市民化的实质，并提出了针对农民工的公共服务体系改革和创新的建议；有的学者以阻碍农民工市民化的制度问题为切入点进行了研究，认为包括户籍制度以及由此形成的其他制度障碍是农民工市民化的核心问题，提出了破解制度障碍的对策建议；也有部分学者从农民工市民化的社会成本方面进行了研究，提出了农民工市民化过程中的成本分担机制构建。

6. 城乡基本公共服务均等化的绩效管理研究现状

由于目前对基本公共服务绩效评估的研究多数都是从城市基本公共服务供给绩效或基本公共服务绩效的角度进行的，从城乡均等化视角研究基本公共服务质量与绩效监测相对薄弱，故尚未在聚类图谱中形成独立的聚类。部分研究机构从公众满意度、供给规模与效率等方面开展了对中国城市基本公共服务的绩效评估，如中国社科院的《中国城市基本公共服务力评价（2010—2011）》、中山大学的《中国城市政府公共服务能力平评估报告（2013）》、新加坡南洋理工大学的连氏“中国城市公共服务质量指数调查”、零点研究咨询集团分年度发布的《零点中国公共服务公众评价指数报告》、《小康》杂志发布的“中国公共服务小康指数”；部分学者以政府基本公共服务职能分类为切入点进行了基本公共服务绩效评估的指标体系研究；也有一些学者以基本公共服务价值取向为依据进行指标设计，提出从功能价值、情感价值、社会价值和感知代价四个维度评估基本公共服务的绩效。

四、当前城乡基本公共服务均等化的热点与专题研究

1. 城乡基本公共服务均等化概念和内涵的研究

当前国外对于城乡基本公共服务均等化的研究，主要从城乡互补和城乡融合的角度进行，如迈克尔·道格拉斯提出区域网络发展战略，即通过增进城乡联系促进城乡相互依赖。他认为，乡村发展需要通过人员、生产、商品、资金、信息等一系列“流”（flow）与城市相联系；促进城乡均衡发展，必须强化城乡之间的人员、生产、商品、资金、信息等方面的流动性。据此，道格拉斯提出区域网络理论：网络（network）是基于多个集聚点形成的簇群（clustering），每一个网络节点都与特定地区密切联系。区域网络理论主张加强城乡之间的道路、交通等基础设施建设，完善城乡教育、医疗、市场等公共服务体系，促进城乡

生产要素自由流动，以增进城乡联系，方便农村居民分享城市发展的成果和收益。①

国内学术界对于城乡基本公共服务均等化的研究，或者将其内置于整个基本公共服务均等化的讨论之中，认为城乡基本公共服务均等化也存在着权利平等、机会均等、结果均衡的特征；或者将其作为城乡一体化的核心内容进行研究，将城乡公共服务均等化作为城乡一体化的核心战略。具有代表性的观点包括：第一，从责任主体角度界定城乡基本公共服务均等化与城乡一体化，如王谦认为城乡基本公共服务均等化是指以政府为主体、以农村为重点，在城乡间合理配置公共服务资源，向城乡居民提供与其需求相适应的、不同阶段具有不同标准的、最终大致均等的公共服务，使城乡居民在享受公共服务的数量、质量和可及性方面都大体相当。② 邵明昭、张念明也认为，城乡基本公共服务均等化是指国家应为居民提供基本的、具有同等标准的、大体均等的公共物品和公共服务。③ 第二，从目标角度来界定城乡公共服务均等化与城乡一体化，如吴业苗认为城乡一体化目标既不是公共服务体系的建设目标，也不是公共服务均值化的绩效目标，体现的是城乡一体化过程中的整体规划，并提出了城乡公共服务一体化要实现的三个层级的目标，即基本目标——城乡对接；扩展目标——城乡接轨；理想目标——城乡融入。④ 解建立也认为“公共服务供给城乡一体化并不是农村与城市公共服务的一律化，也不是城乡公共服务的一致化，更不是将城乡‘分治’改为城乡‘合治’”⑤。夏志强提出了城乡基本公共服务均等化包括底线标准、发展标准和自由选择标准的三层结构体系。⑥ 第三，从机会和权利角度来论述城乡基本公共服务均等化与城乡一体化，如刘先江认为城乡发展一体化不可能是发展结果的一体化，只能是城乡发展的机会与权利一体化，即不论是城

① 参见董克用：《城乡统筹发展中的公共服务标准》，载《机构与行政》，2012（6）。

② 参见王谦：《改变城乡二元制度是实现城乡公共服务均等化的关键》，载《经济论坛》，2011（7）。

③ 参见邵明昭、张念明：《城乡一体化与基本公共服务均等化》，载《中共山西省委党校学报》，2010（4）。

④ 参见吴业苗：《城乡公共服务一体化的发展目标及其路向检视》，载《上海行政学院学报》，2013（5）。

⑤ 解建立：《城乡公共服务供给均衡化的目标探究》，载《财政研究》，2009（9）。

⑥ 参见夏志强：《构建城乡基本公共服务均等化的标准体系》，载《新视野》，2013（3）。

市居民还是农村居民，其享有的权利不因身份、职业、居住地点的不同而不同。城乡的平等不是城乡拥有同等的生活空间、生活方式或社会财富，而是拥有追求同等的生活空间、社会财富或生活方式的同等权利。①

2. 城乡基本公共服务均等化的影响因素研究

当前的研究认为导致城乡基本公共服务非均等化既有基于城乡经济社会形态的因素，也有政府二元制度设计的影响，城乡之间的这些差异导致了城乡基本公共服务的非均等化，而城乡的基本公共服务非均等化又反过来进一步加剧了城乡之间的差异。当前的研究主要集中在以下几个方面：

一是通过研究城乡差异因素及其原因来分析城乡基本公共服务均等化的影响因素，如董克用就认为城乡差距的形成原因包括市场机制、地理区位、历史因素、制度因素等。其中，地理区位和市场机制均导致城乡差距扩大化，地理区位优势有利于节约成本，促进产业集聚，市场机制在空间上的影响作用也会推动生产要素向城市集聚，致使城市经济在效率和收益上高于乡村经济。而政府行为既可能对城乡差距产生矫正作用，也可能导致城乡差距进一步扩大。② 颜芳芳总结城乡之间的差异主要表现为：与人有关的差异、与政府有关的差异和体制原因造成的差异，公共服务贯穿于这三种差异之中。③

二是通过分析城乡基本公共非均等化的原因来分析城乡基本公共服务均等化的影响因素。如学者项继权将问题总结为两个方面，即供给不足和分配不均。④ 郭小聪将我国公共服务均等化所面临的困境总结为：第一，包括均等化取向不清晰和忽视公众偏好差异的主观认知差异；第二，包括政治系统不确定性、政府权威疏散以及均等化制度不完善的客观制约。⑤

三是通过分析影响均等化的障碍来分析城乡基本公共服务均等化的影响因素，如黄云鹏通过对城乡基本公共服务均等化的研究发现，以下

---

① 参见刘先江：《马克思恩格斯城乡融合理论及其在中国的应用和发展》，载《社会主义研究》，2013（6）。

② 参见董克用：《城乡统筹发展中的公共服务标准》，载《机构与行政》，2012（6）。

③ 参见颜芳芳：《城乡一体化评价指标体系研究》，载《经济研究导刊》，2011（33）。

④ 参见项继权：《基本公共服务均等化：政策目标与制度保障》，载《华中师范大学学报（人文社会科学版）》，2008（1）。

⑤ 参见郭小聪、刘述良：《中国基本公共服务均等化：困境与出路》，载《中山大学学报（社会科学版）》，2010（5）。

因素阻碍了城乡基本公共服务均等化的进一步深入：公共财政投入不足、城乡分割的二元体制、各级政府事权与财力的不匹配、基本公共服务均等化缺乏有效问责、基本公共服务供给模式单一。① 孙友祥、柯文昌认为公共服务均等化面临以下困境：政治统摄上的公民权利差异性赋予制度；行政管理中的区划分割制度；经济社会发展中的二元结构；社会政策安排中的分治模式；城市偏向的公共资源配置制度和主业主导的发展模式。② 曹静晖将公共服务均等化的障碍总结为：政府财权事权不匹配与转移支付制度并存、非均衡的公共服务供给制度、单中心的政府治理结构和政府绩效评估原理与公共服务均等化的要求。③

3. 城乡基本公共服务均等化的制度分析研究

制度设计是造成城乡基本公共服务非均等化的重要因素，也是推进城乡公共服务均等化的重要措施。迟福林论述了城乡基本公共服务均等化的制度因素，包括缩小城乡差距、扩大农村消费；保障农民自身发展权益；推进土地制度改革。④ 郁建兴从社会政策设计角度论述了城乡政策均等化，他认为我国已初步建立起一个“广覆盖、低水平、保基本、多层次”的社会政策体系，但仍具有显著的低福利、城乡二元化和身份碎片化特征，需要加以完善。⑤ 吴业苗从“三农”问题治理角度论述了城乡公共服务均等化的制度设计，包括推进农业现代化的公共服务、推进新农村建设的公共服务、促进农民素质提高和市民化、职业化的公共服务等制度。⑥

更多的学者从导致城乡基本公共服务非均等化的制度诱因角度来研究城乡基本公共服务均等化，主要包括供给主体体制的不均等、财力保障机制的不均等、供给机制的不均衡以及户籍制度等其他限制因素等。胡仙芝认为城乡之间基本公共服务的水平差距较大，是我国基本公共服

① 参见黄云鹏：《“十二五”促进城乡公共服务均等化的对策研究》，载《宏观经济研究》，2010（7）。

② 参见孙友祥、柯文昌：《城乡公共服务均等化：价值、困境与路径》，载《中国行政管理》，2009（7）。

③ 参见曹静晖：《基本公共服务均衡化的制度障碍及实现路径》，载《华中科技大学学报》，2011（1）。

④ 参见迟福林：《我国统筹城乡发展的基本公共服务均等化因素》，载《东南学术》，2009（6）。

⑤ 参见郁建兴：《中国的公共服务体系：发展历程、社会政策与体制机制》，载《学术月刊》，2011（3）。

⑥ 参见吴业苗：《城乡公共服务一体化的若干思考》，载《中共中央党校学报》，2013（6）。

务非均衡性或非均等性的主要表征，农村仍旧是基本公共服务的洼地和薄弱环节，农民成为基本公共服务均等化呼声最高的群体。李雪萍等对城乡社会保障进行了比较；陈东重点分析了影响农村公共物品供给效率的供给制度因素和供给主体行为因素；龙兴海、曾伏秋等以农村公共教育、医疗、文化服务、社会保障、交通管理服务以及社会管理服务等为例，从宏观和微观两个层面对我国农村基本公共服务供给问题进行了分门别类的理论解释和理论分析。

4. 城乡基本公共服务均等化的资源配置研究

关于实现城乡基本公共服务均等化的资源配置，丁元竹认为，在我国实现基本公共服务均等化必须满足三个条件：一是政府具有使每一个公民都享受法定基本公共服务的财政支出能力，这就要求中央政府和地方政府采取扩大税基或转移支付等方式。二是中央政府和地方政府应当通过规划空间布局，使每个公民不分城乡、不分地区都有机会接近法定基本公共服务设施。三是中央政府和地方政府应当通过法律改革现有的户籍制度，使每个公民不分城乡、不分地区都有权利使用法定基本公共服务设施。① 吴江强调了必须加强公共服务人力资源市场化配置，加强基层公共服务人才队伍建设和创新公共服务用人机制，保障农村的公共服务人力资源配置，推进基本公共服务的均等化。② 杜志洲、汪玉凯强调了电子政务对于公共服务创新的重要作用。③ 基于此，信息化设施也成为城乡基本公共服务资源配置的重要内容，同时电子公共服务体系也成为当前电子政务的研究热点。迟福林也提出应加快政务信息化建设，运用互联网技术建立统一的基本公共服务供给信息平台，增强政府的基本公共服务能力。④ 贾康、丁元竹、龚金宝、唐铁汉也强调了财政资源配置对于基本公共服务均等化的重要作用。

5. 农民工享受城镇基本公共服务的权利保障研究

农民工当前已经成为我国特有的一个社会群体，他们生活在城市，但又具有农民的身份，成为我国实践城乡基本公共服务均等化必须要考

---

① 参见丁元竹：《基本公共服务均等化视角下的收入分配体制改革》，载《中国发展观察》，2013（11）。

② 参见吴江：《加快建立统筹城乡公共服务体系的若干问题》，载《中国机构改革与管理》，2011（3）。

③ 参见杜志洲、汪玉凯：《电子政务与公共服务创新》，载《中国行政管理》，2007（6）。

④ 参见迟福林：《政府转型与基本公共服务》，载《中国浦东干部学院学报》，2009（1）。

虑的重要群体。张伟宾就认为随着城市化的进程，我国随着人口流动而产生了新贫困人群，包括失地农民、外出农民工和留守群体，而当前所推行的贫困监测体系、双轨制的反贫困政策体系和城乡分割的福利体系难以有效对新贫困群体进行覆盖，这部分群体急需有效的公共支持来保障他们的生存和发展权利。①

对于农民工享受城市公共服务的研究，杨刚强认为农村基本公共服务供给不足和缺位已成为劳动力转出的重要推力，而城市较高的公共服务水平成为劳动力转入的重要拉力，但从体制与制度安排来看又会受到基本公共供给不均的影响。大量农村劳动力在职业选择、教育、医疗、社会保障等领域，受相关政策的束缚与制约，不能与城市居民享受同等待遇，使其游离于城市边缘，难以实现与转入地的融合，阻碍了劳动力转移与市民化。② 韩俊认为二元的公共服务制度正是推进农民工市民化的最大阻碍，农民工的市民化过程实质上是公共服务均等化的过程；他提出了以健全公共服务制度为核心的推进农民工市民化的对策建议。③ 孙德超以农民工享有的具体公共服务为切入点，分析农民工享有基本公共服务的现状及存在的问题，探讨推进农民工与其他群体享有均等的社会保障服务、公共就业服务、义务教育服务、基本医疗与公共卫生服务的政策建议。④ 朱巧玲、甘丹丽针对农民工享受基本公共服务提出逐步实现基本公共服务由户籍人口覆盖向常住人口覆盖的转换。⑤

6. 城乡基本公共服务均等化的责任主体研究

（1）从中央地方关系视角分析责任主体。一是从地方政府与中央政府责任划分的角度，国外方面，斯蒂格勒（Stigler）提出了最优分权模式、奥茨（Oates）提出了分权定理、布坎南提出了分权俱乐部理论以解决中央政府和地方政府在公共产品和公共服务中的责任归属问题。国内方面，麻宝斌、季英伟认为构建科学的基本公共服务分工和问责机制是理顺中央与地方政府间财权与事权分配不均问题的前提，应由中央政府承

---

① 参见张伟宾：《城乡协调发展背景下的新贫困问题》，载《贵州社会科学》，2013（9）。

② 参见杨刚强：《基本公共服务与农村劳动力转移关系研究》，载《宏观经济管理》，2013（8）。

③ 参见韩俊：《农民工市民化与公共服务制度创新》，载《行政管理改革》，2012（11）。

④ 参见孙德超：《农民工群体享有基本公共服务的现状及改善途径》，载《吉林大学学报》，2012（5）。

⑤ 参见朱巧灵、甘丹丽：《加强城乡基本公共服务均等化制度建设是农民市民化的关键》，载《改革与战略》，2014（1）。

担基本公共服务改革的统一规划和部署以及全国范围的软件建设，而由地方政府承担基本公共服务改革的基础设施建设和辖区内的软件建设，同时给予地方政府足够的财权，以保障其改革的顺利进行，实现中央与地方的优势互补、协同发展。① 迟福林等也探讨了以基本公共服务均等化为重点的中央政府与地方政府的关系，认为必须在明确政府总体职责的前提下，按照基本公共服务均等化原则，改革和规范中央与地方关系，尽快实现中央与地方的关系从“以提高经济总量为导向”向“以基本公共服务均等化为重点”的转变，以提高基本公共服务的水平和效率。②

（2）从多元主体协同视角分析责任主体。国外方面，奥斯特罗姆认为对于一项公共事务的治理，既可以通过外部代理人制度进行解决，如国家和企业，也可以通过自身制度进行解决，即“进行自主治理，从而能够在所有人面对搭便车、规避责任或其他机会主义行为诱惑的情况下，取得持久的共同收益”③。雷蒙特（Reymont）提出了基本公共服务供给的 PPP 模式。国内方面，贾康、孙洁从治理角度出发，提出城乡公共服务均等化必须着力改变公共服务治理目标、治理价值，构建与城乡一体化发展相适应的统一的公共服务治理体系和制度，实现治理主体由单一到多元、治理路径从单一到协同、治理体制从单一到复合的转变，创新政府、市场与公民社会合作制度，实现农村公共服务的多中心治理。④艾医卫、屈双湖认为，应该构建由政府、市场、社会和农民多元主体协同参与的农村基本公共服务多元供给机制，形成“政府主导、市场优化、社会协同、农民参与”的农村基本公共服务供给格局；吴江提出逐步建立起以政府主导、社会广泛参与、专业部门支撑，以群众自我服务为基础的全面覆盖、统筹城乡的公共服务网络⑤。李海金、危薇、周元武、吴业苗、周晨虹等着重论述了社区在推进基本公共服务均等化中的重要作

① 参见麻宝斌、季英伟：《中国基本公共服务均等化改革分析》，载《政治学研究》，2009（12）。

② 参见迟福林等：《加快推进基本公共服务均等化（12 条建议）》，载《经济研究参考》，2008（3）。

③ ［美］埃莉诺·奥斯特罗姆：《公共事务的治理之道》，51 页，上海，上海三联书店，1999。

④ 参见贾康、孙洁：《农村公共产品与服务提供机制的研究》，载《管理世界》，2006（12）。

⑤ 参见吴江：《加快建立统筹城乡公共服务体系的若干问题》，载《中国机构改革与管理》，2011（3）。

用，并提出如何发挥社区推动城乡基本公共服务均等化的对策建议。①还有学者论述了公民参与对于公共服务的重要作用，如孙晓莉根据公民参与公共服务的动力因素，将公民参与公共服务划分为政府推动型、精英主导型和公众自治型，并总结了公民参与公共服务的基本形式，包括公共服务的评价、选择、决策和供给。② 汪锦军从公共服务的决策和供给两条路出发将公共服务中的公民参与分为六种参与模式，包括决策阶段的决策型参与、有限吸纳型参与和告知型参与，以及提供阶段的校正型参与、改善型参与和合作型参与。③

（3）从制度障碍视角分析责任机制。王锋、陶学荣认为问题在于片面的发展观和管理观导致了政府基本公共服务职能的“缺位”，模糊的职能范围导致了政府基本公共服务职能的“越位”和“错位”；丁元竹认为我国基本公共服务非均等化的原因主要在于各级政府间的事权与财力关系划分不清；迟福林认为，从改革实践看，我国基本公共服务非均等化的根源在于体制机制不健全；郭朝晖、徐鹏基于政治家理论、官僚经济理论、利益集团理论分析发现，在现行公共政策的决策模式下，农民难以在城乡基本公共服务均等化建设中通过正常渠道行使话语权来进行意愿表达，认为不合理的话语机制决定的决策规则是造成当前城乡基本公共服务非均等化的根源；丁元竹认为，长期的城乡分治在城乡之间形成严重体制分割和城乡歧视，造成了城乡失衡；徐越倩认为城乡基本公共服务非均等化的症结在于城乡二元体制。夏志强提出了多元供给模式自身存在的诸多缺陷，如低效率、公共伦理缺失、问责困境、独立性侵权等问题，并提出了相应的对策建议。④

7. 城乡基本公共服务均等化的财政保障机制研究

国外方面，林达尔（Lindahl）、马斯格雷夫、弗利（Foley）提出并

---

① 参见李海金、危薇：《农村社区建设：城乡一体公共服务与治理体系的双向构建——以武汉市农村家园建设行动计划为分析对象》，载《社会主义研究》，2012（6）；周元武：《农村新社区建设是事关城乡一体化发展的重大战略问题》，载《湖北社会科学》，2013（7）；吴业苗：《农民转身：新型农村社区的适应处境与公共服务建设》，载《浙江社会科学》，2013（1）；周晨虹：《城乡一体化背景下社区公共服务供给的比较分析》，载《社会主义研究》，2012（3）。

② 参见孙晓莉：《公共服务中的公民参与》，载《中国人民大学学报》，2009（4）。

③ 参见汪锦军：《公共服务中的公民参与模式分析》，载《政治学研究》，2011（4）。

④ 参见夏志强：《公共服务多元主体合作供给模式的治理与缺陷》，载《上海行政学院学报》，2013（7）。

完善了用于求解基本公共服务最优规模的“林达尔均衡”概念；莫尼斯兰（Monisilan）认为，政府提供基本公共服务和财政转移支付的层面越高，支持力度就越大。波德斯（Bodns）认为加拿大的均等化转移支付是联邦政府和省政府财政关系的重要组成部分，实施均等的财政支付，促进了全国基本公共服务的均等化。罗森菲尔德（Rosenfeld）认为德国通过以基本公共服务为重点的财政转移支付，基本上实现了基本公共服务均等化。波德斯、罗森菲尔德、哈特（Hart）则分别介绍了加拿大、德国、澳大利亚以财政转移支付制度促进基本公共服务均等化的实践。①帕彭富斯对 2009—2012 年德国、澳大利亚、瑞士等国公共企业的资金、绩效与负债的财务报告方式进行了研究，并就评估与促进公共管理的财力可持续化及其削减提出了新路径。

国内方面对于城乡基本公共服务均等化的财政保障研究，一是着重于研究中央和地方政府之间的财权和事权划分机制；二是强调转移支付制度对于推进城乡基本公共服务均等化的重要作用；三是从财政学角度强调通过财政均等化实现城乡的基本公共服均等化。主要观点如下：

丁元竹认为，公共服务均等化可分为三种类型：一是输入型均等化，二是自给自足型均等化，三是对外贡献型均等化。鄂州作为中等地级市，用于公共服务的财力保障来源于两大方面：一是地方本级财政收入，二是财政转移支付。根据国际经验，基本公共服务均等化的基础和基本实现手段是财政能力均等化，而且各个国家在实现基本公共服务均等化过程中采取的财政体制也是不一样的，如财政能力均等化、税收均等化、财政需求均等化等，基本公共服务均等化通常通过财政能力均等化来实现。②

周幼曼总结了发达国家推进基本公共服务均等化的财政模式后认为：从实现模式来看主要包括人均财力均等化模式、财政支出需求均等化模式、财政收支均等化模式。③

---

① U. Papenfuss, "How (should) Public Authorities Report on State-owned Enterprises for Financial Sustainability and Cutback Management—A New Quality Model," *Public Money & Management*, 2014 (2).

② 参见丁元竹：《科学把握我国现阶段的基本公共服务均等化》，载《中国经贸导刊》，2007 (13)。

③ 参见周幼曼：《一些发达国家推进基本公共服务均等化的经验与启示》，载《理论建设》，2013 (4)。

安体富、胡均民等学者认为，实现城乡基本公共服务均等化的重要前提是，明确中央政府与地方政府以及基层政府在基本公共服务方面的事权、财权，形成财力与事权相匹配的现代公共财政体制，根据公共服务的具体性质和特点划分各级政府承担的责任。① 刘尚希等提出，应以城乡基本公共服务均等化为导向深化分税制财政管理体制改革，切实缓解基层财政困难。②

贾康认为，应进一步明确财权和事权划分，把完善转移支付制度作为下一步调整中央地方关系的重点。

王磊对财政转移支付与基本公共服务均等化的关系进行了实证检验，认为税收返还与基本公共服务不均等程度有显著的正相关关系，一般性转移支付与基本公共服务不均等程度有明显的负相关关系，专项拨款与基本公共服务不均等程度有明显的负相关关系。

刘铭达认为转移支付能够促进基本公共服务均等化，要合理地确定转移支付补助规模的稳定增长机制。对于地区经济发展不均衡的问题，在财政体制的设计上应统筹考虑。

王雍君同样发现现行财政转移支付制度对公共服务的相逆的均等化效果，他认为除了对农村等地区扩大财政转移支付总量外，还必须以强化再分配为导向改革现行的转移支付体制。③

孙德超从转移支付的角度进行了研究，认为首先应将均衡性转移支付与其他一般性转移支付整合为一项统一的一般性转移支付，以提高一般性转移支付占转移支付总额的比率，适应推进基本公共服务均等化的总体要求；其次，改进无条件转移支付的分配方法，核心是要改基数法为因素法；最后，严格规范专项转移支付。④

国家发改委经济体制与管理研究所从公共预算的角度提出了对策建议，认为在公共财政预算中，应设立基本公共服务预算专门科目，财政

---

① 参见安体富、任强：《公共服务均等化：理论、问题与对策》，载《财贸经济》，2007（8）；胡均民、艾洪山：《匹配“事权与财权”——基本公共服务均等化的核心路径》，载《中国行政管理》，2009（11）。

② 参见刘尚希、杨元杰、张洵：《基本公共服务均等化与公共财政制度》，载《经济研究参考》，2008（40）。

③ 参见王雍君：《建设和谐社会：从公共财政做起》，载《第一财经日报》，2006-11-15。

④ 参见孙德超：《推进基本公共服务均等化的直接路径：规范转移支付的结构和办法》，载《东北师大学报（哲学社会科学版）》，2013（4）。

用于基本公共服务经费的增长幅度，应当高于财政经常性收入的增长幅度。完善转移支付办法，加快探索建立省以下转移支付制度。将资源税、土地使用税新增收入的一定比例，用于教育、卫生和保障性住房等基本公共服务投入。①

吴江从战略角度分析了公共服务均等化的财政投入问题，提出要确保基本公共服务的财政投入战略。在财政收入“蛋糕”有限的情况下，合理调整财政支出的构成，压缩行政管理费用支出，加大公共服务支出，才能确保基本公共服务的财政投入。对财政状况较差的镇实行“镇政府运转、社会公共事业发展、区域公共产品共享”的县级财政全额转移支付制度，确保乡镇公共服务的供给。②

江明融认为，由于我国一直实行城市偏向型的非均衡供给制度和公共产品“自上而下”决策机制，从而导致了基本公共服务不均等；任强等认为公共财政制度尚不完善，政府转移支付制度总体设计存在缺陷，形式过多、结构不合理导致基本公共服务均等化存在的问题。

夏杰长认为，财政支出的经济建设偏好和民主财政机制的缺失以及现行的政绩考核机制导致了基本公共服务非均等化。

8. 城乡基本公共服务均等化的供给机制研究

国内外关于城乡基本公共服务均等化供给机制的研究，主要涉及公共服务供给的动力机制、供给方式的选择机制以及供给能力和其他的配套保障机制。

从供给导向来看，国外方面，金和范德纳比勒提出公共服务的动力是以自我牺牲为基础的，分为三类：工具性的（instrumental）、价值导向的（value-based）、关联认同性的（identification）；并认为公共服务动力结构的建立须吸引公共参与，促成对公共价值、（社会）同情与自我牺牲的承诺。③ 麦克米伦和图福尔认为，（农村）基本公共服务为达到帕累托最优应结合不同地区的特点，与需求导向相结合。布拉德肖（Bradshaw）归纳了四种不同类型的对城市公共服务的需要（needs）：第一种是基于

① 参见国家发改委经济体制与管理研究所：《围绕促进社会公平深化改革》，载《宏观经济管理》，2013（10）。

② 参见吴江：《加快建立统筹城乡公共服务体系的若干问题》，载《中国机构改革与管理》，2011（3）。

③ S. Kim and W. Vandenabeele, “A Strategy for Building Public Service Motivation Research Internationally,” *Public Administration Review*, 2010（70）, pp. 701－709.

专家判断的“规范的”需要；第二种是“感觉的”需要；第三种是“表达的”需要；最后一种是“比较的”需要。[1] 国内方面，江明融、蒋瑛认为公共产品的供给在于实现基本公共服务的均等化；陈海威、田侃，何伟福、陈俊松，王金水从服务提供方（政府）和受益方（公民）两个维度探讨基本公共服务供给的功能和动力；汪锦军则从利益和目标两个变量出发建构基本公共服务的协同体系。

从供给方式来看，国外学者主要关注公共产品的供给，多从经济学角度入手，如萨拉蒙提出应建立政府与第三部门功能互补的供给模式；雷蒙特提出了基本公共服务供给的PPP模式；等等。国内学者有的从基本公共服务的提供者角度（如政府、社会组织、私营企业等）来分析基本公共服务供给方式。有的认为应借鉴新公共管理、治理理论等分析工具，构建我国基本公共服务的一主多元型供给新模式。有的总结了城乡公共服务的三种供给模式：一是城乡公共服务的“政府主动型”供给模式，二是由下而上的“需求表达型”供给模式；三是由上而下 的“政府压力被动型”供给模式。[2]

从供给能力提升机制方面来研究。阿克曼（Ackeman）、威尔逊（Wilson）、蒂龙（Tirole）、迪克西特（Dixit）研究了公共部门激励机制的特点及激励方式；佩奇（Page）、安德内（Andreoni）、达菲（Duffy）探讨了基本公共服务私人供给激励机制；李军鹏探讨了公共供给竞争机制的三个组成部分：国家间公共供给竞争、地方政府间公共供给竞争、公共部门间公共供给竞争；谢来位认为，基本公共服务能力建设要围绕公共组织在基本公共服务中的一些基本能力要素进行，主要包括基本公共服务价值目标平衡能力、基本公共服务信息开发与利用能力、基本公共服务品种与技术创新能力、基本公共服务责任分担与利益协调能力、基本公共服务供给组织能力等。

从其他配套保障机制方面的研究。丁元竹分析了与基本公共服务均等化相配套的、其他的体制机制怎么完善的问题；贾凌民、吕旭宁探讨了创新基本公共服务供给的决策机制、生产和提供机制、监督与管理机制；郭金喜、鲁娜认为需要完善自下而上的农民利益表达机制、政策决

---

① J. Bradshaw, “A Taxonomy of Social Need,” in G. McLachlan, *Problems and Progress in Medical Care*, Oxford: Oxford University Press, 1971, p. 73.

② 参见陆道平：《我国城乡公共均等化：问题与对策》，载《江汉论坛》，2013 (12)。

策形成机制与政府回应机制以解决基本公共服务供给矛盾；祝小宁、白秀银揭示了城乡统筹基本公共服务配置、沟通、协调与共享的网格机制，以实现不同地域、不同领域和不同发展水平的基本公共服务配置和共享；雷晓康、方媛、王少博认为一个完整的基本公共服务供给体系包括基本公共服务需求表达机制、基层基本公共服务供给机制、监督机制、绩效评估机制以及基本公共服务问责机制等。

五、我国当前城乡基本公共服务均等化研究的不足与未来发展方向

当前国内外学术界对于基本公共服务均等化的研究较多，关于基本公共服务的均等化的概念、内涵和涉及范围的研究已经较为稳定成熟，关于基本公共服务均等化推进的体制机制建设研究更多停留在理论和宏观层面，应用性和操作性研究较少；针对城乡基本公共服务均等化的体制机制以及实现路径缺乏系统的研究，以问题为导向的体制机制建设有待进一步加强与优化。根据本研究的主题，对相关研究文献进行概要式梳理，总结如下：

1. 关于基本公共服务和基本公共服务均等化的理论研究

对于基本公共服务和基本公共服务均等化的理论研究，当前国内的研究学科主要涉及政治学、经济学和管理学等学科。其中政治学主要从公民权利、政府职责、社会公正等角度进行研究，经济学主要从公共产品（公共服务）的经济属性（非排他性和非竞争性）、供需机制、成本与收益分析等角度进行研究，管理学则从具体公共服务的战略管理、财务管理、项目管理、伦理管理以及绩效管理等角度进行研究。从已有文献来看，学术界基本上就基本公共服务的定义达成了一致，都强调了基本公共服务“底线”标准、基本公共服务供给中政府的主体责任和基本公共服务的涉及范围。同时对于基本公共服务均等化的研究，也形成了较为统一的观点，即强调公共服务的权利属性和社会效益属性，形成了基本公共服务均等化所要达成的三个准则：机会均等、结果大致相当和自由选择权利的准则与目标。

2. 关于城乡基本公共服务均等化的基本理论研究

当前学术界对于城乡基本公共服务均等化的研究仍是以基本公共服

务均等化研究为框架，关于城乡基本公共服务均等化的内涵和范围界定也是以基本公共服务均等化为依据，对于城乡特征的基本公共服务均等化涉及较少。对于城乡基本公共服务非均等化主要从以下四个方面进行研究：一是制度设计的非均等化，主要表现为当前因为户籍制度、收入分配制度等制度设计所形成的城乡二元体制机制；二是资源配置的非均等化，主要包括城乡之间的人、财、信息等资源配置的不均等从而导致的基本公共服务非均等化；三是收益效果的非均等化，主要从当前城乡公共服务差异的角度进行了分析和论述；四是农民工享受均等化公共服务的问题，主要涉及入城农民工在城市化、城镇化过程中如何高效、便捷地享受基本公共服务的问题。同时，当前研究也涉及城乡基本公共服务均等化的影响因素探讨，包括城乡之间的市场机制、区域因素、政治制度、公共政策、财政机制、政府战略以及历史问题都是影响城乡基本公共服务非均等化的重要因素。

3. 关于城乡基本公共服务均等化的体制研究

目前关于城乡基本公共服务均等化体制研究的专门文献较少，与此相关的文献主要集中在以下三个方面：一是在基本公共服务均等化的责任体制方面，主要研究各个社会主体在城乡基本公共服务均等化过程中应该承担什么职责、拥有什么权限和权力以及各个主体之间如何进行有效协同。学者们对于中央政府与地方政府的责任关系、政府与社会组织的责任关系、政府与社区以及公民的责任关系进行了研究。二是关于城乡基本公共服务的供给体制研究，主要包括对基本公共服务供给的市场化和社会化进行了研究。三是从基本公共服务均等化制度障碍破除的角度进行研究，主要涉及政府层级以及部门间的事权和财权不均衡问题、政府的越位与缺位问题、政府与社会的协同问题以及城乡二元机制等。

4. 关于城乡基本公共服务均等化的财政保障研究

目前对于城乡基本公共服务均等化的财政保障机制的研究总体较多，但是涉及解决问题的操作层面的机制建设研究较少，目前的研究成果主要集中在财政政策建议的战略层面，主要包括以下内容：一是研究政府之间、政府与社会之间关于公共财政的财权划分问题，提出了财权与事权相平衡的公共财政改革方向和以公共服务均等化为导向的社会分税制改革建议；二是研究推进基本公共服务均等化的财政能力均等化问题，论述了发达国家人均财力均等化模式、财政支出需求均等化模式、财政收支均等化模式；三是研究实践基本公共服务均等化的转移支付问题，重点研究了转移支付机制与公共服务均等化之间的关系、影响因素和改进措施。

5. 城乡基本公共服务均等化的供给机制研究

当前对基本公共服务均等化供给机制的研究较多，主要集中在：一是供给导向研究，强调公共需求在供给机制中的决定性作用，并提出了公共需求获取所面临的问题和障碍；二是供给方式研究，总结了当前所存在的主要供给模式，强调公共服务供给的市场化和社会化协作机制，并重点对于当前的政府购买公共服务的标准和机制进行了研究；三是供给能力研究，主要研究基于当前社会需求下政府能力建设以及社会组织和事业单位的建设问题，包括对于政府关于公共服务的信息获取和分析能力、决策能力、组织动员能力等建设研究。

6. 城乡基本公共服务均等化的管理机制研究

当前国内对于公共服务管理的研究文献较少，而国外对于公共服务管理的研究已经颇为成熟，我国的公共服务管理领域的研究亟待弥补。关于公共服务管理方面，国外的研究包括公共服务的主体管理、公共服务的战略管理、公共服务的伦理管理、公共服务的项目管理、公共服务的监督管理以及公共服务的绩效管理，除了绩效管理以外，当前国内关于其他的公共服务管理的研究较少。

7. 城乡基本公共服务均等化的绩效管理研究

国内外关于基本公共服务均等化的绩效管理主要从质量管理和绩效评估两个方面进行。质量管理方面，一是制定和完善基本公共服务均等化的质量标准体系，标准体系设计结合了如 ISO9000 等通用模型的标准，也结合了公共服务的价值诉求，标准体系的方法包括了层次分析法、网络分析法、数据包络分析法、模糊综合评价法，而关于公共服务的质量控制目前的研究则较少涉及。从绩效评估体系来看，当前的研究主要通过公众感知质量测量和公众满意度方式进行，并据此对公共服务均等化做出评估。从目前研究来看，公共服务均等化的质量管理和绩效评估仍更多作为两个独立主体进行，二者之间的耦合研究较少。

通过对城乡基本公共服务均等化的文献梳理可以看出，当前的城乡基本公共服务均等化并未作为独立的研究对象研究，更多作为基本公共服务均等化整体研究的一个子项目进行，关于基本公共服务均等化的研究成果也并未完全反映出城乡基本公共服务均等化的特质和特征。另外当前对于城乡基本公共服务均等化，甚至整个基本公共服务均等化的体制机制研究更多停留在理论和宏观层面，对于这些体制机制的理念或理论的实践机制研究较少，且尚未形成系统的研究。

第四章

国内城乡基本公共服务均等化制度研究述评

李　珂*

向全体社会成员提供均等的基本公共服务，是现代政府的基本职责之一。众所周知，现阶段我国基本公共服务尚存在不均等现象，其中之一即为城乡之间基本公共服务供给不均等，农村基本公共服务水平远低于城市。经过党的十八大、十八届三中全会等历次重要会议的部署和强调，基本公共服务均等化总体实现已成为到2020年全面建成小康社会战略目标的重要内容。① 总体而言，推进城乡基本公共服务均等化的制度环境在不断优化，但具体来看，当前一些固有的体制机制障碍正制约着城乡基本公共服务均等化的实现和可持续发展。鉴于城乡基本公共服务均等化现已成为我国民生建设领域的一个核心议题，其又面临突破诸多制度性障碍的现实压力，因此需要及时梳理和归纳国内城乡基本公共服务均等化制度研究的总体脉络，聚焦研究热点和难点，并据此展望新的研究趋向。

一、数据来源与研究方法

笔者主要根据中国学术期刊网络出版总库（CNKI）搜集文献，利用科学计量学、数据可视化路径，采用文献计量内容分析法，对国内城乡基本公共服务均等化制度研究的时区分布和研究力量、热点专题、发展趋势等进行分析。借助美国德雷克塞尔大学计算机与信息学院陈超美教授开发的引文可视化专业分析软件CiteSpace，绘制2004—2015年国内城乡基本公共服务均等化制度研究的科学知识图谱，重现我国城乡基本公

* 李珂，四川大学公共管理学院博士研究生，研究方向：行政管理。

① 重庆市中国特色社会主义理论体系研究中心：《加快推进基本公共服务均等化》，载《人民日报》，2013-03-28。

共服务均等化制度研究的时空动态演化历程，聚焦研究前沿，分析发展趋势，为今后的研究提供基础参考资料。

参考前文对国内相关研究文献的初步统计分析，笔者重点抽取以下3组主题词并列进行文献检索：“城乡公共服务”（并且包含“制度”）、“城乡公共服务”（并且包含“体制”）、“城乡公共服务”（并且包含“机制”）；文献来源类别为全部期刊；文献来源年限为2004—2015年；检索条件为精确；操作时间为2015年12月4日。共检索到相关文献471篇。将这些文献下载之后，统一整理成Ref Works文献格式，并且运行CiteSpace Ⅲ软件，将文献数据导入，设置年度切片时间为1年，阈值取前50，选择最小生成树算法，进行关键词共现分析，绘制前沿时区视图、最小树聚类图谱等，同时生成对应的高发文量核心期刊及研究机构、高被引文献、高频关键词统计表。

二、国内城乡基本公共服务均等化制度研究的时区分布与研究力量

（一）时区分布

笔者借助CiteSpace软件，根据471篇文献关键词（节点）在特定年份出现的频数及其相互之间的关联度绘制出前沿时区视图，体现2004—2015年国内城乡基本公共服务均等化制度研究的动态演进（见图4—1）。总体来看，国内对该领域的研究分为三个阶段：一是起步阶段（2004—2006年），核心词为“公共服务”；二是井喷阶段（2007—2011年），核心词由“均等化”“基本公共服务”“城乡一体化”逐步整合为“公共服务均等化”“城乡基本公共服务”；三是深化阶段（2012年至今），核心词为“城镇化”。三个阶段的变迁体现出理论研究紧跟党和国家的政策导向，注重解决国家治理和社会发展中的现实问题这一演变发展轨迹。

2003年10月，中共十六届三中全会通过的《中共中央关于完善社会主义市场经济体制若干问题的决定》明确提出完善社会主义市场经济体制的目标和任务包括，完善政府社会管理和公共服务职能，为全面建设小康社会提供强有力的体制保障。建立有利于逐步改变城乡

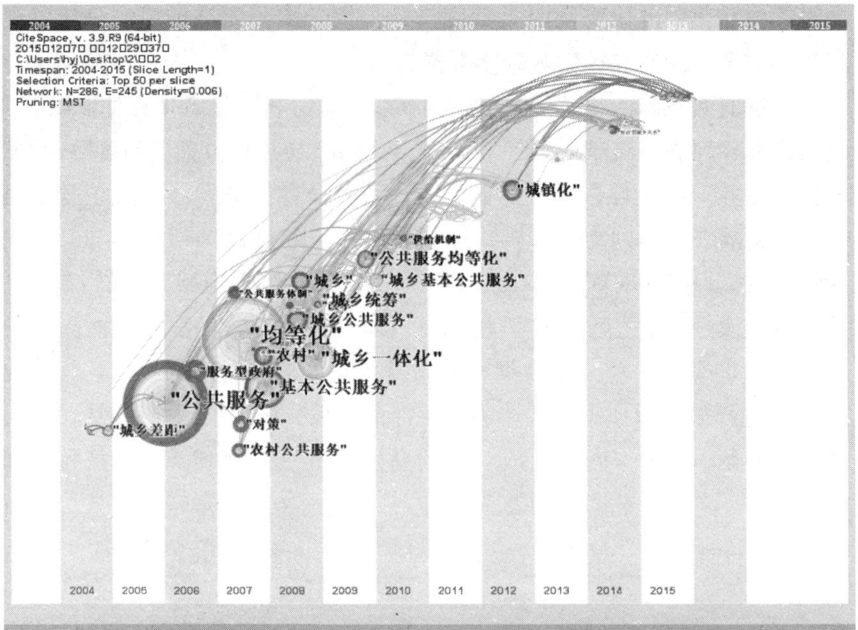

图 4—1　国内城乡基本公共服务均等化制度研究的前沿时区视图

二元经济结构的体制；健全就业、收入分配和社会保障制度等。① 2004 年 1 月，党中央自 1986 年以后首次以“三农”为主题发布中央一号文件。2006 年 10 月，中共十六届六中全会通过的《中共中央关于构建社会主义和谐社会若干重大问题的决定》明确提出建设服务型政府，强化公共服务职能。② 其后，“城乡差距”“公共服务”“服务型政府”开始成为国内学界研究的关注点。

2007 年 10 月，中共十七大报告指出着力保障和改善民生，推进社会体制改革，扩大公共服务。③ 关于我国政府公共服务的第一份综合研究报告——《中国公共服务发展报告（2006）》于 2007 年 4 月 8 日在京发布，报告由国务院发展研究中心、中国社会科学院等单位共同完成，该报告指出，城乡间发展不平衡，农村公共服务严重短缺。报告建议，加快推进基本公共服务均等化工作；进一步加大对公共服务的投入；建立健全

---

① 参见《中共中央关于完善社会主义市场经济体制若干问题的决定》，载《人民日报》，2003-10-22。

② 参见《中共中央关于构建社会主义和谐社会若干重大问题的决定》，载《人民日报》，2006-10-19。

③ 参见胡锦涛：《高举中国特色社会主义伟大旗帜，为夺取全面建设小康社会新胜利而奋斗》，载《人民日报》，2007-10-25。

公共服务体制机制，推进公共服务由“投入型”逐步向“效益型”转变。[①] 同年6月，国家发改委下发通知批准成都市和重庆市为全国统筹城乡综合配套改革试验区。其后，“城乡一体化”“城乡统筹”“城乡公共服务”成为国内学界研究的热点。2007年以后，无论是以“公共服务均等化”还是以“城乡公共服务均等化”为主题的学术论文及国家科研立项均呈现井喷递增态势。

2012年11月，中共十八大报告把“城镇化质量明显提高”“基本公共服务均等化总体实现”作为全面建成小康社会和全面深化改革开放的重要目标。报告明确指出，加快改革户籍制度，有序推进农业转移人口市民化，努力实现城镇基本公共服务常住人口全覆盖。[②] 2013年11月，中共十八届三中全会通过的《中共中央关于全面深化改革若干重大问题的决定》提出，“城乡二元结构是制约城乡发展一体化的主要障碍。必须健全体制机制，形成以工促农、以城带乡、工农互惠、城乡一体的新型工农城乡关系”[③]。其后，“复合型城乡关系”等成为国内学界研究的新焦点。

（二）研究力量

笔者根据CNKI统计分析发现，国内政治学、公共管理学、财政学及部分综合性社科核心期刊是城乡基本公共服务均等化制度研究的主要学术阵地，这反映出该领域的研究内容具有一定的学科交叉性（见表4—1）。在该领域，华中师范大学、河海大学、四川大学、中国人民大学、吉林大学等科研院所的研究成果位居前列，这体现出重点高校是该领域研究的主要依托平台（见表4—2）。一批在国内有重要影响力的专家智库已然成型：以项继权教授和袁方成教授为代表的华中师范大学政治学研究院团队长期致力于农村综合改革协同创新研究；以刘爱莲教授为代表的河海大学公共管理学院团队长期致力于江苏省城乡公共服务与管理一体化实证研究；以姜晓萍教授为代表的四川大学公共管理学院团队长期致力于四川省成都市统筹城乡综合配套

---

① 参见《我国首次政府公共服务研究显示整体水平偏低》，见 http://news.xinhuanet.com/local/2007-04/08/content_5948941.htm，2007-04-08。

② 参见胡锦涛：《坚定不移沿着中国特色社会主义道路前进，为全面建成小康社会而奋斗》，载《人民日报》，2012-11-18。

③ 《中共中央关于全面深化改革若干重大问题的决定》，载《人民日报》，2013-11-16。

改革研究。但同时也存在一些不足之处，比如缺乏发表与城乡基本公共服务均等化制度研究直接相关的高质量文章的高产作者，这表明该领域的研究尚待深化。

表 4—1　　2004—2015 年发文量前 10 位的核心期刊

序号	期刊名	篇数	序号	期刊名	篇数
1	人民论坛	6	6	农业经济问题	3
2	农村经济	6	7	学习与实践	3
3	中国行政管理	5	8	兰州学刊	3
4	财经科学	3	9	云南行政学院学报	3
5	社会科学研究	3	10	改革与战略	3

表 4—2　　2004—2015 年发文量前 10 位的核心机构

序号	单位	篇数	序号	单位	篇数
1	华中师范大学	13	6	中南财经政法大学	5
2	河海大学	9	7	中共山东省烟台市委党校	5
3	南京师范大学	6	8	中国人民大学	4
4	东北大学	5	9	吉林大学	4
5	四川大学	5	10	中国海洋大学	4

另外，笔者从 CNKI 中选取 2004—2015 年与国内城乡基本公共服务均等化制度研究相关、排在前 20 位的高被引文献（见表 4—3）进行研究。这些文献显示：在理论探讨层面，国内学界已就公共服务体制改革的特点、公共服务均等化的地区差异及制度障碍表现、全国统筹城乡综合配套改革试验区的制度创新经验等问题达成初步共识；在对策研究层面，国内学界把财政体制改革与供给机制创新作为当前推进城乡基本公共服务均等化的着力点。此外，这 20 篇文献中有些还从城镇化、新农村建设、政府职能转变等特定视角切入以契合某一时间段内的国家政策导向，体现了学术研究源于实践、指导实践的价值取向。

表 4—3　　2004—2015 年居前 20 位的高被引文献

序号	作者	篇名	被引频次	年（期）	期刊名
1	项继权 袁方成	我国基本公共服务均等化的财政投入与需求分析	91	2008（3）	公共行政评论

续前表

序号	作者	篇名	被引频次	年（期）	期刊名
2	赵云旗 申学锋 史卫 李成威	促进城乡基本公共服务均等化的财政政策研究	65	2010（16）	经济研究参考
3	中国人口与发展研究中心课题组	中国人口城镇化战略研究	50	2012（3）	人口研究
4	李燕凌 李立清	中国农村公共服务现状分析与政策建议	50	2005（5）	湖南农业大学学报（社会科学版）
5	姜晓萍	中国公共服务体制改革 30 年	47	2008（12）	中国行政管理
6	张东豫 莫光财	基本公共服务均等化：基于地区差异及分析	41	2007（4）	甘肃行政学院学报
7	孙友祥 柯文昌	城乡基本公共服务均等化：价值、困境与路径	40	2009（7）	中国行政管理
8	刘尚希	我国城镇化对财政体制的“五大挑战”及对策思路	36	2012（4）	地方财政研究
9	周素红 王欣 农昀	“十二五”时期公共服务设施均等化供给与保障	35	2011（4）	规划师
10	陈永正	城乡公共服务均等化视角下地方公共财政体制改革	35	2010（1）	财经科学
11	孔凡河 袁胜育	困境与进路：我国推进基本公共服务均等化的思考	30	2009（3）	贵州社会科学
12	杨君昌 曾军平	关于城乡公共服务均等化问题的思考	29	2008（3）	上海财经大学学报
13	龚世俊 李宁	公共服务视域下的新农村社区建设及其模式创新	29	2010（11）	南京社会科学

续前表

序号	作者	篇名	被引频次	期刊名	年（期）
14	王谦	基于农民视角的农村公共服务供给合意度和需求程度分析——以山东省三县市的调研为例	28	2008（3）	山东社会科学
15	彭焕才	新农村公共服务体制建设与乡镇政府职能转变	24	2007（5）	经济与社会发展
16	汪丽君	浅议新农村背景下的农村社区建设	23	2009（1）	今日南国
17	张开云 张兴杰	公共服务均等化：制度障碍与发展理路	22	2011（6）	浙江社会科学
18	徐珊	农村社区建设：政府角色与行为研究	22	2010（10）	中共福建省委党校学报
19	蔡放波	完善公共服务体制与实现基本公共服务均等化	22	2008（9）	学习与实践
20	陈健生	城乡公共服务统筹治理的制度分析——以国家统筹城乡试验区成都市为例	21	2010（2）	财经科学

三、国内城乡基本公共服务均等化制度研究的知识图谱分析

笔者通过 CiteSpace 软件对 2004—2015 年国内有关城乡基本公共服务均等化制度研究的 471 篇文献关键词进行筛选，从中剔除“城乡”“城乡公共服务”“农村公共产品”等与“城乡基本公共服务均等化”主题词重复的近义词以及“问题”“路径”“对策”等学术论文常见术语，最终得出排名前 20 位的高频关键词（见表 4—4）。下列关键词显示，频数远高于其他关键词的“均等化”与“公共服务”是该领域研究的核心主线。另外，统筹城乡基本公共服务、强化政府公共服务职能以及改革公共服

务供给体制机制等是当前国内城乡基本公共服务均等化制度研究的重点关注领域。

表 4—4　　2004—2015 年居前 20 位的高频关键词

序号	关键词	频数	序号	关键词	频数
1	均等化	81	11	农村公共服务	13
2	公共服务	70	12	服务型政府	12
3	城乡一体化	41	13	统筹城乡发展	9
4	基本公共服务	33	14	基本公共服务均等化	8
5	城乡统筹	21	15	公共财政	7
6	公共服务均等化	19	16	供给机制	6
7	城乡基本公共服务	18	17	城乡二元结构	6
8	城镇化	16	18	公共服务体制	6
9	农村	15	19	转移支付	6
10	城乡差距	13	20	财政体制	5

此外，笔者通过关键词共现分析，根据各节点（关键词）的总频数、中心度及其相互之间的关联度绘制出最小树聚类图谱，系统呈现 2004—2015 年国内城乡基本公共服务均等化制度研究的热点专题（见图 4—2）。该图谱以“公共服务”为核心向三个方向延伸：左上部位显示在概念界定层面，国家推行“城镇化”与“城乡一体化”发展战略重在构建复合型城乡关系，这就促使“公共服务”的外延向“城乡”与“公共服务均等化”拓展；左下部位显示在对策研究层面，以“均等化”为目标，统筹城乡基本公共服务，重在补齐农村公共服务“短板”；右侧部位显示在供给主体层面，以建设“服务型政府”为着力点，既要通过转变政府职能，注重城乡基本公共服务，从而改革现行公共服务体制，又要通过强化农村公共服务供给，从供给机制方面改变城乡不均等的现状，从而实现城乡统筹。另外，该图谱所示节点圈层大小反映了相应关键词的总频数，从中可以看出，虽然国内目前对于城乡基本公共服务均等化的概念内涵及理论研究成果丰硕，但是对于相关体制机制改革的研究则有待加强，尚难满足现实需求。

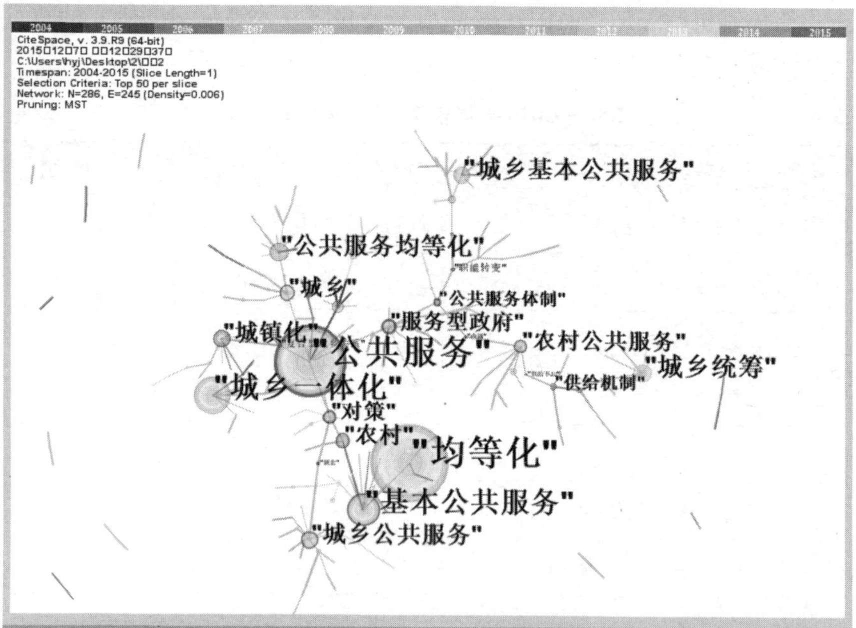

图 4—2　国内城乡基本公共服务均等化制度研究的最小树聚类图谱

四、国内城乡基本公共服务均等化制度研究的热点与专题分析

国内有关城乡基本公共服务均等化制度的研究以现实问题为导向，从制约城乡公共服务均等化的制度性障碍入手，分综合研究与专项研究两个维度展开。

（一）综合研究

综合研究主要包括“城乡基本公共服务均等化制度性障碍分类研究”与“城乡基本公共服务非均等化的制度诱因研究”两个子专题。

1. 城乡基本公共服务均等化制度性障碍分类研究

罗雅丽等学者认为，影响城乡一体化发展的制度因素包括经济要素流通制度的缺陷、土地经营制度的缺陷、教育制度的缺陷。经济要素流通制度，包括就业、户籍、社保等制度，这些制度的缺陷不利于农村劳动力的转移；土地经营制度的缺陷不利于农业的产业化；教育制度的缺陷是城乡公民不公平的开始。① 曹剑光指出，我国在公共服务职责分工、组织形式及其运行过程与机制（如运行程序、竞争管理、绩效管理、规范柔性公共服务）和配套制度（如救济制度、伦理规范）等方面存在诸多问题。② 曹静晖认为，政府间事权与财权的不对称和转移支付制度的低效并存是基本公共服务均等化面临制度障碍的首要表现；歧视性、非均衡的基本公共服务供给制度使人们无法享受均等的基本公共服务是基本公共服务均等化面临制度障碍的另一表现；“单中心”的政府治理结构挤占基本公共服务的空间是基本公共服务均等化面临制度障碍的又一表现；政府绩效评价体系远离基本公共服务的要求是基本公共服务均等化面临制度障碍的又一个棘手问题。③ 张开云等学者认为，公共服务均等化制度体系中的“元制度”缺失和规则立法不足，财政制度安排不健全，公共服务供给决策机制不健全和农民利益表达渠道不畅通，政治制度变革的滞后，公共服务均等化战略理念缺失、体系不全以及执行监督软化，公共服务的多元化供给机制不完善。④ 姜晓萍等学者认为，基本公共服务均等化不足表现为缺乏公共财政的制度保障、缺乏政府公共服务责任体系的制度规范、缺乏公共服务供给机制的制度创新、缺乏公共服务质量标准的制度体系、缺乏公民自主选择公共服务的制度保障。⑤

2. 城乡基本公共服务非均等化的制度诱因研究

如江明融认为，由于我国一直实行城市偏向型的非均衡供给制度和公共产品“自上而下”决策机制，从而导致了基本公共服务不均等。⑥ 迟福林认为，从改革实践看，我国基本公共服务非均等化的根源在于体制机制不健全：一是没有形成规范的公共服务供给分工和问责制；二是没有形成公共服务可持续的财政支持体制；三是城乡二元分割的公共服务制度安排。⑦ 刘德

---

① 参见罗雅丽等：《制度因素在我国城乡一体化发展过程中的作用分析》，载《人文地理》，2005（4）。

② 参见曹剑光：《公共服务的制度基础：走向公共服务法治化的思考》，35～36页，北京，社会科学文献出版社，2010。

③ 参见曹静晖：《基本公共服务均等化的制度障碍及实现路径》，载《华中科技大学学报（社会科学版）》，2011（1）。

④ 参见张开云等：《公共服务均等化：制度障碍与发展理路》，载《浙江社会科学》，2011（6）。

⑤ 参见姜晓萍等：《地方社会管理创新——突破和谐发展的行政障碍》，202～204页，北京，中国人民大学出版社，2013。

⑥ 参见江明融：《构建城乡统筹的公共产品供给制度研究》，载《农村经济》，2006（8）。

⑦ 参见迟福林：《理顺关系，力促公共服务均等化》，载《中国改革报》，2007-02-08。

吉认为，公共服务不均等的深层次原因在于相关制度安排不合理，包括公共财政制度不健全、政府职能转变不到位、转移支付制度不完善、服务供给制度存在偏差、地方官员绩效考核及激励制度增长导向和服务标准及均等评估制度欠缺等。① 翟秋阳等学者指出，导致东、中、西部城乡基本公共服务非均等化的因素有三：城乡二元体制造成农民弱势地位（根本原因）；财政供给机制凸显“城市偏好”（主要原因）；官员绩效考核机制重GDP，轻民生（重要原因）。②

（二）专项研究

参考前文绘制的国内城乡基本公共服务均等化制度研究前沿时区视图和最小树聚类图谱，专项研究主要包括“城乡公共服务财政供给机制研究”“城乡公共服务决策管理体制研究”“城乡户籍制度改革研究”与“城乡土地制度改革研究”四个子专题。

1. 城乡公共服务财政供给机制研究

如中国发展研究基金会在《中国人类发展报告（2005）：追求公平的人类发展》中提出，中国要想实现人类发展目标必须落实社会公平，尤其要照顾农村贫困人口、城市贫困人口、农村向城市转移人口及被征地农民四类弱势群体的发展权利，城乡间公共服务的差异可通过政府间财政支出不均加以解释。③ 周和平认为，统筹城乡的制度障碍主要体现在事权财权不匹配，欠发达地区乡镇财政困难，债务沉重，根源在于省以下分税制的不彻底，建议乡财县管和县财省管。④ 夏杰长认为，基本公共服务非均等化的障碍主要体现为财政支出的经济建设偏好和民主财政机制的缺失。⑤ 安体富等学者提出，基本公共服务之所以不均等是因为转移支付制度存在问题，现行的税收返还制度设计拉大了各地间的财力差距。⑥ 陶振等学者认

---

① 参见刘德吉：《基本公共服务均等化：基础、制度安排及政策选择》，79页，上海，上海交通大学出版社，2013。

② 参见翟秋阳等：《我国城乡基本公共服务均等化研究——基于东、中、西部若干省市的比较分析》，载《求实》，2015（7）。

③ UNDP, *China Human Development Report 2005: Human Development with Equity*, China Translation & Publishing Corporation, 2005.

④ 参见周和平：《论欠发达地区统筹城乡发展的体制障碍》，载《四川行政学院学报》，2007（1）。

⑤ 参见夏杰长：《提高基本公共服务供给水平的政策思路——基于公共财政视角下的分析》，载《经济与管理》，2007（1）。

⑥ 参见安体富等：《基本公共服务均等化：理论、问题与对策》，载《财贸经济》，2007（8）。

为，从供给体制来看，目前实行的是以县乡基层政府为供给主体的低重心投入体制。进而从县域政府体制内资源调控能力、事权与财权配置状况、政府间转移支付功效以及基层政府内在投资动力四个维度对其实现公共服务均等化的功效进行评估。① 何建木认为，公共财政在城乡公共服务投入机制的差异性主要体现在，村级公共服务的财政支出没有形成制度性安排，对农村地区的财政资金补贴未能形成“拳头效应”。②

2. 城乡公共服务决策管理体制研究

如童中贤分析了渐进改革模式对制度变迁的影响：城乡制度供给严重失衡，价格机制（剪刀差）对农村资本的阻碍，正式规则与非正式规则的作用。③ 胡进祥认为主要应从地方行政管理体制入手破解统筹城乡发展的制度障碍。他通过对市管县政策的历史变迁梳理指出，目前统筹城乡发展有三大障碍：认知偏差、政绩导向与城市利益，需开展“省管县”体制改革。④ 常修泽提出，实现基本公共服务均等化需建立公共服务型政府制度，包括推进政事分离、改革行政审批制度、重组政府机构和强化中央对地方的行政问责。⑤ 罗静指出，基层“强权”式的农村基本公共服务供给决策机制导致农民缺乏公共需求表达机制。⑥

3. 城乡户籍制度改革研究

如王文录梳理了户籍制度的历史变迁并比较了不同地区的改革模式，王太元则分析了当前公众对户籍制度改革的认识误区。⑦ 王爱华认为，农民工社会资本积累有限以及城市居民对农民工的歧视等，是造成农民工市民化困境的非制度性障碍，应采取允许农民工“携地市民化”等制度创新从根本上予以清除。⑧ 王国新等学者认为，当前户籍改革存在诸多问题：等

---

① 参见陶振等：《农村公共服务均等化：体制障碍与机制探索》，载《改革与战略》，2009（5）。

② 参见何建木：《农村基本公共服务供给机制研究——以上海市浦东新区为例》，载《福建农林大学学报（哲学社会科学版）》，2015（3）。

③ 参见童中贤：《我国城乡一体化的制度分析》，载《常德师范学院学报（社会科学版）》，2002（1）。

④ 参见胡进祥：《统筹城乡发展与市管县体制障碍》，载《红旗文稿》，2004（4）。

⑤ 参见常修泽：《公共服务均等化亟须体制支撑》，载《瞭望》，2007（7）。

⑥ 参见罗静：《城乡基本公共服务非均等化与行政障碍——一个制度分析框架》，载《城市发展研究》，2010（2）。

⑦ 参见段成荣等：《户籍制度50年》，载《人口研究》，2008（1）。

⑧ 参见王爱华：《农民工市民化进程中的非制度障碍与制度性矫治》，载《江西社会科学》，2013（1）。

级身份、劳动力资源浪费、人户分离及一人多户等，源于“城市中心主义”的发展理念。① 侯慧丽认为，现行大城市积分入户制的结果是绝大多数城市户籍人口受益，对学历和财富权重过多，反而存在城乡公共服务不平等扩大的风险，应加大就业稳定性和居住稳定性的权重。② 华建玲认为，户籍制度的矛盾，从根本上说是公共服务资源不均衡的矛盾。任何一种供给制度模式也只有在相应制度环境下才能发挥效能而不可能具有普适性。③ 谢丽威等学者认为，烟台市在户籍制度改革中发现农村户籍附着的潜在红利出现了“非转农”现象，阻碍了农村转移人口市民化。④

4. 城乡土地制度改革研究

如陈家泽认为，农地产权主体虚置、严厉的农地用途管制导致农民土地发展权缺失、现行法律限制农民土地权益性融资收益，是实行农村土地资本化的三大障碍。⑤ 郭正模提出，城乡分治的土地制度是制约城乡统筹发展的主要障碍：一是现行制度严格限制农村集体土地的非农化利用的产权交易市场途径；二是在实现城市化、工业化过程中始终未肯定农民本应拥有的土地财产权；三是作为利益主体之一的政府强化对土地市场的垄断和行政管制。⑥ 刘娥苹指出，当前农村土地制度改革存在三个认识误区：一是并非所有农村集体土地均可入市；二是并非农户拥有承包经营权就可以随意抵押土地；三是并非所有宅基地都可以自由交易。⑦ 郑毅认为，农村土地产权制度不清晰不明确是束缚农村人口向城镇转移、制约城乡一体发展的两大体制障碍之一。其改革的核心是实现农民土地承包经营权、宅基地用益物权、农村集体资产股权“三权到人（户）、权跟人（户）走”。⑧

---

① 参见王国新等：《当前我国户籍制度改革存在的问题及对策》，载《新疆大学学报（哲学·人文社会科学版）》，2014（5）。

② 参见侯慧丽：《积分入户制在城市化进程中的风险分担——以深圳市为例》，载《新视野》，2014（6）。

③ 参见华建玲：《当前城乡公共服务均等化改革障碍及化解路径》，载《知识经济》，2014（14）。

④ 参见谢丽威等：《烟台市深化户籍制度改革的调查与思考》，载《环渤海经济瞭望》，2015（8）。

⑤ 参见陈家泽：《土地资本化的制度障碍与改革路径》，载《财经科学》，2008（3）。

⑥ 参见郭正模：《统筹城乡发展中的土地二元制度障碍与突破——以成都实验区为例》，载《当代经济》，2010（17）。

⑦ 参见刘娥苹：《土地财产权：突破城乡发展一体化主要障碍的新路径》，载《上海党史与党建》，2014（11）。

⑧ 参见郑毅：《全面深化城乡体制改革的新思路》，载《浙江经济》，2014（15）。

五、国内城乡基本公共服务均等化制度研究的薄弱环节与发展趋势

综上所述，国内学界关于城乡基本公共服务均等化相关制度的研究在近十年间成果显著，不仅为后续研究奠定了扎实的理论基础，还为当前全面深化城乡公共服务改革提供了有益的参考。同时，该领域的研究也存在一些薄弱环节。

一是研究视角方面，国内学者或从公共价值维度解析城乡基本公共服务均等化相关制度，偏重关注政府推动城乡公共服务改革的理念动机与多元协同参与机制；或从市场化工具维度剖析城乡基本公共服务均等化相关制度，着重探讨农村公共产品的提供方式与财政激励机制；或从社会政策维度分析城乡基本公共服务均等化相关制度，侧重分析城乡社会福利体系统筹发展的改革路径与实现策略；习惯基于各自学科背景而非跨学科视角看问题，相互之间缺乏合作。

二是研究内容方面，国内学者或从宏观视域对制约城乡基本公共服务均等化的制度性障碍进行归纳总结，但多缺乏对这些障碍之间内在逻辑关联的阐释；或从微观视域就某一项具体制度当前面临的问题就事论事，既缺乏对该项制度历史变迁的动态考量，又缺乏对其与一系列连带制度互动的因果效应研究；致使该领域的优秀研究成果相对而言较少，缺乏说服力。

三是研究方法方面，国内学者在该领域多采用理论性与思辨性较强的规范分析方法，利用模拟实验、实地调查、数学建模等科学技术手段进行实证分析的研究过少，即使是对当前各地区城乡公共服务改革试点制度创新经验梳理和对比的研究也不多。导致该领域的很多研究成果信度和效度存疑，难以有效指导实践，其提出的对策建议可操作性不强，难以获得社会认可。

2013 年 11 月，中共十八届三中全会通过的《中共中央关于全面深化改革若干重大问题的决定》明确提出，全面深化改革的目标包括："紧紧围绕更好保障和改善民生、促进社会公平正义深化社会体制改革，改革收入分配制度，促进共同富裕，推进社会领域制度创新，推进基本公共

服务均等化”①。针对城乡基本公共服务均等化制度研究存在的上述薄弱环节，结合党的十八届三中全会精神，需要国内学者进一步深化对下列问题的研究：

第一，夯实城乡基本公共服务均等化制度分析的基础理论研究。一方面，应当加强对城乡基本公共服务均等化相关制度的历史变迁梳理，总结其动态演变的内在逻辑规律；另一方面，应当在解析制度构成要素、分析各自发挥的特定功能的基础上，开展对城乡基本公共服务均等化相关制度的分层分类研究，并且运用本质分析法探究其交互作用机理。

第二，丰富城乡基本公共服务均等化制度分析的实证研究。一方面，应当加强对国外公共服务制度设计与国内各地区城乡公共服务改革试点制度创新实践的总结，发掘其推广经验；另一方面，应当培养跨学科视野，价值理性和工具理性并重，借鉴制度经济学、社会统计学等经济学、社会学分支学科的研究方法，将定性描述与定量分析有机结合起来。

第三，鼓励城乡基本公共服务均等化制度分析的批判性研究。一方面，应当注重撰写有关城乡基本公共服务均等化制度分析的学术史回顾，归纳、比较与客观评价各流派观点；另一方面，应当营造学术自由氛围，不唯洋、不唯书、不唯上，只唯实，鼓励研究者就“新制度主义”思潮等基本理论问题或“积分入户”制度利弊等现实热点问题展开学术争鸣。

---

① 《中共中央关于全面深化改革若干重大问题的决定》，载《人民日报》，2013-11-16。

第五章 农村转移人口公平享受城镇基本公共服务研究述评

刘晓燕*

随着我国城镇化的推进，越来越多的农村人口向城镇迁移。农村转移人口为推进我国城镇化进程做出了重要贡献，但由于城乡二元体制等因素的影响，这些人员的基本公共服务很难得到有效的保障，从而产生了一系列的社会问题，危及社会的和谐稳定。本章将借助科学知识图谱这一新型可视化研究工具，对农村转移人口公平享受城镇基本公共服务研究情况进行分析，以期为读者展现当前我国农村转移人口公平享受城镇基本公共服务研究现状，为该领域的未来研究提供助益。

一、数据来源与研究方法

目前，学术界对农村转移人口的界定较为宽泛，笔者也未查询到关于该概念的权威定义，因而在围绕“农村转移人口公平享受城镇基本公共服务研究”这一主题进行文献检索过程中，将学者们常用的“农村转移人口”“农村转移人员”“农业转移人口”“农业转移人员”“农民工”“农转非”等均设置为检索词。同时，为了尽可能全面地收集学者们对于“农村转移人口公平享受城镇基本公共服务”领域的研究内容，以中国学术期刊网络出版总库（CNKI）为文献来源数据库，通过检索式SU=（‘农村转移人口’+‘农村转移人员’+‘农业转移人口’+‘农业转移人员’+‘农民工’+‘农转非’+‘进城务工人员’）*（‘公平’+‘城镇基本公共服务’）进行精确检索，限定时间为2000—2015年，共检索到1 612篇文献，操作时间为2015年12月9日。由于为了保障查全率采用了“主题”检索，所检索到的内容过于广泛，故通过逐条分析对检索文献进行清洗，共得到有效文献854篇。

* 刘晓燕，山东聊城人，四川大学公共管理学院博士研究生，研究方向：公共政策。

本章以该854篇文献为分析样本，通过科学知识图谱的可视化研究，探究“农村转移人口公平享受城镇基本公共服务”的研究维度、演变趋势等。

二、农村转移人口公平享受城镇基本公共服务研究的时区分布与研究力量

随着我国城镇化进程的推进，国家对于农村转移人口的基本公共服务更加重视。2006年，国务院发布了《国务院关于解决农民工问题的若干意见》，明确提出要充分认识解决好农民工问题的重大意义，确定了做好农民工工作的指导思想和基本原则，并要求切实为农民工提供相关公共服务如保障农民工子女平等接受义务教育、加强农民工疾病预防控制和适龄儿童免疫工作、进一步搞好农民工计划生育管理和服务、多渠道改善农民工居住条件等。① 同年，《中共中央关于构建社会主义和谐社会若干重大问题的决定》提出，“加快建立适应农民工特点的社会保障制度”②。2007年，党的十七大报告提出，“加大财政对教育投入，规范教育收费，扶持贫困地区、民族地区教育，健全学生资助制度，保障经济困难家庭、进城务工人员子女平等接受义务教育”，“健全面向全体劳动者的职业教育培训制度，加强农村富余劳动力转移就业培训”③。2012年，党的十八大报告提出，“大力促进教育公平，合理配置教育资源，重点向农村、边远、贫困、民族地区倾斜，支持特殊教育，提高家庭经济困难学生资助水平，积极推动农民工子女平等接受教育，让每个孩子都能成为有用之才”，“引导劳动者转变就业观念，鼓励多渠道多形式就业，促进创业带动就业，做好以高校毕业生为重点的青年就业工作和农村转移劳动力、城镇困难人员、退役军人就业工作”④。2014年，《国家新型城镇化规划（2014—2020年）》发布，提出了“按照保障基本、循序渐进的原则，积极推进城镇基本公共服务由主要对本地户籍人口提供向对常住人口提供转变，逐步解决在城镇

---

① 参见《国务院关于解决农民工问题的若干意见》，见 http://www.gov.cn/jrzg/2006/03/27/content_237644.htm，2006-03-27。

② 《中共中央关于构建社会主义和谐社会若干重大问题的决定》，见 http://news.xinhuanet.com/politics/2006-10/18/content_5218639.htm，2006-10-18。

③ 《高举中国特色社会主义伟大旗帜　为夺取全面建设小康社会新胜利而奋斗》，见 http://news.xinhuanet.com/newscenter/2007-10/24/content_6938568_7.htm，2007-10-24。

④ 《坚定不移沿着中国特色社会主义道路前进　为全面建成小康社会而奋斗》，见 http://news.china.com/18da/news/11127551/20121118/17535254_9.html，2012-11-18。

就业居住但未落户的农业转移人口享有城镇基本公共服务问题”①。同时，为了进一步做好新形势下为农民工服务工作，有序推进农民工市民化，国务院发布了《国务院关于进一步做好为农民工服务工作的意见》，提出要“着力推动农民工逐步实现平等享受城镇基本公共服务和在城镇落户”，“着力促进农民工社会融合”，“有序推进农民工市民化”②。2015 年，党的十八届五中全会强调，要“增加公共服务供给，从解决人民最关心最直接最现实的利益问题入手，提高公共服务共建能力和共享水平”③。

随着国家对于农村转移人口享受基本公共服务的重视，学者们对于该领域的研究也日益增多，从图 5—1 可以看出，2006—2012 年学者们的发文量增长速度较快，2013 年之后发文数量出现下降。出现这一趋势的原因：一是自 2006 年起国家对农民工问题开始高度关注之后，关于教育公平的文献迅速增多，所以 2006—2012 年的发文量在图中呈现明显的上升趋势。二是在 2013—2015 年的研究文献中，学者们研究的重心开始向社会融合、市民化、城乡基本公共服务均等化等方面倾斜，虽然也有较多继续探讨教育公平的文献，鉴于其研究内容较之前的研究创新不足，且发表刊物多为普通期刊，在数据清洗过程中被删除，从而导致这 3 年的数据较少。

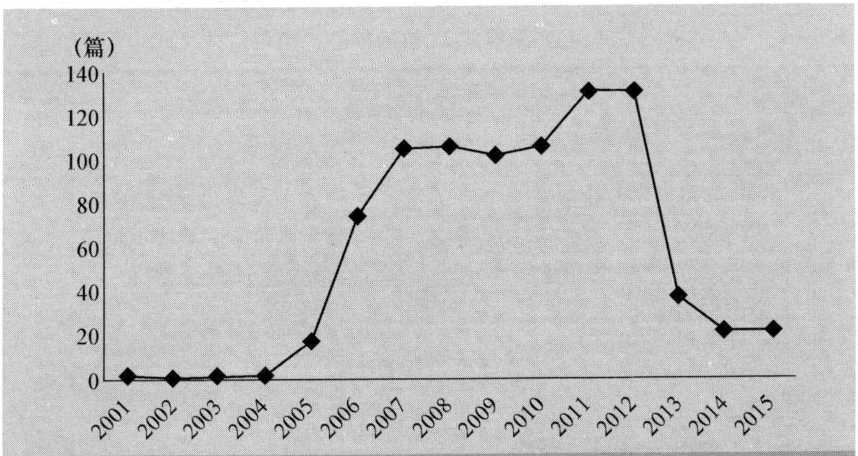

图 5—1　文献的年代分布

① 《国家新型城镇化规划（2014—2020 年）》，见 http://www.gov.cn/zhengce/2014-03/16/content_2640075.htm，2014-03-16。

② 《国务院关于进一步做好为农民工服务工作的意见》，见 http://news.xinhuanet.com/politics/2014-09/30/c_1112695983.htm，2014-09-30。

③ 《中国共产党第十八届中央委员会第五次全体会议公报》，见 http://cpc.people.com.cn/n/2015/1029/c399243-27755578.html，2015-10-29。

表5—1是发文量居前10位的作者，表5—2是发文量居前21位的核心机构。通过这两个表可以看出“农村转移人口公平享受城镇基本公共服务”研究的主要平台是各大高校，研究视角具有多元性。表5—3是2000年以来该研究主题的居前10位高被引文献，主要研究内容为农民工子女的教育公平问题。

表5—1　　发文量居前10位的作者

序号	作者	篇数	单位
1	王守恒	4	安徽师范大学
2	韩世强	4	浙江纺织服装职业技术学院
3	赵　蓉	3	甘肃政法学院
4	李　雄	3	西南政法大学
5	罗正月	3	西南交通大学
6	李志友	3	宜春学院
7	李奋生	3	成都理工大学
8	范先佐	3	华中师范大学教育学院
9	虞新胜	3	东华理工大学
10	王竹林	3	西安财经学院

表5—2　　发文量居前21位的核心机构

序号	单位	篇数	序号	单位	篇数
1	安徽师范大学教育科学学院	8	12	福建师范大学经济学院	3
2	华中师范大学教育学院	6	13	广州大学公共管理学院	3
3	西南政法大学	5	14	信阳师范学院政法学院	3
4	西华师范大学政法学院	4	15	河南师范大学法学院	3
5	中南财经政法大学公共管理学院	3	16	中国劳动关系学院	3
6	中国人民大学劳动人事学院	3	17	浙江大学公共管理学院	3
7	西华师范大学四川省教育发展研究中心	3	18	四川大学公共管理学院	3
8	中国人民大学社会与人口学院	3	19	西南大学教育学部	3
9	苏州大学	3	20	河北大学管理学院	3
10	宜春学院政法学院	3	21	中南大学政治学与行政管理学院	3
11	陕西师范大学政治经济学院	3			

表 5—3　　居前 10 位的高被引文献

序号	作者	篇名	被引频次	年（期）	期刊名
1	郭彩琴	城市中“农民工”子女受教育不公平现状透视	135	2001（5）	学海
2	郭建鑫	教育公平、公共财政与农民工子女义务教育的保障机制	71	2007（1）	农村经济
3	陆波	关于农民工子女义务教育公平问题的探讨	39	2006（3）	常熟理工学院学报
4	范先佐	教育公平与制度保障——进城务工人员子女接受义务教育的现状分析	34	2007（23）	教育发展研究
5	王守恒 查晓虎	进城农民工随迁子女的教育公平	27	2011（1）	安徽师范大学学报（人文社会科学版）
6	冯虹 张艺	北京农民工子女教育公平问题探析	23	2008（4）	民族教育研究
7	何家理	农民工子女受教育困境挑战教育公平	17	2008（1）	唐都学刊
8	陆文聪 李元龙	农民工健康权益问题的理论分析：基于环境公平的视角	15	2009（3）	中国人口科学
9	高云 黄理稳	和谐社会构建中农民工子女教育公平问题探析	15	2008（1）	华南理工大学学报（社会科学版）
10	张伟 陈月霞	农民工子女教育公平问题初探	14	2008（11）	经济研究导刊

三、农村转移人口公平享受城镇基本公共服务研究的知识图谱分析

通过对文献的关键词进行梳理，学者们在对农村转移人口公平享受城镇基本公共服务进行研究时，其研究的具体对象略有差异，对具体研

究对象的称谓也有所不同。就所检索到的文献而言，研究对象的称谓主要有以下几种：农民工、农民工子女、新生代农民工、农民工随迁子女、民工子女、转移人口、流动儿童、进城农民工子女、城市农民工、流动人口子女、进城农民工、“持学历”新生代农民工、弱势群体、农民工子弟、农民子女、受雇农民工等，可见学者们对于农村转移人口享受城镇基本公共服务的研究的主要对象是农民工。在研究主题上，主要涉及教育、社会保障、养老保险、医疗保险、就业、体育权益、保障房等。

表5—4列举了“农村转移人口公平享受城镇基本公共服务”研究中使用最多的前20个代表性词汇，分别是：农民工、农民工子女、教育公平、社会保障、公平、新生代农民工、义务教育、社会公平、市民化、和谐社会、农民工随迁子女、教育、对策、养老保险、弱势群体、现状、户籍制度、社会保障制度、城市化和医疗保险。

表5—4　　　　20个高频关键词列表

序号	关键词	频数	序号	关键词	频数
1	农民工	259	11	农民工随迁子女	25
2	农民工子女	97	12	教育	24
3	教育公平	83	13	对策	24
4	社会保障	56	14	养老保险	24
5	公平	46	15	弱势群体	16
6	新生代农民工	44	16	现状	14
7	义务教育	39	17	户籍制度	14
8	社会公平	32	18	社会保障制度	12
9	市民化	32	19	城市化	12
10	和谐社会	31	20	医疗保险	11

图5—2是该研究领域的知识图谱，展现了2000年以来农村转移人员公平享受城镇基本公共服务研究的主要内容。从图中可以看出，学者们的研究以农民工为主要对象，研究内容涵盖了教育、养老保险、就业、社会保障等各方面。

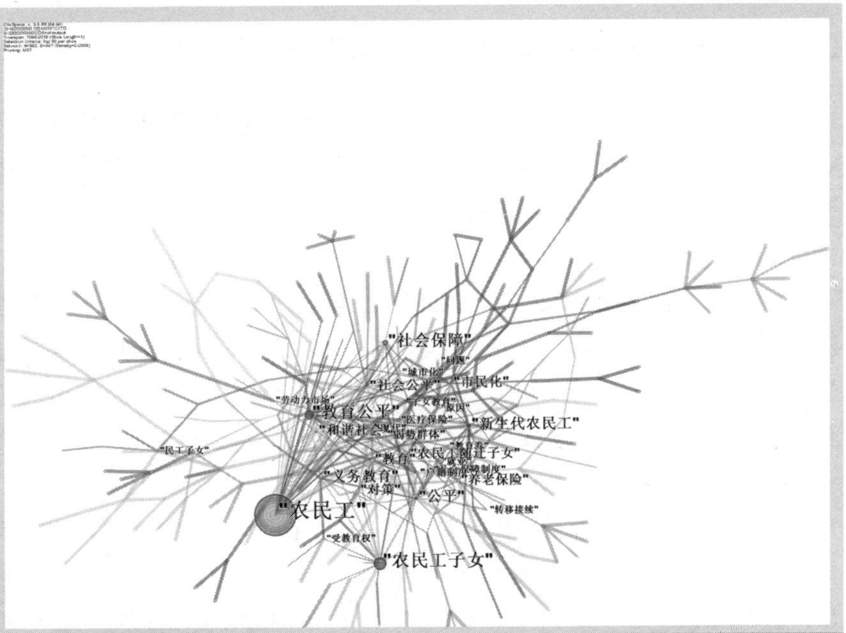

图 5—2　农村转移人口公平享受城镇基本公共服务聚类图谱

四、农村转移人口公平享受城镇基本公共服务研究的热点与专题分析

通过对 2000—2015 年我国农村转移人口公平享受城镇基本公共服务的文献计量分析及可视化分析，发现该领域的研究以农民工子女的教育公平问题最为突出，同时，也包括对农村转移人口享受其他基本公共服务情况的研究，但由于各研究内容之间的关系亲疏度不同，集成性的研究还处于刚刚兴起的阶段，因而，还难以精准地判定各个主体的聚类情况和成熟度。

通过对农村转移人口公平享受城镇基本公共服务研究的基本梳理，以发文量作为基本判断标准，本章主要对公共教育服务、养老保险、医疗保险和就业服务进行专题分析。同时，为了更好地反映农村转移人口公平享受城镇基本公共服务研究的进展情况和提高分析的有效性，所分析的样本以发表在核心期刊和中文社会科学引文索引（CSSCI）上的文献为主。

（一）农村转移人口公平享受公共教育服务研究

农村转移人口公平享受基本公共教育服务在研究内容上主要体现在对农村转移人口子女的教育公平上，这一专题的研究是农村转移人口公平享受城镇基本公共服务研究的重点。

1. 学前教育

学者们对于农村转移人口子女学前教育的探讨主要集中于学前教育机构和法律保障上。学者罗英智、李卓认为大部分农民工难以顾及随迁学龄前子女的教育和安全。① 学者余晖、黄亚婷认为，当前北京市农民工随迁子女学前教育机构数量众多，满足了大部分随迁子女接受学前教育的需求，但是，当前随迁子女学前教育机构面临着身份上的“合理不合法”。② 此外，学者韩世强则从法律保障的角度认为，国家应当积极履行立法义务，促进农民工子女接受学前教育的机会公平与实质公平。③ 在立法思路上，应当恪守“权利至上”的价值理念，积极构建“政府责任”与“自主程序”协调统一的法律认定框架；在法律救济上，需要着力解决“权利具体化”的传统司法障碍，可以考虑在行政诉讼领域确立行政给付之诉。④

2. 义务教育

农民工子女义务教育问题是学者们关注的焦点，学者们通过研究发现，当前我国农民工子女义务教育主要存在着入学机会不公平，教育资源分配不公平，受义务教育学生普遍存在辍学、失学等现象。

学者刘国艳、曹如军在对历年来的教育政策进行分析和对农民工子女的受教育现状分析的基础上，认为农民工子女的入学机会均等问题已经初步得到了解决，但城市农民工子女的受教育现状依然不甚乐观。⑤

---

① 参见罗英智、李卓：《农民工随迁子女学前教育现状与对策——以沈阳市和鞍山市为例》，载《中国教育学刊》，2012（10）。

② 参见余晖、黄亚婷：《以普惠性为导向设定农民工随迁子女学前教育机构准入标准——基于北京市政策与实践的分析》，载《学前教育研究》，2013（2）。

③ 参见韩世强：《农民工子女学前教育保障制度的建设》，载《学前教育研究》，2010（3）。

④ 参见韩世强：《法律如何保障农民工子女的学前教育公平》，载《社会科学战线》，2010（7）。

⑤ 参见刘国艳、曹如军：《城市农民工子女的义务教育：进展、问题与对策——新制度主义的视角》，载《辽宁教育研究》，2008（10）。

学者游艳玲从教育选择理论的视角，通过对广东省农民工的实地调研，发现农民工子女教育也存在择校行为，但是，社会体制的排斥和个体支撑力妨碍了选择的连续性。① 学者祝志芬利用吉尔伯特社会福利政策框架分析农民工子女义务教育政策，认为保障公民的受义务教育权是国家的义务，为农民工子女提供义务教育政策支持是政府不可推卸的责任。② 学者张艳、王雪、刘彦伯、夏丹丹认为，义务教育具有公共物品属性，在当前的农民工子女义务教育中存在着入学机会不公平和教育资源分配不公平的问题。③

对于农民工子女义务教育问题产生的原因，学者们主要从户籍制度、区域发展不平衡、制度不完善、农民工及其子女自身问题等角度进行了探讨。学者章辉美、陈强玲认为，义务教育不公平产生的原因是城乡二元分割的户籍制度、因社会生产力发展不平衡而产生的区域性差异和义务教育的有效供给滞后等。④ 学者周振华、刘义程认为，现有的义务教育体制，特别是义务教育财政制度、义务教育公共教育资源配置模式和义务教育入学制度是影响农民工子女来城里读书的主要障碍。⑤ 学者郭建鑫认为，造成农民工适龄儿童教育问题的原因在于义务教育保障措施的不足以及所实行“地方负责，分级管理”的方式。⑥ 学者吴适、李勋华通过对重庆市两个区的调研发现，产生这些问题的原因是城乡分割的户籍制度阻碍义务教育、义务教育财政管理体制滞后、相关立法和制度不完善和政府考核和评价机制不完善。⑦ 学者杨水红、徐芳认为，户籍的门槛、农民工弱势群体的地位、城市边缘化、农民工子女教育的接受机制尚不完善、农民工子女自身存在的某些问题是影响农民工子女教育公

---

① 参见游艳玲：《农民工学龄子女教育选择研究——基于广东省的实证调查》，载《福建论坛（人文社会科学版）》，2009（2）。

② 参见祝志芬：《农民工子女义务教育政策分析——基于社会福利政策的视角》，载《教育发展研究》，2011（3）。

③ 参见张艳、王雪、刘彦伯、夏丹丹：《教育公平视角下农民工随迁子女义务教育问题解析》，载《湖北农业科学》，2012（7）。

④ 参见章辉美、陈强玲：《农民工子女义务教育公平问题探析》，载《学术界》，2006（6）。

⑤ 参见周振华、刘义程：《农民工子女受教育的双重困境与出路》，载《教育探索》，2006（3）。

⑥ 参见郭建鑫：《教育公平、公共财政与农民工子女义务教育的保障机制》，载《农村经济》，2007（1）。

⑦ 参见吴适、李勋华：《进城农民工子女教育问题初探——以重庆下辖行政区A区和B区为例》，载《城市发展研究》，2013（11）。

平性问题的因素。①

解决农民工子女公平享受义务教育的路径选择主要有：一是加快户籍制度改革，减轻或者消除“城乡二元体制”对义务教育公平的影响。二是强化国家教育政策执行效果。学者钱再见、耿晓婷认为，应当完善教育政策，提高政策的权威性和严密性；实现制度创新，消除执行中的梗塞。② 三是完善制度，创新义务教育管理机制。③ 建立与城市农民工子女义务教育相关的教育制度，加强对义务教育学校机构的管理。四是从公共财政上保障义务教育公平。学者刘鸿渊认为，应当建立起教育经费合理转移的渠道及长效机制，将义务教育投入主体的政府层级上移到中央政府，明确中央在义务教育财政投入中的主体作用并完善相应的财税政策，建立相应的转移支付制度，激励流入地政府加大义务教育的基础设施建设。④ 学者冯文全、许晨莺认为，推行教育券制度有助于促进教育公平的实现，教育资源的合理配置，推动民办教育发展，提高办学质量。⑤ 五是依法治教，促进城市农民工子女义务教育公平。⑥ 通过建立和完善相关的法律法规，明确相关组织和个人的权利与义务，通过法治手段维护教育公平。

3. 义务教育后教育

除却农民工子女的学前教育和义务教育，还有很多学者对其高中教育、职业教育等义务教育后教育问题进行了探讨。他们认为农民工随迁子女高中教育成为继义务教育之后的一个亟须解决的问题，然而，农民工随迁子女高中教育现状堪忧。学者叶庆娜通过对流入地政府解决农民工随迁子女高中教育问题的政策文本的内容分析，认为现有政策过于保守，教育制度改革滞后、户籍本位凸显的高等教育机会分配、高考移民

---

① 参见杨水红、徐芳：《农民工子女义务教育公平问题及对策分析》，载《职教论坛》，2013（17）。

② 参见钱再见、耿晓婷：《论农民工子女义务教育政策有效执行的路径选择》，载《南京师大学报（社会科学版）》，2007（2）。

③ 参见吴适、李勋华：《进城农民工子女教育问题初探——以重庆下辖行政区A区和B区为例》，载《城市发展研究》，2013（11）。

④ 参见刘鸿渊：《农民工子女接受义务教育现实困境探析》，载《经济体制改革》，2010（3）。

⑤ 参见冯文全、许晨莺：《解决农民工随迁子女义务教育问题——基于教育券的视角》，载《教育与经济》，2013（5）。

⑥ 参见周军、冯文全：《对农民工子女义务教育权利缺位现象的思索》，载《未来与发展》，2008（2）。

的挑战及高中教育供求失衡是制约农民工随迁子女在流入地接受高中教育的深层障碍。① 学者龚宝成、胡志琦、殷世东认为，户籍制度阻隔和身份认同的模糊性，导致义务阶段后教育的困境；考试制度的限制、城乡差异导致义务阶段后教育出路受限；升学与就业的选择迷惑带来义务阶段后教育的困境。②

此外，还有学者从宏观视角对农村转移人口公平享受基本公共教育服务进行了研究。学者李立文、余冲从城乡平等和融合的视角出发，认为政府应承担起解决农民工子女教育这一公共事务问题的主体责任，并从改革完善国家宏观政策、加强农民工子女教育政策的后续管理和监管力度、将农民工子弟学校纳入正轨、公办学校要创造灵活多样的教学管理形式以及建立城乡一体的农民工社会保障体系等方面对问题最终解决提出了建议。③ 学者邓美英、陶风华从人文关怀的角度，认为实现教育的相对公平，是全社会的责任。④ 学者陈成文、刘俊、罗竖元从社会资本的角度，认为需要加大对弱势群体子女教育的救助力度，最大限度消除先赋性因素对教育的影响，以保障实质性的平等教育。⑤ 学者杨娜从社会排斥理论的视角考察和分析了存在于农民工子女教育中的社会排斥因素，并从社会工作的角度对如何消除这些社会排斥因素提出了对策与建议。⑥ 学者李森有将农民工子女的教育公平问题作为探讨当下中国教育立法权威的一个切入点。⑦ 学者代祥、李志友从公共财政的视角出发，认为应当加大对农民工子女的财政资助力度，并逐步规范农民工子女教育经费的筹措渠道和建立较完善的教育财政转移支付制度。⑧ 学者郭长伟从布尔迪厄的文化资本理论的视角探讨了农民工随迁子女教育的融入

① 参见叶庆娜：《农民工随迁子女高中教育政策研究》，载《现代教育管理》，2011（8）。

② 参见龚宝成、胡志琦、殷世东：《农民工子女义务阶段后教育：问题与对策》，载《教育发展研究》，2012（7）。

③ 参见李立文、余冲：《江西省农民工子女教育面临的新问题及对策》，载《农业考古》，2007（3）。

④ 参见邓美英、陶风华：《人文关怀：农民工子女教育公平要过的坎》，载《农业考古》，2008（6）。

⑤ 参见陈成文、刘俊、罗竖元：《社会资本与弱势群体子女教育——以城市失业人员和农民工为调查对象》，载《贵州社会科学》，2009（4）。

⑥ 参见杨娜：《社会排斥与农民工子女的教育公平》，载《法学杂志》，2010（S1）。

⑦ 参见李森有：《论教育公平与教育立法的权威——以农民工子女教育的相关立法为例的研究》，载《社会科学战线》，2010（7）。

⑧ 参见代祥、李志友：《教育财政公平与农民工子女教育机会均等》，载《徐州师范大学学报（哲学社会科学版）》，2011（2）。

困境，认为农民工随迁子女教育融入困难直接影响到教育公平的实现，并从文化融入、制度建设以及非政府组织等方面提出对策。①

（二）农村转移人口公平享受基本养老保险服务研究

随着越来越多的农村转移人口向城镇流动，积极将这一族群纳入城镇基本养老保险是推进我国城镇化发展和维护社会稳定的必然要求。为了保障农村转移人口享受基本养老保险，政府进行了诸多努力和尝试，学者们也在进行积极的探索，主要表现在农村转移人口享受基本养老保险的实证研究、制度研究以及农村转移人口养老保险中的转移接续研究。

1. 农村转移人口享受基本养老保险的实证研究

在农村转移人口享受基本养老保险的研究中，很多学者都采取了实证研究方式，通过定量分析展现农村转移人口特别是农民工参与基本养老保险的意愿、影响因素、现状等。

（1）农村转移人口参与养老保险的意愿及影响因素。

学者们通过对不同地域的农民工展开调研，通过数据分析挖掘农民工参与养老保险的意愿及影响因素。学者徐琴、鲍磊通过对江苏五市（县）的调查数据发现，个体特征中的性别和年龄影响比较显著，文化程度的影响相对较低；城市之间的流动性对参保行为的影响显著，说明养老关系接续转移存在的困难和农民工对养老保险制度的信任度不高。②学者姚俊通过对江苏五地的调查发现，年龄、户籍现状、换单位次数成为影响农民工社会养老保险参保类别选择的显著因素。③ 学者孙倩、吴平、封明川通过对浙江省奉化市的实证研究发现受教育程度越高、打工年限越长、留在城市的意愿越强烈、对自身的安全保障越担心、对城镇养老保险越信任和对当地的农民工养老保险政策越了解的农民工参与城镇养老保险的意愿越强烈，而年龄较大的农民工参与城镇养老保险的意愿相对较弱。④ 学者郭瑜通过分析广州、沈阳、天津、昆明、上海、威

---

① 参见郭长伟：《文化资本视域下农民工随迁子女教育融入困境及对策》，载《教学与管理》，2012（30）。

② 参见徐琴、鲍磊：《农民工养老保险参保行为及其影响因素分析——基于江苏五市（县）的调查数据》，载《南京师大学报（社会科学版）》，2009（5）。

③ 参见姚俊：《农民工参加不同社会养老保险意愿及其影响因素研究——基于江苏五地的调查》，载《中国人口科学》，2010（1）。

④ 参见孙倩、吴平、封明川：《农民工参与城镇养老保险意愿的影响因素分析——基于浙江省奉化市的实证研究》，载《四川农业大学学报》，2010（1）。

海、宜宾7个城市的数据发现，个体特征对样本参保意愿的影响更加突出，而实际入保情况更多地受到企业性质和岗位特征的影响，政策宣传和教育推广是提高养老保险参保率的重要手段。① 学者卢小君基于大连市1 011例农民工的问卷调查研究发现，缺乏一定的生活与劳动保障，对未来发展规划尚不明确是制约农民工参加社会养老保险的重要因素。②学者任辉、曾亿武通过对广州市农民工的调查数据研究发现，年龄、文化程度、是否举家在城、来城年限、留城意愿、养老观念、权利意识等变量的作用使农民工具有较高的城镇职工养老保险需求强度。③

（2）新生代农民工参与养老保险的意愿及影响因素。

学者汪华、章金玉通过对南通市和石家庄市两地的调查发现，新生代农民工个体的基本特征和就业状况对其主观的参与意愿并没有产生较大影响，而对养老风险的认知、养老保险信任度、居住城市的可能性和养老方式的选择则对参保意愿具有显著影响。④ 学者杨哲、王茂福基于安徽省调查数据研究发现，新生代农民工参与意愿较高，实际参与率较低；性别与婚姻对新生代农民工养老保险参与有显著影响，文化程度与年龄对新生代农民工养老保险参与没有显著影响。⑤

（3）农民工参与养老保险的代际差异及影响因素。

学者们对新生代农民工参与养老保险的意愿及影响因素进行了实证分析。学者朱垒、李放基于南京市的调查，发现新生代农民工参保率明显高于传统农民工，个人因素、就业非正规性、移民倾向对农民工参保行为的影响存在代际差异。⑥ 学者李婷、郭亚军基于陕西省调查数据的实证研究发现两代农民工参加养老保险的影响因素存在代际差异，留城意愿对一代农民工的参保意愿影响较大，而教育、年龄和是否签订劳动

---

① 参见郭瑜：《需求与现实：农民工养老保险参与程度的影响因素分析——基于7城市数据的考察》，载《农业技术经济》，2010（11）。

② 参见卢小君：《农民工社会养老保险参与行为差异性分析——基于大连市1011例农民工的问卷调查》，载《南京人口管理干部学院学报》，2013（4）。

③ 参见任辉、曾亿武：《农民工养老保险需求强度及其影响因素分析——基于广州市农民工的调查数据》，载《统计与信息论坛》，2015（9）。

④ 参见汪华、章金玉：《新生代农民工养老保险参与意愿及影响因素研究——基于南通市和石家庄市两地的调查》，载《西北人口》，2013（4）。

⑤ 参见杨哲、王茂福：《新生代农民工养老保险参与意愿及影响因素——基于安徽省调查数据》，载《社会保障研究》，2013（5）。

⑥ 参见朱垒、李放：《农民工养老保险参保行为的代际差异——基于南京市的调查》，载《农村经济》，2012（5）。

合同对新生代农民工的参保意愿影响较大。①

（4）农民工参与养老保险制度的实证分析。

学者汪华基于长三角地区的实证研究发现，实现农民工养老保险关系在长三角区域内自由流转，关键在于增强制度之间的兼容性，创新农民工养老保险基金支付与积淀机制，改革个人权利与地方利益的捆绑关系，形成利益共享、成本均担的区域激励约束机制。② 学者田北海、徐燕基于“结构与行动互构论”的研究取向，通过对湖北籍农民工的调查对农民工养老保险的制度安排与参与现状进行了描述分析，研究发现农民工养老保险既存在制度缺失，也存在制度文本与制度实践脱节的问题。③

（5）农民工养老保险接续转移的实证分析。

学者方江海基于浙粤沪三省市的实证分析发现，养老保险基金区域统筹与农民工跨区域流动的矛盾、相关政策有意无意地被误读、地方政府的自利性行为和企业的不负责任行为，以及农民工养老保险模式的不同类型是农民工养老保险接续转移的主要障碍。④ 学者张晓彤、肖洪安基于四川省省外务工农民工的调查发现，绝大多数受访农民工都愿意进行城镇职工养老保险的跨地区转移，但不愿意由城镇职工养老保险转为城乡居民养老保险。⑤

2. 农村转移人口养老保险的制度研究

学者李爱芹认为当前我国农民工养老保险制度模式可以分为三种，分别是“城保”模式、“仿城”模式和“综保”模式，不同制度模式差别较大导致制度对接难、统筹层次低导致保险关系转移接续难、统筹账户无法转移或缺失损害农民工养老保险权益、农民工的高流动性与养老保险长期稳定缴费要求之间有矛盾等缺陷。⑥

---

① 参见李婷、郭亚军：《代际视角下农民工参加养老保险的影响因素——基于陕西省调查数据的实证研究》，载《贵州财经大学学报》，2014（5）。

② 参见汪华：《农民工养老保险的区域分割与制度整合——基于长三角地区的实证研究》，载《华东经济管理》，2008（12）。

③ 参见田北海、徐燕：《制度安排与行动逻辑：农民工养老保险参与现状的实证研究——以湖北籍农民工的调查为例》，载《学习与实践》，2011（6）。

④ 参见方江海：《农民工养老保险的接续转移：何以艰难与可能——基于浙粤沪三省市的实证分析》，载《云南行政学院学报》，2009（4）。

⑤ 参见张晓彤、肖洪安：《农民工养老保险转移接续政策支持意愿研究——基于四川省省外务工农民工的调查》，载《农村经济》，2015（10）。

⑥ 参见李爱芹：《我国农民工养老保险制度设计的缺陷与完善——以“城保”模式、“仿城”模式和“综保”模式为例》，载《广西社会科学》，2015（8）。

对于这些问题，学者们进行了多样的路径探索。学者张小玲认为，可以从改革二元户籍制度，增强农民工维权意识，加大资金投入，制定统一的农民工养老保险关系异地转移与接续办法，以及建立健全农民工养老保障的法律法规，来完善农民工养老保险制度。① 学者任辉、傅晨提出应从建立不同制度的衔接机制、降低农民工养老保费标准、建立财政补贴机制、强化企业社会保险责任、提高农民工参保意愿等方面入手，不断推进农民工养老保险制度的发展。②

3. 农村转移人口养老保险中的转移接续研究

学者尹庆双、杨英强分析了农民工养老保险转移接续的必要性，认为农民工养老保险转移接续是养老保险制度权利与义务对等、维护农民工合法权益以及完善社会保障制度的必然要求。③ 学者张东明、杨君、刘松华认为解决农民工养老保险问题的关键在于确保农民工的养老保险关系在不同地区流畅的转移接续。④

学者甄鑫、宋绍智从农民工养老保险转接制度本身、城乡二元体制、区域间利益冲突以及农民工自身主观原因四个方面分析了农民工养老保险转移接续问题的原因，提出从加快升级和完善社会保障电子信息服务系统以及加强立法保护和监管力度方面对此问题进行解决。⑤ 学者吴宾、王松兴提出通过制度供给来提高统筹层次，通过调剂基金来协调地方利益、推进户籍制度改革，通过强化信息平台建设等措施来推动农民工养老保险顺利转续。⑥ 学者张伟兵、徐丽敏认为，可以借鉴欧盟“工作地缴费、期限累计、按比例支付”的养老保险转移机制对我国农民工养老保险转移接续机制进行完善。⑦

---

① 参见张小玲：《城乡一体化背景下农民工养老保险制度的完善》，载《农业经济》，2013 (8)。

② 参见任辉、傅晨：《农民工社会养老保险制度研究进展》，载《广西财经学院学报》，2015 (2)。

③ 参见尹庆双、杨英强：《农民工养老保险关系转移接续机制问题探讨》，载《农村经济》，2007 (12)。

④ 参见张东明、杨君、刘松华：《农民工养老保险转移接续机制探讨》，载《中国财政》，2010 (5)。

⑤ 参见甄鑫、宋绍智：《农民工养老保险转移接续问题研究》，载《经济研究参考》，2014 (35)。

⑥ 参见吴宾、王松兴：《城镇化背景下农民工养老保险转移接续影响因素与对策研究》，载《安徽农业大学学报（社会科学版）》，2014 (2)。

⑦ 参见张伟兵、徐丽敏：《农民工养老保险关系转移机制探索——基于欧盟经验的分析和思考》，载《长白学刊》，2009 (1)。

（三）农村转移人口公平享受医疗保险研究

农村转移人口为促进城市发展做出了重要贡献，但在现实生活中，农村转移人口特别是农民工由于受到城乡二元体制、农民工自身素质、医疗保险制度的缺陷等影响，无法公平地享受到城乡基本医疗服务。这不仅侵害了农民工的基本权利，也不利于城镇化的发展以及社会的和谐稳定，学者们就此问题展开研究并从多角度提供了完善建议。

1. 农村转移人口公平享受基本医疗服务的现状

通过学者们的研究发现，农村转移人口享受基本医疗服务的情况不甚乐观，存在着医疗保险覆盖面不足、参保率低、保险待遇水平不高、保险报销难、保险转移难等问题。

学者陆文聪、李元龙从环境公平的视角，认为政府应该为农民工建立一个高效的社会与医疗保险制度，以实现农民工私人环境健康损害成本的外部化。① 学者宋静、冷明祥认为，我国农民工医疗保障存在着农民工健康状况令人担忧，农民工的就医状况不容乐观，农民工医疗保险覆盖面小、保障水平低，农民工缺乏适宜险种、管理能力有限，医保转接困难等问题。② 学者黄乾通过对农民工参与城镇医疗保障的行为研究发现，现行农民工城镇医疗保障制度还没有起到为农民工提供足够的医疗保障的作用。③ 学者华迎放、张汉玲认为，农民工的医疗保障问题还没有妥善解决，存在参保率低、待遇水平不高、双重参保和农民工参保选择权难以保障等问题。④ 学者王坤、李萌认为，虽然我国已经基本建立起了由城镇职工基本医疗保险制度、各地针对农民工群体探索的模式以及新型农村合作医疗制度构成的维护农民工医疗权益的“安全网”，但是在实际保障的过程中，农民工还是会遇到参保难、转接难、报销难等问题。⑤

---

① 参见陆文聪、李元龙：《农民工健康权益问题的理论分析：基于环境公平的视角》，载《中国人口科学》，2009（3）。

② 参见宋静、冷明祥：《目前农民工医疗保障存在的几点问题及应对策略研究》，载《南京医科大学学报（社会科学版）》，2009（3）。

③ 参见黄乾：《农民工参与城镇医疗保障的行为研究》，载《南方人口》，2009（2）。

④ 参见华迎放、张汉玲：《农民工医疗保险政策完善思路》，载《中国劳动》，2010（7）。

⑤ 参见王坤、李萌：《农民工医疗权益维护浅议》，载《中国劳动关系学院学报》，2014（1）。

2. 完善我国农村转移人口公平享受基本医疗服务的建议

针对我国农村转移人口享受基本医疗服务的现状，学者们从不同的途径提出了完善建议。

（1）从国内外医疗保险模式比较分析的角度提出完善建议。

学者石宏伟、于红基于北京、厦门、深圳、镇江、上海五城市农民工医疗保险模式的分析，为完善我国农民工医疗保险制度提供了参考。① 学者魏洁、周绿林通过对北京、上海、深圳三个城市的农民工医疗保险模式的比较分析，提出了选择农民工医疗保险制度的建议：对完全市民化的农民工，应选择将其纳入城镇职工或城镇居民医疗保险模式；对市民化程度较高、流动性也较强的农民工，应选择按其收入水平的高低纳入不同医疗保险模式；对市民化程度较低的农民工，应选择构建农民工医疗储蓄账户模式。② 学者刘彩、王健通过分析美国、德国、英国、印度、巴西等国家在农民工医疗保险方面的相关保障措施，提出加强立法建设，深化户籍制度改革，加大对农民工进行参保优惠和医疗救助的政府投入，大力发展社区卫生服务，探索利用信息联网实现不同医疗保险制度之间的衔接，加强对农民工的宣传和培训，提高法律和健康意识等方式来完善我国农民工医疗保障制度。③

（2）从城乡统筹发展的角度提出完善建议。

学者睢党臣、张朔婷认为，从城乡统筹发展的角度看，可以通过构建城乡一体化的医疗保险体系、建立农民工工会组织、借鉴国外经验完善医疗保险制度、加强监督力度等方式完善农民工医疗保险制度。④ 学者杜毅基于重庆城乡统筹发展的经验，从增强农民工的风险防范意识和维权意识，优化医疗保险的供给结构，增强医疗卫生体系服务能力，加强法规制度建设和监管力度，提高医疗保险制度的强制性和权威性等方面提出了完善农民工医疗保险制度的建议。⑤

---

① 参见石宏伟、于红：《农民工医疗保险模式分析：基于北京　厦门　深圳　镇江　上海五城市的政策比较》，载《中国卫生经济》，2010（7）。

② 参见魏洁、周绿林：《农民工医疗保险现状及模式选择》，载《中国卫生事业管理》，2010（1）。

③ 参见刘彩、王健：《国外农民工医疗保障经验及其启示》，载《中国卫生事业管理》，2009（8）。

④ 参见睢党臣、张朔婷：《对农民工医疗保险问题的认识》，载《西安财经学院学报》，2014（1）。

⑤ 参见杜毅：《统筹城乡视角下农民工医疗保险实践的考察——基于重庆市 1 600 位农民工的调查》，载《哈尔滨商业大学学报（社会科学版）》，2014（2）。

（3）从政府责任的角度提出完善建议。

学者应永胜认为，在农民工建构医疗保险制度的过程中，首先应当明确政府的责任定位，政府在农民工医疗保险制度中需要承担立法责任、制度责任、财政责任、组织责任和监督责任。① 学者高洪贵认为，与农民工医疗保障中的政府责任重构相适应，政府应在加快实现基本医疗保险城乡统筹、设立流动人口医保统筹基金调剂机构、促进医保制度间的协商与整合等方面做出制度改进。②

（4）从农民工族群特点及需求的角度提出完善建议。

学者程建林、刘传江通过对调研数据的分析发现，我国农民工医疗保险制度方面存在着供给不足与供给错位的问题。因此，需要将农民工医疗保险需求与制度供给结合起来进行医疗保险制度创新，并在制度创新时注意农民工代际差异，使制度更具针对性。③ 学者李华、张志元基于农民工特点、其生命健康权的内在要求，以及医疗保障有效供给理论，提出完善我国农民工医疗保障制度可以从建立城乡统筹的农民工医疗保险账户和医疗救助制度、建立农民工医疗保障中间代理组织、加强农民工医疗保障与其他医疗保障制度的兼容性等方面着手。④

（四）农村转移人口公平享受劳动就业服务研究

农村人口转移的基本动因之一是谋求更好的就业环境，劳动就业服务包含于基本公共服务之中，为农村转移人口创造公平的就业环境以及提供职业技能培训是劳动就业服务的重要内容，学者们对此也给予了较大关注。

1. 就业公平

学者同春芬、陶顺君从利益分析的视角探讨了农民工公平就业问题，认为应当构建一个平等而友好的就业环境，使他们尽快摆脱长期以来形成的一种权能较低的相对不平等状态。⑤ 学者邱峰、习萍、晁金典认为，农

---

① 参见应永胜：《农民工医疗保险：从国外经验谈我国政府责任的强化》，载《成都理工大学学报（社会科学版）》，2010（1）。

② 参见高洪贵：《政府责任视域下的农民工医疗保障问题探析》，载《理论导刊》，2013（3）。

③ 参见程建林、刘传江：《农民工代际差异对医疗保险需求影响的实证分析》，载《财贸经济》，2008（7）。

④ 参见李华、张志元：《建立农民工医疗保障制度的对策思考》，载《学术交流》，2009（1）。

⑤ 参见同春芬、陶顺君：《利益分析视角下的农民工就业公平问题初探》，载《求实》，2008（S1）。

民工服务资源整合工作相对滞后，应重点整合行政、劳务信息、培训、维权四大资源，开展多渠道、多层次、多形式的农民工服务工作，打造全方位、系统化、创新式的农民工服务新格局。① 学者王建华、马玉婷、李俏基于河南郑州等地农民工的实地调研数据，从信息不对称的理论视角深入考察了农民工个体的就业问题，深刻剖析了信息不对称在农民工就业中的表现及成因，并进一步探讨了宏观层面上的社会公平与和谐诉求问题。②

2. 职业技能培训

职业技能培训是提高农村转移人口特别是农民工就业能力的重要手段，属于城镇基本公共服务的范畴，但是在现实生活中，农民工所能接受的职业技能培训情况受政府支持、企业、培训费用、农民工自身等因素影响而并不乐观。

（1）问题表征。

学者田玉敏、陈兆红、谢曼认为，农村转移人口职业培训服务存在对农民工培训认识不到位、培训经费投入不到位、农民工培训管理体制不到位、培训内容与就业需求不到位的问题。③ 学者周秀平、李振刚基于来自全国 29 个省市地区的 1 652 名新生代农民工参与政府培训的调查数据，从政策执行视角描摹农民工培训政策运行的内部图景，发现培训未覆盖到大多数相对弱势新生代农民工。④

（2）政府职能。

学者冯宪、杨飞、施芳女从政府管理角度提出解决路径，如加强政府领导，优化整合资源；加大宣传力度，完善投入机制；健全培训体系，提高培训质量以及加强管理调控，营造良好环境。⑤ 农民工教育培训的开展离不开政府支持，学者罗忆源认为，政府在农民工教育培训中扮演着资源的配置者、整合者，教育培训市场机制的维护者，政策、制度障

---

① 参见邱峰、刁萍、晁金典：《整合农民工服务资源构建和谐就业环境再探讨》，载《安徽农业科学》，2007 (9)。

② 参见王建华、马玉婷、李俏：《农民工就业信息不对称的原因及改进对策》，载《西北农林科技大学学报（社会科学版）》，2014 (1)。

③ 参见田玉敏、陈兆红、谢曼：《改进农民工技能培训的方法与对策》，载《中国培训》，2008 (2)。

④ 参见周秀平、李振刚：《农民工培训的集中化与政策瞄准效果分析》，载《中国职业技术教育》，2015 (12)。

⑤ 参见冯宪、杨飞、施芳女：《嘉兴市外来农民工培训调查研究》，载《嘉兴学院学报》，2008 (5)。

碍的消除者等角色。①

（3）培训供给。

学者赵健从有效供给理论的视角提出可以，从尊重农民工主体地位、政府公共政策的有效引导与规划、农民工培训供给的科学化、农民工培训中的监管制度四个方面实现农民工培训有效供给。② 学者朱晓龙从准市场理论角度，提出政府通过采取准市场机制来实现农民就业培训服务的有效供给，有助于缩小贫富差距和维护公平正义。③

五、农村转移人口公平享受城镇基本公共服务研究的发展趋势

我国学者关于农村转移人口公平享受城镇基本公共服务的研究成果可谓硕果累累，但也存在一定的薄弱环节。一是研究缺乏理论支撑。我国的基本公共服务尚未形成完善的理论体系，因而，学者们在对该领域问题进行研究时缺乏理论支撑和指导，这就导致研究成果略显空洞和无力。二是研究缺乏跨学科视角。尽管有些学者在研究过程中尝试借助法学、社会学、经济学等学科理论分析问题，但成果数量相对较少，跨学科研究还处于起步阶段。三是研究方法单一。学者们主要采用了定性的研究方法，定量分析的研究方法使用较少。此外，学者们使用定量研究方法对调研数据进行分析时，多为分析不同要素间的相关性，极少进行深度的数据挖掘。四是研究内容范围有待扩展。城镇基本公共服务内容宽泛，学者们对其中某些模块如教育、养老保险、医疗保险等研究得比较充分，但对其他基本公共服务模块的研究较少，并且研究对象以农民工为主，其他类型的转移人员享受城镇基本公共服务研究成果较少，并且当前的研究成果具有一定的同质性，创新性略显不足。

结合党的十八届五中全会提出的“坚持共享发展，必须坚持发展为

① 参见罗忆源：《农民工教育培训中政府应然角色探讨》，载《广州大学学报（社会科学版）》，2009（8）。

② 参见赵健：《有效供给：农民工培训发展的新路向》，载《继续教育研究》，2010（4）。

③ 参见朱晓龙：《农民工就业培训服务供给机制分析——基于准市场理论视角》，载《地方财政研究》，2014（9）。

了人民、发展依靠人民、发展成果由人民共享……增加公共服务供给，从解决人民最关心最直接最现实的利益问题入手，提高公共服务共建能力和共享水平”① 以及《国家新型城镇化规划（2014—2020 年）》的目标要求，未来几年农村转移人口公平享受城镇基本公共服务研究可能将从以下几个方面进行探索：

一是城镇基本公共服务理论体系研究。深入分析城镇基本公共服务的内涵、本质、功能、制度体系等，为该领域的其他研究提供理论支持和分析框架。二是运用跨学科视角研究农村转移人口公平享受城镇基本公共服务。采用政治学、社会学、心理学、经济学、法学、历史学等学科视角分析和探讨农村转移人口享受城镇基本公共服务的特性、障碍、发展趋势等。三是农村转移人口享受城镇基本公共服务的多元共治研究。要保障农村转移人口公平、平等地享受完善的城镇基本公共服务不能仅仅依靠政府的力量，城镇基本公共服务的供给、质量标准、成效评估、利益协调、冲突解决等都需要多元主体的参与。四是研究路径和研究方法的创新。在研究路径上，由传统的“描述现状—分析原因—提出对策”研究路径向更有利于深入细致地挖掘问题本质的路径转变；在研究方法上，以问题为导向，选择合适的研究方法，恰当地采用定性和定量相结合的方法更全面地分析和解决问题。根据研究需要采用定量分析的研究方法时，应当通过数据分析挖掘要素间深层次联系，以弥补定性研究的不足。

① 《中国共产党第十八届中央委员会第五次全会公报》，见 http://www.caixin.com/2015-10-29/100867990_all.html，2015-10-29。

第六章 我国城乡基本公共服务均等化财力保障研究现状与述评

代佳欣*

城乡公共服务均等化是统筹城乡协调发展、实现社会发展成果普惠共享的基础。目前，我国城乡公共服务“二元发展”的主要问题在于不合理的公共财政供给机制拉大了城乡间享有基本公共服务的差额①，城乡公共服务非均等的主要缘由在于财政制度存在缺陷②，构建可持续的财政保障制度是建立城乡一体的公共服务体系的现实前提，且“城乡人均公共支出均等化是城乡公共服务均等化的高级阶段，从实质上保证了基本公共服务的普遍公平”③。2012 年，《国家基本公共服务体系“十二五”规划》明确了“完善财政保障、管理运行与监督问责机制，形成保障基本公共服务体系有效运行的长效机制”④，以推进城乡基本公共服务一体化发展的指导思想，为探析我国城乡基本公共服务均等化财力保障的研究现状提供了重要的政策支撑。

本文旨在对 2000—2015 年我国学界围绕“城乡基本公共服务均等化的财力保障”这一研究问题形成的时区分布与研究力量、热点主题、发展轨迹与阶段特色、薄弱环节与前沿趋势四大板块进行深入分析，拟采用文献计量学及其可视化方法，通过运用国际领先的知识网络分析工具 CiteSpace，绘制出国内城乡基本公共服务均等化的财力保障研究的知识

---

* 代佳欣，四川宜宾人，四川大学公共管理学院博士研究生，研究方向：公共服务。

① 参见王亚丽：《推进城乡公共服务均等化的财政路径选择》，载《财政监督》，2011 (4)。

② 参见黄麟：《促进城乡公共服务均等化的地方财政体制改革研究》，载《改革与战略》，2011 (12)。

③ 陈永正：《城乡公共服务均等化视角下地方公共财政体制改革》，载《财经科学》，2010 (1)。

④ 《国家基本公共服务体系“十二五”规划》，见 http://www.china.com.cn/policy/txt/2012-07/20/content_25965719.htm，2012-07-20。

图谱，从知识量化的视角厘清国内城乡基本公共服务均等化财力保障研究的现状、热点、前沿与缺陷，以期为该领域的理论发展和实践探索提供基础参考资料。

一、数据来源与研究方法

本文以基于文献计量学的科学知识谱图为研究工具，运用美国德雷克塞尔大学陈超美博士开发的科学计量软件 CiteSpace 知识图谱工具，通过最小树生成算法挖掘特定研究领域的主体维度、前沿主题及其演化历程。本文以中国学术期刊网络出版总库（CNKI）为文献来源数据库，采用“专业检索”的方式，通过检索式：TI=（‘公共服务’+‘城乡公共服务’+‘基本公共服务’+‘城乡基本公共服务’+‘农村公共服务’）*（‘均等’+‘均等化’+‘均衡’+‘公平’）*（‘财政’+‘财力’+‘预算’+‘分税制’+‘转移支付’），以 2000—2015 年为期限，共检索到关于“城乡基本公共服务财力保障研究”的核心论文 308 篇，剔除会议综述、书评、短讯等非学术论文后，获得分析样本 289 篇。为提升分析结果的信度与效度，本文进行了数据清洗，将意义、影响、对策等泛义词进行了规范处理，并将有效文献数据导入可视化分析工具，绘制科学知识图谱。

二、城乡基本公共服务均等化财力保障研究的时区分布与研究力量

从文献的年代分布图可知（见图 6—1），国内学界围绕着城乡基本公共服务均等化财力保障的研究数量，自 2006 年起呈现出直线式上升，于 2008 年达到发文量的峰值。通过分析公共服务的政策文本，进一步发现该领域研究的发文量折线图与我国构建城乡基本公共服务体系、推进城乡基本公共服务均等化过程中增强公共财政保障能力的政策背景紧密相关。2006 年 10 月，党的十六届六中全会通过的《中共中央关于构建社会主义和谐社会若干重大问题的决定》明确提出“到二〇二〇年……覆盖城乡居民的社会保障体系基本建立；基本公共服务体系更加

完备”，重点强调了“国家财政新增教育、卫生、文化等事业经费和固定资产投资增量主要用于农村”① 的目标。自此国内学界开始聚焦公共财政如何运用于统筹城乡基本公共服务的均衡发展。2006—2011 年间发文量虽有所波动，但整体上仍保持较高水平，并在 2011 年达到第二个峰值。这与国务院在《国家基本公共服务体系“十二五”规划》中将“牢牢把握基本公共服务的公益性质，明确政府的主体责任，完善公共财政体系，科学划分各级政府基本公共服务事权与支出责任……”② 作为国家发展基本公共服务的指导思想不无关联。

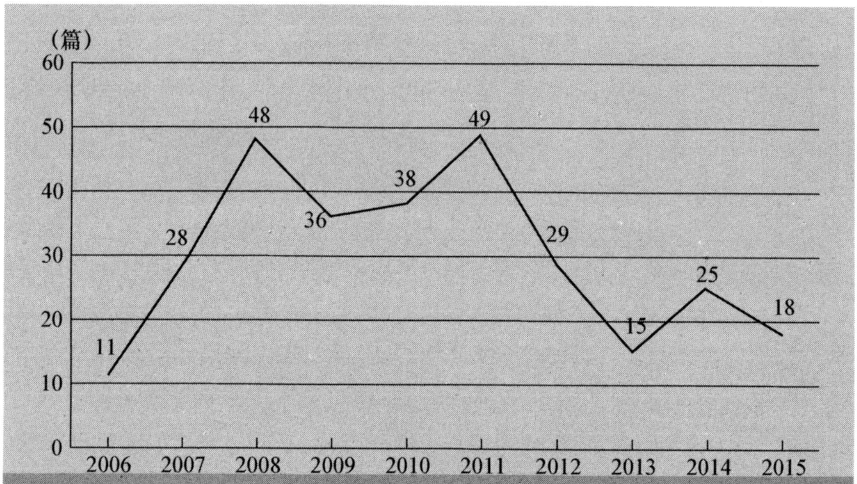

图 6—1　文献的年代分布

表 6—1 是 2000—2015 年发文量居前 20 位的高产作者，表 6—2 是发文量位居前 20 位的核心机构。由上述两表可见，国内关于城乡基本公共服务均等化财力保障的作者群主要分布于各大知名高校，研究机构主要以财经类院校居多。围绕着国内城乡基本公共服务与公共财政的核心研究议题形成了一系列专业性强、专注度深、交叉性广的研究成果。表 6—3 呈现了 2000—2015 年国内关于城乡基本公共服务均等化财力保障领域居前 20 位高被引文献，比较准确地反映了该领域的代表性论著，同时验证了该领域研究具有典型的跨学科特征。

---

① 《中共中央关于构建社会主义和谐社会若干重大问题的决定》，见人民网，2006-10-11。

② 《国家基本公共服务体系“十二五”规划》，见 http://www.china.com.cn/policy/txt/2012-07/20/content_25965719.htm，2012-07-20。

表 6—1　　发文量居前 20 位的作者

序号	作者	篇数	单位	序号	作者	篇数	单位
1	赵和楠	5	中南财经政法大学	11	甘行琼	2	中南财经政法大学
2	田发	5	上海理工大学	12	吕翠苹	2	中央财经大学
3	周琛影	4	东华大学	13	刘大帅	2	中南财经政法大学
4	叶麒麟	4	中国人民大学	14	胡志平	2	华东政法大学
5	成艾华	3	中南民族大学	15	任强	2	中央财经大学
6	安体富	3	中国人民大学	16	贺顺奎	2	贵州财经大学
7	金人庆	3	中国财政部	17	丁元竹	2	国家行政学院
8	王剑	3	东北大学	18	万甘忆	2	中南财经政法大学
9	熊波	3	武汉大学	19	吴旭东	2	东北财经大学
10	张启春	3	华中师范大学	20	陈颂东	2	中国社会科学院

表 6—2　　发文量居前 20 位的核心机构

序号	单位	篇数	序号	单位	篇数
1	中南财经政法大学	14	11	东华大学	4
2	中国人民大学	13	12	安徽财经大学	4
3	东北财经大学	12	13	中南民族大学	4
4	华中师范大学	9	14	国家财政部	4
5	中国财政部财政科学研究所	8	15	中国社会科学院财政与贸易经济研究所	3
6	武汉大学	6	16	山东大学	3
7	中央财经大学	6	17	厦门大学	3
8	上海理工大学	6	18	河北省财政厅	3
9	福建师范大学	5	19	西南交通大学	3
10	国家行政学院	5	20	中央民族大学	3

表 6—3　　居前 20 位的高被引文献

序号	作者	篇名	被引频次	年（期）	期刊名
1	金人庆	完善公共财政制度　逐步实现基本公共服务均等化	177	2006（22）	求是
2	马国贤	基本公共服务均等化的公共财政政策研究	160	2007（10）	财政研究
3	王磊	我国政府间转移支付制度对公共服务均等化的影响	150	2006（1）	经济体制改革

续前表

序号	作者	篇名	被引频次	年（期）	期刊名
4	安体富	完善公共财政制度　逐步实现公共服务均等化	143	2007（7）	财经问题研究
5	安体富	完善公共财政制度　逐步实现公共服务均等化	125	2007（3）	东北师大学报（哲学社会科学版）
6	刘尚希 杨元杰 张洵	基本公共服务均等化与公共财政制度	115	2008（40）	经济研究参考
7	顾昕 方黎明	公共财政体系与农村新型合作医疗筹资水平研究——促进公共服务横向均等化的制度思考	111	2006（11）	财经研究
8	楼继伟	完善转移支付制度　推进基本公共服务均等化	108	2006（3）	中国财政
9	项继权 袁方成	我国基本公共服务均等化的财政投入与需求分析	91	2008（3）	公共行政评论
10	安体富 任强	政府间财政转移支付与基本公共服务均等化	82	2010（47）	经济研究参考
11	蔡春红	完善财政转移支付制度的政策建议——兼论推进基本公共服务均等化和主体功能区建设的关系	70	2008（4）	中国行政管理
12	赵云旗 申学锋 史卫等	促进城乡基本公共服务均等化的财政政策研究	65	2010（16）	经济研究参考
13	金人庆	完善促进基本公共服务均等化的公共财政制度	58	2006（11）	中国财政
14	张启春	区域基本公共服务均等化与政府间转移支付	56	2009（1）	华中师范大学学报（人文社会科学版）
15	金人庆	完善促进基本公共服务均等化的公共财政制度	54	2006（12）	党建研究
16	傅道忠	实现基本公共服务均等化的财政思考	52	2007（5）	现代经济探讨
17	王家永	实现基本公共服务均等化：财政责任与对策	45	2008（8）	财政研究

续前表

序号	作者	篇名	被引频次	年（期）	期刊名
18	王家永	公共财政与基本公共服务均等化理论探讨	44	2007（10）	财会研究
19	石光	促进基本公共服务均等化的财政转移支付制度研究	21	2001（05）	特区经济
20	张恒龙 秦鹏亮	转移支付、财政激励与基本公共服务均等化目标的匹配	9	2009（09）	改革

三、国内城乡基本公共服务均等化财力保障研究的知识图谱

通过词频统计软件，本文对不规范用词进行了剔除和合并处理。分析发现，308 篇文献包括的关键词总频次为 495 次，平均每篇文献包含 1.6 个关键词。鉴于文章篇幅考虑，仅列出前 30 个高频关键词，见表 6—4。该表反映的是国内城乡基本公共服务均等化财力保障研究中使用频次最高的专业学术词汇。

图 6—2 是国内城乡基本公共服务财力保障研究的最小树聚类图谱，全景式呈现了 2000—2015 年国内该领域研究的整体概貌。该图谱反映了以均等化、公共服务均等化和基本公共服务均等化为核心的研究重点。图谱的左上部分以转移支付为主干，主要连接了分税制、均衡性转移支付、转移支付制度等财政转移支付制度的基本内容，同时涵盖了财政支出、财政均衡、财税体制改革等节点；图谱的右下部分则以公共财政为主干，主要连接了公共财政体制、财政体制、财政分权等公共财政体制改革的基本内容，同时囊括了区域内不均衡、泰尔指数、超效率模型等节点。通过这些节点标签和聚类关联，不难发现国内城乡基本公共服务均等化财力保障的研究，主要集中在公共财政体制和财政转移支付制度两大方面，仍然需要不断挖掘研究议题、扩宽研究视野、丰富研究框架、凝聚核心维度。

表 6—4　　2000—2015 年居前 30 位的高频词汇

序号	关键词	频数	序号	关键词	频数	序号	关键词	频数
1	均等化	81	11	财政政策	16	21	城乡基本公共服务	4
2	公共服务均等化	57	12	财政分权	9	22	包容性增长	4
3	转移支付	53	13	分税制	7	23	财政均衡	4
4	基本公共服务	50	14	公共财政体制	7	24	公共财政制度	4
5	基本公共服务均等化	43	15	财政	5	25	城乡	4
6	公共服务	42	16	主体功能区	5	26	政府间转移支付	4
7	公共财政	27	17	改革	5	27	财政转移支付制度	4
8	财政体制	19	18	财政支农	5	28	财力性转移支付	3
9	财政转移支付	18	19	财政支出	4	29	财政责任	3
10	转移支付制度	16	20	收入差距	4	30	财政均等化	3

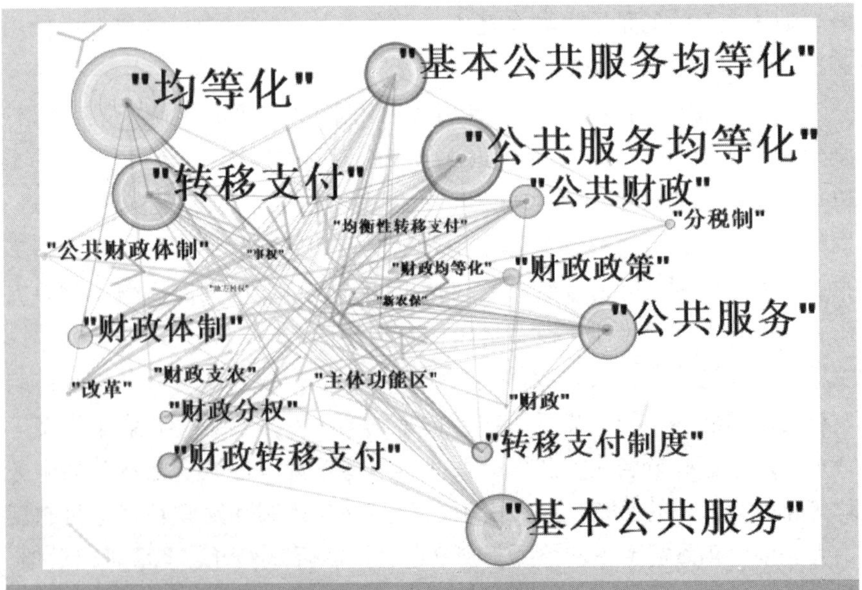

图 6—2　城乡基本公共服务均等化财力保障研究的最小树聚类图谱

四、国内城乡基本公共服务均等化财力保障研究的热点主题

目前，国内学界围绕城乡基本公共服务均衡发展财力保障形成的研究成果呈现出视角多元、热点繁多，专题式研究亦日趋增长的态势，准确地研判不同热点之间的聚类情况与交互关系是必要的。本文通过文献计量与可视化分析，实现了对国内城乡基本公共服务均等化财力保障的主要研究热点的存量总结和归纳梳理；依据“问题界定—理论基础—问题化解”的思路将其划分为四个研究专题，通过剖析不同研究专题的学者观点与成果内容，以期廓清现有研究的知识框架，辩证把握现有研究的成就与不足和未来研究的可开掘空间。

（一）城乡基本公共服务均等化财力保障的含义

明确城乡基本公共服务均等化财力保障的含义是开展城乡基本公共服务均等化财政问题研究的基石和起点。我国诸多学者立足于经济学、政治学、公共行政学等多个视角探析了何为城乡基本公共服务均等化财力保障的基本内涵，并形成了三个主要分析维度。

制度维度，即从国民收入分配制度、转移支付制度、公共财政体制等视角来解读城乡基本公共服务均等化的财政保障。① 从国民收入分配制度视角看，大幅调整国民收入分配格局以促进公共财政资源在城乡之间的均衡配置是财政保障的主要意涵。② 从转移支付制度的视角看，城乡均衡的公共服务财力保障是指财政转移支付的大力倾斜，以城乡居民生活条件等值化为导向，以强化具体基本公共服务领域的供给为载体引导公共财政“有偏好”地投入。③ 从公共财政体制的视角看，建立以城乡

① 参见任广浩、解建立：《论中央与地方事权财权配置——以城乡基本公共服务均等化为视角》，载《河北师范大学学报（哲学社会科学版）》，2009（1）；胡志平：《从制度匹配检视农村公共服务均等化》，载《社会科学研究》，2013（1）。

② 参见韩俊：《“十二五”时期我国农村改革发展的政策框架与基本思路》，载《改革》，2010（5）。

③ 参见王伟同：《城市化进程与城乡基本公共服务均等化》，载《财贸经济》，2009（2）。

公共服务均等化为目标的公共预算体制和农村公共产品供给体制是确保城乡基本公共服务均衡发展的核心财政要素。①

结构维度，即从国家财政支出结构、地方政府财力投入结构的视角来剖析城乡基本公共服务财力均衡的主要内涵。具体而言，从国家财政支出结构的视角看，城乡基本公共服务一体化发展的财力保障就是指扭转财政支出结构“重基本建设支出，轻公共服务支出”严重偏向的趋势，财政支出结构向着民生性财政支出倾斜，压缩财政资金在城乡间分配不公的空间。② 从地方政府财力投入结构的视角看，城乡基本公共服务均等的财力保障即扭转地方公共财政和公共服务的“城市偏好”，增加地方财政对村级公共产品的投入比。③

行为维度，即基于地方政府在城乡公共财政投入中“知行分离”的假设，围绕“地方财政是否具备统筹城乡基本公共服务均衡发展的支付能力”与“地方政府是否会平衡城乡之间的公共财政投入”的核心问题，来解构城乡基本公共服务均等化的财力保障之含义。具体而言，从地方财政支付能力的视角看，城乡统筹的基本公共服务指代的是地方政府财力持续快速增长，以确保地方政府具有均等支付城市与乡村基本公共服务的能力，使得每个公民能够不受区域的限制，机会均等地享有法定基本公共服务项目。④ 从地方政府行为的视角看，城乡基本公共服务均等化的财力保障还指地方政府将民生财政支出偏重非城市地区促进城乡公共服务均等化发展的路径选择与行为过程。⑤

上述对于城乡基本公共服务均等化财力保障的含义的阐述与国内城乡基本公共服务均等化财力保障研究知识图谱展示的主题概貌相互吻合，验证了财力保障的含义确为该研究领域不可忽视的重要课题。

---

① 参见陈永正：《城乡公共服务均等化视角下地方公共财政体制改革》，载《财经科学》，2010（1）。

② 参见夏杰长、张晓欣：《我国公共服务供给不足的财政因素分析与对策探讨》，载《经济研究参考》，2007（5）；余长林：《财政分权、公共品供给与中国城乡收入差距》，载《中国经济问题》，2011（5）；李香菊、刘浩：《税制、公共服务对收入分配的影响机制与实证分析》，载《财经科学》，2014（3）。

③ 参见李斌、李拓、朱业：《公共服务均等化、民生财政支出与城市化——基于中国286个城市面板数据的动态空间计量检验》，载《中国软科学》，2015（6）。

④ 参见丁焕峰、曾宝富：《基本公共服务均等化研究综述》，载《华南理工大学学报（社会科学版）》，2010（5）。

⑤ 参见沈霞：《利益共同体观：城乡基本公共服务均等化政策优化研究》，载《河北学刊》，2015（4）。

（二）城乡基本公共服务均等化财力保障的理论基础

国内关于城乡基本公共服务均等化财力保障的理论发展，既汲取了西方公共财政学、福利经济学、新公共管理学等相关理论的内涵和优点，又结合了中国情景和本土问题对该领域的基础理论进行重构，形成了一些解释力较强、认同度较高的理论、原则和学说。

政治学视角下的社会公平原理（亦称为“补偿说”）和现代化原理。社会公平原理系指我国现代化发展进程中，农民长期以无偿提供农业剩余的方式为工业和城市发展做贡献，基本公共服务作为一种补偿方式应该提供给农民群体。因此，城乡公共服务均等化实质上就是工业反哺农业、城乡反哺农村的重要形式，实际上是一个“把农民的钱还给农民”和“还清历史旧账”的过程，城市便应成为反哺成本的首要承担者。① 政治学视角下有关于城乡基本公共服务均等化财力保障的理论研究倾向于将公共财政体制作为补偿农村公共服务、彰显政治公正的经济工具。

政治经济学视角下的福利经济学理论（亦称为“人权说”）和公共产品理论。经典福利经济学认为，公共服务具有消费福利经济效应②，城乡公共服务均等化有利于创造农村消费的增长点、刺激国内消费需求③。根据福利经济学中衡量政策效益的“帕累托改进”理论，统筹城乡基本公共服务协调发展的相关政策可以实现在不降低城市居民福利水平的前提下改善农民群体的公共服务福利状况。主流公共产品理论认为公共产品的特性决定其应该由政府而非市场提供。④

公共财政学视角下的分税分级财政原则和消费风险说。从我国实施“一级政权、一级事权、一级财权、一级税基、一级预算、一级产权、一级举债权”的分税分级财政原则出发，认为发展公共服务若要兼顾效率与公平，则必然保障地方财税的持续发展，并增强地方公共财政基本公

---

① 参见李一花：《城乡基本公共服务均等化研究》，载《税务与经济》，2008（4）。

② 参见丁焕峰、曾宝富：《基本公共服务均等化研究综述》，载《华南理工大学学报（社会科学版）》，2010（5）。

③ 参见丁元竹：《促进我国基本公共服务均等化的战略思路及基本对策》，载《经济要参》，2008（38）；王海峰、胡志平：《公共服务拉动内需研究》，载《湖南社会科学》，2010（4）。

④ 参见刘尚希、杨元杰、张洵：《基本公共服务均等化与公共财政制度》，载《经济研究参考》，2008（40）。

共服务支付能力。① 而消费风险说是指居民消费风险会导致消费不公②。需要政府在公共服务供给中，发挥公共财政分担居民消费风险的调控功能，保障城乡社会经济的平衡发展。

近年来，发展经济学也尝试为城乡公共服务一体化提供理论源泉。③囿于农村基本公共服务的供给不足已成为城镇化持续发展的一大瓶颈，需要引入可持续发展的理念，在引导城乡基本公共服务的协调发展的同时预防“福利病”与财政危机的负面效应。④

(三) 他山之石

我国推进城乡人均基本公共服务财政均等还面临着一些需迫切解决的命题，借鉴西方发达国家在促进区域、城乡基本公共服务均等化过程中在财政制度方面的有效经验，对于探索出我国城乡基本公共服务均等化财力保障的方案具有重要价值。综观之，美欧发达国家在推进城乡基本公共服务均等化中采取的财力保障措施总体上形成了“一个重要机制，三种主要方法”。

以转移支付制度构建城乡财政平衡机制。从财政转移支付功能上看，要削弱城乡之间公共服务的非均等程度，则需要通过财政转移支付制度资助社会经济发展水平相对滞后地区的基本公共服务项目的建设和完善。加拿大通过一般转移支付与专项转移支付相结合的转移支付制度构建起城乡财政平衡机制。一般性转移支付主要包括均等化项目和地区常规支持，分别运用“均等化公式”核算和“补充缺口”核算法，形成有效的区域间的横向均等化效应。⑤ 专项转移支付的财政资源集中运用于以基于人均标准的社会健康项目，运用税收与现金转移合理调配的核算方法，实现对一般

---

① 参见贾康、白景明：《中国地方财政体制安排的基本思路》，载《财政研究》，2003 (8)。

② 参见刘尚希：《实现基本公共服务均等化的政策路径和方案选择》，载《经济研究参考》，2007 (60)。

③ 参见刘仁忠、罗军：《可持续发展理论的多重内涵》，载《自然辩证法研究》，2007 (4)。

④ 参见丁建定：《中国社会保障制度整合与体系完善纵论》，载《学习与实践》，2012 (8)；黄杉、胡慧溢、蒋正蓉：《可持续的经济开发区公共服务体系构建——以浙江省杭州湾经济开发区为例》，载《特区经济》，2007 (5)；姜异康等：《国外公共服务体系建设与我国建设服务型政府》，载《中国行政管理》，2011 (2)。

⑤ 参见张启春：《区域基本公共服务均等化的财政平衡机制——以加拿大的经验为视角》，载《华中师范大学学报（人文社会科学版）》，2011 (6)。

性转移支付的均等效果的补充。此外，加拿大还创造式地设计出“转移支付的数额分配、三年移动平均和滞后两年发放转移支付金额”等转移支付工具。①

倾斜性的农村基本公共服务财政供给模式。倾斜性的公共财政资源配置是为了提高农村基本公共服务质量的一种补偿机制。日本实行此法援助远郊和农村地区完善基础设施建设（包括铁路、排水灌溉设施和通信系统等），改善了农村居民的生活生产条件，并为其区域发展创造投资环境。韩国形成了以中央政府财政为主力，农业合作组织负责参与实施的倾斜性农村公共服务供给模式。此外，美国为化解由于各州财政资源禀赋不均导致的学区间、城乡间教育资源配置非均衡的问题，“形成了以州政府为主，联邦政府、州政府与学区共同负担义务教育经费的管理格局”②。这样一来，三级政府拨款补助财力较差的农村学区，便能够有效地促进基础教育资源在城乡学区间的公平配置。

依靠法规建设完善财政保障制度。该方法通过建立保障性法律法规以敦促地方政府落实农村基本公共服务具体项目的财政资源配备。日本通过制定《偏远地区教育振兴法》《孤岛振兴法》等法规，确定了由中央政府、都道府县政府和市町村政府共同承担的农村义务教育财政经费投入结构。1982 年，加拿大明确地将公共服务均等化目标写入宪法，并将基础教育、医疗卫生和社会福利作为联邦政府财政均等化的主要项目纳入宪法保障的范围，其终极目标是使得各省之间、城乡之间能够提供人均财政投入水平无差别的基本公共服务。③

实施税收优惠和财政补贴政策。通过对农村税基和税种进行重新安排，扩大农业各类财政补贴的范围，以财政福利政策为基本途径完善农村基本公共服务环境、减轻农村居民的财税负担。美国针对农耕区居民施行税种少、纳税额低、减免力度大的农村税收优惠，在休耕、生产、储备、出口等环节均实施财政补贴政策。约有 25%的农民年均免交农业

---

① 参见张启春：《区域基本公共服务均等化的财政平衡机制——以加拿大的经验为视角》，载《华中师范大学学报（人文社会科学版）》，2011（6）；孙德超、贺晶晶：《基本公共服务均等化的国际经验及借鉴》，载《河南师范大学学报（哲学社会科学版）》，2012（6）。

② 樊丽明、郭健：《城乡基本公共服务均等化的国际比较：进程与经验》，载《中央财经大学学报》，2012（7）。

③ 参见张启春：《区域基本公共服务均等化的财政平衡机制——以加拿大的经验为视角》，载《华中师范大学学报（人文社会科学版）》，2011（6）。

所得税。[1] 日本农业补贴的范围也相当广泛，主要包括水利建设补贴、基础设施补贴、农地整治补贴、农贷利息补贴、农业生产资料购置补贴和农业结构调整补贴等，同时为农民提供低息贷款[2]，极大地促进了村级生产性基础设施的完善，从财税保障的层面提升了村级基本公共服务环境。

（四）实施路径

正如知识图谱的中心聚类所显示的，推进城乡基本公共服务均衡的可持续财力保障面临着行政层级过多导致公共财政下移困难、分税制度导致城乡政府间财权事权不协调、扩大政府债务规模以弥补基本公共服务的资金缺口反增财政风险[3]、税收体制“支出下流、收入上流”的不均衡收支划分格局明显[4] 等限制，财政转移支付在熨平城乡基本公共服务的财政差额中均衡功能发挥不足。目前学界对于推进城乡基本公共服务均等化财力保障的实施路径，主要聚焦在如下两个方面：

加快公共财政体制改革，建立公共服务均等的财政成本分担机制，保障农村基本公共服务财力投入可持续。一是不断完善公共财政体系，明确中央在村级基本公共服务供给中的职责和功能，加大对公共服务领域的投入，加快生产建设型财政向公共服务型财政的转变步伐。[5] 二是建立以基本公共服务均衡发展为导向的公共财政支出结构[6]，建构中央、省、县三级财政体制的成本分担模式，以弥补城乡基本公共服务的供给不均[7]；加大中央财政对贫困、偏远地区基本公共服务的扶持，保证农

① 参见樊丽明、郭健：《城乡基本公共服务均等化的国际比较：进程与经验》，载《中央财经大学学报》，2012（7）。

② 参见朱金鹤、崔登峰：《借鉴国外经验实现中国城乡公共服务均等化——以新疆为例》，载《世界农业》2012（12）。

③ 参见甘行琼、刘大帅：《论户籍制度、公共服务均等化与财政体制改革》，载《财政研究》，2015（3）。

④ 参见俞雅乖：《农民工市民化的基本公共服务投入成本及其财政分担机制研究》，载《西南民族大学学报（人文社会科学版）》，2014（8）。

⑤ 参见安体富：《完善公共财政制度　逐步实现公共服务均等化》，载《财经问题研究》，2007（7）。

⑥ 参见彭健：《基本公共服务均等化视角下的财政体制优化》，载《财经问题研究》，2010（2）。

⑦ 参见李明阳：《论农村公共服务有效供给视角下的三级财政体制》，载《思想战线》，2013（S1）。

业县财政为重点，建立由中央、省共建的农业发展基金。① 三是夯实地方政府的财政支付能力，以推进县乡财政体制改革为核心确保地方政府在农村基本公共服务供给中具备稳定财源。②

完善城乡公平的财政转移支付机制，促进城乡基本公共服务一体化财政转移支付制度创新、完善城乡间财政转移支付的配套制度、探索横纵交错的转移支付模式。一是明确中央与地方政府基本公共服务事权与财权范围，以“因素法”设计转移支付公式③ 规范财政转移支付的标准，同时逐步将占转移支付比重较大的农村税费改革等临时项目纳入一般性转移支付中，改善转移支付制度稳定性。④ 二是加快转移支付的立法建设，完善《预算法》中关于编制转移支付预算的法律依据，明确转移支付目标，规范转移支付行为。⑤ 三是构建纵向和横向相结合的基本公共服务均等化转移支付模式，创新城乡基本公共服务的均衡发展财力保障机制。⑥

五、薄弱环节与前沿趋势

综观国内近十五年来城乡基本公共服务均等化财力保障研究历程，其大多是从多元学科视角探索了公共财政与城乡基本公共服务均衡发展的影响机理，形成了丰富的研究成果，推进了该领域的理论发展，并在一定程度上为地方政府推进城乡基本公共服务均等化提供了重要知识来源。然而，该领域研究仍然存在一些薄弱环节。

---

① 参见马国贤：《基本公共服务均等化的公共财政政策研究》，载《财政研究》，2007（10）。

② 参见宁静、赵国钦、贺俊程：《省直管县财政体制改革能否改善民生性公共服务》，载《经济理论与经济管理》，2015（5）。

③ 参见张恒龙、秦鹏亮：《转移支付、财政激励与基本公共服务均等化目标的匹配》，载《改革》，2012（9）。

④ 参见蒋琳：《浅议基本公共服务均等化——基于中国财政转移支付制度的思考》，载《经济研究导刊》，2009（31）。

⑤ 参见曹忻：《浅析财政转移支付与基本公共服务均等化》，载《科技资讯》，2011（26）。

⑥ 王达梅：《构建横向援助机制，推进基本公共服务均等化》，载《西北师大学报（社会科学版）》，2009（2）；石光：《促进基本公共服务均等化的财政转移支付制度研究》，载《特区经济》，2011（5）。

一是理论视角有待拓宽。目前国内城乡基本公共服务均等化财力保障研究的基础理论主要包括福利经济学理论、公共产品理论、社会公平原理、现代化原理、分税分级财政原则、消费风险说和发展经济学理论，它们分别从政治经济学、政治学和公共财政学视角为如何保障城乡基本公共服务均等化的财力可持续提供理论解释，但基础理论视角总体上看还较狭窄，经济学和政治学元素过于浓厚，缺乏了譬如社会学、管理学、金融学、法学等其他学科视角的融入。

二是实践途径的本土化研究还须加强。国内学者虽对国外基本公共服务均等化的财政投入模式进行了不少的比较研究，但绝大部分都只停留在经验描述和案例介绍层面，没有对其中的制度背景、具体环节、配套机制、适用条件等进行深入挖掘，导致这些好经验似乎难以与我国城乡基本公共服务均衡发展的现实情境相互适配。进而，较少学者能够将西方发展公共服务的经验“拿来”，探索出我国城乡基本公共服务均等化的本土化发展途径和实施方法。

三是研究方法还比较单一。城乡基本公共服务均等化的财力保障不单是理论问题，更是关于如何构建基本公共服务均衡发展机制的重要实践课题。目前运用于该领域的研究方法多属于规范分析，鲜有将案例分析法、问卷调查法、实验模拟法等科学研究方法运用于测度城乡基本公共服务的现状，研判城乡基本公共服务不均的财政因素。可以说，该领域研究方法单一化的短板制约了理论研究的纵深发展。

十八届五中全会通过的《中共中央关于制定国民经济和社会发展第十三个五年规划的建议》明确提出：推动城乡协调发展，健全农村基础设施投入长效机制……加大对革命老区、民族地区、边疆地区和困难地区的支持力度。这要求学界不断强化城乡基本公共服务均等化财力保障的理论研究。未来该领域的研究还应该在如下几方面加以突破：

一是要构建视角多元的基础理论框架。针对该领域研究的基础理论碎片化倾向凸显、经济学与政治学长期占据基础理论主导地位的问题，构建交叉性学科视角下的基础理论框架，不仅能够丰富该领域研究的学科视阈，更能强化其内涵、属性、本质、命题等研究根基。

二是要强化本土研究。针对该领域的比较研究中本土化要素欠缺的问题，要深入比较中西方经验背后的社会情景、体制差别、制度变迁、操作环节、适用条件等关键要素，努力构建我国城乡基本公共服务均等化财力保障研究的“本土”理论与实施路径。

三是要优化研究方法。针对该领域的研究方法单一化问题，一方面要强化研究方法的科学性与规范性，建立质量并重的研究方法体系，提升研究成果的效度。另一方面要发挥好该领域研究群体的经济学学科背景优势，拓宽计量经济研究工具在该领域研究中的运用面。

第七章
我国公共服务质量研究热点述评

陈朝兵*

提升公共服务质量是当代西方公共行政改革的一项持久任务和核心目标，同时也是我国建设服务型政府、转变经济发展方式以及更好保障和改善民生的现实着力点。党的十八届三中全会提出“让发展成果更多更公平惠及全体人民”“加强和优化公共服务”以及“推进基本公共服务均等化”等的目标和任务，实际上从不同层面指明了政府提升公共服务质量的时代意涵。从这个意义上讲，公共服务质量不仅关系到人民生活水平的改善和提高、社会公平正义的实现，更是衡量政府治理体系和治理能力现代化的试金石。这就迫切需要我们及时梳理和总结我国公共服务质量研究的基本现状与总体趋势，凝练研究的热点、焦点和难点，从而回应我国政府提升公共服务质量实践对理论研究的诉求。鉴于此，本文采用文献计量学及其可视化方法，以中国学术期刊网络出版总库（CNKI）数据库收录的学术期刊论文为数据样本，具体运用国际领先的知识网络分析工具 CiteSpace，绘制我国公共服务质量研究的科学知识图谱，全景式再现近年来我国公共服务质量研究的时空动态和演化历程，进而帮助我们把握研究脉络，识别研究前沿，预测研究趋向，为我国公共服务质量研究的深入推进提供参考。

一、数据来源与研究方法

分析的文献取自 CNKI，检索方式设定为：按题名方式检索，将“公共服务”“行政服务”“政府服务”“政府部门”“公共部门”等检索词分

---

* 陈朝兵，四川泸州人，四川大学公共管理学院博士研究生，主要研究方向：公共服务与社会治理。

别与“质量”检索词进行“并且”式检索；检索条件为“精确”；文献来源年限不做限定；文献来源类别包括核心期刊和非核心期刊。共检索出“公共服务质量”相关文献 246 篇，经比对筛选后确定精确文献 219 篇，操作时间为 2015 年 12 月 2 日。需要指出的是，由于公共服务质量是我国学界研究的新兴领域，故其文献总量总体上并不大。在这种情况下，笔者检索文献时采取了将非核心期刊类文献一并纳入的做法。但为了保证所选文献具备较高的研究价值和学术水平，确保研究内容和研究结果的准确可靠，笔者将媒体报道、工作报告、短讯等非学术论文予以剔除，同时还对文献检索词中的近义词和泛义词进行了合并等数据清洗工作，从而有利于减少文献分析误差，有效提升研究精确度。

文献分析工具采用的是美国德雷克塞尔大学陈超美博士开发设计的科学计量软件 CiteSpace。该软件是世界领先的专业知识图谱绘制工具，其独特优点在于它能够基于最小树生成算法挖掘学科领域研究的主体维度和核心主题，并形成若干前沿主题的演化历程。① 运用 CiteSpace 软件绘制的科学知识图谱，其基本原理以科学学、计量学为基础，通过应用数学、信息科学及计算机技术等方法开展对文献要素（如文献题名、作者、关键词）的契合性、同质性分析和研究测度。在一定规模学术文献计量分析和数据运算的基础上，CiteSpace 软件即可实现对文献各要素的相互关联和有效聚类，进而探测出某知识领域的研究维度、知识结构、演变趋势等。

本研究将经过前述处理的公共服务质量研究文献按照特定格式导入 CiteSpaceⅡ软件，设置年度切片时间为 1 年，阀值取前 50，选择最小树生成算法，从而绘制出后文所示的时区视图、共现图谱等，并生成了相应的参考信息。

二、公共服务质量研究的时区分布与研究力量

由图 7—1 可知，我国学界对公共服务质量研究的关注始于 20 世纪 90

① Chaomei Chen, “CiteSpaceⅡ: Detecting and Visualizing Emerging Trends and Transient Patterns in Scientific Literature,” *Journal of the American Society for Information Science and Technology*, 2006 (3).

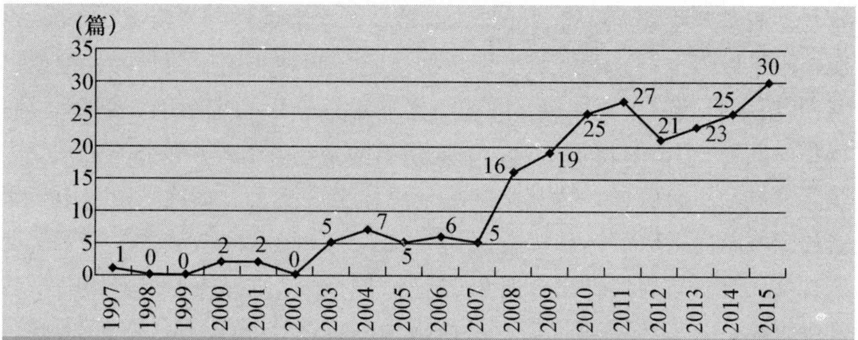

图 7—1　公共服务质量研究文献的年代分布

年代末期，发文量极其稀少。进入 21 世纪，公共服务质量研究的发文量呈逐步上升趋势，但 2000—2007 年一直停留在较低水平，年度发文量均不超过 10 篇。2008 年发文量开始迅速上升，且这种上升趋势一直持续到 2011 年，并在 2011 年相对形成一个高峰，发文量接近 30 篇。之后 2012 年发文量有所回落，但仍旧保持在 20 篇以上，且此后发文量呈现逐年稳步上升态势。通过分析学术论文的发表情况不难发现，学者们对公共服务质量的研究关注很大程度上受国家政策导向影响。2003 年，党的十六届三中全会通过的《中共中央关于完善社会主义市场经济体制若干问题的决定》要求政府职能从“全能型”转向“服务型”；2004 年 2 月，温家宝总理在省部级主要领导干部高级研讨班上首次提出“建设服务型政府”；2006 年，党的十六届六中全会通过的《中共中央关于构建社会主义和谐社会若干重大问题的决定》提出，把建设服务型政府作为重要内容，逐步建成惠及全民的基本公共服务体系。因而学界在 2003—2006 年我国提出建设服务型政府的背景下，对政府公共服务质量研究的关注开始增多，年均发文量 5～10 篇。2007 年，党的十七大报告进一步将服务型政府建设作为我国行政体制改革的目标，使学界对政府公共服务质量的关注更加密切，故发文量在 2008 年跃增至近 20 篇。2008 年，胡锦涛同志发表关于基本公共服务体系构建的重要讲话，指出并阐述了基本公共服务均等化是公共服务体系建设的长远目标；2011 年，“十二五”规划纲要又把建立健全基本公共服务体系作为“十二五”期间经济社会发展的目标之一。故 2008—2011 年服务型政府建设聚焦于公共服务和基本公共服务体系的政策导向，直接推动了公共服务质量研究形成一个高峰，年度发文量持续攀增至近 30 篇。2012 年 7 月颁布的《国家基本公共服务体系“十二五”规划》和同年 11 月召开的十八大发布的报告，以及近年来召开的十八届三中全会和十八届五中全会等会上发布的报告，通过“不断提高基本公共服务的质量和效率”“提供优质公共服务”“要把保障和改善民生放在更加突出的位置”“让发展成果更多更公平惠及全体人民”等表述更是直接强调了公共服务质量问题，使学界对公共服务质量的研究愈加重视，因而2012—2015年发文量均保持在较高水平，并呈现逐年稳步增长态势。

我国公共服务质量的研究力量以各大高校和科研院所的专家学者为主，且学科分布特征为以公共管理、公共行政、政治学等学科为主。表7—1为公共服务质量研究发文量居前10位的高产作者。据表7—1可知，对外经济贸易大学的吕维霞、厦门大学陈振明、中共上海市委党校纪江明等是公共服务质量方面发文量较多的学者。从其发表的学术论文来看，吕维霞主要运用服务质量感知模型对政府公共服务质量进行了研究，陈振明更为关注公共服务质量的地方实践，纪江明基于连氏“中国城市公共服务质量调查数据（2012）”对城市公共交通、基础教育、住房保障等的质量进行了专项研究，等等。这些高产作者对公共服务质量的研究涉及公共服务质量评价、公共部门质量管理、公共服务质量改进、公共服务满意度等多个细分领域，其研究成果在公共服务质量研究领域具有较好的代表性。

表7—1 1997—2015年公共服务质量研究发文量居前10位的高产作者

序号	作者	篇数	单位
1	吕维霞	7	对外经济贸易大学
2	陈振明	5	厦门大学
3	纪江明	4	中共上海市委党校
4	丁秀诗	3	湖南科技大学
5	王家合	3	中南大学
6	丁辉侠	2	郑州大学
7	陈晔	2	对外经济贸易大学
8	罗晓光	2	哈尔滨理工大学
9	陈文博	2	英国赫尔大学
10	李晓园	2	江西师范大学

表7—2为公共服务质量研究发文量居前10位的核心机构。据表可知，厦门大学、武汉大学、对外经济贸易大学、南开大学等是公共服务质量研究发文量排名最为靠前的研究单位，这与表7—1高产作者的单位形成了较好的呼应。值得指出的是，居第2位的武汉大学于2007年成立

了质量发展战略研究院，致力于引领中国“质量”研究潮流，当前已取得了不少受到社会各界关注和重视的研究成果。① 尤其是武汉大学质量发展研究院还创设了目前国内唯一一份真正意义上的质量研究领域的学术性刊物——《宏观质量研究》，从而为中国学者的质量研究提供了一个专业、权威的发布平台。② 此外，郑州大学、华中科技大学、中共上海市委党校、华中师范大学、湖南科技大学、北京大学等都是公共服务质量研究发文量相对较多的研究机构。

表 7—2　1997—2015 年公共服务质量研究发文量居前 10 位的核心机构

序号	单位	篇数
1	厦门大学	9
2	武汉大学	8
3	对外经济贸易大学	7
4	南开大学	6
5	郑州大学	4
6	华中科技大学	4
7	中共上海市委党校	4
8	华中师范大学	4
9	湖南科技大学	3
10	北京大学	3

三、公共服务质量研究的知识图谱分析

通过词频统计分析发现，公共服务质量研究的 219 篇文献包括有效关键词 36 个。限于篇幅，此处仅列出了排名前 20 的高频关键词，按频次高低顺序依次是公共服务、公共服务质量、服务质量、质量管理、全面质量管理、公共部门、政府部门、政府服务质量、服务型政府、公众满意度、质量、政府、地方政府、标准化、SERVQUAL 模型、影响因素、行政服务、质量管理体系、持续改进和政府服务，如表 7—3 所示。

① 参见郝日虹：《提升中国“质量”的学术团队》，载《中国社会科学报》，2015-11-11。

② 参见程虹：《面向世界的中国质量问题研究——〈宏观质量研究〉发刊词》，载《宏观质量研究》，2013（1）。

这些高频关键词是公共服务质量研究文献中使用最多、最频繁、最广泛的专业术语，通过对其中某几个关键词的适度关联可以有效反映出公共服务质量研究中的主要领域和热点主题，比如，从中可以提取出公共服务质量管理、公共部门质量管理、公共服务满意度、公共服务标准化、公共服务质量评价与改进等研究热点主题。

表 7—3　　　　公共服务质量研究排名前 20 的高频关键词列表

序号	关键词	频数	序号	关键词	频数
1	公共服务	43	11	质量	8
2	公共服务质量	27	12	政府	8
3	服务质量	20	13	地方政府	7
4	质量管理	28	14	标准化	7
5	全面质量管理	15	15	SERVQUAL 模型	6
6	公共部门	15	16	影响因素	6
7	政府部门	13	17	行政服务	6
8	政府服务质量	11	18	质量管理体系	5
9	服务型政府	10	19	持续改进	5
10	公众满意度	9	20	政府服务	5

图 7—2 显示的是基于表 7—3 关键词共现的最小树聚类图谱。在可视化的最小树聚类图谱中，节点圈层大小由关键词的频次决定，节点在图谱中的位置由节点自身对信息流动或传递所起控制作用也即中心度控制，节点间连线粗细则表示该节点与其他节点的关联度。由此，关键词出现的频次、节点与节点之间的关联度、节点的中心度等是解读聚类图谱的核心指标。观察公共服务质量研究的最小树聚类图谱，公共服务、公共服务质量、服务质量、质量管理、全面质量管理等是圈层最大的几个节点，表明其出现的频次最多，这与表 7—3 显示的数据一致。ISO9000、政府服务、公众满意度、电子政府等虽是频次不高的节点，但其所处的中心位置表明其在公共服务质量研究中对其他研究内容和要素的影响较大。对此，以 ISO9000 为例，其作为全面质量管理理论的应用方法，无论在政府部门还是公共服务的质量管理中均发挥着不可或缺的作用，故必然在公共服务质量研究中居于核心位置。

进一步观察和分析公共服务质量研究的聚类图谱还可发现，其上面部分以 SERVQUAL 模型、标准化为代表的节点，突出了公共服务质量的应用研究，即公共服务质量的评价问题；右面部分以质量管理、公共部门、

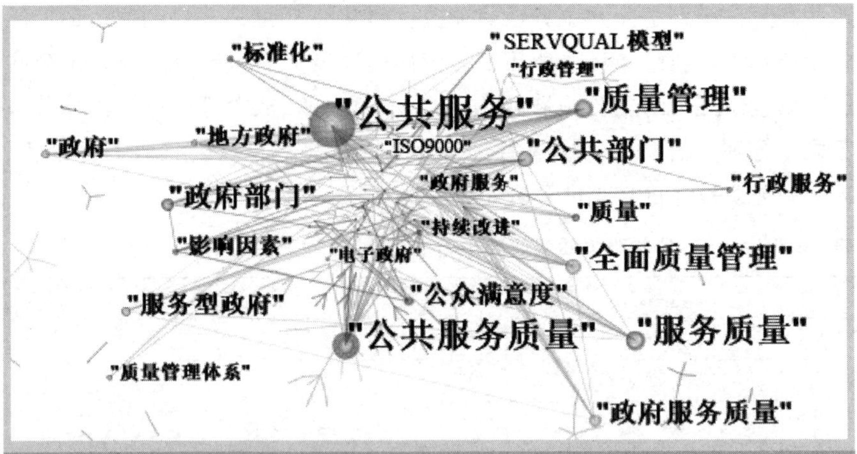

图 7—2　公共服务质量研究的最小树聚类图谱

全面质量管理等为代表的节点，突出了公共服务质量管理问题，这与公共服务质量管理研究中以全面质量管理理论为理论基础的研究实际相符合；下面部分以公共服务质量、公众满意度为代表的节点，突出了公共服务质量与公众满意度问题。实际上，公共服务质量很大程度上即体现为公众满意度，而公众满意度是反映公共服务质量的核心标准和最终标准；左面部分以影响因素、服务型政府为代表的节点，突出了公共服务质量研究的现实关切，即是为了回应服务型政府建设中的理论需要和实践诉求，尤其是通过对公共服务质量的影响因素进行分析，是提高公共服务质量进而有效建设服务型政府的关键。

从总体看，通过公共服务质量研究的最小树聚类图谱呈现的节点标签与聚类联系，我国公共服务质量研究还比较碎片化，尚需要学界进一步强化构建研究体系。下一步，围绕公共服务质量的基础理论、公共服务质量的标准与评价、公共服务质量的管理与改进、公共服务质量与公众满意度等主题进一步深化研究内容、厘定主题边界及搭建领域框架，应是公共服务质量研究的重要任务。

四、公共服务质量研究的热点与主题分析

通过分析公共服务质量研究的关键词列表、聚类图谱以及有关经典文献，可以发现公共服务质量研究领域的三大热点主题，分别为公共服

务质量标准、公共服务质量评价和公共服务质量改进。

（一）公共服务质量标准

围绕公共服务质量标准，学界关注并探讨最多的是其如何形成的问题。整合学者们的观点，公共服务质量标准的形成主要是通过政府部门运作标准化和公共服务标准化两种方式实现。

其一，政府部门运作标准化。通过政府部门运作标准化形成公共服务质量标准蕴含的逻辑思路是，政府提供公共服务需要依托政府部门的运作过程，因而公共服务质量标准的形成就离不开政府部门运作的标准化。政府部门运作标准化的具体形式，在实践层面集中表现为：在政府部门中引入在国际上流行通用的、由 ISO 颁布的国际质量管理体系标准，如 ISO9000、ISO9001 等，这是政府部门运作标准化最主要的一种实践形式。在这方面，姜晓萍、郭金云，左霞辉，赵雪娇、王树文，吴小莹、蒲爱平，钟恢波，韩玉，卓越、刘洋等学者都撰文进行了探讨，并且一致认为：通过在政府部门引入和实施 ISO9000、ISO9001 等质量管理体系，有助于政府部门作用程序化、规范化和标准化，进而有助于实现政府公共服务的标准化供给。①

其二，公共服务标准化。相较于政府部门运作标准化，公共服务标准化是直接形成公共服务质量标准的一种方式，是进而实现公共服务质量提升的重要途径和有效手段。2012 年 7 月，我国制定出台了《国家基本公共服务体系“十二五”规划》，具体确定了 8 个领域 44 类 80 个基本公共服务项目的国家标准，对每一项基本公共服务从服务对象、保障标准、支出责任、覆盖水平 4 个方面进行规范。紧随其后，江西省、浙江省、河南省、福建省、山西省、四川省也相继出台了地方基本公共服务体系“十二五”规划②，以与国家相似的方式明确了省级层面基本公共

---

① 参见姜晓萍、郭金云：《我国政府部门实施质量管理体系的探索》，载《北京行政学院学报》，2004（2）；左霞辉：《地方政府公共服务质量管理体系构建研究》，湘潭大学硕士学位论文，2009；赵雪娇、王树文：《政府部门引入 ISO9000 质量管理体系的思考》，载《理论探索》，2009（1）；吴小莹、蒲爱平：《基于 ISO9000 标准的公共部门质量管理体系及其实施》，载《中共浙江省委党校学报》，2009（5）；钟恢波：《政府公共服务质量及 ISO9000 质量管理体系的构建研究》，南昌大学硕士学位论文，2010；韩玉：《通过全面质量管理提升我国地方政府公共服务能力研究》，河南大学硕士学位论文，2011；卓越、刘洋：《基于公共服务标准化的 ISO9000 政府质量管理》，载《新视野》，2013（4）。

② 参见姜晓萍、陈朝兵：《我国基本公共服务体系的共同趋势与地区差异——基于国家和地方基本公共服务“十二五”规划的比较》，载《上海行政学院学报》，2013（6）。

服务的地方标准。通过以上两类规划确定基本公共服务的国家标准与地方标准，意味着我国初步构建和形成了一套基本公共服务标准体系，同时也必将有力推进我国公共服务质量标准形成与发展的实践进程。

（二）公共服务质量评价

在公共服务质量评价方面，学者们主要围绕公共服务质量评价的工具与方法、评价维度与指标体系等展开研究。

1. 评价工具与方法

公共服务质量的评价工具与方法主要源于企业领域，即依据企业服务质量评价中比较成熟的测评方法或工具来实现政府服务质量的测评。

一是公众满意度调查。该方法最早出现在西方国家，是借鉴企业界“顾客调查”（customer survey）形式而来的。通常，用于公众满意度调查的工具方法主要以一些模型设计为主，包括顾客满意度指数（CSI）、瑞典顾客满意度指数（SCSB）、美国顾客满意度指数模型（ACSI）、欧洲顾客满意度指数模型（ECSI）等。我国学者在这方面的应用研究主要有：刘武、朱晓楠基于 ACSI 构建了我国政府公共服务接受者满意度指数模型[①]；张亚明、郑景元基于 CSI 运用模糊综合评价方法对公共服务的满意度进行了测评[②]；刘武等应用结构方程模型（SEM）实现了公共服务顾客满意度测评[③]；等等。

二是 SERVQUAL 模型。该模型将服务质量分为有形性、可靠性、响应性、保证性和移情性五个要素，并通过计算顾客感知服务质量和顾客期望服务质量之间的差值的基础上实现服务质量的评价。[④] 我国已有较多学者将 SERVQUAL 模型应用于公共服务质量领域。例如，罗晓光、张宏艳基于 SERVQUAL 模型分析了政府公共服务质量的评价维度[⑤]；

---

① 参见刘武、朱晓楠：《服务接受者满意度指数模型：服务型政府绩效评估的新方法及其应用》，载《公共管理研究》，2006（0）。

② 参见张亚明、郑景元：《基于 CSI 的政府服务评价研究》，载《北京行政学院学报》，2008（4）。

③ 参见刘武、刘钊、孙宇：《公共服务顾客满意度测评的结构方程模型方法》，载《科技与管理》，2009（4）。

④ A. Parasuraman, Valarie A. Zeithaml, and Leonard L. Berry, “SERVQUAL, A Multiple-Item Scale for Measuring Customer Perceptions of Service Quality,” *Journal of Retailing*, 1988（1）.

⑤ 参见罗晓光、张宏艳：《政府服务质量 SERVQUAL 评价维度分析》，载《行政论坛》，2008（3）。

吕维霞等在借鉴 SERVQUAL 模型的基础上开发了公众感知行政服务质量测评模型①；朱琳分析了 SERVQUAL 模型在公共服务质量评价中的适用性，并指出其在公共服务质量评价中是最适合借鉴的评价模型②；李晓园、张汉荣应用 SERVQUAL 模型探讨了县域公共服务质量的改进③；等等。

三是包括平衡计分卡、DEA、德尔菲法、因子聚类分析方法、层次分析法、网络分析法、Choquest 模糊积分法、加权绩效评价方法、非差异法、RATER 指数，以及 KANO 模型、SERVPERF 模型、归因模型等在内的其他多种方法与模型工具。这些方法与模型工具原多用于商业领域的企业服务质量评价，现逐渐被国内学者引入借用到公共服务质量评价中。例如，彭国甫等将平衡计分卡思想引入政府公共服务部门的质量评价④；邵祖峰在考虑公共交通服务软硬件条件的基础上，结合 AHP 和神经网络两种方法对交通公共服务质量进行了测评⑤；程方升基于 RATER 指数五维度探究了完善我国政府服务质量的路径⑥；李晓莉详细介绍了 Choquest 模糊积分方法在公共服务质量测评方面的应用⑦；姚升保基于语言评价的政府服务质量测评方法对政府服务质量进行了测评并进行了实证研究⑧；睢党臣和肖文平运用因子聚类分析方法对农村公共服务质量进行了测度⑨；等等。

---

① 参见吕维霞、陈晔、黄晶：《公众感知行政服务质量模型与评价研究——跨地区、跨公众群体的比较研究》，载《南开管理评论》，2009（4）。

② 参见朱琳：《公共服务质量评价体系的模型选择》，载《企业经济》，2010（7）。

③ 参见李晓园、张汉荣：《SERVQUAL 模型下县域公共服务质量的改进——基于江西省六县公共服务的调查分析》，载《南昌大学学报（人文社会科学版）》，2009（4）。

④ 参见彭国甫、盛明科、刘期达：《基于平衡计分卡的地方政府绩效评估》，载《湖南社会科学》，2004（5）。

⑤ 参见邵祖峰：《城市公共交通服务质量评价神经网络模型》，载《城市管理与科技》，2005（4）。

⑥ 参见程方升：《服务型政府构建中地方政府服务质量：缺口与完善——基于 RATER 指数五维度的分析》，载《华中农业大学学报（社会科学版）》，2007（5）。

⑦ 参见李晓莉：《基于模糊积分的公共服务质量评价研究》，见 Proceedings of International Conference on Engineering and Business Management（EBM2010），武汉大学、美国詹姆斯·麦迪逊大学、美国科研出版，2010。

⑧ 参见姚升保：《基于语言评价的政府服务质量测评方法及实证分析》，载《情报杂志》，2011（2）。

⑨ 参见睢党臣、肖文平：《农村公共服务质量测度与提升路径选择——基于因子聚类分析方法》，载《陕西师范大学学报（哲学社会科学版）》，2014（5）。

2. 评价维度与指标体系

依据不同的角度、方法或理论，学者们提出了不同的公共服务质量评价维度与指标体系。

其一，供能与过程、过程与结果、主观与客观的二维评价维度。如白长虹和陈晔将公用服务质量的评价维度分为供能质量和服务过程质量。其中供能质量由标准性、稳定性、安全性、服务补救四个要素组成；服务过程质量由服务交互界面、员工服务表现、服务标准、服务流程、服务设施与工具、服务承诺、顾客期望管理、服务投诉八个要素组成。吕维霞把公共服务的质量分为主观质量和客观质量，其中主观质量侧重于公众感知到的服务传递过程质量，客观质量是指各种公共服务本身的产出质量和结果质量。①

其二，根据公共服务质量特性提出的公共服务质量评价维度。如张成福和党秀云提出了十项测评行政服务的标准：可靠性、回应性、能力、服务通道、服务礼貌、沟通、可信度、安全感、善解人意和有形性②；袁岳认为，政府服务质量的维度包括守法性、服务意识、创新、服务效率和透明性③；杨永恒等认为市民评价公共服务质量的维度分别是：有形性、移情性、可靠性、信任感、吻合性、及时性、服务能力和服务声望八个维度④；吕维霞等基于政府行政服务的特殊性，认为顾客感知行政服务质量维度应该主要包括公平守法性、公开透明性、廉价性和公务员服务精神⑤。

其三，从社会公众角度提出的公共服务质量评价维度与指标体系。张钢等借鉴顾客价值理论把政府公共服务质量评价指标体系分为功能价值、情感价值、社会价值和感知代价四个维度，并构建了一套共包含 45 个具体指标的评价指标体系。⑥ 陈振明、李德国基于公共服务终端使用者的角度，提出可以从公共服务的可获得性、及时性、经济性、准确性

---

① 参见吕维霞：《论公众对政府公共服务质量的感知与评价》，载《华东经济管理》，2010 (9)。

② 参见张成福、党秀云：《公共管理学》，313～314 页，北京，中国人民大学出版社，2001。

③ 参见袁岳：《新公道公共管理新视野》，87～88 页，北京，北京大学出版社，2005。

④ 参见杨永恒、王有强、王磊：《公共服务质量的评价维度和指标：市民与官员的认知对比》，见《绩效评估与政府创新国际研讨会（浙江）论文集》，2007。

⑤ 参见吕维霞、刘彦波、陈晔：《顾客感知行政服务质量管理》，载《兰州大学学报》，2009 (1)。

⑥ 参见张钢、牛志江、贺珊：《地方政府公共服务质量评价体系及其应用》，载《浙江大学学报（人文社会科学版）》，2008 (6)。

和响应性等方面来衡量公共服务的质量。① 邓悦基于消费者感受的质量公共服务评价方法，设计了包括总体形象、质量投入、质量信息提供、质量安全预警、消费环境创造、消费者教育与救济 6 个方面的共计 20 个指标的政府质量公共服务评价体系。②

（三）公共服务质量改进

学者们基于各自不同的研究角度提出了众多改进公共服务质量的具体策略与途径，这反映出学界在如何改进公共服务质量的问题上观点不一。尽管如此，学者们还是在一定层面上取得了共识，集中表现在以下几方面：

其一，转变政府观念，培育行政文化。如马飞炜、王家合认为提高公共服务质量要求政府确立服务行政理念，做到以“公民”为中心，为此就要转变政府传统的“政府本位”“为民做主”等观念。③ 李晓园、肖陆军认为，建设政府质量管理文化、培育公务员职业精神、塑造服务型政府新形象，对提升公共服务质量大有裨益，因而应当加强支撑服务质量提升的行政文化建设。④

其二，设立专职政府领导机构，制定公共服务质量标准体系和评价体系。有学者提出要设立专职的、统一的政府公共服务质量管理机构，从组织层面加强公共服务质量的领导和管理。⑤ 同时，不少学者，如丁辉侠、卓越和刘洋明确指出要建立科学可行的、全面通用的公共服务质量标准体系和评价体系，以确保公共服务质量改进有标准可依循和有评价可检验。⑥

其三，推行政府公共服务承诺制，明确公共服务质量管理的责任落实。如龚禄根、肖陆军、罗英主张推行政府公共服务承诺制，以明确公共服务质量的提升内容，增强政府服务意识，强化政府服务责任落实，

---

① 参见陈振明、李德国：《基本公共服务的均等化与有效供给——基于福建省的思考》，载《中国行政管理》，2011（1）。

② 参见邓悦：《我国质量公共服务评价结果差异及其分析——基于消费者满意度的评价》，载《武汉大学学报（哲学社会科学版）》，2014（5）。

③ 参见马飞炜：《政府公共服务质量改进的对策：一种系统的视角》，载《理论导刊》，2010（4）；王家合：《质量管理理念与公共服务管理》，载《求索》，2010（12）。

④ 李晓园：《提高县域农村公共服务质量的主要对策探讨》，载《中州学刊》，2008（5）；肖陆军：《论政府公共服务质量管理体系建构》，载《宁夏社会科学》，2008（4）。

⑤ 参见肖陆军：《论政府公共服务质量管理体系建构》，载《宁夏社会科学》，2008（4）。

⑥ 参见丁辉侠：《公共服务质量评价体系构建思路分析》，载《商业时代》，2012（7）；卓越、刘洋：《基于公共服务标准化的 ISO9000 政府质量管理》，载《新视野》，2013（4）。

从而促进政府公信力的提升和公共服务质量的改进。①

其四，引入市场化竞争机制，实行政府公共服务外包。学者们普遍认为，要促进公共服务质量的改进和提升，应当通过引入市场化竞争机制，实行政府公共服务外包，加大政府向社会组织购买公共服务力度。

其五，加强政府与公众的互动，准确获取公民的期望与需求。如吕维霞、陈晔、黄晶，李晓园和张汉荣等强调提升公共服务质量需要重视公众因素，为此应当通过公民满意度调查、加强政府与民众互动、完善公民意愿表达平台、构建公众与政府沟通的多元渠道等方式获取和把握公众的期望与需求。②

其六，以电子政务、信息技术为支撑，加快政府服务流程再造。如徐晓林、周立新，李晓园、张汉荣，吕维霞、钟敬红提出，要通过提高电子政务发展水平、加强政务信息公开、加快政府服务流程再造等方式为公共服务质量改进创造有利条件，促进公共服务质量的提高。③

五、公共服务质量研究的不足与未来趋向

通过梳理和分析十多年来我国公共服务质量研究文献，发现该领域虽取得了值得肯定的研究成绩，但同时在研究区分度、理论基础、本土化等方面存在一定不足。

第一，对公共服务质量与企业服务质量之间的差别研究有待进一步加强。目前来看，学界对公共服务质量的研究大多来自企业服务质量的迁移。诚然，同作为“服务质量”，公共服务质量与企业服务质量二者之间必然具有一定共通性。但是，我们始终不该忽视的一个事实是，公共

---

① 参见龚禄根：《英国社会服务承诺制提高了公共服务质量》，载《中国行政管理》，1998（11）；肖陆军：《论政府公共服务质量管理体系建构》，载《宁夏社会科学》，2008（4）；罗英：《提高公共服务质量》，载《理论学习》，2013（1）。

② 参见吕维霞、陈晔、黄晶：《公众感知行政服务质量模型与评价研究——跨地区、跨公众群体的比较研究》，载《南开管理评论》，2009（4）；李晓园、张汉荣：《SERVQUAL模型下县域公共服务质量的改进——基于江西省六县公共服务的调查分析》，载《南昌大学学报（人文社会科学版）》，2009（4）。

③ 参见徐晓林、周立新：《信息技术对政府服务质量的影响研究》，载《中国行政管理》，2004（4）；李晓园、张汉荣：《SERVQUAL模型下县域公共服务质量的改进——基于江西省六县公共服务的调查分析》，载《南昌大学学报（人文社会科学版）》，2009（4）；吕维霞、钟敬红：《论信息公开对政府公共服务质量的影响》，载《情报科学》，2010（11）。

服务质量是"公共"之服务质量，而企业服务质量是"私人"之服务质量。二者对应主体的不同，决定了它们的性质、宗旨和目标是有根本区别的。对做研究来说，认识到它们之间的差异性一定程度上比认识到它们之间的共通性还重要。一些国内学者热衷于类比企业服务质量并运用管理学的技术、方法"深度"开发公共服务质量研究，导致本应当恪守遵循的公共服务质量的"公共性"遭受冷落，带来了本末倒置的结果。我们认为，当下对公共服务质量的研究应加强同企业服务质量之间的差别研究，并在此基础上补足公共服务质量的"公共性"研究，促使其回归应有位置。

第二，过分依赖质量管理理论和新公共管理理论，研究的理论视角显得比较单一。公共服务及其质量无疑是新公共管理运动关注的核心和焦点。受此影响，学者们在研究公共服务质量时，始终伴随着新公共管理理论以及质量管理理论的影子，比如全面质量管理、政府流程再造、服务外包、竞争、绩效等一路与公共服务质量研究形影相随。不可否认，这些理论视角都给公共服务质量研究带来了新鲜启发和重要经验，也大大开拓了公共服务质量的研究视野。然而，如果至今还一味地围绕这些理论开展研究，则难免让人产生"在圈子里绕"之感。而这其实也反映出公共服务质量研究的理论基础过于单一的问题。事实上，如果走出管理学的学科视野，会发现有诸多学科，如政治学、社会学、政策学等都可以在理论基础上为公共服务质量研究提供有益支持，这就需要我们去发现和探索。

第三，对国外公共服务质量研究引入居多，而对本土化的公共服务质量研究不足。从国内已有的研究成果来看，其中不少是对国外共服务质量研究的梳理、介绍或借鉴，真正着眼于我国国情与具体实践的研究成果并不多。毫无疑问，国外公共服务质量无论是在理论研究还是在实践层面都领先于作为发展中国家的我国，但在学术研究上，除了积极借鉴国外先进理论与有益经验外，更应注重的是要结合我国国情和实践发展需求，开展和进行更多本土化、有针对性的研究，并最终使研究成果切实服务于国家和社会发展需要。实际上，在我国建设服务型政府的时代背景下，我国其实并不缺少公共服务质量研究的理论源泉和实践题材，可以说，本土化的公共服务质量研究"大有可为"。

美国著名质量专家朱兰（J. M. Juran）曾指出，"21 世纪是质量的世纪"。伴随我国人民群众对更高质量公共服务需求的增长，提升公共服务质量必然成为我国服务型政府建设更为重要的着力点。下一步，我国学界应更多关注以下几方面的研究议题：

一是从公共服务质量内涵的丰富度和深刻度上进行拓展。我们认为，公共服务质量具有丰富含义：既具有一般服务的质量内涵，又具有公共服务赋予的独特质量内涵。目前，我们主要从一般服务的角度完成了公共服务质量内涵的解读，而基于公共服务特性的公共服务质量内涵解读还不充分。比如，已有的公共服务质量内涵解读围绕公民（即一般服务的“顾客”）这一主体，得出了公众满意度、公众感知、公众期望与需求满足等含义。但我们若再基于公共服务自身特性，从社会、政府的角度进行解读，就不难得出以下公共服务质量更为丰富和深刻的内涵：培育民主、参与、权利、自由、法治等社会价值理念，维护社会公平与正义，为政府改革创造内在和外在动力等。

二是从公共服务质量研究的理论基础上进行拓展。超越目前公共服务质量研究主要依靠管理学学科视野的理论基础，可以选择公共行政学与政治学学科的公共价值理论、治理理论、协商民主理论、公平正义理论等作为理论基础，进一步拓宽公共服务质量研究的学术视野，并促进公共服务质量研究品质的提升。比如，公共价值理论和公平正义理论蕴含着强烈的“公共性”价值取向，能有效纠正目前公共服务质量研究“技术性”过重而“公共性”不足的问题，促进公共服务质量研究回归正轨。而协商民主理论、治理理论等能从政府提供和公民获取公共服务的过程开启公共服务质量研究的新思维、新路向，不断扩大公共服务质量的研究领域。此外，社会学、公共政策学、法学等学科都可以为公共服务质量研究提供有益的理论支持。

三是从完善公共服务质量管理的链条环节上进行拓展。围绕公共服务质量持续改进这一目标，可以把公共服务质量管理视作一个循环往复的链条环。目前的研究已逐渐形成包括“质量标准—质量评价—质量改进”在内的三环节链条，但这还不是完整的链条环。笔者认为，质量激励、质量执行、质量监督、质量控制等均应加入公共服务质量管理的链条环中，从而形成一个较为完整的公共服务质量管理链条环。围绕公共服务质量链条环，公共服务质量研究还有不少方面有待进一步开展，如填补某些链条环节的研究空白，加强研究薄弱的链条环节的研究，对重要链条环节实行“解剖式”深入研究，对各个链条环节之间的关联进行研究，对整个链条环的整体研究和系统研究，等等。

四是从公共服务质量研究的现实问题导向上进行拓展。公共服务质量与现实社会问题有着甚为紧密的关联，遵循问题导向、增强问题意识能有效拓宽公共服务质量的研究空间，并为公共服务质量研究注入持续不竭的生命力。比如，基本公共服务均等化是当今我国社会现实中的一大热点问题，对此，公共服务质量研究可以将其研究内容具体定位为基本公共服务的质量问题研究。这不仅有效聚焦了公共服务质量研究的内容，而且更为直接地显现出该研究的实践应用价值。再比如，囿于我国东、中、西部区域之间，城市与农村之间存在的较大发展差距，导致在公共服务质量水平上中部和西部严重滞后于东部，农村严重滞后于城市。要破解这一发展难题，则关键突破口在于公共服务质量，因而如何控制并提升我国中西部以及农村的公共服务质量水平就成为一项富有相当现实意义的课题。

第八章 基本公共服务绩效评估研究述评*

郭金云　苏　楠**

随着“服务型”政府建设目标的确立，公共服务已经成为政府行政改革的主导价值和核心内容，公共服务绩效评估作为推动政府职能转变，提高公共服务能力，改善社会民生，巩固政府合法性的现实着力点，也成为近年来理论研究的热点。这就迫切需要我们全面、及时总结和梳理国内公共服务绩效评估研究的总体趋势，聚焦研究热点和难点，以回应提升公共服务供给质量与效果的现实需求。本研究以近 20 年中国学术期刊网络出版总库（CNKI）收录的 2 120 篇公共服务绩效评估研究的核心期刊论文为样本，采用文献计量学及其可视化方法，对公共服务绩效评估研究的热点主题和研究演化等进行深度分析，并且运用知识网络分析工具 CiteSpace，绘制 1996—2014 年国内公共服务绩效评估研究的科学知识图谱，全景式再现我国公共服务绩效评估研究的时空动态演化历程，识别研究主题，探测发展趋势，以便为公共服务绩效评估理论研究的纵深发展与实践推进提供基础性的参考借鉴。

一、数据来源与研究方法

文献选自 CNKI，检索主题词分别为：公共服务绩效评估、政府绩效评估、社会组织绩效评估等，文献来源类别：核心期刊，文献来源年限：1995—2015 年，检索条件：精确，共检索到公共服务绩效评估相关文献 3 634 篇，经过比对筛选后获取精确文献 2 120 篇，操作时间为 2015 年 1

* 本章内容曾发表在《理论与改革》2015 年第 4 期，原题目为《近二十年国内公共服务绩效评估研究的知识图谱》，收入本书中内容有改动。

** 郭金云，四川大学公共管理学院讲师，博士研究生，研究方向：行政管理；苏楠，四川大学公共管理学院博士研究生，研究方向：公共管理。

月 5 日。为了减少分析误差和提升研究精度，本文还开展了数据清洗工作，主要是对主题词或文献关键词中的近义词、泛义词进行剔除、合并，如影响、意义、路径、建议等，避免其影响研究结果。

科学知识图谱是显示科学知识的发展进程与结构关系的一种图形，它不仅能够用来挖掘某领域研究的演变、热点和前沿，而且可以利用其独特的可视化效果对该领域的研究进行全景式再现。① 本文运用的科学知识图谱工具是美国德雷克塞尔大学陈超美博士开发的可视化软件 CiteSpace，能够绘制基于关键词共词分析的聚类图谱和时区视图，显示一个知识域或学科在一个时期内的发展动向和趋势，并形成若干研究主题的演化历程。该技术还设计了突变词探测功能，用来探测某个领域中凸显的动态概念和潜在的研究问题，适用于检验学科发展的新兴趋势和骤然变化。

在对下载的文献数据进行有效清理和存储后，本文运用 CiteSpaceⅡ软件，将相关文献数据按照特定格式导入，设置年度切片时间为一年，阀值取前 50，选择最小树生成算法，绘制聚类图谱、时区视图等，并生成对应的参考信息。

二、基本公共服务绩效评估研究的时区分布与演进趋势

趋势图谱是依据某个研究领域各个热点主题之间的交互作用及突变关系设计的，有助于挖掘该研究领域的演变轨迹与阶段性特色。图 8—1 的趋势图谱是将公共服务绩效评估研究的高频次关键词投放在以时间年份为坐标的图谱上，展现公共服务绩效评估研究的演化历程及未来趋势。

与此同时，分析软件 CiteSpace 内含探测突变词功能，突变词是指特定年代论文中使用频次骤增的主题词、关键词，它们能够代表当时的研究热点，随着年代转移可以表征研究热点和研究趋势的变迁。表 8—1 为国内公共服务绩效评估研究的突变词列表，展示了突变词的突变强度以及年代分布，也展示了国内公共服务绩效评估研究前沿的演进路径，凸显了主要研究主题随时间变化的转移情况。

---

① 参见陈超美：《CiteSpaceⅡ：科学文献中新趋势与新动态的识别与可视化》，载《情报学报》，2009 (3)。

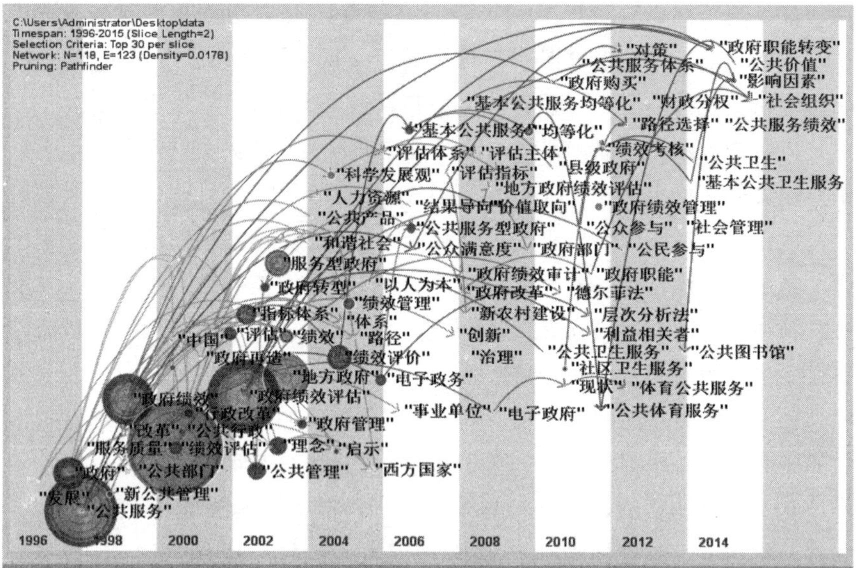

图 8—1　国内公共服务绩效评估研究聚类图谱

表 8—1　　　　国内公共服务绩效评估研究的突变词列表

序号	突变词	突变强度	突变时间（年）
1	行政改革	5.404 9	2001—2005
2	和谐社会	5.289 1	2005—2008
3	科学发展观	8.424 7	2006—2007
4	新公共管理	4.638 2	2006—2007
5	地方政府绩效评估	5.003 8	2007—2008
6	德尔菲法	4.437 0	2009—2009
7	政府绩效评估	8.483 8	2009—2009
8	均等化	7.146 8	2011—2015
7	绩效考核	6.640 0	2011—2015
8	政府购买	5.983 1	2012—2015
9	绩效评价	5.505 5	2013—2013
10	社会组织	4.516 7	2013—2015

根据图 8—1、表 8—1，整体上看，我国的公共服务绩效评估研究最早源于 20 世纪 90 年代中后期，其研究主要围绕政府职能转变、政府转型以及行政管理体制改革展开，随后绩效评估由企业管理领域被引入政府部门，政府绩效评估迅速兴起，成为行政改革和“企业家政府”的重要推动力和有效工具。

2003 年，党的十六届三中全会首次明确指出，我国各级政府的主要职能要向“服务”转变。之后在“树立和落实科学发展观”研讨会上，温家宝总理首次提出了我国要建设服务型政府的要求与发展方向。党的十六届六中全会通过的《中共中央关于构建社会主义和谐社会若干重大问题的决定》明确了建设服务型政府的内涵、重点、基本内容；2007 年，十七大进一步将建设服务型政府作为我国行政体制改革的目标。为了适应我国从“管制型”政府向“服务型”政府的全面转型，政府和学界将评估重心放在公共服务上，重视公共服务提供的质量与效果，而不再局限于公共部门内部，扭转实践中呈现出的诸如泛经济化、政府本位、政绩驱动、效率为上、工具导向等价值扭曲或偏差现象，推动政府绩效评估向公共服务绩效评估转向。2008 年，党的十七届三中全会决定“推进城乡基本公共服务均等化”。从 2009 年起，围绕统筹城乡发展中的农村基本公共服务研究开始成为聚焦热点。2012 年，国务院颁布《国家基本公共服务体系“十二五”规划》，基本公共服务体系建设和基本公共服务均等化开始成为聚焦热点，公共服务绩效评估的价值问题、内涵意义、宏观架构、评估指标体系以及各个领域公共服务的绩效评估等方面的研究层出不穷。党的十八届三中全会提出“推进国家治理体系和治理能力现代化”，要求从全面、全局的高度提升政府公共服务能力，推动基本公共服务均等化进程，公共服务绩效评估研究在价值导向和发展路径上有了新的方向。

上述发现表明，我国公共服务绩效评估研究的发展轨迹主要受国家政策导向、服务型政府实践以及公共服务发展程度等对理论研究需要的影响。从表 8—1 可以看出，突变词突变的年代大都与国家领导人认同或国家政策肯定的时期具有较高的契合度，同时也与全国各地加快服务型政府建设的实践需求相契合，尤其是适应了行政体制改革、政府职能转型、公共服务均等化等趋势的需要。这一方面显示我国公共服务绩效评估研究具有鲜明的政策导向特征，另一方面也显示了学者响应国家急需，服务社会发展的责任意识。

三、基本公共服务绩效评估研究的知识图谱分析

综合关键词出现频次、图中心度及其之间连线等情况，我们列出公共服务绩效评估研究领域影响力较高的十个关键节点，依次是绩效评估、

公共服务、政府绩效评估、政府绩效、地方政府、绩效评估、服务型政府、指标体系、政府、均等化。这些影响力大的节点凝聚着周围的其他节点，根据联系紧密的亲疏程度接近、排斥和相互连线，最终形成聚类图谱（见图 8—2），全景式再现了近 20 年国内公共服务绩效评估研究的热点主题。热点主要聚焦于基础理论和背景分析、价值取向、指标设计与体系建构、实践途径与地方模式，以及分类化的公共服务绩效评估研究等主题。此外，通过图谱与文献的结合分析发现，对于公共服务绩效评估影响因素的研究也是当前受关注的重要主题。

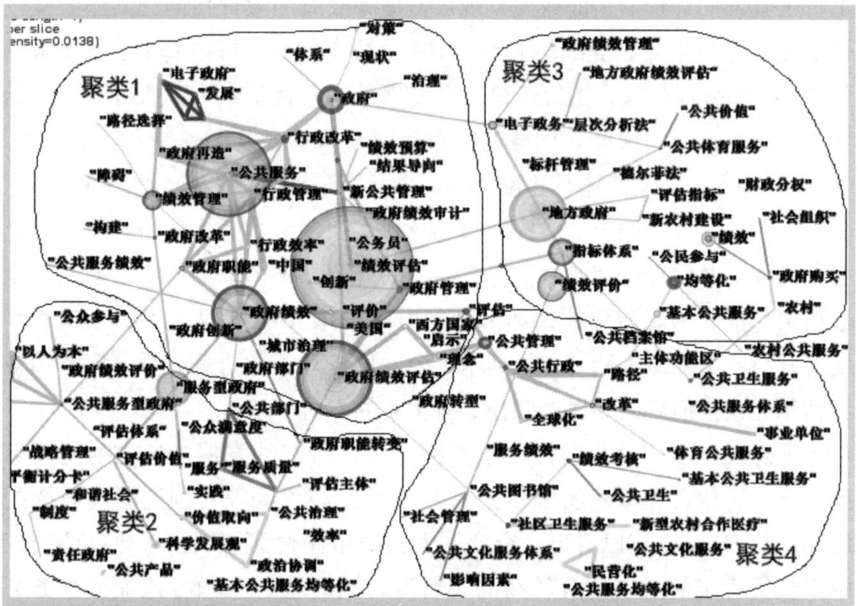

图 8—2　国内公共服务绩效评估研究聚类图谱

四、基本公共服务绩效评估研究的热点与专题分析

（一）公共服务绩效评估的内涵

公共服务绩效评估研究领域广泛、主题众多，必须准确把握其概念与内涵，确立严谨科学、周密合理的逻辑依据。我国学者大多借鉴政府绩效评估的基本理论从价值和内容两个角度开展内涵分析。

（1）从评估价值的视角。盛明科提出了服务型政府绩效评估应该从价值理性和工具理性相结合的角度，综合运用主观评议和多指标量化综合评价的方法。[①] 戴钰认为，政府公共服务的内在价值不仅要考虑投入—产出的效率，同时也要考虑服务效果、持续性、公平性，尤其要顾及公众的满意程度。[②] 许淑萍认为，任何一种评价体系都是特定价值取向的表现，评价体系是否体现合理正当的价值取向，是决定评价体系及其评价结果的关键因素。[③] 姜晓萍、郭金云指出绩效评估在公共部门应用时需要有机整合价值理性和工具理性，把公共价值理念作为前置条件，运用“绩效”概念来衡量公共服务活动的效果，应包括政府成本、政府效率、服务效果、社会公平等在内的整体内涵。[④]

（2）从评估内容的视角。丁元竹认为，公共服务绩效评估是人们享受基本公共服务的水平以及对于这种享受的主观感受与满意程度，它包括客观的基本公共服务水平和主观的基本公共服务感受两个方面。[⑤] 孟华认为公共服务绩效评估的评估客体是公共服务，它是与公共服务相联系的政府职能或者说是一系列涉及公共服务的活动，相应地，公共服务绩效评估关注政府机构以及社会力量所提供的公共服务的内容、过程及服务成效等。[⑥] 江易华认为，政府公共服务绩效评估是对政府提供基本公共服务的效率、质量、能力、公共责任以及公众满意程度等方面进行综合判断，是对政府履行基本公共服务职责过程中的投入、产出与成果影响所反映的绩效进行评定的过程。[⑦]

（二）公共服务绩效评估的价值取向

学者对公共服务绩效评估价值取向的探讨多从应然的角度进行，并

① 参见盛明科：《政府绩效评估的主观评议与多指标综合评价的比较——兼论服务型政府绩效评估方法的科学选择》，载《湘潭大学学报》，2009（1）。

② 参见戴钰：《政府基本公共服务绩效评估的指标体系研究》，载《湖南行政学院学报》，2010（6）。

③ 参见许淑萍：《论我国基本公共服务绩效评估的价值取向》，载《理论探讨》，2013（6）。

④ 参见姜晓萍、郭金云：《基于价值取向的公共服务绩效评价体系研究》，载《行政论坛》，2013（6）。

⑤ 参见丁元竹：《开展基本公共服务的绩效评估》，载《浙江经济》，2008（19）。

⑥ 参见孟华：《推进以公共服务为主要内容的政府绩效评估——从机构绩效评估向公共服务绩效评估的转变》，载《中国行政管理》，2009（2）。

⑦ 参见江易华：《县级政府基本公共服务绩效评估指标体系的理论构建与实证检测研究》，华中师范大学博士学位论文，2009。

将效率与公平、民主与秩序、经济效益与社会效益、经济增长与社会发展等作为价值取向讨论的焦点，大致可以划分为公平、质量、可持续三个方面。

（1）基于公平的价值取向。学者们一致认为，我国公共服务绩效评估首要的价值取向是公平。臧乃康认为要通过能充分体现公平正义价值的绩效评估，形成社会包容机制，协调好各方面的利益关系。① 车震、王岩认为政府进行绩效评估是要以公平为取向，不仅要考虑经济增长、产出投入等这些显性指标，更要重视弱势群体、稀缺资源分配等隐性指标。② 陈昌盛、蔡跃洲认为，公共服务的公平观是公共服务绩效评估中应坚持的基本价值取向之一，公平的原则主要强调使最弱势群体的状况得到最大的改善，同时必须使所有的群体和个人享受公共服务的底线完全平等。③ 廖晓明、孙莉认为，公平正义是人们最基本的价值诉求，因此在绩效评估指标中应该更多地考虑如基尼系数、失业率以及地区差距等公平性指标。④ 姜晓萍、郭金云认为通过体现公平正义价值的公共服务绩效评估内容，解答“评估什么”的价值诉求，由此形成社会包容机制，协调好各方面的利益关系，实现国民的基本福利和公共服务的均等化分配，并特别关注弱势群体的民生状况。⑤ 许淑萍认为我国基本公共服务绩效评估的价值取向应以社会公平为基础，基本公共服务以社会公平为逻辑起点，在社会成员之间合理、公正地分配公共产品。⑥

（2）基于质量的价值取向。运用“质量”概念来衡量公共服务活动的效果，它所指的不单纯是一个政绩层面的概念，还应包括服务战略、服务效率、公民满意等在内的整体价值。臧乃康认为公共服务绩效评估要体现的重要价值之一就是顾客至上的价值，顾客至上的评估标准就是满意度。⑦

---

① 参见臧乃康：《科学发展观视阈下政府绩效评估价值选择》，载《长白学刊》，2007（3）。

② 参见车震、王岩：《政府绩效评估的价值反思》，载《科技信息（学术研究）》，2007（32）。

③ 参见陈昌盛、蔡跃洲：《中国政府公共服务：基本价值取向与综合绩效评估》，载《财政研究》，2007（6）。

④ 参见廖晓明、孙莉：《论我国地方政府绩效评估中的价值取向》，载《中国行政管理》，2010（4）。

⑤ 参见姜晓萍、郭金云：《基于价值取向的公共服务绩效评价体系研究》，载《行政论坛》，2013（6）。

⑥ 参见许淑萍：《论我国基本公共服务绩效评估的价值取向》，载《理论探讨》，2013（6）。

⑦ 参见臧乃康：《科学发展观视阈下政府绩效评估价值选择》，载《长白学刊》，2007（3）。

张钢等借鉴顾客价值理论将地方政府公共服务质量体系的价值导向划分为四个方面：功能价值、情感价值、社会价值和感知价值，认为四个价值的满足形成了高水平的公共服务绩效。① 吕维霞认为，公共服务的质量是客观质量和主观质量的综合，其中主观质量主要通过公民的满意度和感知质量来评估，客观质量是指各种公共服务本身的产出质量和结果质量。因而，公共服务质量就是服务的卓越表现及公众的满意程度。② 在丁辉侠看来，这种满意度或认可度主要取决于公共服务提供的数量是否充足、结构上是否合理、服务产品标准是否合格、服务过程态度是否良好等。③ 陈振明和李德国则将其具体描述为终端使用者获得、享用公共服务的实际水平、可获得性、及时性、经济性、准确性和响应性等。④

（3）基于可持续的价值取向。可持续的价值取向要求公共服务的绩效评估要面向未来，不能仅仅考虑当下的短期利益，要关注服务产生的社会效益，还要考虑公共资源承载力、政府回应力、政府、社会、公民的多元合作治理等。彭国甫、盛明科认为公共服务绩效评估价值取向转变的基本方向是从单纯注重经济增长转向经济社会全面、协调可持续发展。⑤ 张康之、臧乃康、薄贵利等认为服务型政府主导的公共服务绩效评估应确立的价值导向应该强调全面协调和可持续发展。包国宪、王学军认为，政府绩效管理的“可持续”主要包括两个方面：其一是政府绩效评估行为和内容的可持续性，其二是政府绩效结果使用的可持续性。姜晓萍、郭金云认为，“公共服务绩效评估要着眼于社会发展长期、根本的利益和公民普遍、共同的利益来开展其基本活动”⑥。彭向刚、李永胜认为服务型政府绩效评估应该更加重视战略规划和长远影响的评估，防止急功近利。⑦

---

① 参见张钢、牛志江、贺珊：《地方政府公共服务质量评估体系及其应用》，载《浙江大学学报（人文社会版）》，2008（6）。

② 参见吕维霞：《论公众对政府公共服务质量的感知与评价》，载《华东经济管理》，2010（5）。

③ 参见丁辉侠：《公共服务质量评价体系构建思路分析》，载《商业时代》，2012（3）。

④ 参见陈振明、李德国：《基本公共服务的均等化与有效供给——基于福建省的思考》，载《中国行政管理》，2011（1）。

⑤ 参见彭国甫：《价值取向是地方政府绩效评估的深层结构》，载《中国行政管理》，2004（7）；盛明科：《论当前我国政府绩效评估价值取向的重塑》，载《行政论坛》，2004（6）。

⑥ 姜晓萍、郭金云：《基于价值取向的公共服务绩效评价体系研究》，载《行政论坛》，2013（6）。

⑦ 参见彭向刚、李永胜：《服务型政府绩效评估：价值取向及其要求》，载《行政论坛》，2013（5）。

（三）公共服务绩效评估的指标体系

国内外学者在构建指标体系时常用的逻辑框架主要有“政治—经济—社会”逻辑框架、“3E”逻辑框架、“综合指标—分类指标—单项指标”逻辑框架、平衡计分卡逻辑框架和绩效棱柱框架以及知识资本导航者框架等。对于公共服务绩效评估指标体系的相关研究，当前学术界主要有三种思路。

（1）以公共服务承载职能为导向的指标体系。很多学者在分析时多与政府职能相联系，认为公共服务是政府职能的工作表现和成果，并在指标设计中划分了如政治、经济、社会等不同层面的职能，或包括了内部自我管理职能和外部社会管理职能。如吴建南、孔晓勇基于平衡计分卡构建了县级政府绩效评估的指标体系并进行了测验验证①；孙庆国以政府基本公共服务职能分类为切入点，将基本公共服务均等化的衡量指标分为基础教育、基本医疗与公共卫生、社会保障、公共安全、就业服务、公益性基础设施以及环境保护等②；卓越认为，绩效评估模型主要包括类指标、评估维度、评估指标、指标要素以及技术指标五方面内容，可以从绩效要素结构、关键绩效指标、标杆管理、围绕专题绩效、因果关系和 QQTC 等多个角度进行具体指标的设计。③

（2）以公共服务价值取向为导向的指标体系。价值取向是公共部门作为一个社会行为组织对其行为终极目的的基本价值判断、价值确认和利益选择，并由此构成了政府绩效评估体系和绩效评估行为的深层结构。④ 徐双敏提出政府评估要兼顾经济效益与社会效益，而评估指标应该既包括“硬指标”，也包括“软指标”⑤；倪星等认为当前我国地方政府绩效评估体系中存在价值取向与指标体系脱节的问题，并提出将公平、民主、民众本位、社会协调发展等与科学发展观内涵一致的价值理念作为绩

---

① 参见吴建南、孔晓勇：《地方政府绩效评估指标体系的构建：以乡镇政府为例》，载《理论与改革》，2005（5）。

② 参见孙庆国：《论基本公共服务均等化的衡量指标》，载《中国浦东干部学院学报》，2009（1）。

③ 参见卓越：《公共部门绩效评估的对象选择》，载《中国行政管理》，2005（11）。

④ 参见彭国甫：《价值取向是地方政府绩效评估的深层结构》，载《中国行政管理》，2004（7）。

⑤ 参见徐双敏：《我国实行政府绩效管理的可行性研究》，载《中南财经政法大学学报》，2003（5）。

效评估的价值取向，认为价值取向应由重经济增长轻社会增长，重效率轻公平与民主，重建为效率与公平、效率与民主、经济发展与社会发展并重①；唐晓英认为，公共服务指标体系的构建不仅要看政府为公众做了什么，还要看公共服务产品提供过程中是否做到了民主性、便利性、规范性、公开性和公正性，这构成了对公共服务过程进行评估的核心维度。②

（3）以通用型评估为指向的指标体系。如吴建南、孔晓勇认为，公共部门绩效评估体系应实现组织管理、顾客满意以及关键问题解决的有效整合，他借鉴平衡计分卡（BSC）思想设计了反映政府内部管理能力和为公众提供服务的“内外兼具”的绩效评估模型③；倪星、余琴通过综合分析BSC、关键绩效指标（KPI）和绩效棱柱模型的优缺点，设计出基于BSC、KPI和绩效棱柱的地方政府绩效评估模版④。陈振明等依据开发模式和建构原则，设计公共服务绩效评估指标体系，建立了“双元综合评估模型”，即公民满意度和公共服务供给情况相结合的双元评估方法⑤；彭国甫提出了一个由管理业绩、管理成本和内部管理三个维度33个单项指标构成的地方政府公共事业管理绩效评估指标体系⑥；范柏乃、朱华从行政管理、经济发展、社会稳定、教育科技、生活质量和生态环境6个领域初选了66个评估指标，构成了地方政府绩效评估体系。⑦

（四）公共服务绩效评估的实践模式

我国的公共服务绩效评估深受西方实践经验与研究发现的影响，近些年来也综合采纳了经济、效率、质量、公平等要素开展评估实践，并陆续出现了目标管理绩效评估、万人评政府、机关效能建设、独立第三方评估等实践模式。其评估成果大致可分为两类：公共服务客观绩效评

① 参见倪星、余凯：《试论中国政府绩效评估制度的创新》，载《政治学研究》，2004（3）。

② 参见唐晓英：《论地方政府公共服务绩效评估的标准体系》，载《学术研究》，2011（5）。

③ 参见吴建南、孔晓勇：《地方政府绩效评价指标体系的构建：以乡镇政府为例》，载《理论与改革》，2005（5）。

④ 参见倪星、余琴：《地方政府绩效指标体系构建研究——基于BSC、KPI与绩效棱柱模型的综合运用》，载《武汉大学学报（哲学社会科学版）》，2009（5）。

⑤ 参见陈振明等：《公共服务绩效评价的指标体系建构与应用分析——基于厦门市的实证研究》，载《理论探讨》，2009（5）。

⑥ 参见彭国甫：《地方政府公共事业管理绩效评价指标体系研究》，载《湘潭大学学报（哲学社会科学版）》，2005（3）。

⑦ 参见范柏乃、朱华：《我国地方政府绩效评价体系的构建和实际测度》，载《政治学研究》，2005（1）。

估和公共服务主观满意度评估。

公共服务客观绩效评估的主要代表有：（1）省级政府公共服务绩效评估。2007年，《中国公共服务发展报告（2006）》，首次对国内31个省、自治区、直辖市公共服务的综合绩效进行全面评估，评估体系包括基础教育、公共卫生、社会保障、基础设施、科学技术、公共安全、环境保护、一般公共服务八个方面，评估结果显示我国公共服务投入产出效率普遍偏低，须从"投入型"向"效率型"转变。① 南锐等以公共服务理论为基础，采用熵权—TOPSIS法对全国31个省、自治区、直辖市基本公共服务均等化水平进行了评估和比较。② 杨光采用泰尔指数，对全国2000—2012年各省之间基本公共服务供给的均等化程度进行了评估，结果表明，当前我国各省之间存在显著的非均等。③（2）县级政府公共服务客观评估。张钢等运用层次分析法，对浙江省48个区县的地方政府公共服务质量进行评估。④ 江易华分析研究了社会公正价值取向下的县级政府基本公共服务绩效评估指标构建的基本原则和基本程序、绩效指标设计与筛选的思路与方法，并构建了一套由9个二级指标28个单项指标组成的县级政府基本公共服务绩效评估指标体系。⑤

公共服务主观满意度评估的主要代表有：（1）零点研究咨询集团自2005年开始，连续发布公共服务公众评价指数。该指数反映的是人们对当前公共服务水平和效果的感知评价。评估结果显示，居民对四级政府（中央、省/直辖市、区县和乡镇/街道办事处）工作表现和服务水平的主观评估呈现"政府层级越低，满意度越低"的特征，对基层政府的不满之处主要有服务意识欠缺，行政风格太官僚、不亲民、不务实等。（2）公共服务小康指数。2005年，《小康》杂志开展了包括休闲指数、饮食指数、公共服务指数等11个面向的"中国小康指数"调查，问卷结果显示，当年我国公共服务小康指数为62.8分，各单项公共服务排名前8

① 参见邢宇皓：《我国首部公共服务发展报告发布——我国公共服务尚须从"投入型"转向"效率型"》，载《光明日报》，2007-04-07。

② 参见南锐、王新民、李会欣：《区域基本公共服务均等化水平的评价》，载《财经科学》，2010（12）。

③ 参见杨光：《省际间基本公共服务供给均等化绩效评估》，载《财经问题研究》，2015（1）。

④ 参见张钢、牛志江、贺珊：《地方政府公共服务质量评价体系及其应用》，载《浙江大学学报》，2008（11）。

⑤ 参见江易华：《县级政府基本公共服务绩效指标：设计与筛选》，载《天府新论》，2011（1）。

位依次是：科技、公共安全、文化娱乐服务、行政管理、市政建设及环保服务、社会保障、教育和医疗卫生。鉴于许多受调查者普遍对公务员服务态度和质量不满意，研究团队提出要从可靠性、回应性、能力、沟通、服务礼貌、可信度、安全感、善解人意和有形性 9 个指标来衡量公共服务的质量改进情况。

值得一提的是，一些地区的公共部门专门设立了公共服务质量奖，例如深圳市龙岗区的“公共服务质量奖”（2008 年），杭州市的“政府服务质量奖”（2011 年）。目前尚未有官方牵头进行全国范围的公共服务绩效评估，但国内外有部分高校已经开始进行了相关探索，例如新加坡南洋理工大学联合内地高校连续 4 年（2010—2013 年）发布《连氏中国城市公共服务质量调查报告》，中国社会科学院马克思主义研究院两年一度（2010—2011 年、2012—2013 年）发布《公共服务蓝皮书：中国城市基本公共服务力评估》，北京师范大学管理学院发布《2011 中国基本公共服务均等化发展报告》，这些报告都具有一定的影响力。

五、基本公共服务绩效评估研究的发展趋势

当前学者们对于公共服务绩效评估的内涵、价值取向、指标体系等已经取得一定的共识，并初步形成了多层次、多类型、多维度的理论研究结构。但是，当前研究中也存在一定的不足，主要包括以下几点：

第一，当前理论研究、应然研究已经取得很多成果，但是实证研究、实然研究仍然落后薄弱。特别是忽视了不同类型、不同层级公共服务的差异，在公共服务绩效评估的质量标准与测量维度、客观评价与主观评价、评估结果与作用反馈的有机衔接方面，还没有发现系统性、专门性的研究成果；对于公共服务供给过程中的实施和执行环节缺乏有效质量控制，忽视公众感知的差异性和感知偏差，忽视评估结果与实际服务质量之间的差异，缺乏对绩效结果的责任控制。

第二，注重指标体系的构建，对绩效评估的整体设计和系统过程考察不够。着重探讨绩效评估指标的设计环节，对公共服务绩效评估的基本理论和基本知识准备不足，评估缺乏系统的理论指导，大多处于盲目或“人为”状态。综观既有各类评估指标体系，科学性参差不齐，对基本公共服务供给的中长期绩效和项目的可持续性重视不够、评估指标指

向不全面、指向重复、忽略指标内在本质的探究、缺乏环境变量和社会参与性的考量、赋权随意、指标数据可得性较低等都是较为常见的问题。

第三，研究方法的多元性和科学性不足，缺乏定量研究和质性研究的综合使用。学界关于公共服务绩效评估的研究多数是基于定性方法开展的，因而在量化指标评估体系的科学性、严密性上存在疑问。另外在评估指标设计及权重赋值上还停留在简单的专家评估、加权处理上，缺乏从价值取向、基本维度、具体指标等方面的统合性考虑。

第四，当前的公共服务绩效评估研究还没有建构于基本公共服务均等化的基础上，对均等化的内涵及其绩效指标的界定不够深入，大量的公共服务绩效评估仍然停留在城镇区域，不足以回应十七大以来党和国家的政策号召。

公共服务绩效评估作为推动我国政府治理和公共服务体制创新的重要引擎，其学术研究与国家政策在社会发展现实中的相互影响，有利于促进政府公共服务能力与水平的提升，不断满足人民群众对于高质量公共服务的巨大需求。基于此，学界在深化公共服务绩效评估研究方面将呈现如下趋势：

其一，要从公共服务发展战略和政府治理现代化的角度梳理公共服务绩效评估的理论基础、功能、特点、影响因素和价值取向，着重拓展以公共服务为内容的绩效评估，并结合我国实际努力构建公共服务绩效治理的本土理论；其二，要由重视城市公共服务绩效评估逐步转向城乡基本公共服务均等化的绩效评估，并构建与之相配套的管理机制，以绩效评估推动全面建成小康社会；其三，要由重视单一类型、单一项目的公共服务绩效评估逐步转向重视整体性、系统性、全面性的公共服务绩效评估；其四，要注重公共服务绩效评估的机理研究，关注公共服务绩效与经济增长、社会发展、公民幸福等的相互影响；其五，要促成公共服务绩效评估制度化、法治化和标准化的研究；其六，要及时总结创新型、区域性的公共服务绩效评估模式，更加科学有效地运用评估结果。

第九章 我国政府购买公共服务研究述评

兰旭凌*

中国共产党第十八届中央委员会第三次全体会议通过的《中共中央关于全面深化改革若干重大问题的决定》提出要“推广政府购买服务，凡属事务性管理服务，原则上都要引入竞争机制，通过合同、委托等方式向社会购买”。近年来，我国为满足社会公众不断增长的需求，提供更加有效的公共服务，地方政府陆续尝试在教育、养老、就业等领域购买公共服务。政府购买公共服务成效的高低，直接关系到公共服务的质量和人民生活的水平，更是转变政府职能、建设服务型政府的试金石。因此，对政府购买公共服务研究的现状和发展趋势进行分析，提炼热点问题，分析发展趋势，有助于帮助我们了解这一领域的理论研究现状和实践经验。本文通过文献计量学及其可视化方法，以在中国学术期刊网络出版总库（CNKI）搜录的学术期刊论文为数据样本，具体运用国际领先的知识网络分析工具 CiteSpace，绘制我国政府购买公共服务研究的科学知识图谱，全景式再现近年来我国政府购买公共服务研究的热点和专题，进而帮助我们把握研究脉络，识别研究前沿，预测研究趋向，为我国政府购买公共服务研究的横向拓展与纵深推进提供助益。

一、数据来源与研究方法

以 CNKI 核心文献数据库为数据来源，以政府购买公共服务为主题检索相关文献，检索期限为 2002—2015 年，检索日期是 2015 年 11 月。经过精确检索共发现相关文献 891 篇，文献类型为“学术论文”，

---

* 兰旭凌，四川大学公共管理学院讲师，在读博士研究生，研究方向：行政管理。

经过对相关度过低文献的数据清洗，共保留大数据核心文献 766 篇，然后下载题录数据进行可视化分析。

文中主要采用当前比较流行的知识图谱分析工具 CiteSpaceⅢ对我国政府购买公共服务研究领域的相关问题进行计量分析。文献计量工具 CiteSpace 是由美国德雷克塞尔大学陈超美博士开发的，能够通过对某一特定知识网络中的节点及其相互联系进行属性及疏密度分析，精确甄别不同节点之间的耦合性与异同性关系，并在此基础上构建基于信息可视化技术的学科研究知识图谱。同时，该工具具备趋势探测功能，通过对文献数据的历史性分析，将该研究主题的标签节点依据时间次序锚定，全面直观地展示该研究演化的历史进程。

二、政府购买公共服务研究的时区分布与研究力量

由图 9—1 可知，国内政府购买公共服务研究的发文量从 2014 年开始呈高速上升态势，2014 年年发文量已接近 200 篇，这源于 2014 年召开的党的十八届三中全会，会议提出：“推广政府购买服务，凡属事务性管理服务，原则上都要引入竞争机制，通过合同、委托等方式向社会购买。”可以看出，推进公共服务政府购买机制将是各级政府在今后相当长的时期内进行职能转变，完善公共服务建设的重要内容。因此，在 2014 年和 2015 年有关政府购买公共服务的文献都有近 200 篇。在 2015 年全国“两会”上，对于全年经济发展部署，李克强总理提出要打造“大众创业、万众创新”和增加公共产品、公共服务“双引擎”。李克强总理在《政府工作报告》中指出：“增加公共产品和服务供给，加大政府对教育、卫生等的投入，鼓励社会参与，提高供给效率。……提供基本公共服务尽可能采用购买服务方式，第三方可提供的事务性管理服务交给市场或社会去办。”政府购买公共服务作为我国政府治理模式和服务方式的一种创新性举措，是党和政府为人民服务宗旨意识的集中体现，是顺应人民对于保障和改善民生的新期待。不仅可以有效控制社会服务成本，缓解财政压力，提高公众满意率，也是政府简政放权、释放改革红利、适应经济新常态的新举措。

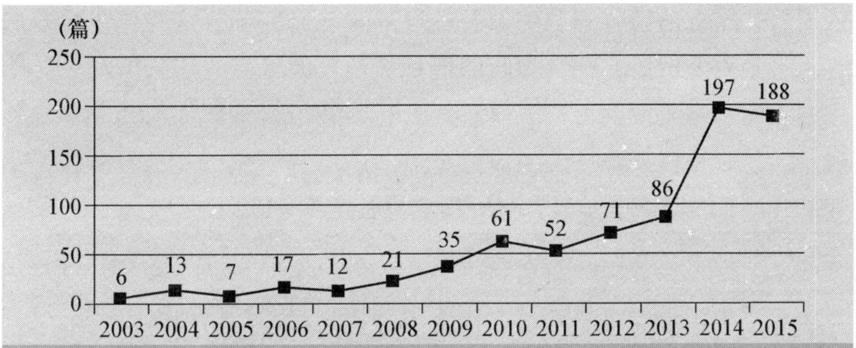

图 9—1　政府购买公共服务研究文献的年代分布（766 篇）

上述发现表明，我国政府购买公共服务研究的发展轨迹主要受国家政策、会议导向以及地方政府实践对理论研究需求的影响。从图 9—1 中可以看出，发文量骤增的年代大都与国家领导人肯定或国家会议、政策认同的时期具有较高的契合度，同时也与全国各地加快推进公共服务购买的实践需求相契合。

表 9—1 是发文量居前 20 位的核心机构。北京大学、华中师范大学、中国人民大学、中山大学等科研院所的研究成果数量都居于前列。表 9—2 是政府购买公共服务居前 20 位的高被引文献。在我国政府购买公共服务的研究领域，国内公共行政和政治学的学者是政府购买公共服务研究的核心力量。由于政府购买公共服务在我国是近几年才开始大力发展的，因而这个领域的论文相对较少，比较有代表性的主要有：清华大学的贾西津等学者对政府购买公共服务的基本理论和购买边界进行了分析；北京大学王浦劬的著作总结了政府向社会组织购买公共服务的总体情况和实际案例，分析了在公共服务供给方面政府机制、市场机制和社会机制有机结合的特点，有针对性地提出了政府向社会组织购买公共服务的理念、政策和方案；中国人民大学的王丛虎，对规范政府购买公共服务的行为以及约束政府滥用购买权和公共财政支出进行了研究；北京师范大学的韩俊魁总结提炼了当前我国非政府组织参与政府购买服务的模式，并对几种模式进行了比较研究；上海交通大学的徐家良以上海购买公共服务的实践为例，研究分析了政府购买公共服务的现实困境与路径创新；浙江大学的周俊主要对政府购买公共服务的风险进行了研究，从被引频次来看，对于政府购买公共服务过程中可能蕴含的风险已越来越受到人们的关注；华中师范大学的王春婷对政府购买公共服进行了理论热点归纳，并以深圳和南京为例，对政府

购买公共服务的绩效和影响因素进行了实证研究等。这些作者对政府购买公共服务的研究涉及购买的内容、购买的模式、购买的风险、购买的实践、购买的困境等领域，其研究成果在政府购买公共服务研究领域具有较强的代表性。

表 9—1　　政府购买公共服务研究发文量居前 20 位的核心机构

序号	单位	篇数	序号	单位	篇数
1	北京大学	22	11	中国政法大学	11
2	华中师范大学	18	12	山东大学	11
3	中国人民大学	15	13	国家行政学院	10
4	中山大学	15	14	中南大学	9
5	华中科技大学	14	15	清华大学	9
6	南京大学	14	16	复旦大学	9
7	财政部财政科学研究所	14	17	上海财经大学	8
8	浙江大学	13	18	华南师范大学	8
9	北京师范大学	11	19	华东理工大学	8
10	华东师范大学	11	20	苏州大学	8

表 9—2　　政府购买公共服务居前 20 位的高被引文献

序号	作 者	篇 名	被引频次	年（期）	期刊名
1	苏明 贾西津 孙洁 韩俊魁	中国政府购买公共服务研究	188	2010（1）	财政研究
2	韩俊魁	当前我国非政府组织参与政府购买服务的模式比较	165	2009（6）	经济社会体制比较
3	周俊	政府购买公共服务的风险及其防范	123	2010（6）	中国行政管理
4	郑苏晋	政府购买公共服务：以公益性非营利组织为重要合作伙伴	122	2009（6）	中国行政管理
5	许芸	从政府包办到政府购买——中国社会福利服务供给的新路径	104	2009（7）	南京社会科学
6	杨宝	政府购买公共服务模式的比较及解释——一项制度转型研究	90	2011（3）	中国行政管理

续前表

序号	作者	篇名	被引频次	年（期）	期刊名
7	潘彬 罗新星 徐选华	政府购买与居民消费的实证研究	86	2006（5）	中国社会科学
8	张汝立 陈书洁	西方发达国家政府购买社会公共服务的经验和教训	77	2010（11）	中国行政管理
9	赵立波	完善政府购买服务机制　推进民间组织发展	66	2009（2）	行政论坛
10	徐家良 赵挺	政府购买公共服务的现实困境与路径创新：上海的实践	54	2013（8）	中国行政管理
11	郑卫东	城市社区建设中的政府购买公共服务研究——以上海市为例	54	2011（1）	云南财经大学学报
12	李海平	政府购买公共服务法律规制的问题与对策——以深圳市政府购买社工服务为例	53	2011（5）	国家行政学院学报
13	陈晖	论政府购买社区公共服务	53	2009（2）	云南行政学院学报
14	刘军民	关于政府购买卫生服务改革的评析	53	2008（1）	华中师范大学学报（人文社会科学版）
15	王春婷	政府购买公共服务研究综述	47	2012（2）	瞭望
16	魏中龙 巩丽伟 王小艺	政府购买服务运行机制研究	46	2011（3）	北京工商大学学报（社会科学版）
17	许小玲	政府购买服务：现状、问题与前景——基于内地社会组织的实证研究	42	2012（2）	思想战线
18	马永堂	澳大利亚：政府购买就业服务成果新机制	41	2002（5）	中国劳动
19	刘红芹 包国宪	政府购买居家养老服务的管理机制研究——以兰州市城关区“虚拟养老院”为例	40	2012（1）	理论与改革
20	温俊萍	政府购买公共就业服务机制研究	40	2010（10）	中国行政管理

三、政府购买公共服务研究的知识图谱分析

通过词频统计分析发现，政府购买公共服务研究的文献包括有效关键词30个，按频次从高至低顺序依次是政府购买、公共服务、政府购买服务、社会组织、政府购买公共服务、政府、民营化、购买、购买服务、养老服务、公共体育服务、非营利组织、政府采购、社会服务、公共卫生、公共文化服务、政府职能、卫生服务、事业单位、社会力量、运行机制、公共就业服务、改革、经济学分析、居家养老服务、合同外包、绩效合同、社会公共服务、政府职能转变以及合同制治理。如表9—3所示，这些高频关键词是政府购买公共服务研究文献中使用最多、最频繁、最广泛的专业术语，通过对其中某几个关键词的适度关联可以有效反映出政府购买公共服务研究中的主要领域和热点主题，比如，从中可以提取出政府购买公共服务运行机制、政府购买公共服务内容、政府购买公共服务现状、政府购买公共服务风险等研究领域。

表9—3　　　　政府购买公共服务研究的高频关键词列表

序号	关键词	频数	序号	关键词	频数	序号	关键词	频数
1	政府购买	254	11	公共体育服务	17	21	运行机制	8
2	公共服务	145	12	非营利组织	14	22	公共就业服务	8
3	政府购买服务	96	13	政府采购	13	23	改革	8
4	社会组织	76	14	社会服务	12	24	经济学分析	8
5	政府购买公共服务	47	15	公共卫生	11	25	居家养老服务	8
6	政府	38	16	公共文化服务	11	26	合同外包	8
7	民营化	35	17	政府职能	10	27	绩效合同	8
8	购买	18	18	卫生服务	9	28	社会公共服务	8
9	购买服务	18	19	事业单位	9	29	政府职能转变	7
10	养老服务	18	20	社会力量	9	30	合同制治理	7

图9—2为政府购买公共服务研究的最小生成树聚类图谱，全景式再现了2003—2015年国内政府购买公共服务研究的图景全貌。对于可视化图谱的解读，需要建立在把握图中节点圈层大小、节点位置以及节点间连线粗细的基础上。其中，节点圈层大小由关键词频次决定，节点位置由该节点对其他信息流动或传递所起控制作用也即中心度控制，节点连

线粗细表示该节点与其他节点的关联度强弱。由此，在政府购买公共服务研究的最小树聚类图谱中，政府购买、公共服务、政府购买服务、社会组织等的节点圈层最大，表明其出现频次最高，这与表9—3数据相一致。政府、购买、民营化等虽是频次最高的节点，但其在图谱中的中心位置表明其在政府购买公共服务研究中对其他研究内容的影响偏大。比如，就“购买”一词而言，其既可与“政府”连成“政府购买”，又可与“服务”连成“服务购买”，表现出较大的影响力。

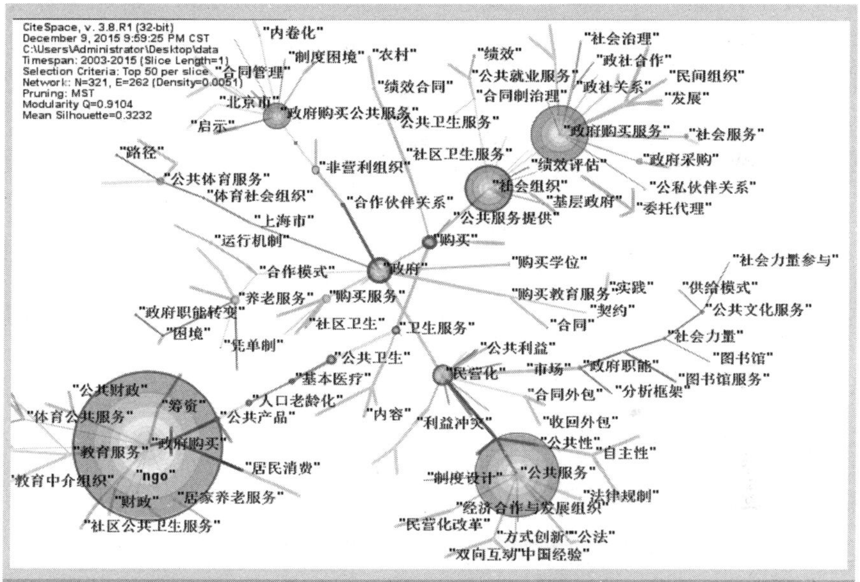

图9—2　政府购买公共服务研究的聚类图谱

观察政府购买公共服务研究的聚类图谱，其右上部分以政府购买服务、民间组织、社会组织、政社关系、社会服务等为代表的节点，突出了政府购买公共服务的两大主体，即政府与社会组织，及其在购买过程中的互动关系；左上部分以北京市、上海市、启示、合同管理等为代表的节点，突出了政府购买公共服务中的地方实践个案，是政府购买公共服务研究的现实结合与关切；左下部分出现公共卫生、基本医疗、人口老龄化、居家养老服务、体育公共服务、教育服务、公共产品等节点的相对性聚合，突出了政府购买公共服务中具体服务或专项服务购买，是政府购买公共服务按内容划分的细分领域研究；右下部分以制度设计、法律规制、民营化改革、方式创新、双向互动等节点为代表，突出了政府购买公共服务的推进路径与对策，属于“如何做”的研究内容聚合。

总体来看，政府购买公共服务研究的最小树聚类图谱初步呈现了专题化和板块化研究的特征，但专题与专题之间、板块与板块之间的关联度还比较弱，说明我国政府购买公共服务研究还需进一步打通内部研究壁垒，提高研究的整体性和聚合性水平。就未来的研究而言，政府购买公共服务的一些核心理论问题、政府购买公共服务的质量管理与控制、政府购买公共服务的价值取向、政府购买公共服务的本土理论构建等是值得关注的研究议题，并可借此进一步完成深化研究层次、搭建研究领域框架和增进研究本土性等重要任务。

四、政府购买公共服务研究的热点与专题分析

政府购买公共服务逐渐成为一种世界性的制度安排，也是学术界研究讨论的热点问题。通过分析政府购买公共服务研究的关键词列表、聚类图谱，本文结合收集了近年政府购买公共服务发表的相关文献，对政府购买公共服务的研究进行概括，从四个方面——政府购买公共服务的内涵与本质属性、政府购买公共服务的范围与内容、政府购买公共服务的机制、政府购买公共服务的风险梳理总结了学界关于政府购买公共服务的研究进展，特别是针对近年来各地在推进购买公共服务的进程中遇到的问题及可能产生的风险，进行了重点研究述评，以期有效识别并规避风险，实现政府购买服务在我国的健康发展。同时，勾勒出现有理论研究中的一些不足之处，并展望未来的研究趋势。

（一）政府购买公共服务的内涵与本质属性

什么是政府购买公共服务？这是研究政府购买公共服务必须首先予以思考和解答的问题。针对这一问题，学者们展开了对政府购买公共服务内涵与本质属性的研究。大多数学者认为“政府购买公共服务”与“公共服务外包”“公共服务社会化”等概念相似甚至是等同的。国外学者更倾向于认为政府购买公共服务就是将公共服务合同外包。其中，比较有代表性的是学者萨瓦斯，他认为政府购买公共服务，即合同外包，是指将公共服务外包给私营部门和非营利部门，与这些购买对象签订购

买合同，由他们来提供公众所需要的公共服务。①

国内学界对政府购买公共服务的相关表述很多，但观点基本相同。乐园认为，政府购买公共服务，即政府与私人部门之间签订购买协议，由政府出资，将涉及公共服务的具体事项承包给私人部门的行为。② 王浦劬认为，政府购买公共服务，是将原来由政府提供的服务，通过拨款或招标的方式，交给有资质承接的社会服务机构来完成。③ 项显生认为，政府购买公共服务是指政府通过公开招标等形式利用公共财政资金向非政府组织和个人购买公众所需的公共服务的一种政府治理模式。④ 郑卫东认为，政府购买服务包含如下元素：政府购买服务的委托主体是政府，受托者是营利、非营利组织或其他政府部门等各类社会服务机构，表现为一种通过政府财政支付全部或部门费用的契约化购买行为；政府以履行服务社会公众的责任与职能为目的，并承担财政资金筹措、业务监督及绩效考评的责任。⑤ 苏明等认为政府购买公共服务是政府通过契约化的形式，将公共服务外包给非营利组织，以提高公共财政的使用效率、增强公共服务的供给效力。⑥

（二）政府购买公共服务的范围与内容

哪些公共服务是政府可以购买的？国外研究者们对这一问题的回答差异较大。梅塞认为，政府提供的服务和职能都可以被承包出去。⑦ 而更多学者则倾向于认为公共服务的外包是要遵照一定的标准，主要是政府与服务本身的特性。在政府方面，波斯顿认为，涉及政府核心职能的

① E. S. Savas, *Privatization and Public-Private Partnerships*, New York: Chatham House Publishers, 2000.

② 参见乐园：《公共服务购买：政府与民间组织的契约合作模式——以上海打浦桥社区文化服务中心为例》，见清华大学 NGO 研究所：《中国非营利评论（第二卷）》，14 页，北京，社会科学文献出版社，2008。

③ 参见王浦劬、［美］莱斯特·M·萨拉蒙主编：《政府向社会组织购买公共服务研究：中国与全球经验分析》，2、3、19、296～298 页，北京，北京大学出版社，2010。

④ 参见项显生：《我国政府购买公共服务监督机制研究》，载《福建论坛（人文社会科学版）》，2014（1）。

⑤ 参见郑卫东：《城市社区建设中的政府购买公共服务研究——以上海市为例》，载《云南财经大学学报》，2011（1）。

⑥ 参见苏明、贾西津、孙洁、韩俊魁：《中国政府购买公共服务研究》，载《财政研究》，2010（1）。

⑦ James L. Mercer, "Growing Opportunities in Public Service Contraction," *Harvard Business Review*, 1983 (61), pp. 178-188.

服务等不能外包。[1] 唐纳休指出，服务外包时，要对服务承接者的判断力、耐心及公正性等进行考证。[2] 奥利弗·哈特认为，对于服务质量难以评估的服务，由政府的公共部门承担则会更好。[3]

国内学者魏娜、刘昌乾将政府购买公共服务的边界和领域界定为四类：非排他性、非竞争性的基本公共服务，如公共安全、国防安全、对外事务等，这类应由政府直接提供，不得向社会力量购买，属于禁止购买服务范畴；非排他性、竞争性的以物为对象的基本公共服务，如环境服务、公共设施管理服务；非排他性、竞争性的以人为对象的基本公共服务，如教育服务中的初等教育服务、中等教育服务；非基本公共服务，如医疗卫生服务中的医院服务、卫生院和社区医疗服务、门诊服务、其他医疗卫生服务。[4] 许燕认为，以下类别的公共服务，政府在购买时幅度不要过宽，应保证政府直接生产的公共服务不低于一定的比例，包括应急服务、满足公众基本生活需要的公共服务、市场发育不成熟的公共服务、对弱势群体提供保护的基础性服务。[5]

（三）政府购买公共服务的机制

关于政府购买服务的机制，学者们主要侧重于政府购买公共服务的运作机制和购买公共服务的模式研究。一是政府购买公共服务的运作机制。在过去的几十年中，政府向社会组织购买公共服务不断增多，研究者也开始关注政府购买公共服务运作机制的研究。车峰认为，我国的政府购买服务至少应该包括以下四个流程，即明确需求、制定规划；公开招标、签订合同；项目实施、监督管理；评估服务、后续跟进。[6] 康晓光、冯利将购买流程归纳为若干阶段，包括政府通过契约的方式向有资质的社会组织购买服务，社会组织根据契约提供服务，政府对这个过程

---

① J. Boston, *The State under Contract*, Wellington: Bridget Williams: Books, 1995.

② J. D. Donahue, *The Privatization Decision: Public Ends, Private Means*, New York: Basic Books, 1989.

③ Oliver Hart, Andrei Shleifer, and Robert W. Vishny, "The Proper Scope of Government: Theory and an Application to Prisons," *Quarterly Journal of Economies*, 1997, 112 (4), pp. 1127-1161.

④ 参见魏娜、刘昌乾：《政府购买公共服务的边界及实现机制研究》，载《中国行政管理》，2015 (1)。

⑤ 参见许燕：《我国政府购买公共服务的界限分析》，载《河北法学》，2015 (11)。

⑥ 参见车峰：《我国政府购买公共服务问题研究综述》，载《理论导刊》，2014 (12)。

进行监管，最后对服务效果进行绩效评估。① 徐家良、赵挺认为，在这一过程中，政府作为出资人，将原本由自身承担的公共服务转交给社会组织、企事业单位履行，以提高公共服务供给的质量和财政资金的使用效率，改善社会治理结构，满足公众的多元化、个性化需求。② 二是政府购买公共服务的模式。国外政府购买公共服务的模式根据各国的政治、经济体制和文化传统的特点，大致可分为四种类型：（1）以英美为代表的盎格鲁-撒克逊模式，这一模式的主要特征在于倡导市场竞争和坚持公共服务的市场化导向，鼓励社会参与公共服务的提供，使公共服务供给更高效灵活；（2）以法国和德国等欧洲大陆国家为代表的大陆欧洲模式，其特点在于有限市场化导向，只是在部分公共服务领域引入市场竞争，采取购买的方式提供；（3）以北欧国家为代表的北欧福利国家模式，其特色在于公共服务供给尤其是社会保障和社会福利方面完全由政府通过高税收和高福利的形式予以承担，政府是公共服务提供的决定因素；（4）以东亚国家为主的东亚模式，其重要特征在于政府对公共服务领域的直接干预，政府仍是公共服务的供给主体，市场化程度低，缺乏竞争。国内学者，如武继兵、邓国胜通过对社会组织参与政府扶贫项目进行研究发现，政府向社会组织购买公共服务的模式主要是平行合作模式、咨询模式、监督模式、交流模式。③ 王名、乐园根据政府与社会组织之间的关系，总结出四个模式，分别是依赖关系非竞争性购买、依赖关系竞争性购买、独立关系非竞争性购买、独立关系竞争性购买。④ 韩俊魁进一步对非竞争性购买模式进行了研究，将其分为体制内吸模式和体制外非正式的按需购买模式。⑤

（四）政府购买公共服务的风险

在最初对政府购买公共服务的热情追捧过后，越来越多的学者开始

---

① 参见康晓光、冯利：《中国第三部门观察报告（2011）》，北京，社会科学文献出版社，2011。

② 参见徐家良、赵挺：《政府购买公共服务的现实困境与路径创新：上海的实践》，载《中国行政管理》，2013（8）。

③ 参见武继兵、邓国胜：《政府与 NGO 在扶贫领域的战略性合作》，载《理论学刊》，2006（11）。

④ 参见王名、乐园：《中国民间组织参与公共服务购买的模式分析》，载《中共浙江省委党校学报》，2008（4）。

⑤ 参见韩俊魁：《当前我国非政府组织参与政府购买服务的模式比较》，载《经济社会体制比较》，2009（6）。

理性思考其所蕴含的风险。

1. 国外政府购买公共服务风险研究

西方学者普遍认为政府购买公共服务的风险主要来自供应商垄断与购买双方的投机行为。霍吉认为，对于公共服务外包的实际效果尚缺少研究，不应过分鼓吹推动政府购买公共服务。① 凯特尔认为，政府购买公共服务常面临没有供应商的情况，缺少竞争市场，也难遇到合适、合格的非营利组织。② 此外，在政府购买公共服务中还存在着供给方缺陷与需求方缺陷。其中，供给方缺陷主要是指没有竞争市场，或被某些非营利组织垄断。需求方缺陷主要指政府与社会组织之间信息不对称、公共部门人员缺少相应的管理能力等。约翰斯通和荣姆泽克在对堪萨斯州老年医疗服务外包的研究中发现，由于政府只与非营利组织合作，没有寻找更多的供应商，使得非营利组织获得了与政府谈判的能力，进而影响政府对供应方评估标准的制定。③ 德霍格则通过对不同购买模式的分析，证实了政府购买公共服务中缺乏竞争，并指出任何一种购买模式都内含不同的风险。④ 英国学者尼斯坎南对公共选择理论中的政府失败问题进行了精辟的分析，在尼斯坎南模型中，代理人运用自己所掌握的不对称信息，竟然提供了可能两倍于一个官僚机构最佳规模的物品和服务，而由于物品和服务过度供给所造成的配置无效率或损失，则由委托人来承担。⑤

2. 国内政府购买公共服务风险研究

在国内，目前对于我国政府向社会组织购买公共服务的风险研究，主要集中在购买内容、购买主体、购买对象和购买方式四个方面。

（1）购买内容（“买什么”）的问题与风险。

政府购买公共服务，首先要明确购买的边界，如果购买公共服务的界

---

① Graeme A. Hodge, *Privatization: An International Review of Performance*, Westview Press, 1999.

② 参见［美］唐纳德·凯特尔：《权力共享：公共治理与私人市场》，132、27～29、160～161页，北京，北京大学出版社，2009。

③ Jocelyn M. Johnston and Barbara S. Romzek, “Contracting and Accountability in State Medicaid Reform: Rhetoric, Theories and Reality,” *Public Administration Review*, 1999 (5), p. 59.

④ Ruth Hoogland DeHoog, “Competition Negotiation and Cooperation: Three Models for Service Contracting,” *Administration and Society*, 1990 (3).

⑤ 参见詹国彬：《需求方缺陷、供给方缺陷与精明卖家——政府购买公共服务的困境与破解之道》，载《经济社会体制比较》，2013 (5)。

限模糊，可能导致政府履行职能出现新的“缺位”或“越位”。詹国彬认为，由于缺少一个专门的政策性、制度性指导规范文件，对于一些有形的公共服务产品，如道路保洁、污水处理、公厕看护等，政府就比较容易界定购买的详细内容和标准，后期对服务效果的衡量和评估也较容易。但对于一些无形的公共服务产品，如公共交通、公共文化、养老服务等，政府要界定购买的详细内容并对服务效果进行科学评估，就存在一定的难度和风险。① 叶响裙认为，在现实中，对于许多领域的公共服务很难进行准确的界定和区分，各地政府也有着不同的理解，因此在实际购买过程中，购买内容的界定还存在模糊不清的情况。②

（2）购买主体（“谁来买”）的问题与风险。

一是信息失灵风险。詹国彬提出，部分政府由于是首次推行这项实践，缺少相关经验，获取承接服务社会组织的资质、信誉、能力等相关信息难度较大，从而出现盲目决策和错误选择。③ 李洪佳认为，与政府相比，代理方掌握着大量的信息，双方之间存在“信息不对称”。由于缺少专业知识、对服务的质量难以衡量、外部因素的影响难以界定、合同造成的信息梗阻和合作者刻意隐瞒信息等，都使得政府对合同商的行为缺乏准确把握因而无法进行有效控制。④ 二是滥用权力的风险。项显生认为，政府购买公共服务过程中不可避免地存在政府滥用权力的可能。⑤ 吴磊认为，当一些社会组织通过向政府部门行贿的方式竞标成功后，会通过提高公共服务价格、降低提供服务质量等方式弥补寻租时付出的高额代价，最终受损失的则是公共服务的消费者。⑥

（3）购买对象（“向谁买”）的问题与风险。

一是供应方缺乏主体独立性。吴磊认为，许多社会组织和政府关系密切，甚至是由作为购买者的政府直接发起或倡导建立起来的，这一状

---

① 参见詹国彬：《需求方缺陷、供给方缺陷与精明卖家——政府购买公共服务的困境与破解之道》，经济社会体制比较，2013（5）。

② 参见叶响裙：《基于政府购买公共服务的思考》，载《新视野》，2013（2）。

③ 参见詹国彬：《需求方缺陷、供给方缺陷与精明卖家——政府购买公共服务的困境与破解之道》，载《经济社会体制比较》，2013（5）。

④ 参见李洪佳：《超越委托代理——以“管家理论”重塑政府购买公共服务行为》，载《理论导刊》，2013（12）。

⑤ 参见项显生：《我国政府购买公共服务监督机制研究》，载《福建论坛（人文社会科学版）》，2014（1）。

⑥ 参见吴磊：《政府向社会组织购买公共服务的风险分析及其防范机制》，载《开发研究》，2014（3）。

况导致了购买行为的内部化。① 社会组织往往会按照政府对于公共服务供给方资格以及服务模式的要求提供社会服务，随时接受来自政府指派的任务，逐渐成为政府部门的延伸。二是行业内社会组织数量少、规模有限，难以满足竞争性市场的基本条件。郭佩霞通过对政府购买扶贫服务进行研究，提出我国的社会组织无论是组织存在的数量，还是规模、承担的任务使命、具有的社会地位还有提供服务的能力，都与成熟型组织相去甚远。② 三是社会组织的专业资质不足、服务能力偏低。王晓征通过对豫东地区的实地调研发现，基层社会组织所面临的问题按照严重程度进行排序，结果发现目前基层社会组织发展中面临的主要问题依次是：缺资金、缺人才、缺设施、缺少政府政策支持、法律法规不健全、组织内部管理差、缺项目支持、缺少社会支持。③

（4）购买方式（“怎样买”）的问题与风险。

一是定价的问题与风险。杨方方、陈少威就认为，公共服务产品的质量高低通常以消费者的主观满意度为评价标准，标准不统一、形式不稳定、消费者个体感受差异大等特点，使得对公共服务产品质量的科学评估，以及在此基础上的科学定价难以实现。④ 江苏省无锡市财政局课题研究组认为，政府购买公共服务涉及的项目多，不同项目的成本构成比较复杂，而且有的成本可以量化，有的则不能够直接量化，如果没有借助专业技术机构的力量来进行精确的成本核算，或者在核算定价的过程中，没有结合当地的物价水平、生活水平、居民收入状况、财政支付能力能各项因素进行定价，是不可能制定出合适的价格的，甚至会使服务外包后的政府支出不降反升。⑤ 二是合同监督存在监管风险。徐家良、赵挺认为，发展政府购买公共服务所需的组织和社会环境在实践过程中，由于公共服务的购买者是政府，而使用者是公众，如何评估公共服务的

① 参见吴磊：《政府向社会组织购买公共服务的风险分析及其防范机制》，载《开发研究》，2014（3）。

② 参见郭佩霞：《政府购买NGO扶贫服务的障碍及其解决——兼论公共服务采购的限度与取向》，载《贵州社会科学》，2012（8）。

③ 参见王晓征：《基层政府向社会组织购买公共服务探析——基于豫东地区的实证研究》，载《社会主义研究》，2013（5）。

④ 参见杨方方、陈少威：《政府购买公共服务的发展困境与未来方向》，载《财政研究》，2014（2）。

⑤ 参见无锡市财政局课题研究组：《无锡市政府购买公共服务改革运行机制研究》，载《中国政府采购》，2013（4）。

质量和效果成为一个难题，存在着技术上的挑战：政府能否制定公正合理的选拔标准来选择恰当的社会组织，给予社会组织充分的自主权，并通过管理与考核、沟通与合作实现良性互动。①

五、政府购买公共服务研究的发展趋势

我国关于政府购买公共服务的研究近年来取得了一定的成果，但在三个方面还略显不足和滞后。第一，关注领域较窄。目前，学者们关注的领域主要有三个方面。一是西方学者对与政府购买公共服务的研究。包括西方政府购买公共服务的理论依据、购买的内容与范围、购买的模式等。二是我国政府购买公共服务的实践经验总结。这类研究更多地倾向于地方政府在购买公共服务方面的具体做法，依据实地调研进行研究，内容主要是地方政府在购买公共服务的过程中面临的问题、困境及具体措施，实际研究成果更倾向于调研报告，缺少较深入的理论探讨。第二，缺少深层次研究。政府购买公共服务是近年来我国政府促进政府职能转变，推进国家治理现代化的重要途径，也取得了一定效果。但仍面临社会组织发育迟缓、承接服务能力不足、缺少有效竞争市场，以及政府工作人员相应合同商管理能力不足、缺少有效的监督评价机制等问题，亟须我们结合我国实际情况，对政府购买公共服务的范围、模式、风险、监督等问题进行深入的探讨和研究。

基于以上研究的不足，我国政府购买公共服务的研究可以在以下四个方面寻找突破点：

首先，加强理论研究。政府购买公共服务是在70年代以后开始逐渐发展的，国外对于政府购买公共服务的相关理论研究相对成熟，但是在有些问题上还有待进一步研究，如政府购买公共服务是否有对应的竞争市场？除了非营利组织，公共服务可否外包给有能力的个人等。在我国，公共服务的内容和范围较广，且涉及购买主体、购买对象、购买内容、购买方式等要素。目前，国内学者们在购买的边界、购买主体和购买对象的能力、购买的模式以及风险评估等方面还是存在不同意见，甚至尚

① 参见徐家良、赵挺：《政府购买公共服务的现实困境与路径创新：上海的实践》，载《中国行政管理》，2013（8）。

未深入研究。为此，学者们应该进一步加强对政府购买公共服务基本理论的研究和探讨，对于国外理论进行深入研究，结合我国实际为我们所用，同时，继续加强我国政府购买公共服务的系列问题研究，形成公认的理论框架。

其次，注重比较研究。我国地方政府近年来都在大力推行政府购买公共服务，但由于各个地方政府的实际情况各有不同，购买的内容、购买的方式、购买的效果也不尽相同。因此，不仅要注重和西方国家政府购买公共服务的做法进行比较研究，更要根据国内不同省份的具体情况，进行比较研究，提取不同类型的购买经验和购买模式，推进政府购买公共服务的理论发展。

再次，加强实证研究。目前，国内学者的实证研究多以某省或某市购买公共服务的情况进行个案分析，缺少从实证研究中提炼分析的理论成果。我国目前政府购买公共服务多集中在公共卫生、教育培训、养老服务、社区服务等方面，这些方面生动的案例很多。学者们可以通过分析这些较丰富的素材，提炼出理论成果，丰富政府购买公共服务的理论研究。

最后，增加对热点话题的关注。学者们应根据政府购买公共服务的发展，以及国家近期召开的重大会议，结合中国的实际情况，关注在政府购买公共服务过程中不断涌现的新问题、新热点，以推进新的思考，提升理论研究的及时性。

第十章 公共服务中的公民参与研究述评

田 昭*

扩大公共服务中的公民参与是我国推进基本公共服务均等化战略的重要内容，公民参与对于公共服务的有效决策、供给以及监督和评估都有着不可替代的作用。而现实中却出现了很多公共服务中公民参与低效率、负效率甚至混乱的现象，公民参与所带来的民主性和科学性一度成为了理论界与实践界争论的焦点，罗伯特·达尔更是指出了普通社会成员在政治生活中参与的增加所存在的可能的内在危险。但是公民参与作为实现民主和表达公民需求的重要手段既是我国宪法的明确规定，也是公共服务多元治理的必然要求，更是公共服务实现有效供给的科学化和民主化保障。党的十七大以来，公共服务均等化和社会管理创新已经被提到了一个战略高度，特别是《国家基本公共服务体系“十二五”规划》以及十八大报告、十八届三中全会通过的《中共中央关于全面深化改革若干重大问题的决定》更加强调了公共服务体系中公民参与的发展目标。对此，本文对于公共服务中的公民参与进行了系统性的文献梳理，期望为未来的学术研究和政策研究提供借鉴。

一、数据来源与研究方法

分析的文献取自中国学术期刊网络出版总库（CNKI），检索方式设定为：按题名方式检索，将“公共服务”“公共产品”“公共物品”“公共政策”“公共决策”等检索词分别与“公民参与”和“公众参与”检索词进行“并且”式检索；检索条件为“精确”；文献来源年限不做限定；文献来源

* 田昭，四川大学公共管理学院教师，公共管理博士研究生，研究方向：地方政府管理、公共服务。

类别为核心期刊和中文社会科学引文索引（CSSCI）上的文献。共检索出相关文献591篇，经比对筛选后确定精确文献555篇，操作时间为2015年12月8日。为了保证所选文献具备较高的研究价值和学术水平，确保研究内容和研究结果的准确可靠，笔者将媒体报道文章、工作报告、短讯等非学术论文予以剔除，同时还进行了对文献检索词中的近义词和泛义词予以合并的数据清洗工作，从而有利于减少文献分析误差，有效提升研究精确度。

文献分析工具采用的是美国德雷克塞尔大学陈超美博士开发的科学计量软件CiteSpace。该软件是国际领先的专业知识网络分析工具，其独特优点在于它能够通过最小树生成算法挖掘学科研究的主体维度和前沿主题，并形成若干前沿主题的演化历程。① 运用CiteSpace软件绘制的科学知识图谱，其基本原理以科学学、计量学为基础，通过应用数学、信息科学及计算机技术等方法开展对文献要素（如文献题名、作者、关键词）的同质性、契合性分析和研究测度。基于一定规模学术文献的计量分析和数据运算，CiteSpace软件即可实现对文献各要素的相互关联和有效聚类，进而探测出某知识领域的研究维度、知识结构、演变趋势等。

本研究将经过前述处理的公共服务质量研究文献按照特定格式导入CiteSpaceⅡ软件，设置年度切片时间为1年，阈值取前50，选择最小生成树算法，从而绘制出后文所示的时区视图、聚类图谱等，并生成了相应的参考信息。

二、公共服务中公民参与的时区分布与研究力量

1. 公共服务中公民参与研究的时区分布

我国对于公共服务研究的文献呈现出逐年增多的趋势，如图10—1所示，学者对于公共服务中公民参与的关注一方面基于社会需求的导向，另一方面也基于政府的政策需求，即政府的政策决策对于公共服务中的公民参与研究有着明显的导向作用。

① Chaomei Chen, "CiteSpace Ⅱ: Detecting and Visualizing Emerging Trends and Transient Patterns in Scientific Literature," *Journal of the American Society for Information Science and Technology*, 2006 (3), pp. 359-377.

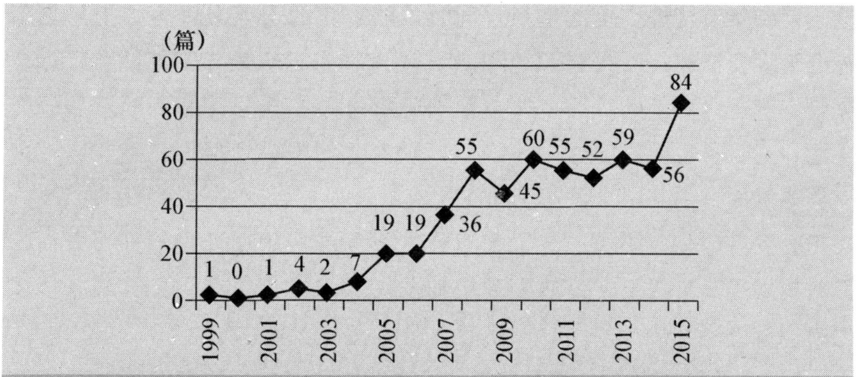

图 10—1 公共服务中公民参与研究文献的年代分布

公共服务中公民参与的研究具有典型的政策导向特征。如图 10—2 所示，2002 年党的十六大报告提出了改革和完善决策机制，2004 年的十六届四中全会又专门提出了“完善重大决策的规则和程序”，因此，2002—2006 年公共政策制定、政策过程中的公民参与成为研究热点，研究文献也有了一定程度上的增加。2006 年，党的十六届六中全会通过的《中共中央关于构建社会主义和谐社会若干重大问题的决定》提出，把建设服务型政府作为重要内容，逐步建成惠及全民的基本公共服务体系。2007 年，党的十七大报告进一步将服务型政府建设作为我国行政体制改革的目标，服务型政府建设成了公民参与公共服务研究的主题词，文献数量也相

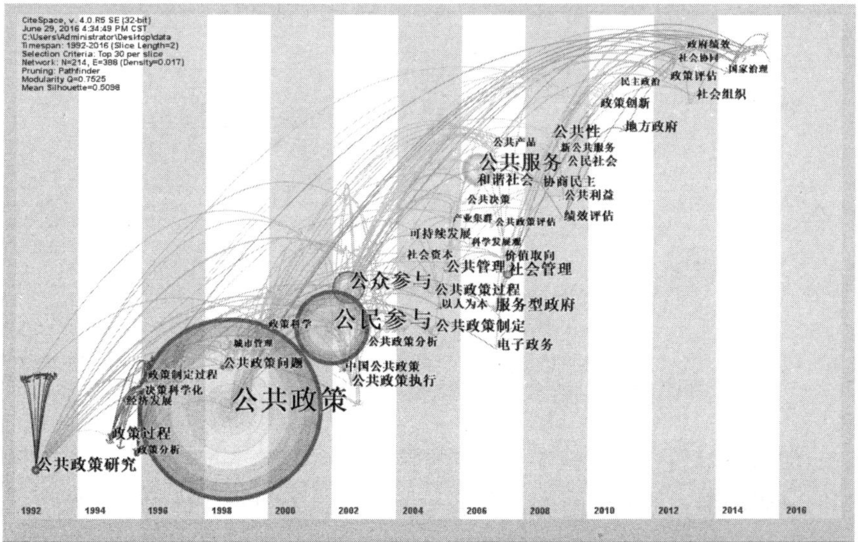

图 10—2 公共服务中公民参与研究主题聚类图谱

较于前一年有接近1倍的增量。同时，随着党的十七大报告提出了创新社会管理新格局，以及2011年胡锦涛同志在省部级领导干部社会管理及创新专题研讨班上的讲话，社会管理成为公民参与公共服务的重要研究主题，文献量也明显增加。2012年，随着党的十八大报告和十八届三中全会通过的《中共中央关于全面深化改革若干重大问题的决定》的发布，关于城乡一体化、协商民主、基本公共服务均等化和社会治理等方面的战略规划逐步被提出，公共服务中的公民参与被直接纳入公共服务体系之中，成为研究热点；同时，社会治理也成了公民参与的重要主题。

2. 关于公共服务中公民参与的研究领域和研究主体分布

如图10—3所示，对于公共服务中公民参与的研究遍布了社会科学领域的绝大多数学科，可见公共服务中公民参与的问题不仅仅是公共管理的学科问题，更是一个跨学科的研究问题，这也是未来研究的一个重要切入点。

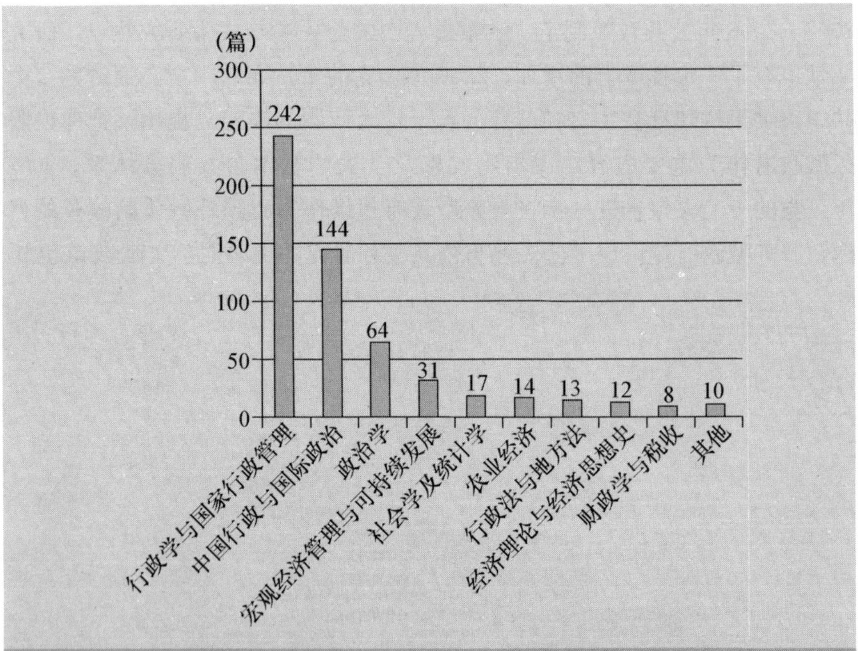

图10—3 公共服务中公民参与研究的学科分布

如图10—4所示，国内对于公共服务中公民参与的研究也呈现出典型的分布形态，其中中国人民大学是发文量最多的研究机构，代表学者为孙柏瑛、魏娜；其次是厦门大学，代表学者为陈振明、陈芳；然后为北京大学，代表学者为周志忍、燕继荣；再次是南京大学，代表学者为梁莹；之后是中山大学，代表学者为郭小聪、陈天祥和马骏。后面依次为武汉大学、上海交通大学、四川大学、吉林大学和东北大学。

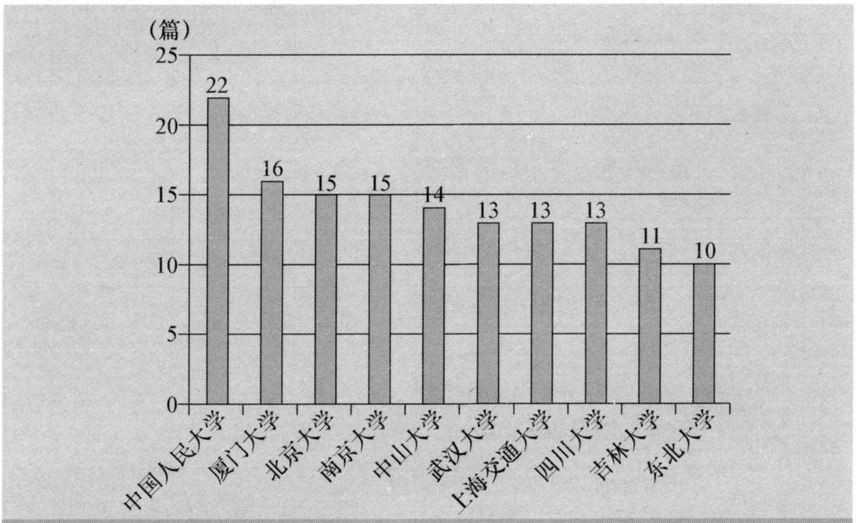

图 10—4　公共服务中公民参与的研究机构分布

另外，表 10—1 所示为研究公民参与公共服务的高频次引用论文①，这些论文的研究为公共服务中公民参与研究奠定了理论基础，划定了研究领域，探索了基本的研究方法。

表 10—1　　　　公共服务中公民参与高频次引文 20 篇

序号	作者	篇名	被引频次	年（期）	期刊名
1	党秀云	论公共管理中的公民参与	297	2003（10）	中国行政管理
2	周志忍	政府绩效评估中的公民参与：我国的实践历程与前景	279	2008（1）	中国行政管理
3	杨敏	公民参与、群众参与与社区参与	259	2005（5）	社会
4	孙柏瑛	公民参与形式及适用性研究	191	2005（5）	中国人民大学学报
5	燕继荣	协商民主价值与意义	168	2006（6）	科学社会主义
6	王洛忠	我国转型期公共政策过程中的公民参与研究——一种利益分析的视角	140	2005（8）	中国行政管理

① 本文对于高频次引用论文的界定不仅仅基于引用率，还兼顾文章对于本领域研究的影响力，并据此选取了 20 篇作者认为对公共服务中公民参与研究影响深远的文章。

续前表

序号	作者	篇名	被引频次	年（期）	期刊名
7	孙永怡	我国公民参与公共政策过程的十大困境	135	2006（1）	中国行政管理
8	姜晓萍	构建服务型政府进程中的公民参与	124	2007（4）	社会科学研究
9	杨光斌	公民参与和当下中国的治道变革	101	2009（1）	社会科学研究
10	孙柏瑛	我国公民有序参与：语境、分歧与共识	72	2009（1）	中国人民大学学报
11	王建军	论公共政策制定中的公民参与	71	2006（5）	四川大学学报
12	张开云 张兴杰 李倩	地方政府公共服务供给能力：影响因素和实现路径	67	2010（1）	中国行政管理
13	于新恒	公共服务型政府建设与公民参与	40	2007（1）	长白学刊
14	刘素仙	公民参与：建设公共服务型政府的根本路径	38	2007（4）	理论探索
15	汪锦军	公共服务中的公民参与模式分析	25	2011（4）	政治学研究
16	谢正阳等	体育公共服务体系建设中公民参与的必要性、可行性和路径	25	2011（5）	体育学刊
17	孙晓莉	公共服务中的公民参与	18	2009（4）	中国人民大学学报
18	何文盛等	中国地方政府绩效评估中公民参与的障碍分析及对策	17	2011（1）	兰州大学学报
19	彭向刚 张杰	论我国公共服务创新中公民参与的价值和路径	16	2010（4）	吉林大学学报
20	姜晓萍 郭金云	基于价值取向的公共服务绩效评价体系研究	13	2013（6）	行政论坛

三、公共服务中公民参与研究的知识图谱

公共服务中的公民参与研究主要是将公民参与的研究限定在公共服务的概念框架之内，由于公共服务本身的广泛外延，本文还将把公共产

品、公共政策作为公共服务中公民参与的研究内容。通过对所选取的555篇文章的聚类分析，形成了如图10—5所示的知识图谱。

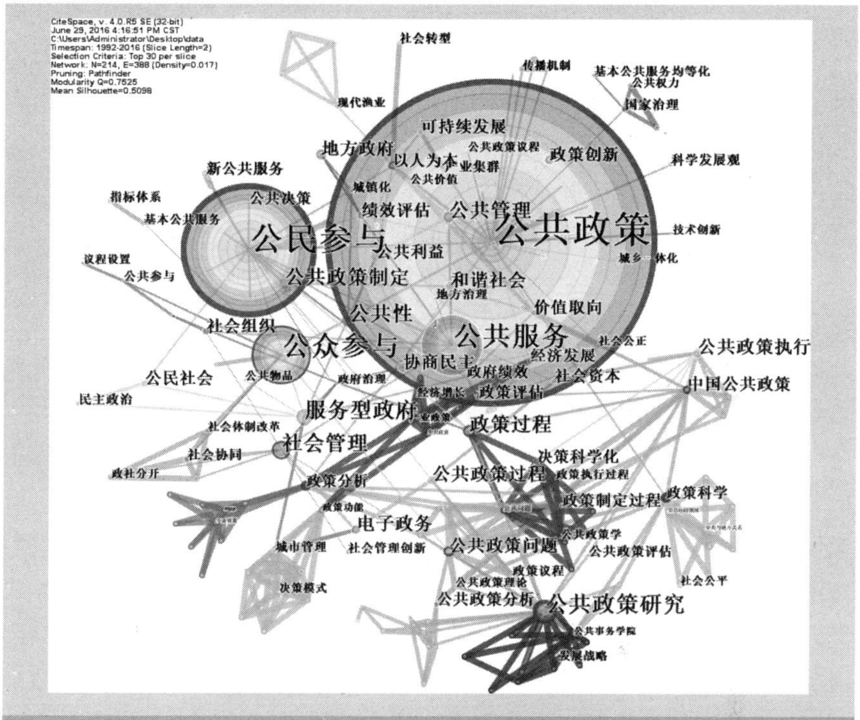

图10—5　公共服务中公民参与研究知识图谱

当前国内对公民参与的研究，如图10—5所示，主要表现在以下五个方面：

（1）政府活动或政府建设中的公民参与。研究主要侧重从政府的角度研究公民参与，通过政府与公民的互动来研究公民参与公共服务问题，主要表现为：一是以服务型政府建设为视角，强调公民参与公共服务是服务型政府建设的重要内容，并提出构建公民参与服务型政府建设的路径，代表学者包括姜晓萍、刘素仙、于新桓、孙友祥等。二是以责任政府为研究视角，将实现公民参与公共服务作为政府责任，强调政府扩大公民参与的职责和路径研究，代表学者包括陈国权、沈荣华、韩慧、刘重春等。三是以电子政务作为公民参与公共服务的研究路径，认为电子政务是公民参与公共服务的重要载体，而未来的电子公共服务体系更是公民参与的核心对象，代表学者包括陆敬筠、芮国强、曾丽红等。以政府为载体的公共服务公民参与研究，强调公民参与公共服务本身就是政府的重要职责，核心在于建立起政府与公民的有效互动机制，目标则在于保障公共服务的需求导向和高效供给。

（2）社会治理中的公民参与。研究注重公民参与公共服务的社会价值，强调公民参与本身就是公共服务治理主体，并将公共服务中的公民参与纳入社会治理体系之中。研究主要集中在以下方面：一是将公民参与作为社会协同主体进行研究，强调公民参与过程的协同体制下的角色定位和协同机制建设。二是将公民作为和谐社会的重要因素，强调公民有序参与公共服务对社会稳定与和谐的价值，代表学者包括朱力、俞可平、方堃等。三是研究公民以社会组织形式有效参与公共服务的路径，重要研究公民的组织参与，代表学者有杨柯、李强、丰存斌。四是研究公民参与公共服务治理之道，强调公民参与公共服务是社会治理的重要内容，代表学者有陈天祥、周晓丽。

（3）政策制定中的公民参与。研究中主要侧重于公共政策全过程中的公民参与研究，包括对公民参与公共决策、政策制定、政策执行、政策评估中的公民参与问题、障碍和路径研究。具体包括：对公共政策制定中的公民参与研究，包括公民参与公共决策和影响公共政策制定方式等方面的研究，代表学者包括王建军、朱永成、朱德米、魏娜、王建容。对公共政策过程，特别是执行过程中的公民参与研究，代表学者包括梁莹、王洛忠、孙永怡等。公共政策评估中公民参与的研究，代表学者有董幼鸿、王礼鑫。

（4）民主政治中的公民参与研究。研究中主要将公民参与作为民主政治价值诉求的实践方式，探索公民参与对于政治民主的价值和意义。当前学者在这方面的研究主要集中在以下几方面：一是研究选举民主中的公民参与问题，代表学者包括汪习根、李永洪、刘海潮等。二是研究协商民主下的公民参与问题，代表学者包括陈家刚、齐卫平、马奔和李强彬。三是研究网络时代公民参与对民主政治的影响，代表学者有宋元林、刘力锐、徐家良等。

（5）公共服务中的公民参与研究。研究中主要将公民参与作为公共服务决策、供给、管理、监督和评估的全过程要求，研究公民参与在公共服务科学性和民主性方面的特征。研究包括：一是以公共服务过程中的公民参与作为研究路径，代表学者包括陈振明、王佃利、万玲、彭正波。二是以公共服务属性和目标作为公民参与的研究路径，代表学者为孙柏瑛、汪锦军。三是以公民为研究对象来研究公共服务中的公民参与，代表学者为孙晓莉、杨敏。四是从公民参与机制的发展变迁的角度来研究公众参与，主要从制度环境的角度来分析公民参与的有效形式，代表学者为姜晓萍、衡霞。

四、公共服务中公民参与研究的热点和主题分析

1. 关于公共服务供给中公民参与的研究路径

当前学术界对于公共服务中公民参与主要从以下方面进行研究：

一是以公共服务过程中的公民参与作为研究路径，将公共服务的过程与公共政策相联系，强调公共服务过程中公民对于公共服务诉求输入、过程调控和效果评估的参与。其中，政策输入研究主要研究了公民需求对于公共服务决策的输入机制，包括公民的需求表达和利益诉求表达，如万玲、何华兵就提出了创新基本公共服务中公众需求的表达机制，包括智库参与决策、听证制度、专业民调、大众媒体参与平台以及公众的组织和参与路径等。① 彭正波也提出了公民参与公共服务决策所必须构建的需求显示机制、决策参与机制以及方案选择与评估机制。② 在过程调控阶段，主要研究公民对于公共服务的合作参与程度，既包括公民配合公共服务的执行、使用公共服务的成果，也包括公民自身参与到公共服务的供给和公共事务的治理之中。如学者汪锦军就按照公共服务过程中公众发挥的作用将公共服务过程中的公民参与划分为了矫正型参与、改进型参与和合作型参与。③ 在效果评估阶段，主要研究公民对公共服务的反馈，表现为公民对公共服务的满意度研究，这也是当前公共服务中公民参与的重要内容。包括朱国玮进行的公众满意度测评理论和实证研究④，刘武等基于公共服务顾客满意度构建的满意度测评的结构方程模型⑤，陈振明、王

---

① 参见万玲、何华兵：《公众参与基本公共服务均等化的制度设计》，载《云南行政学院学报》，2013 (3)。

② 参见彭正波：《地方公共服务供给决策中的公众参与研究》，载《经济体制改革》，2009 (3)。

③ 参见汪锦军：《公共服务中的公民参与模式分析》，载《政治学研究》，2011 (4)。

④ 参见朱国玮：《公众满意度测评理论与实证研究》，载《兰州大学学报（社会科学版）》，2007 (3)。

⑤ 参见刘武、刘钊、孙宇：《公共服务顾客满意度测评的结构方程模型方法》，载《科技与管理》，2009 (4)。

佃利、朱玉春、李倩等分别就地方公共服务实践进行的实证研究。①

二是以公共服务属性和目标作为公民参与的研究路径，即将公共服务的属性作为公民参与的基础性要素进行分析，结合公共服务所要达成的目标，探索不同类别公共服务的公民参与路径和渠道。孙柏瑛在托马斯公民参与有效模型的基础上，从公民参与形式的政策议题性质和公民参与拟达成的目标两个维度，以分析公民参与有效性为研究方向，将公民参与分为：政府自主决策下的公民无参与或低度参与、以获取信息为目的的公民参与、以政策接受和支持为目的的公民参与和由公民组织主动发起的公民参与。并根据这些类型提出了主要的公民参与形式，包括关键公众接触、公民调查、公民投诉、公民会议、公民听证或咨询委员会、公民论坛以及社区发展公司。②

三是以公民为研究对象来研究公共服务中公民参与，着重从公民的角度出发，研究公民参与公共服务的有效路径。如孙晓莉根据公民参与公共服务的动力因素，将公民参与公共服务划分为政府推动型、精英主导型和公众自治型，并总结了公民参与公共服务的基本形式，包括公共服务的评价、选择、决策和供给。③ 杨敏根据公民参与动机和策略的不同，将公民参与分为依附性参与、志愿性参与、身体参与和权益性参与。④

四是以公民参与机制的发展变迁来研究公民参与。主要从制度环境的角度来分析公民参与的有效形式。如姜晓萍、衡霞从参与机制的成熟度和公民参与的自主性出发将公民参与划分为以下三种模式：机制完善的公民自主参与、机制完善的公民假性参与和机制不完善的公民自发参与。⑤

---

① 参见陈振明等：《公共服务绩效评价的指标体系建构与应用分析——基于厦门市的实证研究》，载《理论探讨》，2009（5）；王佃利、宋学增：《公共服务满意度调查实证研究——以济南市市政公用行业的调查为例》，载《中国行政管理》，2009（6）；朱玉春、唐娟莉、郑英宁：《欠发达地区农村公共服务满意度及其影响因素分析——基于西北五省1 478户农户的调查》，载《中国人口科学》，2010（2）；李倩、张开云：《农村公共服务满意度现状与对策——基于广东省农村公共服务调查的分析》，载《社会科学家》，2010（6）。

② 参见孙柏瑛：《公民参与形式的类型及其适用性分析》，载《中国人民大学学报》，2005（5）。

③ 参见孙晓莉：《公共服务中的公民参与》，载《中国人民大学学报》，2009（4）。

④ 参见杨敏：《公民参与：群众参与和社区参与》，载《社会学研究》，2005（5）。

⑤ 参见姜晓萍、衡霞：《社区治理中的公民参与》，载《湖南社会科学》，2007（1）。

2. 公共服务中公民参与行为的研究

当前公共服务中的公民参与行为研究主要集中在公民参与公共服务的领域、目的和路径三个层面，分别界定了公民参与的边界范围、参与的动力和参与的特征。

关于公共服务中公民参与的领域研究，主要研究公共服务中公民参与的政策领域、现实领域和制度领域，研究集中于这些领域中公民参与的必要性和有效性。从当前的研究来看，公共服务中的公民参与领域选择主要仍是以参与的便利性和利益相关性为主要准则。如傅广宛等通过对中部六省的调查问卷发现经济、教育、三农、社保等是公众参与最多的领域，而这些领域主要和公众利益最为相关。① 魏娜、袁博以问卷形式对北京和青岛两地公共政策中公众参与兴趣和行为进行了调查，发现越是贴近公众生活的公共服务和公共决策，越能吸引公众的参与，包括住房、医疗、公共设施等都是公众关注和参与的重要领域。②

关于公共服务中公民参与的动机研究，主要研究公民参与行为背后的动力。一方面是关于公民参与所要实现的目标研究，朱圣明基于实证案例研究，将公众参与公共服务和公众参与的直接目标界定为改善自身的生活质量。③ 姜晓萍、郭金云将公共服务绩效评估中的公民参与价值界定为民主治理④；还有学者认为公民参与公共服务在于维护、保障和实现自身的权利，如谢正阳等。⑤ 另一方面是公民参与的动机研究，梁莹实证研究了当前公民参与志愿公共服务的动机，认为公民参与是利己型动机和利他型动机的混合产物，且这一动机受多种变量的影响。⑥ 傅广宛等通过实证研究得出结论，公众参与动机由强到弱分别为：公民责

① 参见傅广宛、张继平、傅雨飞：《政策制定中的公民参与：途径、偏好与绩效——基于社会性别主流化的角》，载《江汉论坛》，2008 (2)。

② 参见魏娜、袁博：《城市公共政策制定中的公民网络参与》，载《中国行政管理》，2009 (3)。

③ 参见朱圣明：《民生决策中的公民参与——一个地方乡村治理的新技能和新策略》，载《公共管理学报》，2007 (7)。

④ 参见姜晓萍、郭金云：《基于价值取向的公共服务绩效评估体系研究》，载《行政论坛》，2013 (6)。

⑤ 参见谢正阳等：《体育公共服务体系建设中公民参与的必要性、可行性和路径》，载《体育学刊》，2011 (5)。

⑥ 参见梁莹：《利己型参与动机与利他型参与动机：中国本土化语境中的融合发展》，载《理论探讨》，2013 (1)。

任、公民权利、公共利益、个人利益、个人兴趣和从众行为。①

关于公民参与特征的研究，主要是研究当前的政治经济环境下，公民参与行为的特征。一是公民参与主体特征的研究，如杨光斌就认为当前中国政治社会形态下的公民参与包括了选举政治下的个人参与、无组织的群体参与和为特定利益形成的团体参与，形成了正式制度和非正式制度的参与形式和理想型公民参与主体、利益型公民参与主体和泄愤型公民参与主体三个类型。② 二是公民参与行为的特征研究，朱水成提出了当前公民参与的主要特征表现为：参与的广泛性、参与整体的有序性和局部的无序性、参与中的公益取向和非公益取向并存、参与的非均衡性。③ 三是公民参与策略特征的研究，如陈芳就专门研究了公民参与策略的异化特征，包括“分开抓”策略的异化倾向、维稳策略的异化倾向和激励策略的异化倾向。④

3. 公共服务中公民参与的影响因素研究

关于公共服务中公民参与的影响因素研究主要表现在以下方面：

以政府作为研究对象，探讨政府对公民参与公共服务的影响研究。主要包括政府对于公民参与的态度，学者孙晓莉认为“政府对公民参与公共服务支持还是反对，是名义支持还是实际支持，支持的程度如何等，都在很大程度上直接影响到公民参与公共服务的效果”⑤。梁馨予则强调了政府民主意识对于公共服务中公众参与的影响，认为当前的官本位思想和传统行政体制所带来的政府单中心决策体系使得很多政府官员摆出“民之主”的错位姿态，与公共服务建设背道而驰。⑥

以公民为研究对象，探讨公民自身特征对于参与公共服务的影响。一是公民的参与意识，如学者罗中枢、王卓通过对成都公民意识的调研，总结了造成公民意识障碍的五大因素：中国传统思想、全能政府的束缚、经济因素的制约、文化教育的落后以及城乡发展的不协调。⑦ 二是公民

① 参见傅广宛、傅雨飞：《政策制定中的公民参与：信息渠道、动机和频次》，载《中国行政管理》，2007（12）。

② 参见杨光斌：《公民参与与当下中国的治道变革》，载《社会科学研究》，2009（1）。

③ 参见朱水成：《“精英决策”模式下的公民参与研究》，载《理论探讨》，2008（5）。

④ 参见陈芳：《公民参与策略异化的倾向及预防》，载《东南学术》，2010（6）。

⑤ 孙晓莉：《公共服务中的公民参与》，载《中国人民大学学报》，2009（4）。

⑥ 参见梁馨予：《试析公共服务中的公民参与》，载《理论月刊》，2011（4）。

⑦ 参见罗中枢、王卓：《公民社会与农村社区治理》，50～52页，北京，社会科学文献出版社，2010。

参与能力，如学者漆国生就归纳了公众参与公共服务能力不足的表现，包括参与意识淡薄和心态冷漠、参与行为被动与动力不足、参与行为不当与参与理性不足、基础知识和专业技能较低、参与型文化缺失等原因。① 三是公民参与动力，学者姜晓萍、衡霞从公民参与的内在动力和外在动力以及其他体制性障碍三个方面总结了公民阻碍公民参与的障碍。② 四是公民的利益相关性，孙柏瑛等将其归纳为利益相关人和政策议题所涉及利益的密切程度、公民实施参与行动力图达到的预期成果及可能性、公民对政府的信任程度等因素。③

以参与过程为研究对象，探索公民参与公共服务过程中的影响因素。一是公民参与公共服务过程的决策因素研究，如孙柏瑛就认为影响公民参与的政策因素包括政策议题的技术化或专业化、政策议题的结构化程序、政策制定的信息状况、政策问题实际的利益关系人状况、政策被公民理解和接受的程度。④ 二是公民参与公共服务过程的信息影响因素，信息的充分性和可及性被认为是实现公共服务公民有效参与的基础要素，而当前的信息不对称、数字鸿沟等问题正是影响公民参与有效性的重要因素，孙晓莉就认为信息的完备与否直接决定着公民的参与动力⑤；而魏娜、韩芳也提出了当前因为资讯过多而形成的信息的阴霾，公民更难提取有效的信息⑥。

以社会网络关系为研究视角，研究公民参与公共服务的社会影响因素。当前的政策网络分析逐步应用到公共服务公民参与的研究之中，对于公共服务中公民参与的研究也更加关注公民所处的网络信息对参与的影响。一是运用政策网络分析方法对公民参与进行研究，强调政策网络关系对公民参与公共服务的研究，周恩毅等就认为在政策网络分析框架下，政府不仅需要考虑自身的政策需求，还要从网络的视角出发，关注网络行动者、网络结构和网络演化动态，以期更好地实现政策效果和社会发展目标。⑦ 二是以社会资本分析框架研究公民参与，孟天广、马全

---

① 参见漆国生：《公共服务中的公众参与能力探析》，载《中国行政管理》，2010（3）。

② 参见姜晓萍、衡霞：《社区治理中的公民参与》，载《湖南社会科学》，2007（1）。

③④ 参见孙柏瑛：《公民参与形式的类型及其适用性分析》，载《中国人民大学学报》，2005（5）。

⑤ 参见孙晓莉：《公共服务中的公民参与》，载《中国人民大学学报》，2009（4）。

⑥ 参见魏娜、韩芳：《邻避冲突中的新公民参与：基于社会建构的过程》，载《浙江大学学报（人文社会科学版）》，2015（12）。

⑦ 参见周恩毅、胡金荣：《网络公民参与——政策网络理论的分析框架》，载《中国行政管理》，2014（11）。

军研究了社会资本对于公民参与意识的影响，并认为参与网络、社会宽容和信任对于公民参与意识有着重要的影响。① 涂晓芳等的研究也认为社会资本越丰富，参与程度越高，参与的绩效也越高。以信任、公共参与为特征体现出来的社会资本对基层民主的发展具有不可估量的影响。②

4. 公共服务中公民参与的效果研究

以参与成本的视角进行研究。这一研究立足经济学社会交易成本的理念，研究公民参与成本与参与绩效的关系，从而论证公民参与的有效性。邹俊、王传谌提出了公众参与的成本，包括从主体上来看可以分为政府成本和公民成本，政府为吸引和组织公民参与要付出相应的行政成本，同时公民也要付出必要的参与成本，如机会成本、时间成本、信息搜寻成本、谈判成本和监督成本等，并在此基础上以资产专用性理念来探索公民参与有效性的路径。③

以参与效果的视角进行研究。主要研究公民参与的效果如何得以评估。朱德米总结了当前国内外关于公民参与评估的研究，认为当前关于公民参与效果评估的研究主要集中于以下几个方面：一是确立评估框架，包括评估主体、过程、工具和结果的应用；二是评估的标准；三是评估的测量，主要是托马斯所提出的测量决策有效性的模型。④ 而国内对于公众参与效果的研究仍然较少，现有的研究更多在论述公民参与在法律和制度层面上的有效度。

5. 公共服务中公民参与的有效途径研究

关于提高公民参与公共服务的对策，国内学者的研究主要集中在以下几个方面：

一是合理界定公民有效参与的公共服务领域。认为公共服务中的公民参与必须根据不同的客观环境采取不同的参与模式。学者汪锦军就认为公民参与的引入主要是在一些涉及具有利益相关性的公共服务领域，而某些涉及非常专业化的知识和技能的公共服务领域则应引入相关的专

---

① 参见孟天广、马全军：《社会资本与公民参与意识的关系研究》，载《中国行政管理》，2011（3）。

② 参见涂晓芳、汪双凤：《社会资本视角下的社区居民参与研究》，载《政治学研究》，2008（3）。

③ 参见邹俊、王传谌：《交易成本、资产专用性与公民政策参与绩效提升》，载《行政论坛》，2015（6）。

④ 参见朱德米：《回顾公民参与研究》，载《同济大学学报》，2009（6）。

家和进行科学的论证。[①]

二是强化公民参与能力。学者漆国生认为应该强化公民的公共服务意识和公共责任意识。[②] 罗中枢、王卓认为，应该加强公民尤其是农民的主体性精神培育。[③] 褚松燕从政府的角度出发，认为政府作为公共权力的掌握者就必须关注公民的权利要求，并按照这些权利要求对公共权力合法性的影响以及国家发展战略进行排序，对权利要求转化为权利现实的可能性进行分析。[④] 梁馨予、张勤认为加强公民意识一方面要通过教育积极培养公民参与意识和公民精神，另一方面政府也要明确在推进公民参与中的自身责任。[⑤]

三是完善公民参与制度。如彭向刚、张杰认为，要完善公共服务信息公开制度和公民参与的回应和反馈制度。姜晓萍、衡霞则强调实现公民参与的内在动力机制创新、外在动力机制创新和体制创新。

四是实践信息网络技术下的公民参与。李传军就指出了电子公共服务所具有的网络化、便利性、集成化、个性化、互动性、透明性、高效化特征，并认为电子公共服务能够起到降低公民参与成本，提高公民参与效果的作用。[⑥] 魏娜、袁博论述了网络公民参与的巨大意义，并提出了完善公民网络参与的路径。[⑦]

五是培育和壮大社会组织强化公民参与。周红云就认为“社会中公民和社会组织的自我管理是维持社会秩序和社会稳定的根本条件”[⑧]。赵刚印提出提高公民参与效果的社会组织能力建设。[⑨] 高洪贵提出了从培

---

① 参见汪锦军：《公共服务中的公民参与模式分析》，载《政治学研究》，2011（4）。

② 参见漆国生：《公共服务中的公众参与能力探析》，载《中国行政管理》，2010（3）。

③ 参见罗中枢、王卓：《公民社会与农村社区治理》，50～52页，北京，社会科学文献出版社，2010。

④ 参见褚松燕：《我国公民参与的制度环境分析》，载《上海行政学院学报》，2009（1）。

⑤ 参见梁馨予、张勤：《试析公共服务中的公民参与》，载《理论月刊》，2011（4）。

⑥ 参见李传军：《电子公共服务：电子政府发展的新方向》，载《行政管理改革》，2010（3）。

⑦ 参见魏娜、袁博：《城市公共政策制定中的公民网络参与》，载《中国行政管理》2009（3）。

⑧ 周红云：《理解社会管理和社会管理体制：一个角度和框架》，载《中共天津市委党校学报》，2009（3）。

⑨ 参见赵刚印：《公众参与的应然与实然——增强公众参与社会治理有效性的路径选择》，载《理论探讨》，2006（3）。

育社会组织能力、创新社会组织参与方式和增加社会组织公信力等方面提升公众参与的效果。①

五、公共服务中公民参与研究的不足和未来发展方向

当前学术界对于公共服务中公民参与的研究可以看出，公民参与作为公共服务科学属性的要求和民主公共属性的要求已经达成共识，而对于不同公共服务的公民参与方式，学者则有不同的看法，但也都承认公共服务属性决定了公民参与方式的有效性。对于公共服务中公民参与的研究，学者从规范定性研究到定量研究，采用了多种研究方法，并进行了大量的实证验证和分析，取得了大量具有中国特色的研究成果。而同时，当前公共服务中的公众参与研究仍存在一些不足和空缺，需要后来的研究者进行研究。

（1）关于公共服务中公民参与的发展变迁的研究不足。学者的研究主要集中于当前的问题导向研究，而缺乏公共服务中公民参与基于经济社会发展而出现的参与规律变迁研究，导致当前的研究基础不牢固，也使得公共服务中公众参与的深层次规律和隐性因素没有被发掘，研究缺乏前瞻性。对此，未来的研究中亟须对于我国古代、近代和现代公共服务中公众参与的发展变迁进行研究，寻找其中的规律，探索中国的公共服务治理之道。

（2）关于公共服务中公民参与影响机制研究。当前公共服务中公众参与的影响因素研究主要是静态的影响因素分析，而缺乏动态的影响因素作用过程研究，这就造成了当前学术界对于公共服务中公民参与过程研究的不足，无法把握公民参与公共服务的演变机理，进而难以对公民参与的有效性进行把握和控制。对此，未来的研究需要对公共服务中公民参与的影响机制进行研究，研究这些影响因素如何发挥作用、如何影响到公民的选择和行为变化，如何实现这一变量的控制从而提高公民参与质量。

① 参见高洪贵：《公民参与地方公共服务绩效评估：价值、困境和路径》，载《广西社会科学》，2015（9）。

(3) 关于公共服务中公民参与的绩效评估研究。长久以来，公民参与公共服务并没有作为绩效特征予以考虑，部分学者虽然考虑到公民参与的成本特征，但是由于参与的多重属性而没有将参与效果作为研究的重点。事实上，公民参与公共服务的效果直接决定着公民参与的必要性，决定着公民参与的合法性基础。因此，未来的研究中需要将公民参与公共服务的绩效进行评估，包括要设计出具有多元属性的公民参与有效性标准指标体系，科学合理的评估方法以及评估的实施管理过程。而这也是未来关于公共服务中公民参与研究的一个重要突破点。

(4) 关于公共服务中公民参与的风险分析。公民参与公共服务存在风险点，当前的研究中主要是从有序和无序两个标准来对公民参与进行考量，没有分析公民参与的潜在风险要素。而现实中，由于公民参与而引发并激化的社会矛盾、社会冲突和社会风险比比皆是，而对公民参与的研究中却对其重视不够。因此，对公共服务中公民参与的潜在社会风险分析就显得尤为重要，包括对风险的判断、风险与参与之间的关系研究、风险点的控制以及风险预防和应对，这些研究都具有理论和实践价值。

(5) 关于多元研究方法的应用。当前对于公共服务中公民参与的研究更多的仍是采用理论分析、调查问卷、数据分析等研究方法，发现了大量的公民参与公共服务的表层问题，而对深层次的分析严重不足，制约了当前的理论创新和实践政策的效用。对此，可以采取多元的深入里层的研究方法，如焦点访谈法、个案研究法、实验法等方法，深入公民参与公共服务的里层心理、动机和行为研究，提炼和归纳规律，加速中国本土化的理论创新。

总之，公共服务中公民参与问题既是提升公共服务质量的科学化问题，也是扩大民主参与的政治性问题，又是一个个体与集体互动的行为学问题，其复杂性使得其研究出现了大量困难，是一个需要多学科交叉研究的学术难题。

第十一章
基本公共服务均等化实践案例研究述评

张 超*

引 言

案例研究一直反映了在该学术领域研究的实际价值，因为案例来源于实践，没有经过理论的抽象与精简，是对客观事实全面而真实的反映，将案例研究作为一项科学研究的起点能够切实增加实证的有效性。鉴于此，本章从实践案例研究的视角，选取了该领域相关学者对基本公共服务均等化实践案例研究具有较高水平的经典文献，目的是通过对他们的研究进行研究（即所谓的“元研究”）的方法，来反观与再检验基本公共服务均等化推行实践的效应，从而让公共服务理论体系的认识变得感性和具体，使学界相关领域的研究者对于公共服务理论的理解有更加充分的浸透。但必须指出，案例的研究虽说是建立在相关主题之上，且案例本身就是个案，具有不可复制的特点，因此，案例研究也难免出现因时间和空间而导致的差异。本章包括数据来源与研究方法、基本公共服务均等化实践案例研究的时区分布与研究力量、基本公共服务均等化实践案例研究的知识图谱分析、基本公共服务均等化实践案例研究的热点与专题分析、基本公共服务均等化实践案例研究的发展趋势五个部分。

一、数据来源与研究方法

通过主题词检索的方式确定数据源，分析的数据均来自中国学术期

* 张超，四川绵阳人，四川大学公共管理学院博士研究生。

刊网络出版总库（CNKI），设置文献类别为核心期刊。值得指出的是，核心期刊选登的文献一般都具有较高的学术水平和研究价值，一定程度上保证了研究内容和研究结果的准确性与可靠性。每一条数据记录主要包括文献的作者（author）、题目（title）、摘要（abstract）、关键词（keywords）、来源期刊（source journal）和发文年份（years）。为了保障研究的科学性和准确性，因此在收集资料时一定要注重全面性。基于此，本章有以下两种考虑：其一，公共服务的研究范围比较宽泛，涉及基本公共教育、劳动就业服务、社会保险、基本住房保障、基本医疗卫生、基本社会服务、人口和计划生育、公共文化体育及残疾人基本公共服务领域等①，而纵观国内外学界已有文献，均等化的研究则牵涉到基本公共服务的方方面面。因此，要保障文献收集的准确性、完整性和不重复性，主题词的选取必定以“公共服务”一词为主线。其二，有关实践案例的研究大多是以省、市或地区为例，以此突出地方上的特殊性，并从特殊性中找寻研究共性，这业已成为学界俗成的规律。基于以上两点思考，本章将主题词设置为“公共服务”并含“例”，在检索控制条件中，将期刊年限设置为“不限”。在内容检索条件中，设置检索条件为“精确”，总共检索到 862 篇文献题录，经过地毯式的比对筛选后获取精确文献 327 篇，文献时间跨度为 2001—2015 年，采集数据时间为 2015 年 11 月 25 日。必须指出的是，基本公共服务均等化的实践案例从某种程度上可以归属于公共服务体系研究的一个子课题，国内学界有关公共服务体系的研究相对而言比较成熟，文献量也较多，但有关基本公共服务均等化的案例研究却相对较少，因此发文量也相对不足。

本章采用的是量化与质性相结合的研究方法。量化研究指借助科学知识图谱的文献分析工具 CitSpaceⅢ，绘制知识图谱，利用可视化来呈现基本公共服务均等化实践案例研究的规律和分布情况，全景式再现基本公共服务均等化实践案例研究的时区分布、研究力量和发展趋势。质性研究是指在充分收集相关文献后，采用归纳法对原始资料进行文本分析与整合，锁定经典文献，深度挖掘研究前沿和热点，实现对知识图谱的解答，达到对基本公共服务均等化实践案例研究实然描述与应然思考的双重统一。

---

①　参见《国家基本公共服务体系“十二五”规划》，见 http://www.gov.cn/zwgk/2012-07/20/content_2187242.htm，2012-07-20。

二、基本公共服务均等化实践案例研究的时区分布与研究力量

发文量反映了学术研究的焦点，是学界研究走向的重要标杆。对2001年以来基本公共服务均等化实践案例研究的发文量情况分析（见图11—1）可知，发文量变化曲线显示，从2001年开始，发文量都呈现出上升态势，尤其是2007年以后，发文量激增，到2011年达到第一个高峰值，全年达到47篇发文总量，此后关于基本公共服务均等化案例研究的发文量一直维持着红火的上升态势，2014年达到第二个高峰，发文量已达到55篇。发文量的递增反映了学界对基本公共服务均等化实践案例研究的关注度越来越高，而剖析这一关注度的提升却是需要从表与里这两个维度来分析。从表层看，案例研究的目的不在于验证理论，而是形成理论。案例研究就是要从“个体”而非“样本”中归纳凝练出一般性的共性问题，从特殊性中找寻具有普适性的经验，将经验上升到理论。纵观学界，有关实践案例的研究大多是以省、市或地区为例，因此，对基本公共服务均等化的实践案例研究，就是为了研究基本公共服务均等化在各省、市或地区实施操作的情况，最终的价值归属便是从各地方执行的个体差异中形成一套可供使用的经验。因此，对实践案例的研究往往必须建立在公共服务研究的主体之上，可以说，基本公共服务均等化实践案例研究是公共服务体系研究的一个子课题，这也正是我们在绘制科学知识图谱中所反映出来的情况。从里层挖掘，对于这一问题再次做深度洞察，可以发现，关注度的提升受政府政策制定驱动影响较大。如2006年10月，党的十六届六中全会首次提出，要逐步形成惠及全民的基本公共服务体系。① 2007年10月，党的十七大和十七届二中全会强调，要增强政府提供基本公共服务的能力、推进基本公共服务均等化，努力使全体人民学有所教、劳有所得、病有所医、老有所养、住有所居，推动建设和谐社会。党的十七届五中全会进一步提出，

---

① 党的十六届六中全会通过的《中共中央关于构建社会主义和谐社会若干重大问题的决定》把“基本公共服务体系更加完备，政府管理和服务水平有较大提高”作为构建社会主义和谐社会的目标之一。

要逐步完善符合国情、比较完整、覆盖城乡、可持续的基本公共服务体系。① 这一系列重大决策为推进基本公共服务体系建设明确了方向。故从 2006—2008 年，学界关于公共服务体系的研究逐步增加。2011 年，"十二五"规划纲要又把"建立健全符合国情、比较完整、覆盖城乡、可持续的基本公共服务体系，逐步缩小城乡区域间人民生活水平和公共服务差距"作为"十二五"期间经济社会发展的目标之一，并且于 2012 年 7 月，国家发改委颁发中国基本公共服务领域首部国家级专项规划——《国家基本公共服务体系"十二五"规划》，首次明确提出基本公共服务的范围、国家基本标准，提出实施 26 项保障工程。② 在中央政策导向下，各级政府也推出了一系列完善公共服务体系的制度，再次激发学术界对公共服务体系研究的热情，故从 2011 年开始，关于公共服务体系的研究成果再次猛增，同时也带动了基本公共服务均等化实践案例研究达到一个新的高峰值。

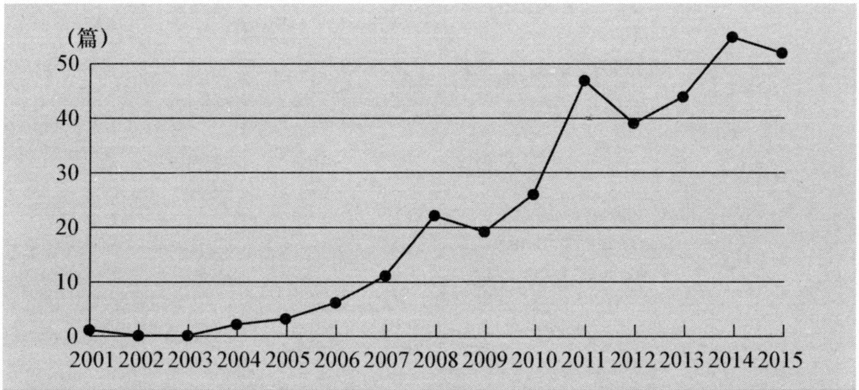

图 11—1　文献的年代分布

表 11—1 是 2001—2005 年基本公共服务均等化实践案例研究发文量居前 20 位的高产作者，表 11—2 是 2001—2005 年发文量居前 20 位的核心机构。由表可知，在研究机构上，有关基本公共服务均等化实

① 党的十七大报告提出"加快推进以改善民生为重点的社会建设"，要求"必须在经济发展的基础上，更加注重社会建设，着力保障和改善民生，推进社会体制改革，扩大公共服务，完善社会管理，促进社会公平正义，努力使全体人民学有所教、劳有所得、病有所医、老有所养、住有所居，推动建设和谐社会"。

② 《国家基本公共服务体系"十二五"规划》提出，"建立健全基本公共服务体系，促进基本公共服务均等化，是深入贯彻落实科学发展观的重大举措，是构建社会主义和谐社会、维护社会公平正义的迫切需要，是全面建设服务型政府的内在要求"。

践案例研究的单位大多仍集中在各大知名高校、研究中心，在研究作者群上，仍然是各高校、研究中心里从事相关领域的学者、教授占主流，且研究内容既独立又交叉，既有普适性也有专业性。另外，还有一些涉及基本公共服务均等化实践案例中的专项内容（公共服务设施、公共服务空间布局、转移支付、公共服务满意度等①）。值得指出的是，有关基本公共服务实践案例研究的相关内容与公共服务体系研究内容有所重叠，所不同之处便是对这些研究内容进行个案分析，以便从个性中找出共性，得出普适性的经验进行推广。

表 11—1　　发文量居前 20 位的高产作者

序号	作者	篇数	单位	序号	作者	篇数	单位
1	李雪萍	4	华中师范大学城市社区建设研究中心	11	王谦	2	四川大学
2	李晓辉	3	广东省东莞图书馆	12	王立华	2	西安交通大学经济与金融学院
3	吕斌	3	北京大学城市与环境学院	13	潘鸿雁	2	上海市委党校社会学教研部
4	任晋锋	3	北京市规划委员会	14	沙治慧	2	四川大学公共管理学院
5	鲍宗豪	2	华东理工大学人文科学研究院	15	杨明洪	2	四川大学社会发展与西部开发研究院经济学院
6	陈健生	2	西南财经大学期刊中心	16	李志民	2	西安建筑科技大学建筑学院
7	陈伟东	2	华中师范大学城市社区建设研究中心	17	朱金鹤	2	石河子大学经济管理学院
8	郑洲	2	西南民族大学管理学院	18	朱云飞	2	河北省财政科学与政策研究所
9	贾亚男	2	新疆财经大学公共经济与管理学院	19	张文礼	2	西北师范大学社会发展与公共管理学院
10	胡畔	2	东南大学建筑学院	20	师玉朋	2	云南财经大学财政与经济学院

① 根据 CiteSpaceⅢ计算词频变化所得。

表 11—2　　发文量居前 20 位的核心机构

序号	单位	篇数	序号	单位	篇数
1	四川大学公共管理学院	7	11	北京交通大学中国产业安全研究中心	2
2	山东大学	4	12	桂林理工大学旅游学院	2
3	北京大学城市与环境学院	4	13	复旦大学国际关系与公共事务学院	2
4	西安建筑科技大学建筑学院	3	14	宁波城市职业技术学院	2
5	财政部财政科学研究所	3	15	东北师范大学地理科学学院	2
6	同济大学经济与管理学院	3	16	浙江大学公共管理学院	2
7	广东省东莞图书馆	3	17	中国人民大学公共管理学院	2
8	南京大学建筑与城市规划学院	3	18	石河子大学经济管理学院	2
9	厦门大学公共事务学院	3	19	江西财经大学经济学院	2
10	东华大学旭日工商管理学院	2	20	宁波大学商学院	2

表 11—3　　发文量居前 20 位的高被引文献

序号	作者	篇名	被引频次	年（期）	期刊名
1	张大维　陈伟东　李雪萍　孔娜娜	城市社区公共服务设施规划标准与实施单元研究——以武汉市为例	92	2006（3）	城市规划学刊
2	高鉴国	社区公共服务的性质与供给——兼以 JN 市的社区服务中心为例	76	2006（6）	东南学术
3	赵广君　吴光伟	上海市居住区公共服务设施设置规划——以上海新江湾城规划管理为例	75	2004（5）	城市规划汇刊

续前表

序号	作者	篇名	被引频次	年（期）	期刊名
4	李雪萍 刘志昌	基本公共服务均等化的区域对比与城乡比较——以社会保障为例	63	2008（3）	华中师范大学学报（人文社会科学版）
5	张京祥　葛志兵 罗震东　孙姗姗	城乡基本公共服务设施布局均等化研究——以常州市教育设施为例	61	2012（2）	城市规划
6	郑卫东	城市社区建设中的政府购买公共服务研究——以上海市为例	54	2011（1）	云南财经大学学报
7	李海平	政府购买公共服务法律规制的问题与对策——以深圳市政府购买社工服务为例	54	2011（5）	国家行政学院学报
8	胡畔　谢晖 王兴平	乡村基本公共服务设施均等化内涵与方法——以南京市江宁区江宁街道为例	44	2010（7）	城市规划
9	何芳 李晓丽	保障性社区公共服务设施供需特征及满意度因子的实证研究——以上海市宝山区顾村镇“四高小区”为例	44	2010（4）	城市规划学刊
10	蔡景台 樊炳有　王继帅	城市体育公共服务居民满意度调查分析——以河南省10个城市为例	43	2009（6）	北京体育大学学报
11	黄燕玲 罗盛锋　丁培毅	供需感知视角下的旅游公共服务发展研究——以桂林国家旅游综合改革试验区为例	42	2010（7）	旅游学刊
12	李静 陈嵘	浙江省社区体育公共服务体系的现状与对策研究——以杭州市为例	40	2009（12）	成都体育学院学报
13	王佃利 宋学增	公共服务满意度调查实证研究——以济南市市政公用行业的调查为例	35	2009（6）	中国行政管理

续前表

序号	作者	篇名	被引频次	年（期）	期刊名
14	刘德吉 胡昭明 程璐 汪凯	基本民生类公共服务省际差异的实证研究——以基础教育、卫生医疗和社会保障为例	31	2010（2）	经济体制改革
15	袁奇峰 马晓亚	保障性住区的公共服务设施供给——以广州市为例	29	2012（2）	城市规划
16	郭宏宝	财政视角下公共服务均等化的功效系数评价——以教育均等化为例	29	2007（S1）	财贸经济
17	陆远权 马垒信	城乡基本公共服务均等化评价体系的构建和实证分析——以重庆市为例	28	2010（24）	安徽农业科学
18	王谦	基于农民视角的农村公共服务供给合意度和需求程度分析——以山东省三县市的调研为例	28	2008（3）	山东社会科学
19	王登嵘	新时期组团城市中区域性公共服务设施配置新视角——以佛山高明区为例	23	2005（6）	人文地理
20	孙德芳 沈山 武廷海	生活圈理论视角下的县域公共服务设施配置研究——以江苏省邳州市为例	23	2012（8）	规划师

由表11—3可知，在2001—2015年国内公共服务实践案例研究前20位高被引文献中，大都涵盖了政治学、管理学、教育学、经济学、社会学等，发文刊物也分布于多个不同学科，验证了该领域的案例研究也具有较大的学科交叉性质。

三、基本公共服务均等化实践案例研究的知识图谱分析

以关键词和研究聚类为分析基础，发现327篇论文中包含研究热点

词387个，经过地毯式的排查，删除了一些不符合规范的和重复的用词，并受限于篇幅，仅列出前50位的高频关键词。表11—4为基本公共服务均等化实践案例研究中居前50位的高频关键词列表。这些高频关键词是我国基本公共服务均等化研究中使用最多、最广泛的专业术语、代表词汇，一定程度上表征了研究主题、热点前沿的所在。排列前10的代表词汇分别是：公共服务、基本公共服务、均等化、公共服务设施、基本公共服务均等化、农村公共服务、转移支付、公共服务体系、满意度、公共服务平台等，这表明公共服务体系研究主要聚焦于服务型政府、政府职能转变、城乡统筹发展等领域；此外，出现的几个有关省、市或地区的关键词，按频次由高到低分别是：农村、社区、北京市、广州市、西北民族地区、杭州市、天津市、上海市、河南省、云南省、地方政府等，这表明基本公共服务均等化研究主要聚焦于东部沿海发达城市和中西部欠发达城市，从中可以看出，公共服务在发达城市和欠发达城市的分配均衡问题尤为突出。

图11—2是基本公共服务均等化实践案例研究的最小树聚类图谱，全景式再现了2001—2015年我国基本公共服务实践案例研究的总体概况。该图谱以公共服务为核心向多个方向延展开来，涉及基本公共服务、公共服务体系、公共服务设施、农村公共服务、社区、转移支付、城乡差距等。其内容可以简单归纳为：一是公共服务推行的现状、效应与因素研究；二是公共服务体系的子模块及其边界研究；三是公共服务的政府购买、市场化、社会化；四是公共服务体系构建的制度设计与对策研究。① 通过对知识图谱的呈现与文本的分析可知，我国公共服务体系构建仍处于低端研究水平，但仍然蕴藏了巨大的探索价值与研究宝藏，因此有关公共服务体系研究仍需要不断地凝聚核心维度、界定研究边界、厘清主题框架，挖掘更多的潜在信息。

通过这些节点标签及聚类联系发现，公共服务领域所涉及的内容众多，各个子模块之间边界交错，互有牵连，因此要搭建成一个完整的公共服务体系需要各专项研究的支撑，如基础教育、就业、社会保障、公共卫生、公共医疗、公共文化、公共体育、公共环境、公共安全等子模块、子系统，可谓林林总总，纷繁复杂。而要厘清这些错综复杂的关系，

① 参见姜晓萍、苏楠：《国内公共服务体系研究的知识图谱》，载《上海行政学院学报》，2014（5）。

表 11—4　**50 个高频关键词列表**

序号	关键词	频次	序号	关键词	频次	序号	关键词	频次	序号	关键词	频次	序号	关键词	频次
1	公共服务	56	11	农村	6	21	政府购买公共服务	4	31	西北民族地区	3	41	农民工	2
2	基本公共服务	33	12	社区公共服务	6	22	旅游公共服务	4	32	广州市	3	42	杭州市	2
3	均等化	26	13	城乡差距	5	23	北京市	4	33	社会公共服务	2	43	天津市	2
4	公共服务设施	21	14	社会组织	5	24	体育公共服务体系	3	34	评价指标	2	44	县级政府	2
5	基本公共服务均等化	12	15	社区	5	25	外来务工人员	3	35	规划管理	2	45	城乡均等化	2
6	农村公共服务	11	16	体育公共服务	5	26	地方政府	3	36	准公共服务	2	46	河南省	2
7	转移支付	9	17	新型城镇化	5	27	社会管理	3	37	公共服务设施配置	2	47	公共服务动机	2
8	公共服务体系	8	18	基础教育	4	28	社区体育	3	38	城市社区	2	48	公共服务需求	2
9	满意度	8	19	义务教育	4	29	统筹城乡	3	39	公共产品	2	49	云南市	2
10	公共服务平台	6	20	公共体育服务	4	30	基本公共服务设施	3	40	开发区	2	50	上海市	2

通实践案例研究可谓是一条较好的途径，一来可以检验基本公共服务均等化推行的效应，二来可以从个体案例中找出一般性的规律，这对学界有关公共服务体系的研究无疑有所裨益。

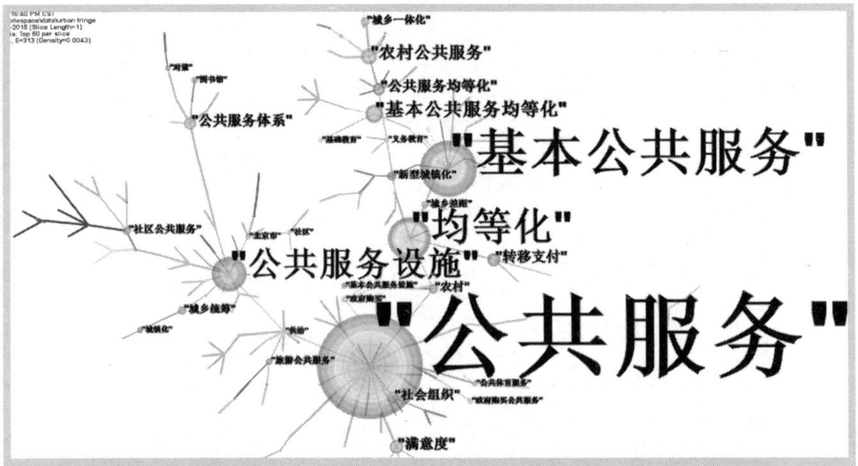

图 11—2　基本公共服务均等化实践案例研究的最小树聚类图谱

四、基本公共服务均等化实践案例研究的热点与专题分析

通过绘制图谱，分析高频关键词、高被引文献等内容，发现有关基本公共服务均等化的研究热点并不多，各研究主题之间的关系亲疏度不一，究其原因，学界对公共服务的案例研究相对不足。为了提高主题维度分析的准确性，本章基于知识图谱的分析和关键词、高频词的梳理提炼，在此基础上，通过对高被引文献和其他重要文献进行综合分析和深度挖掘，通过宏观把握和细致解读，将基本公共服务均等化实践案例研究的热点主题凝练为以下几个：

（一）城乡基本公共服务设施均等化研究

在推进基本公共服务均等化的进程中，公共服务设施的均等化乃是其中一个重要的题中之意。在数据来源的 327 篇文献中，共有 73 篇文献的研究内容与公共服务设施相关。有关公共服务设施的研究内容涉及许多方面，包括基本公共服务设施综合配套体系、空间社区分布类型、公共服务设施供给机制研究等。总的来说，城乡基本公共服务设施均等化研究主题包括以下几个层次：

一是公共服务设施的内涵。胡畔、谢晖、王兴平认为，公共服务设施是“满足居民基本的教育、医疗、文化、社会保障等权利，满足乡村居民基本生活需要，能够以具体的物质形态表现出来的公共服务”①；熊光祥、陈伟东提出，“所谓社区公共服务设施，是指那些为了便利社区居民生活、满足身心健康发展需要、方便社区管理而建设的相关硬件服务设施和软件服务设施。其中硬件服务设施主要包括社区办公用房、社区居民活动室、社区服务中心（站）、社区休闲健身广场、社区警务室、社区乒乓球桌、台球桌、办公电脑等；软件服务设施主要是指为了促进社区管理和服务的需要而建立的信息网络平台，如社区管理信息系统、社区求助呼救系统、社区服务网站等”②。也有机构从字面上去理念，指出公共服务设施就是由公共、服务和设施三个词语或者是公共服务与设施两个词语构成的合成词，是这些词语含义的整合。

二是基本公共服务设施综合配套体系。胡畔等认为，“要实现城乡基本公共服务设施均等化，就是要通过合理配置乡村以及城乡间的公共服务资源，设置乡村基本公共设施的综合配套体系、调整与优化设施的空间布局，结合农村实际发展需求，使农村地区之间、城乡之间以及农村地区不同的人群之间在公共服务设施的使用上具有相同的权利和选择的机会”③；高军波、余斌、江海燕以广州市中心城区的 116 个街镇单元作为研究对象，将这 116 个街镇单元划分为 6 个类型，指出“不同阶层社会群体居住单元的公共服务设施配套及可达性存在显著差异”，并且对这 6 个不同类型的社区单元的公共服务设施配套特征进行了分析④；孙德芳等通过引入生活圈理论，结合城乡居民对于获取公共服务设施所愿意付出的时间成本，把整个县域划分为由“初级生活圈、基础生活圈、基本

---

① 胡畔、谢晖、王兴平：《乡村基本公共服务设施均等化内涵与方法——以南京市江宁区江宁街道为例》，载《城市规划》，2010（7）。

② 熊光祥、陈伟东：《社区公共服务设施的内涵与类型》，载《社区》，2006（21）。

③ 胡畔、谢晖、王兴平：《乡村基本公共服务设施均等化内涵与方法——以南京市江宁区江宁街道为例》，载《城市规划》，2010（7）。

④ 高军波、余斌、江海燕：《城市公共服务设施空间分布分异调查——以广州市为例》，载《城市问题》，2011（8）。

生活圈和日常生活圈构成的生活圈层系统，构建基于生活圈理念的以县域为完整单元的四级公共服务设施配置体系，有助于推动城乡公共服务设施的一体化配置”①。

三是公共服务设施空间分布类型。高军波等以广州市为例，对城市公共服务设施的空间分布进行了社会生态学分析，认为“广州城市公共服务设施空间分布的社会差异特征显著”，根据差异特征将广州市公共服务设施空间分布社区类型划分为6种，即“文体设施分布不均的中等收入社区、医疗设施差异化聚集的低收入社区、服务设施配套齐全的高收入社区、日常服务设施配套良好的蓝领社区、服务设施供给不足的人口混住区和服务设施配套欠缺的农业社区”②；李乐等以农村医卫慈善用地为例，对公共服务设施空间布局优化的方法进行了探讨。③

四是公共服务设施供给研究。晋璟瑶等指出城市居住区公共服务设施的供给机制应该是“根据经济属性将公共服务设施分为纯公共产品、纯私人产品、不计入价格的公共产品、拥挤的公共产品4大类，分类供给”④。袁奇峰、马晓亚以广州市为例，从城市和居住区两个空间层面，实证性地解析了保障性居住区公共服务设施的供给特征，并从保障性居住区公共服务设施的供应机制、供应模式、供应现状三个层面阐释了居住区层面上公共服务设施供给⑤；何芳、李晓丽以上海市宝山区顾村“四高小区”为例，“从居民群体特征和居民行为偏好特征着手剖析了保障性社区公共服务设施的需求特征，辨析了公共服务设施现状及供应特征，用因子分析法遴选了影响保障性社区的设施满意度关键因子，从而揭示了保障性社区公共服务设施的供求特征”⑥。

---

① 孙德芳、沈山、武廷海：《生活圈理论视角下的县域公共服务设施配置研究——以江苏省邳州市为例》，载《规划广角》，2012（8）。

② 高军波、余斌、江海燕：《城市公共服务设施空间分布分异调查——以广州市为例》，载《城市问题》，2011（8）。

③ 参见李乐、张凤荣、张新花、关小克、袁雅琴：《农村公共服务设施空间布局优化研究——以北京市顺义区为例》，载《地域研究与开发》，2011（10）。

④ 晋璟瑶、林坚、杨春志、高志强、周琴丹：《城市居住区公共服务设施有效供给机制研究——以北京市为例》，载《城市经济》，2007（7）。

⑤ 参见袁奇峰、马晓亚：《保障性住区的公共服务设施供给——以广州市为例》，载《城市规划》，2012（2）。

⑥ 何芳、李晓丽：《保障性社区公共服务设施供需特征及满意度因子的实证研究——以上海市宝山区顾村镇“四高小区”为例》，载《城市规划》，2010（4）。

（二）农村基本公共服务研究

由于农村地区资源匮乏，经济文化程度相对落后，因而农村基本公共服务存在更多的非均衡性，这也是国内学者较为关注的一点，因此发文量相对而言比较多，这一点与知识图谱分析结果相吻合。通过对收集到的文献做筛选加上对比分析，大致得出农村基本公共服务均等化主题下的几个研究层次。

一是农村基本公共服务分布非均衡性问题突出。其突出问题主要体现在：（1）制度设计非均等化，主要表现为当前因为户籍制度、收入分配制度等制度设计所形成的城乡二元体制机制（迟福林、郁建兴、吴业苗）；（2）资源配置非均等化，主要包括城乡之间的人、财、信息等资源配置的不均等化从而导致的基本公共服务非均等化（任强、吴江、汪玉凯、丁元竹）；（3）收益效果非均等化，主要从当前城乡公共服务差异和城乡居民收入水平差异的角度进行了分析和论述（陈继宁、张丽琴、陈东、龙兴海）；（4）农民工享受均等化公共服务的问题，主要涉及入城农民工在城市化、城镇化过程中如何高效、便捷地享受基本公共服务的问题（张伟宾、杨刚强、韩俊、孙德超）。

二是农村基本公共服务供给研究。郑洲主要研究农村基本公共服务供给能力提升的问题，他以“四川民族地区农村基础教育为研究对象，以农村基本公共服务供给为研究视角，并以西藏农村基础教育作为比较分析对象，在总结归纳西藏经验的基础上，拟提出一些有助于提升四川民族地区农村基本公共服务供给能力的对策与建议”①；有的学者从体制、机制层面研究农村基本公共服务供给问题，如李金荣认为，要解决农村供给不足问题，必须进行制度创新，“构建职责清晰、权责对等、公共财政框架下的农村基本公共服务供给体系，建立农民需求导向的农村基本公共服务供给决策机制，完善农村基本公共服务供给的监督约束机制”②；袁媛则研究了农村基本公共服务供给制度非均等化的问题，并从农村基本公共服务供给制度的变迁中去探寻政府行为③；此外，还有的学者从基础着手，

① 郑洲：《四川民族地区农村基本公共服务供给能力提升研究——以教育为例》，载《黑龙江民族丛刊》，2011（5）。

② 李金荣：《农村基本公共服务供给问题与对策研究》，载《改革与战略》，2011（3）。

③ 参见袁媛：《我国农村基本公共服务供给制度变迁中的政府行为研究》，载《农业经济问题（月刊）》，2014（12）。

研究了农村基本公共服务供给的现状及问题①；再者，一些学者开始以多元供给主体作为切入点，探讨农村基本公共服务的多中心供给模式等②。

三是农村基本公共服务需求研究。农村基本公共服务的需求研究与供给研究是相对应的。俞雅乖曾通过统计农民对现有基本公共服务的满意程度，结合合理的农民需求表达机制，最终从农民需求角度设计出城乡基本公共服务均等化进程中的供给优先顺序③；李金荣以供给机制作为切入点，认为应该“改变现行的农村公共服务供给‘自上而下’的决策机制，构建以农民需求为中心的公共服务供给制度”④；崔登峰等从方法论的角度甄别出西部边疆民族地区农民对基本公共服务的需求优先顺序及差别⑤；吕新发在研究农村基本公共服务强制性制度变迁时指出，农村基本公共服务强制性制度应“由供给主导向需求主导转变”，这样才能达到供给与需求相均衡的状态⑥。

（三）基本公共服务均等化中转移支付问题研究

转移支付问题是基本公共服务均等化进程中面临的最大的一个问题与挑战，在已梳理出的327条经典文献中，有29条文献都涉及转移支付的问题。而有关转移支付的问题又大多聚焦在转移支付制度、转移支付影响因素、转移支付效应等热点上。

一是转移支付制度问题探讨。财政转移支付制度是以各级政府之间所存在的财政能力差异为基础，以实现各地公共服务水平的均等化为主要目标而实行的一种财政资金转移或财政平衡制度。财政转移支付制度是一种

---

① 参见解安、王芳：《实现农村基本公共服务的有效供给——南平机制对转变政府职能的启示》，载《政府改革与创新》，2011（3）；李名峰：《我国农村基本公共服务供给现状的实证研究》，载《统计观察》，2014（5）。

② 参见刘彤、张等文：《多中心供给：后农业税时代农村基本公共服务的有效供给模式》，载《学习与探索》，2012（5）；尤琳：《农村公共服务多元供给中的乡村关系研究》，载《求是》，2013（6）。

③ 参见俞雅乖：《农民需求、优先序、表达机制与城乡基本公共服务均等化——以宁波市鄞州区为例》，载《浙江学刊》，2009（1）。

④ 李金荣：《农村基本公共服务供给问题与对策研究》，载《改革与战略》，2011（3）。

⑤ 参见崔登峰、王秀清、朱金鹤：《西部边疆民族地区农村基本公共服务优先序研究——基于新疆42个县市96个村镇的调研数据》，载《农业经济问题》，2012（3）。

⑥ 参见吕新发：《我国农村基本公共服务强制性制度变迁分析》，载《广西社会科学》，2010（9）。

实现基本公共服务均等化的主要手段。石光宏观地分析了我国现行转移支付制度在推动公共服务均等化方面存在的不足与缺陷，并对国外财政转移支付制度及均等化经验做了有益的借鉴，最后对构建我国财政转移支付制度进行了探索①，为后续转移支付制度问题的细致研究提供了靶向；李伟、燕星池在分析了现行的转移支付制度的缺陷与桎梏后，指出科学合理的转移支付制度应该遵循“两步走”的战略，即“渐进式取消税收返还制度，取消部分专项转移支付资金的配套要求，优化转移支付资金的配置标准，使用绩效评估体系，提高一般性转移支付的比重，建立转移支付资金的无缝监管机制”②；贾晓俊等认为，“在目前的财政体制下，中央政府通过转移支付的方式大多为地方政府提供资金支持”，他们从理论及实证分析两个角度进行了论证，认为“用途指定较为宽泛，且按因素法分配资金的专项转移支付（即分类拨款）方式对基本公共服务均等化政策目标最有效”③。可以看出，有关转移支付制度的研究越来越细致化。

二是转移支付问题的影响因素分析。财政转移支付是实现基本公共服务均等化的供给保证，然而在实践中，很多其他因素可能会在转移支付的分配过程中起作用，所谓找准问题才能对症下药，因此国内学界对影响转移支付的因素研究也相对较多，其中一些不乏较高的学术价值。如胡德仁、刘亮就曾用多元线性回归的方法，分析了中国现行财政转移支付政策的主要影响因素和价值取向④；郑浩生等将研究区域锁定在县级社会，分析了“1994—2009 年中国县级社会经济数据”，通过“建立计量经济模型对我国转移支付制度的影响因素进行了实证检验”⑤；郭庆旺、贾俊雪通过构建理论模型和运用经验分析确定了“中央财政转移支付未能有效促进中国省份公共服务发展和均等化的真正原因在于中央财政转移支付的制度设计不尽合理，转移支付的资金配置未能很好地兼

① 参见石光：《促进基本公共服务均等化的财政转移支付制度研究》，载《改革论坛》，2011（5）。

② 李伟、燕星池：《完善财政转移支付制度，促进基本公共服务均等化》，载《经济纵横》，2014（2）。

③ 贾晓俊、岳希明、王怡璞：《分类拨款、地方政府支出与基本公共服务均等化——兼谈我国转移支付制度改革》，载《财贸经济》，2015（4）。

④ 参见胡德仁、刘亮：《中国政府间财政转移支付影响因素的实证分析——我们离基本公共服务均等化还有多远》，载《管理学研究》，2008（9）。

⑤ 郑浩生、叶子荣、查建平：《中央对地方财政转移支付影响因素研究——基于中国县级数据的实证检验》，载《公共管理学报》，2014（1）。

顾公平和效率准则”①；此外，还有的学者“从经济、社会、政治三个维度分别考察省以下整体及各项财政转移支付的影响因素及政策取向”②。

三是转移支付效应研究。促进基本公共服务均等化是财政转移支付主要的作用，因此，转移支付的效应也就成了一个研究热点。周琛影以上海市为例，通过“评估了财政转移支付对公共服务均等化的影响效应，发现财政转移支付具有推动区县总体财力均等化的效应，促进了公共服务均等化，但这种效应并不稳定，没有呈现逐步增强的趋势”③；曾明、张光以浙江、江西两省为例，研究了农村教育支出的财政转移支付效应，发现“财力较弱地区更依赖上级的转移支付，只维持对教育的基本支出需求”，从而得出“单纯依靠转移支付并不能实现义务教育地区间均等化的目标”的结论④；李萍认为，正是“由于我国转移支付结构制度设计上的不合理性，导致了我国转移支付在实现各地区基本公共财政服务均等化效应方面大打折扣”⑤；还有的学者认为，如果地方政府过度依赖中央政府的转移支付，则会出现“粘蝇纸效应”，即“地方政府在预算中对转移支付增长的弹性高于收入增长的弹性，会导致地方政府过度依赖转移支付，抑制地方政府的税收努力”，进而导致转移支付的初衷被扭曲，财政均等化的目标将歧化。⑥

（四）基本公共服务满意度调查

在基本公共服务均等化实践案例研究中，有关公民对基本公共服务实施的满意度调查的呼声也是极高，国内学者都从不同的视角和方法对基本公共服务的满意度进行了调查研究。通过对文献的梳理，大致聚焦在以下几类：

---

① 郭庆旺、贾俊雪：《中央财政转移支付与地方公共服务提供》，载《世界经济》，2008（9）。

② 刘亮：《省以下财政转移支付影响因素的实证研究——以河北省为例》，载《经济研究考察》，2015（40）。

③ 周琛影：《公共服务均等化的财政转移支付效应评估——以上海为例》，载《经济体制改革》，2013（4）。

④ 参见曾明、张光：《农村教育支出的财政转移支付效应研究——以浙江、江西为例》，载《教育与经济》，2009（3）。

⑤ 李萍：《公共服务均等化的制度基础与路径选择》，载《财政论坛》，2009（11）。

⑥ 参见王晓轩：《财政转移支付效应评析》，载《财经视线》，2013（33）。

其一，对影响基本公共服务满意度的因素分析。朱玉春等根据西北五省区的40个县（市）的实地调研数据，采用因子分析和二元离散选择模型，对农村公共服务满意度及其影响因素进行了实证研究，认为影响农民公共服务满意度的因素有“道路、基础教育、医疗、农田水利设施、饮水设施、公共服务供给农民参与情况、农民对村委会的评价、农民对政府的评价等”①；黄燕梅、徐艳晴考察了个人特征对义务教育、养老保障、医疗服务、城市治安、环境、公共设施、就业、交通设施及灾害等九个公共服务的满意度评价之间的影响关系及其程度②；何精华等以长江三角洲部分地区为例，对影响农村公共服务满意度的因素进行了分析，认为影响农民对基本公共服务满意度的因素主要包括“义务教育、公共卫生、社会保障、公共安全、基础设施、职业技术培训等”③。

其二，对基本公共服务满意的现状分析。李倩、张开云从公共服务供给主体角度出发，对广东省部分农村地区公共服务的满意度调查，发现农村地区的公共服务存在着“公共产品供给主体单一，缺乏政府以外的其他第三部门（如社会组织、农村社区、私人组织等）的参与以及‘政府层级越低，满意度越低’的现状”④；张立荣、李名峰从满意度和需求度二维耦合的视角对农村公共服务的现状进行实证分析，结果表明：农村居民对农村公共服务的满意度和需求度的评价不存在明显的相关性，因此建议应当“综合考虑满意度和需求度两个维度的因素，按照‘需求为主，满意为辅’的原则来确定农村公共服务供给的优先序”⑤；陈丽娟、郭立亚、罗炯对重庆市城镇社区体育公共服务满意度进行研究，发现重庆市“居民体育公共服务满意度存在明显地区、性别、年龄及学历等方面的差异，表现为经济发达区县满意度都显著高于欠发达区县，女性高于男性，25岁以下及26岁以上者总体满意度优于其他年龄段，高学历者

① 朱玉春、唐娟莉、郑英宁：《欠发达地区农村公共服务满意度及其影响因素分析——基于西北五省1 478户农户的调查》，载《中国人口科学》，2010（2）。

② 参见黄燕梅、徐艳晴：《个人特征对城市公共服务满意度评价的影响分析》，载《商业时代》，2013（23）。

③ 何精华、岳海鹰、杨瑞梅、董颖瑶、李婷：《农村公共服务满意度及其差距的实证分析——以长江三角洲为案例》，载《中国行政管理》，2006（5）。

④ 李倩、张开云：《农村公共服务满意度现状与对策——基于广东省农村公共服务调查的分析》，载《社会科学家》，2010（6）。

⑤ 张立荣、李名峰：《满意度和需求度二维耦合视角下的农村公共服务现状研究——以湖北省为例》，载《中国行政管理》，2012（2）。

显著高于其余学历者”的现状①。

其三，以某一地区（或省、市）为例，对基本公共服务满意度的实证调查研究（分析）（何精华、岳海鹰、杨瑞梅、董颖瑶、李婷②，王佃利、宋学增③，纪江明、胡伟④，官永彬⑤）等。

五、基本公共服务均等化实践案例研究的发展趋势

十八届三中全会首次将“推进国家治理体系和治理能力现代化”纳入总目标，要求学界对公共服务体系的理论研究必须紧密结合社会治理体制创新的新形势；十八届五中全会也将基本公共服务均等化纳入区域协调发展的新格局，并提出“增加公共服务供给，从解决人民最关心最直接最现实的利益问题入手，提高公共服务共建能力和共享水平”的要求。因循这样的思路和价值导向，有关基本公共服务均等化实践案例研究也必从以下几个方向探索创新：

一是进一步规范基本公共服务实践案例研究的个体选择。有关实践案例的研究大多是以省、市或地区为例，以此突出地方上的特殊性，并从特殊性中去找寻研究共性，这业已成为学界约定俗成的规律。目前有关基本公共服务实践案例研究却面临着研究量少且不规范的尴尬现状，换言之，就是以某一省市或地区作为个体，对基本公共服务均等化的某一项内容（如支付转移、满意度、公共设施等）的操作或效应进行论证。目前学界对样本的选择大多集中在发达和欠发达地区的城市，虽然理论上可能说得通，但所得出来的也并非是放之四海而皆准的经验，因此值得商榷的是，选

① 参见陈丽娟、郭立亚、罗炯：《重庆市城镇社区体育公共服务满意度维度构建及现状研究》，载《西南大学学报（自然科学版）》，2015（8）。

② 参见何精华、岳海鹰、杨瑞梅、董颖瑶、李婷：《农村公共服务满意度及其差距的实证分析——以长江三角洲为案例》，载《中国行政管理》，2006（5）。

③ 参见王佃利、宋学增：《公共服务满意度调查实证研究——以济南市市政公用行业的调查为例》，载《中国行政管理》，2009（6）。

④ 参见纪江明、胡伟：《中国城市公共服务满意度的熵权 TOPSIS 指数评价——基于2012连氏“中国城市公共服务质量调查”的实证分析》，载《上海交通大学学报（哲学社会科学版）》，2013（3）。

⑤ 参见官永彬：《民主与民生：民主参与影响公共服务满意度的实证研究》，载《中国经济问题》，2015（2）。

择的个体是基于一种什么样的思考？所选择的个体受何种因素影响？以该个体为基础所得出来的结论是否具有借鉴意义？有鉴于此，在有关基本公共服务均等化实践案例研究的样本选择上，学界应该做进一步的规范研究。

二是完善基本公共服务实践案例研究的基础理论设计。虽然案例研究的目的是要形成理论，从而凝练出具有普适性和可推广的实践经验。但纵观目前学界关于实践案例的研究，大多数的文献都是一种实然论证，缺乏应然思考。而缺乏理论支撑的案例研究是断然经不起实证的推敲，因此，基本公共服务实践案例研究应注重基础理论的设计。由于公共服务研究涉及政治学、管理学、经济学、社会学和人类学等众多领域，辐射范围广、影响深，因此要综合运用跨学科的思维与方法，对基本公共服务均等化、案例研究等关键词的概念、本质、内涵、功能、政策环境、制度体系等进行深度分析。尤其是要对所选案例形成的经验进行理论思考，完善基本公共服务实践案例研究的基础理论框架。

三是要从整体上全面把握基本公共服务均等化实践案例研究的内容。目前，国内学者对基本公共服务均等化实践案例研究有失均衡，其一是研究基本公共服务的内容视角狭隘。如“对公共服务体系运行机制的研究，仅在供给主体和供给方式两个方面着墨颇多，对公共服务体系的受众需求分析、公共服务体系的范围与职责体系、公共服务体系的质量标准、公共服务体系的绩效评估等研究较少”①。因此，要结合《国家基本公共服务体系“十二五”规划》和地方各级政府的基本公共服务“十二五”专项规划，进一步拓宽研究视角和研究内容，纵向把握公共服务体系，形成现实考量与适度超前相协调的研究特色。其二是研究案例的选择存在两极分化。比如，目前已有的相关文献中，所选择案例大多数集中在北京、上海、天津、杭州等发达城市或西部民族地区等欠发达的地区。诚然，由于资源的多寡，对案例的选择做如此划分具有一定的道理，但这样的划分自然地排除了处于中间地带的城市或地区。显然，这样的考虑并没有全方位整体地把握，因此研究所得也必然有失偏颇。这就需要我们进一步开拓研究视野，全面把控基本公共服务均等化在各省、市和各地区的实践情况，形成一种全局研究形势。

四是要注意研究方法的优化。目前，学界对基本公共服务均等化实

---

①　姜晓萍、苏楠：《国内公共服务体系研究的知识图谱》，载《上海行政学院学报》，2014（5）。

践案例的研究更多的是采用一种实证主义的研究途径，即以某一省、市或地区的调查数据为基础而进行的一种实证研究，方法论单一。然而，基本公共服务均等化实践案例研究本身就是一个实践问题，因此，对方法论的要求自然不言而喻。因此，在基本公共服务均等化实践案例研究中要进一步优化研究方法，鼓励采用多元分析途径，建议采取理科思维、运用理性工具构建模型，倡导用科学知识图谱说话，全方位全景式再现实践案例研究成果，预测研究趋势。

第二篇
基本公共服务均等化分类研究述评

第十二章 城乡基础教育均等化研究述评

张　鹏*

基础教育是基本公共服务最主要的组成部分，基础教育均等化自然成为基本公共服务均等化的核心内容。因为基础教育涉及的群体相比其他基本公共服务要广泛得多，每一个人都需要接受基础教育，掌握基础知识，才能更好地适应社会、面对社会，为社会做贡献。为此，促进基本公共服务均等化，优先突破的应当是基础教育均等化的问题。当前，基础教育均等化存在城乡之间、区域之间、群体之间的差别，城乡基础教育均等化又是整体基础教育均等化最为核心的组成部分。因此，城乡基础教育均等化意义重大，它既是缩小城乡教育差距，促进城乡教育公平，推动城乡共同发展、共同繁荣的关键动力，也是保障城乡居民共同享受起点公平和机会公平，促使发展成果更公平地惠及全体人民的核心环节。

近十来年，城乡基础教育均等化无论是在政界还是学界，都引起了高度的重视。2005 年，教育部正式颁布《关于进一步推进义务教育均衡发展的若干意见》，意见将“义务教育均衡发展”提升到国家政策的高度；2006 年施行的新修订的《中华人民共和国义务教育法》全文明确强调“教育均衡”高达 6 处，这意味着义务教育均等化政策在法律层面得到了确认。义务教育是基础教育的核心组成部分，我国将义务教育均衡发展写入《义务教育法》，实际上也是主张城乡基础教育的均等化。2010 年，《国家中长期教育改革和发展规划纲要（2010—2020 年）》发布，纲要指出要“推进义务教育均衡发展”“建立城乡一体化义务教育发展机制”。2013 年，中共十八届三中全会强调要“大力促进教育公平……逐步缩小区域、城乡、校际差距。统筹城乡义务教育资源均衡配置”。2015 年，中共十八届五中全会通过的《中共中央关于制定国民经济和社会发展第十三个五年规划的建议》指出，要“推动义务教育均衡发展，全面

* 张鹏，浙江三门人，四川大学公共管理学院博士研究生，研究方向：行政管理。

提高教育教学质量”。这些均表明近10年来，我国越来越重视城乡基础教育均等化问题，标志着城乡基础教育均衡发展已经提到了国家战略发展的高度。

本文以近15年中国学术期刊网络出版总库（CNKI）收录的598篇与城乡基础教育均等化研究相关的期刊论文为样本，采用文献计量学，运用可视化分析工具，对城乡基础教育均等化研究的时区分布、研究力量、热点、不足之处与发展趋势等进行了分析，通过使用国际学术界先进的知识网络分析工具CiteSpace，绘制出2000—2015年城乡基础教育均等化研究的知识图谱，对我国城乡基础教育均等化相关研究的热点焦点进行了全景式还原，通过对研究前沿的识别，对发展趋势的探测，为未来城乡基础教育均等化研究的深入推进提供基础性的参考资料。

一、数据来源与研究方法

文献取自CNKI，为了尽可能地穷尽搜索结果，我们选用了专业检索，专业检索语法表达式为：TI(题名)=(‘城乡基础教育’+‘城乡义务教育’+‘城乡教育’+‘城乡学前教育’+‘城乡小学教育’+‘城乡初中教育’+‘农村基础教育’+‘农村义务教育’+‘农村教育’+‘农村学前教育’+‘农村小学教育’+‘农村初中教育’)*(‘均等化’+‘均衡发展’+‘一体化’+‘全面发展’)，文献来源类别：全部期刊，文献来源年限：2000—2015年，检索到城乡基础教育均等化相关文献615篇，经过比对筛选，剔除报道、短讯及其他非学术论文后获得样本文献598篇，操作时间为2015年12月6日。值得指出的是，由于核心期刊涉及城乡基础教育均等化方面的文献并不是很多，为了达到研究的科学性和全面性，本研究文献来源限定为全部期刊。同时，为了减少分析误差和提升研究精度，本文还开展了数据清洗工作，将意义、影响、对策等泛义词进行了规范处理，避免其影响研究结果，提升了研究的信度和效度。

共词分析是文献计量学、科学计量学等领域的重要分析工具，通过统计两个词语在同一篇文章当中出现的频次，进行聚类整合，分析出这些共同关键词之间的亲疏关系，以便更准确地对该研究领域的热点主题、前沿趋势、演变路径等进行探究。基于共词分析的知识图谱在科学计量学等领域广受研究者们青睐。知识图谱不仅能挖掘某个研究领域的演变过程、热点和前沿趋势，而且还可以通过可视化的效果对该研究领域进行全景式再现。本文所用的知识图谱工具是美国德雷克塞尔大学陈超美博士开发的可视化软件 CiteSpace，通过此软件能绘制出基于关键词共词分析的聚类图谱，它的优点是能通过最小生成树算法对热点和前沿词汇展开运算，最终展示出某个知识领域在一个时期内的发展趋势。通过运行 CiteSpaceⅢ软件，并将相关文献数据导入可视化分析工具，设置年度切片时间为 1 年，阈值取前 50，选择最小树生成算法，绘制知识图谱，并生成对应的基本信息。

二、城乡基础教育均等化研究的时区分布与研究力量

由图 12—1 可知，城乡基础教育均等化研究的发文量从 2002 年开始出现上升态势，到 2012 年发文量为 96 篇，达到一个峰值，随后有所回落，尤其是近 5 年，该研究的年均发文量一直维持在 50 篇以上。该发文量曲线表明，我国城乡基础教育均等化的相关研究开始于 21 世纪初，源于我国 21 世纪初提出的建设服务型政府，强化政府公共服务职能的需要。伴随着中央提出逐步实现基本公共服务均等化的目标，作为基本公共服务重要组成部分的基础教育的均等化问题也开始进入政策议程。2006 年新修订的《中华人民共和国义务教育法》全文 6 处强调“教育均衡”，这标志着义务教育均等化政策上升到了法律层面。为此，学界对于城乡基础教育（包括义务教育）均等化的研究从 2006 年开始呈直线上升的趋势。2010 年 7 月，《国家中长期教育改革和发展规划纲要（2010—2020 年）》正式发布，明确指出要“建立城乡一体化义务教育发展机制”，表明城乡基础教育均等化成为国家教育改革的重要内容。故而 2010 年后，城乡基础教育均等化研究的论文处于高位运行的状态，尤其是 2012 年的发文量更是居于历史最高。此后，无论是十八大报告，还是十八届三中全会报告，或者中共十八届五中全会报告，这些党和国家的最高会议通过的文件无不提及推动义务教育均衡发展的重要性。因此，2012 年之后学界对城乡基础教育均等化的关注程度很高，发文量也较多。上述分析表明，我国城乡基础教育均等化的相关研究受国家政策导向影响较大，发文量明显增加的年份大都与国家法律法规的出台或者党和国家重

大会议召开的时间具有较高的契合度，这一方面表明城乡基础教育均等化的研究具有鲜明的国家政策导向的特点，另一方面也表明学界积极响应国家战略发展的责任意识。

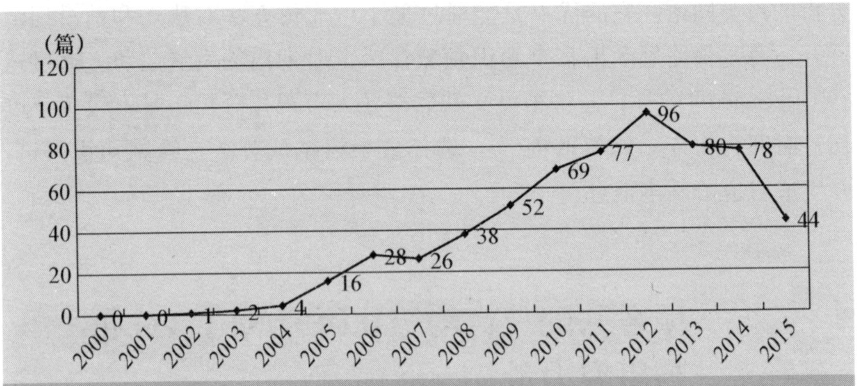

图 12—1　城乡基础教育均等化研究文献的年代分布

表 12—1 是 2000—2015 年在城乡基础教育均等化相关研究领域发文量居前 20 位的高产作者，表 12—2 是在这一时段发文量居前 20 位的核心机构。我们可以看出，在城乡基础教育均等化研究领域，东北师范大学的邬志辉教授、天津师范大学的纪德奎教授等的发文量居于前列。西南大学、东北师范大学、北京师范大学等科研院校的研究成果较为丰硕。此外，城乡基础教育均等化领域的研究以师范类院校和教育类学者的研究居多，综合性院校在该领域的研究相对薄弱，今后有待加强，同时研究内容具有很强的独立性和专业性，而缺乏学科交叉性。

表 12—1　2000—2015 年城乡基础教育均等化相关研究发文量居前 20 位的高产作者

序号	作者	篇数	单位	序号	作者	篇数	单位
1	邬志辉	12	东北师范大学	11	李玲	3	西南大学
2	纪德奎	6	天津师范大学	12	宋国英	3	江苏技术师范学院
3	刘亮	5	中共河北省委党校	13	袁方成	3	华中师范大学
4	杨卫安	5	东北师范大学	14	郭彩琴	3	苏州大学
5	胡德仁	4	河北省财政厅	15	罗佳	3	重庆工商大学
6	宋乃庆	3	西南大学	16	于月萍	3	辽宁教育研究院
7	褚宏启	3	北京师范大学	17	周蜜	3	武汉理工大学
8	袁小鹏	3	黄冈师范学院	18	余必健	2	赣南师范学院
9	姜鑫	3	重庆工商大学	19	李潮海	2	辽宁教育研究院
10	余善云	3	重庆市广播电视大学	20	王贤	2	广西师范大学

表 12—2　　2000—2015 年城乡基础教育均等化相关研究发文量居前 20 位的核心机构

序号	单位	篇数	序号	单位	篇数
1	西南大学	24	11	成都市教育局	6
2	东北师范大学	20	12	南京师范大学	6
3	北京师范大学	14	13	四川师范大学	6
4	成都大学	12	14	江西师范大学	5
5	西华师范大学	10	15	河南大学	5
6	天津师范大学	10	16	西北师范大学	5
7	华中师范大学	10	17	信阳师范学院	5
8	财政部财政科学研究所	7	18	沈阳师范大学	5
9	赣南师范学院	6	19	中共河北省委党校	5
10	许昌学院	6	20	新乡学院	5

表 12—3 是 2000—2015 国内城乡基础教育均等化相关研究领域被引用次数排名前 20 位的文献。高被引文章的发文刊物以《教育研究》等教育类核心期刊以及华中师大、东北师大等学报为主，高被引文献的研究大体上聚焦在城乡基础（义务）教育均等化（一体化）的理论、制度创新、师资、国外经验以及农村义务教育等层面。

表 12—3　　城乡基础教育均等化相关研究居前 20 位高被引文献

序号	作者	篇名	被引频次	年（期）	期刊名
1	褚宏启	城乡教育一体化：体系重构与制度创新——中国教育二元结构及其破解	204	2009（11）	教育研究
2	褚宏启	教育制度改革与城乡教育一体化——打破城乡教育二元结构的制度瓶颈	120	2010（11）	教育研究
3	马艾云 李保江	县域教师流动机制实施框架——城乡义务教育均衡发展的一种构想	48	2007（9）	当代教育科学
4	李玲 宋乃庆 等	城乡教育一体化：理论、指标与测算	40	2012（2）	教育研究
5	张旺	城乡教育一体化：教育公平的时代诉求	40	2012（8）	教育研究

续前表

序号	作者	篇名	被引频次	年（期）	期刊名
6	王娟涓 徐辉	国外城乡义务教育均衡发展的经验及启示	40	2011（1）	外国中小学教育
7	杨银付 韩民 王蕊 安雪慧	以教师资源的均衡配置促进义务教育均衡发展——城乡义务教育教师资源均衡配置的政策与制度创新	39	2008（2）	中小学管理
8	袁方成	农村义务教育均等化：现状与改革	37	2008（3）	华中师范大学学报（人文社会科学版）
9	李潮海 于月萍	城乡教育一体化若干基本问题的思考	36	2010（4）	现代教育管理
10	邵泽斌	理念变革与制度创新：从城乡教育均衡到城乡教育一体化	36	2010（5）	复旦教育论坛
11	杨兆山 张海波	标准化学校：教育均衡发展视角下农村义务教育的发展路径	35	2008（1）	东北师大学报（哲学社会科学版）
12	郭彩琴	马克思主义城乡融合思想与我国城乡教育一体化发展	34	2010（3）	马克思主义研究
13	王鹏炜 司晓宏	城乡教育一体化进程中的教师资源配置研究——以陕西省为例	33	2011（1）	陕西师范大学学报（哲学社会科学版）
14	查有梁	城乡教育一体化的新思考	30	2006（1）	中国教育学刊
15	郭彩琴 顾志平	城乡教育一体化的困境与应对措施	29	2010（20）	人民教育
16	邬志辉	城乡教育一体化：问题形态与制度突破	29	2012（8）	教育研究
17	范艳玲	城乡教育均衡发展探析	28	2006（5）	继续教育研究
18	李光龙 陈燕	城乡义务教育均等化的实证研究——以安徽省为例	24	2010（6）	财政研究
19	韩清林 秦俊巧	中国城乡教育一体化现代化研究	24	2012（8）	教育研究
20	王正青	国外推进城乡教育均衡发展新趋势——社会生态系统的理论框架	24	2011（1）	中国教育学刊

三、城乡基础教育均等化研究的知识图谱分析

通过词频统计分析，发现关键词出现的总频次达到 1 049 次，平均每篇 1.8 个。表 12—4 为城乡基础教育均等化相关研究的高频关键词列表，本处的关键词列表是通过词频统计软件获得的。这些高频关键词是城乡基础教育均等化研究领域中使用频率最多的专业术语，一定程度上反映了研究的热点。其中，“均衡发展”出现频次高达 131 次，“城乡教育一体化”出现频次为 95 次，分别位列第一第二。通过关键词列表可以发现当前城乡基础教育均等化的研究主要聚焦于城乡教育均衡发展、城乡义务教育、农村教育等领域。

表 12—4　　城乡基础教育均等化相关研究 30 个高频关键词列表

序号	关键词	频次	序号	关键词	频次	序号	关键词	频次
1	均衡发展	131	11	均等化	32	21	教育改革	15
2	城乡教育一体化	95	12	城乡	32	22	学校布局	15
3	教育均衡	90	13	基础教育	30	23	农村	14
4	义务教育	82	14	农村义务教育	27	24	城乡教育发展	14
5	城乡义务教育	61	15	教育经费	24	25	教育质量	13
6	城乡教育	54	16	经费保障	19	26	教育事业	13
7	农村教育	54	17	城乡教育差距	19	27	一体化发展	13
8	城乡一体化	41	18	教育均衡发展	18	28	均衡	12
9	教育公平	39	19	农村学校	18	29	发展	11
10	一体化	36	20	对策	17	30	区域教育	10

图 12—2 是城乡基础教育均等化研究的最小树聚类图谱，全景式再现了 2000—2015 年城乡基础教育均等化相关研究的图景全貌。该图谱以均衡发展为核心向各个方向延伸开来，向右主要连接了城乡教育一体化、城乡、农村义务教育、教育均衡、均等化等，该部分主要聚类的是统筹城乡基础教育均衡发展的内容，尤其关注农村义务教育的均等化。向左部分主要以城乡义务教育、教育经费、农村教育、义务教育为代表，具体内容有重点学校、区域教育、学校布局、教育改革、经费保障等，可以大体归纳为通过教育改革、经费保障等途径推进城乡基础教育的均等化。通过这些节点标签及聚类联系发现，城乡基础教育均等化领域涵盖

的内容虽然较多，但是关键因素还算清晰，为此今后研究需要更好地抓住这些核心要素，界定好研究边界，厘清主题框架。

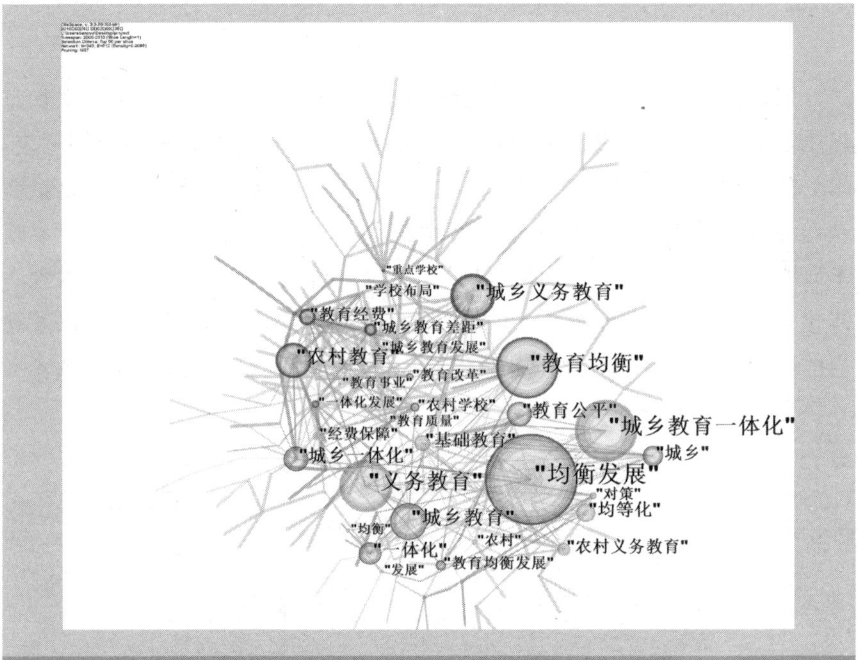

图 12—2　城乡基础教育均等化相关研究的最小树聚类图谱

四、城乡基础教育均等化研究的热点与专题分析

根据知识图谱、关键词列表以及经典文献的分析来看，近 15 年来，我国城乡基础教育均等化相关研究的热点主题大体上围绕着五个方面展开：城乡基础教育均等化的内涵与意义、域外启示、实证研究、影响因素和实施路径。

(一) 城乡基础教育均等化的内涵与意义

城乡基础教育均等化既是城乡教育均等化的核心内容，也是城乡基本公共服务均等化的内在要求。关于城乡基础教育均等化的内涵，学术界的定义并不多，更多的学者是对城乡教育一体化进行内涵的界定。李忠华认为："所谓城乡基础教育均等化是指基础教育中的各级各类学校在办学经费投入、学校布局、硬件设施、师资调配、办学水平和教育质量等方面大体上处于一个比较均衡的状态，与基础教育的公共性、普及性、基础性相适应，使每一位受教育者得以公正地拥有接受教育的机会。”① 更多的学者没有直接对城乡基础教育均等化进行内涵的界定，而是系统阐述了城乡教育一体化的主要内涵。学者褚宏启就对城乡教育一体化的基本内涵进行了较为细致的分析，他指出：“城乡教育一体化是指统筹城乡教育发展，整合城乡教育资源，打破城乡二元经济结构和社会结构的束缚，构建动态均衡、双向沟通、良性互动的教育体系和机制，促进城乡教育资源共享、优势互补，推动城乡教育相互支持、相互促进，缩小城乡之间的教育差距，有效消除地域、经济等原因导致的教育不公平，改变农村地区教育的落后状况，使均衡化的公共教育服务覆盖城乡全体居民，实现城乡教育均衡发展、协调发展、共同发展。”② 相比之下，另一位学者张旺的定义则较为简洁，他认为：“城乡教育一体化的内涵是统筹城乡教育发展，实现城乡资源共享、相互融合、协调共生、共同发展。”③ 从上述学者对城乡基础教育均等化（一体化）内涵的界定，我们可以得出学者们所表达的思想大同小异，都是从城乡的教育经费、师资力量、教育质量入手，促进城乡教育资源共享，缩小城乡教育差距，实现城乡基础教育的均等化。

城乡基础教育均等化是促进城乡教育公平、缩小城乡发展差距、实现社会公平正义的有力举措，具有重大的现实意义。阎宇认为：“城乡基础教育均等化是政府实现社会公正的标志之一，是以人为本施政理念的本质要求，是实施可持续发展战略的基本要求。”④ 褚宏启认为：“城乡教育一体化有利于克服城乡教育二元结构的弊端，使均衡化的公共教育服务覆盖城乡全体居民，缩小城乡教育差距。”⑤

（二）城乡基础教育均等化的域外启示

近年来，国外城乡基础教育均等化方面的研究呈现出上升趋势，我

① 李忠华：《城乡基础教育均等化的政府责任机制》，载《人民论坛》，2011（8）。

② 褚宏启：《城乡教育一体化：体系重构与制度创新》，载《教育研究》，2009（11）。

③ 张旺：《城乡教育一体化：教育公平的时代诉求》，载《教育研究》，2012（8）。

④ 阎宇：《城乡基础教育均等化与地方政府间关系的内在逻辑》，载《吉林师范大学学报（人文社会科学版）》，2011（5）。

⑤ 褚宏启：《城乡教育一体化：体系重构与制度创新》，载《教育研究》，2009（11）。

们从高被引文献以及其他文献可以看出此种趋势。这说明学界开始关注其他国家在促进城乡基础教育均等化方面的经验，这样既拓宽了研究视野，又为我国城乡基础教育均等化的顺利开展提供了域外经验。如学者阎宇从国际经验出发，借鉴美、法、韩三个国家在推进城乡基础教育均等化方面的经验，总结出实施城乡统筹的教育财政体制，优化基础教育转移支付制度，加强基础教育的财政投入，合理划分各级政府间的财权和事权，更多关注弱势群体的受教育权等启示。① 王娟涓、徐辉通过研究发展中国家以及发达国家或地区城乡基础教育均等化的经验，认为公平的教育理念、严格的立法保障、完善的教育经费支撑、制定有利于农村和弱势群体的补偿政策、提高农村教师待遇水平、加大农村课程改革力度等发展经验值得借鉴。②

(三) 城乡基础教育均等化的实证研究

近五年，学界开始关注城乡基础教育均等化方面的实证研究。这些研究大多基于在部分省、市（州）、县（区）进行的调查数据，然后根据分析数据得出相应的结论。例如，闫德明以 X 省为例，对 X 省 2005—2012 年城乡义务教育经费投入一体化水平进行了测算，构建了城乡义务教育经费投入指标及其指数测算方法。③ 罗宏斌通过建立义务教育均等化指标评价体系，并用层次分析法对指标体系进行赋权，对湖南省城乡间和州市间义务教育均等程度进行了测量与评估。④ 凡勇昆、邬志辉通过对 8 省 17 个区（市、县）的实地调查分析，在肯定过去城乡义务教育均衡发展取得成就的同时，指出当前仍然存在教师编制、中坚教师、绩效工资、生均用地面积、计算机配置、生均图书册数和多媒体套数等维度存在显著的城乡差距。其认为解决当前问题需要协调多方利益，从教师资源、财力资源、物力资源三方面进行综合治理。⑤ 常金栋、李玲以西部民族地

① 参见阎宇：《城乡基础教育均等化的国际经验及借鉴》，载《社会科学战线》，2011（9）。

② 参见王娟涓、徐辉：《国外城乡义务教育均衡发展的经验及启示》，载《外国中小学教育》，2011（1）。

③ 参见闫德明：《城乡义务教育经费投入一体化水平实证研究——以 X 省为例》，载《教育发展研究》，2015（3）。

④ 参见罗宏斌：《湖南省城乡义务教育服务均等化研究》，载《湖南社会科学》，2013（2）。

⑤ 参见凡勇昆、邬志辉：《我国城乡义务教育资源均衡发展研究报告》，载《教育研究》，2014（11）。

区为例，构建西部民族地区城乡义务教育一体化指数，通过测算2005年和2009年5个少数民族自治县指数得分，得出："教育财政投入的增加有助于提升城乡义务教育一体化的发展水平，但这种发展水平仍处于较低状态。实证分析发现：财政分权体制和经济发展水平是影响城乡义务教育发展的主要内因，而教育改革政策是促进财政体制分配方向调整的重要外因。"① 对不同地区、不同省市调查数据的实证分析，不仅优化了城乡基础教育均等化的研究方法，而且也提升了研究的科学性。

(四) 城乡基础教育均等化的影响因素

影响城乡基础教育均等化的因素很多，具体包括如下几个方面：

(1) 现行制度的阻碍。受我国一直存在的城乡二元结构的影响，城乡教育体制也呈现二元结构的特征，这种现存的制度是阻碍城乡基础教育均等化的重要因素。学术界对此有诸多讨论。比如褚宏启认为"破解城乡教育二元结构、推进和实现城乡教育一体化必须从制度问题入手"②。马焕灵认为，现存的制度因素是阻碍城乡基础教育均等化的主因，并认为"我国城乡的二元结构而衍生出的城乡二元教育结构，直接导致了城乡基础教育差距的拉大"③。郭彩琴、顾志平也指出，现行的人事管理制度、户籍管理制度、教育政策、教育制度等都是城乡教育一体化过程中的体制性障碍。④

(2) 城乡基础教育经费投入差距较大。财政的投入是教育发展的基础，然而由于城乡间基础教育财政支持力度差距显著，造成城乡基础教育发展不均衡。李军超认为，阻碍我国城乡基础教育均衡发展的因素是多元的，教育经费的投入毫无疑问成为诸多因素中至关重要的一个。⑤ 袁方成指出，城乡义务教育的非均等化是由于农村义务教育经费缺乏有

---

① 常金栋、李玲：《西部民族地区城乡义务教育一体化发展的实证研究——基于H省的调研》，载《民族教育研究》，2012 (2)。

② 褚宏启：《城乡教育一体化：体系重构与制度创新——中国教育二元结构及其破解》，载《教育研究》，2009 (11)。

③ 马焕灵：《城乡基础教育一体化之制度障碍及其克服》，载《当代教育科学》，2010 (10)。

④ 参见郭彩琴、顾志平：《城乡教育一体化的困境与应对措施》，载《人民教育》，2010 (20)。

⑤ 参见李军超：《财政分权视阈下城乡义务教育均衡发展的动力缺失问题研究》，载《浙江社会科学》，2015 (5)。

效的保障机制造成的，诸如各级政府投入责任不明确、经费供需矛盾突出以及教育资源配置不尽合理等。① 马佳宏、彭慧针对教育过程的经费投入状况，指出我国城乡义务教育阶段的财政投入极不均衡，中小学生均教育经费，生均预算内教育经费和生均预算内公用经费的配置存在明显的城乡偏差。②

（3）城乡基础教育师资差距较大。师资队伍的稳定、教师水平的提升是促进城乡基础教育均等化的强力后盾。对农村地区而言，师资直接影响着农村基础教育的品质。当前我国基础教育阶段存在师资流动性大的问题，教师资源城乡差距显著，农村的教师由于待遇、发展前景等原因纷纷想方设法往城市调动，导致优秀的教师集聚在城市，农村师资力量薄弱。学界对此已有诸多表述，比如马艾云、李保江认为“教师的不合理流动加剧了城乡教育资源的配置失衡，成为制约农村教育健康发展的瓶颈”③。王鹏炜、司晓宏也指出城乡教师队伍素质和水平的不同会导致城乡教育质量的差距。④

（五）城乡基础教育均等化的实施路径

本文基于文献梳理与知识图谱的分析发现，对城乡基础教育均等化的实施路径的研究主要可以分为以下四个方面：

（1）突破现行制度，创新城乡教育体制。打破城乡二元分割的结构，对现有制度进行改革，建立适应城乡基础教育均等化的制度体系已经成为多数学者的共同选择。如学者褚宏启提出：“促进城乡教育一体化需要改革的教育制度包括学生培养制度、教育质量评价制度、教育人事制度、教育投入制度、入学招生制度、办学制度和教育管理制度等方面。”⑤ 邬志辉认为：“要促进城乡教育的一体化，必须突破体制机制障碍，建立与

---

① 参见袁方成：《农村义务教育均等化：现状与改革》，载《华中师范大学学报（人文社会科学版）》，2008（3）。

② 参见马佳宏、彭慧：《偏差与平衡：城乡义务教育财力资源配置问题研究》，载《教育与经济》，2006（4）。

③ 马艾云、李保江：《县域教师流动机制实施框架——城乡义务教育均衡发展的一种构想》，载《当代教育科学》，2007（9）。

④ 参见王鹏炜、司晓宏：《城乡教育一体化进程中的教师资源配置研究——以陕西省为例》，载《陕西师范大学学报（哲学社会科学版）》，2011（1）。

⑤ 褚宏启：《教育制度改革与城乡教育一体化——打破城乡教育二元结构的制度瓶颈》，载《教育研究》，2010（11）。

服务型政府相适应的城乡教育一体化财政与管理体制，建立与双向城乡教育一体化相适应的教育制度体系。”① 姜晓萍、黄静以成都试验区为例，对构建城乡基础教育均衡发展的制度体系进行了研究，认为：“要真正实现城乡基础教育均衡发展，关键在制度设施，要彻底破除长期形成的城乡教育二元体制，通过确立公平共享的制度设计理念，坚持政府主导的教育发展路径，建立全域统筹的资源配置机制，形成城乡互动的共同发展格局，最终构建起城乡教育一体化的体制机制。”②

（2）重视农村基础教育发展，给予更多政策倾斜。要实现城乡基础教育均等化，农村基础教育质量的提升是关键。只有给予农村基础教育更多的政策照顾，促进农村基础教育的全面发展，才能真正弥补城乡之间的短板。杨兆山、张海波认为：“城乡教育均等化的重心在农村的义务教育，建设标准化学校是促进农村义务教育可持续发展、实现城乡教育均衡发展的根本路径。”③ 周晔指出，目前最为关键的是要最大限度地提高农村基础教育质量，缩小城乡学校的质量差别。④ 政府的政策倾斜是促进城乡基础教育均等化的有力举措，政府应当改变过去向发达地区、重点学校倾斜的政策，给予农村地区、薄弱学校更多的资源支持，制定优先发展农村基础教育的政策。邬志辉也认为，要促进城乡义务教育均等化，最为关键的是要遏制乡村教育衰败，重建乡村教育形态和创新教育体制机制。⑤

（3）注重师资队伍建设，提升教育品质。师资是教育的保障，优化教师队伍，建立城乡基础教育教师的双向流动机制，加强城市学校对农村学校的师资帮扶，有助于促进城乡基础教育均衡发展。马艾云、李保江认为，要实现城乡义务教育的均衡发展，需要健全县域教师流动机制，合理配置教师资源。⑥ 王鹏炜、司晓宏指出，推进城乡教育一体化的关键在于改革教师资源的配置机制，加强农村教师队伍建设，提高教师素

① 邬志辉：《城乡教育一体化：问题形态与制度突破》，载《教育研究》，2012（8）。

② 姜晓萍、黄静：《构建城乡基础教育均衡发展的制度体系——以成都试验区为例》，载《中国行政管理》，2013（6）。

③ 杨兆山、张海波：《标准化学校：教育均衡发展视角下农村义务教育的发展路径》，载《东北师大学报（哲学社会科学版）》，2008（1）。

④ 参见周晔：《从“二元割裂”走向“一体化”——再论农村基础教育的培养目标》，载《教育学报》，2009（2）。

⑤ 参见邬志辉：《当前我国城乡义务教育一体化发展的核心问题探讨》，载《教育发展研究》，2012（17）。

⑥ 参见马艾云、李保江：《县域教师流动机制实施框架——城乡义务教育均衡发展的一种构想》，载《当代教育科学》，2007（9）。

质和教学品质。其认为完善农村教师资源配置机制的对策主要有“建立农村教师特殊津贴制度、实行义务教育阶段教师的公务员化、加强农村教师的培训机制、深化推进农村中小学人事分配制度改革等”①。通过上述观点，我们发现促进师资队伍建设的关键还在于关注农村基础教育教师的职业发展前景，只有留住了农村的优秀教师，才能提高农村基础教育的质量，促进城乡基础教育均等化。

（4）加大财政投入力度，合理分担教育经费。国家财政对于教育的投入事关城乡基础教育均等化的物质基础。正如学者成刚指出的：“当前要完善‘省级统筹’的财政投入体制，构建义务教育经费投入的保障与监督机制，完善多渠道筹资体制，拓宽财政支持范围，为农村教育提供经费支持。”② 张艳、庞笑萌提出了城乡基础教育投入以中央为主、分项分级共担的主张。他们进一步指出：“以中央为主，除要求中央政府承担主要责任外，还特别强调省级政府和县级政府要各负其责，实际上是以中央政府投资为主导，但在不同地区、不同投资项目上实行中央、省和县级政府分担不同比例的体制。”③ 基本上学者们都共同提及要加强中央和省级公共财政对农村基础教育的经费支持力度，优化财政转移支付制度，为城乡基础教育均等化奠定财力基础。

五、城乡基础教育均等化研究的发展趋势

纵观我国城乡基础教育均等化相关研究十多年来的发展历程，我们发现学者们从不同层次和角度对城乡基础教育均等化进行了深入研究，成果也较为丰富。已有研究大体上对城乡基础教育均等化的内涵、意义、现状、影响因素和实施路径进行了探讨，这些研究对推动城乡基础教育均等化起到了积极作用。然而，我们认为当前研究仍然存在如下薄弱环节：

（1）城乡学前教育均等化领域的研究较为薄弱。我们通过 CNKI 的检索发现，以“城乡学前教育均等化/均衡发展/一体化”为题名的文献

---

① 王鹏炜、司晓宏：《城乡教育一体化进程中的教师资源配置研究——以陕西省为例》，载《陕西师范大学学报（哲学社会科学版）》，2011（1）。

② 成刚：《促进城乡教育一体化的投入体制研究》，载《教育科学研究》，2011（6）。

③ 张艳、庞笑萌：《我国城乡基础教育供给的不均等及制度创新》，载《农业经济》，2010（8）。

很少。当前城乡基础教育均等化的研究大都聚焦于整体基础教育的研究和农村基础教育的研究，在这些研究中，又以城乡义务教育和农村义务教育均衡发展的研究为主。而对于城乡基础教育的分类研究，尤其是学前教育的研究较少。随着国民经济的发展和社会的进步，公民越来越重视教育问题，而学前教育又是基础教育的最基本的组成部分，尤其在近年来入园难、入园贵成为学前教育的“新常态”后，如何促进城乡学前教育的均等化问题理应成为研究的热点，然而当前的研究文献表明学界对于这一领域的关注度还不够。

（2）地区间的比较研究较为不足。现有城乡基础教育均等化的研究以理论研究和地方实践研究为主，但是在地方实践的研究当中，大都以某个区域、省份、市县作为研究对象，介绍一地的经验，获得相应的结论及启示。但是对于不同区域、不同省份、不同县市区之间的比较研究较为少见。比较研究是科学研究中不可分割的组成部分，缺乏比较研究的科学研究是不完整和不全面的。不同地方经验的比较，有助于城乡基础教育均等化实践的开展，为此，今后应当更加关注城乡基础教育均等化的地区比较。

（3）研究方法较为单一。当前关于城乡基础教育均等化的研究大多还是以规范研究为主，实证研究近几年虽有增加，然而研究数量相对较少，将规范研究和实证研究相结合的研究成果更少，研究方法较为单一。即便在实证研究中，大多数研究还是基于官方统计数据进行的量化分析，采用的数据年份有些滞后，研究结果不能很好地判断今后的发展趋势。此外，当前城乡基础教育均等化的实证研究涉及公众满意度调查的研究较为少见。

（4）研究内容较为固化。目前，城乡基础教育均等化研究大多还是以内涵、意义、现状、影响因素和对策建议为主线，主要涉及制度层面、财政经费、师资配置、学校布局、农村基础教育等内容。这些研究内容较为固化，缺乏突破性的创新研究领域，导致研究内容局限、研究思维固化。此外，城乡基础教育均等化的质量监测、绩效考评领域的研究成果比较少见。

针对上述城乡基础教育均等化研究领域的不足之处，结合《国家中长期教育改革和发展规划纲要（2010—2020年）》关于“建立城乡一体化义务教育发展机制”的要求，以及中共十八届三中全会、中共十八届五中全会对于推动义务教育均衡发展的新要求，我们需进一步加强城乡基础教育均等化的研究深度和拓宽研究广度。

（1）加强城乡基础教育均等化的分类别、分区域研究。未来城乡基础教育均等化的研究必须突破现有的研究框架。一方面，要加强分类别研究。加强对城乡学前教育、小学教育、中学教育等的分类研究，尤其要关注学前教育的研究。因为基础教育的不同层次具有不同的特征，那么我们在促进其均等化发展中必须抓住不同层次教育类别的本质特性，才能有助于提升研究的针对性。另一方面，要加强分区域研究。已有的研究大都涉及省市县三级，对于东中西部不同区域的研究较少，尤其对西部地区、民族地区、边疆地区的研究就更加稀少。为此，要促进城乡基础教育均等化，必须要站在全局的高度，对各区域的实践状况进行深入研究。

（2）加强城乡基础教育均等化的质量监测与绩效考评研究。今后城乡基础教育均等化的研究必须要打破现有研究内容的固化态势，发掘研究的新领地，我们应该更加关注城乡基础教育的质量监测与绩效考评的研究。虽然现有的研究有少部分涉及城乡教育均衡发展指标体系的构建，但是这些研究大都停留在主观设计的理论层面，没有深入实践，缺乏指标的可操作性。为此，未来我们应当更加科学地设计城乡基础教育均等化的质量监测体系和绩效考评机制，对于基础教育质量的标准为何、谁来监测、谁来评估、如何监测和评估等问题开展深入的研究。

（3）加强农民工等流动人口子女享受基础教育均等化的研究。虽然学界有很多单独研究农民工子女的教育问题，但是在城乡基础教育均等化语境下，对农民工为主的流动人口子女的基础教育进行研究的文献还较少。中国有两亿多农民工，这部分人由于工作、迁徙等因素来到一个新的地方，如何让这部分庞大群体的子女享受优质的基础教育，是缩小城乡基础教育差距的重要部分。未来，需要加强对农民工子女公平享受基础教育权利的保障机制和实现路径的研究。

（4）优化研究方法，强调规范研究和实证研究相结合。社会科学的特征是既要注重研究的规范性，又要重视研究的实证性。城乡基础教育均等化是社会科学研究领域的内容之一，要提升研究的科学性，必须加强研究方法的创新。城乡基础教育均等化研究具有很强的实践性，如果说以前的研究更加注重规范研究，那么今后的研究必须要将规范和实证相结合，运用调研、个案、比较研究、定量分析等多种方法，深化城乡基础教育均等化的相关研究。

第十三章
城乡社会保障均等化研究述评

张　璇*

十八大报告指出，社会保障是保障人民生活、调节社会分配的一项基本制度。要坚持全覆盖、保基本、多层次、可持续的方针，以增强公平性、适应流动性、保证可持续性为重点，全面建成覆盖城乡居民的社会保障体系，统筹推进城乡社会保障体系建设。推进城乡社会保障体系建设，重点是要推进城乡社会保障均等化，逐步建立起覆盖全社会的社会保障体系。通过总结近年来我国城乡社会保障均等化的基本情况和发展趋势，廓清我国城乡社会保障均等化的发展脉络，理清研究的热点、重点和难点，为推进我国城乡社会保障均等化提供借鉴。

本文以近10年来的中国学术期刊网络出版总库（CNKI）收录的869篇城乡社会保障均等化的核心期刊论文为样本，采用文献计量法，运用文献计量工具CiteSpaceⅢ，绘制2004—2015年国内城乡社会保障均等化研究的可视化图谱，探究国内城乡社会保障均等化研究的热点、趋势，展现我国城乡社会保障均等化研究的发展脉络和演进动态，为我国城乡社会保障均等化的实现提供理论支撑。

一、数据来源与研究方法

本文的数据主要来自CNKI，文献来源为核心期刊，有效地保障了数据来源的质量。本研究主要包括五个部分的内容，即数据来源与研究方法、研究的时区分布与研究力量、研究的知识图谱、研究的热点专

* 张璇，四川广安人，四川大学公共管理学院博士研究生，研究方向：公共管理、领导学。

题、研究的发展趋势。为了全面把握近年来我国城乡社会保障均等化研究的成果，本文以城乡社会保障均等化为分析内容，合理分类城乡社会保障均等化的具体内容，采用多重主题词原则，从而保证来源文献的全面性和准确性。本文检索以城乡社会保障均等化等关键词为检索主题，时间跨度为2004—2015年，检索条件设置为“精确”，共获得文献891条，操作时间为2015年12月1日。通过逐条分析和数据清洗，共获得有效文献共计869条。

在资料收集、整理的过程中，通过标准化的处理路径，统一了数据的格式类型，更便于操作。具体来说，本文对数据进行了以下标准化处理：一是将数据统一转换为文本格式，以50条为一个文本，统一命名为“download”，并依次排列；二是对数据进行了清洗，剔除了一些与主题相关度弱的文献，并对相同文献进行了合并；三是在绘制知识图谱的过程中，对图谱内容进行了合理化的剪切和合并。

本文拟将文献计量法、词频分析法、引文分析和共词分析法结合起来，选取知识图谱分析软件 CiteSpaceⅢ进行数据分析和处理，通过绘制近年来城乡社会保障均等化的知识图谱，从而实现对其的可视化分析，展示了国内近年来对城乡社会保障均等化的研究情况、热点主题和前沿等内容。CiteSpace 软件在绘制知识图谱和基于不同特征引文网络的可视化分析等方面具有较强的技术和功能优势，能用于对不同学科的知识基础、研究前沿（及二者之间的关系）、演化历程、研究热点、前沿关系及趋势探测。① 共词分析法以内容分析为基础，通过分析文献中出现的专业术语内容，探究彼此之间的关联和区别，并进行整合和数据挖掘，从而得出学科领域中不同主题词之间的关系，重现学科的整体脉络和结构。具体而言，共词分析主要是通过词频分析来实现的，通过对文献数据进行整合分析，将出现频次达到一定阈值的主题词界定为高频词汇。其次，两两统计这些高频词在同一篇文章中同时出现的次数，形成共词矩阵。最后，围绕着这个共词矩阵进行分析。②

① 参见杨利军、魏晓峰：《基于知识图谱的国外社会网络分析领域可视化研究》，载《情报科学》，2011（7）。

② 参见张勤、马费成：《国外知识管理研究范式——以共词分析为方法》，载《管理科学学报》，2007（12）。

二、城乡社会保障均等化研究的时区分布与研究力量

从图 13—1 可见，国内城乡社会保障均等化研究的发文数量从 2004 年开始一直呈上升趋势：2004 年仅 2 篇，2009 年就已经达到 77 篇，这之后就进入了城乡社会保障均等化研究的高峰期。党的十六届六中全会提出，到 2020 年基本建立覆盖城乡居民的社会保障体系。党的十七大报告指出，加快建立覆盖城乡居民的社会保障体系已经成为党和政府构建和谐社会的“托底机制”。2012 年党的十八大报告指出，要统筹推进城乡社会保障体系建设，坚持全覆盖、保基本、多层次、可持续方针，以增强公平性、适应流动性、保证可持续性为重点，全面建成覆盖城乡居民的社会保障体系。2012 年以来，城乡社会保障均等化的文献数量又呈现出激增的趋势，2014 年已经增加至 161 篇。

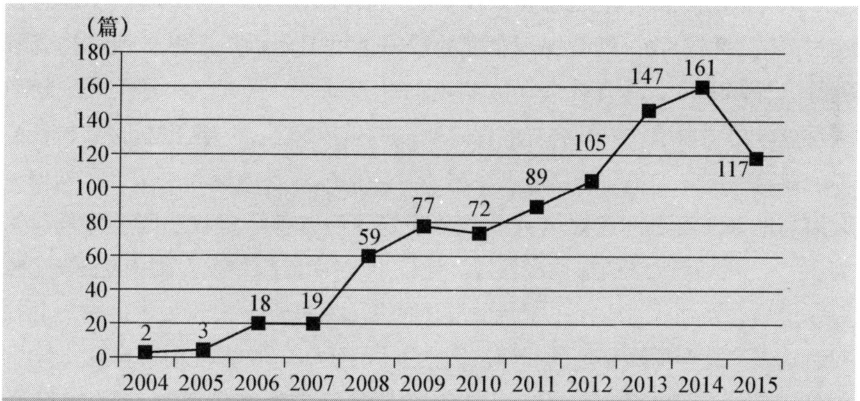

图 13—1　城乡社会保障均等化研究文献年代分布

城乡社会保障均等化研究一直保持较高的热度，一方面源于社会保障的特性，即它是关乎民生的；另一方面源于政策引导和社会需求。国内学者致力于研究我国城乡社会保障的均等化问题，产生了一大批具有影响力的研究成果，为我国城乡社会保障均等化的实施、改革、创新提供了一定的参考。表 13—1 展示了 2004—2015 年城乡社会保障均等化研究发文量居前 20 位的核心机构，主要包括北京大学、武汉大学、华中科技大学、中南财经政法大学、中国人民大学、华中师范大学、四川大学

等。这些研究机构充分发挥自身的平台优势和地域优势，展开了大量与城乡社会保障相关的研究，针对目前我国城乡社会保障均等化存在的问题提出了相应的解决路径、创新机制。

表13—1　2004—2015年城乡社会保障均等化研究发文量居前20位的核心机构

序号	单位	篇数	序号	单位	篇数
1	北京大学	21	11	重庆大学	9
2	武汉大学	17	12	兰州大学	8
3	华中科技大学	17	13	财政部财政科学研究所	8
4	中南财经政法大学	15	14	郑州大学	8
5	中国人民大学	15	15	中山大学	7
6	华中师范大学	15	16	中央财经大学	7
7	四川大学	13	17	首都经济贸易大学	7
8	吉林大学	11	18	南京大学	7
9	复旦大学	11	19	中央民族大学	6
10	山东大学	11	20	国家行政学院	6

其中，北京大学的王思斌教授，其针对社会转型和向市场经济体制快速过渡的过程中我国社会保障制度的缺陷进行了分析，提出必须重构我国的社会保障制度，弥合社会保障制度的断裂状态。① 武汉大学的邓大松教授重点分析了新型农村社会养老保险制度的重点和难点，指出新型农村社会养老保险制度是加快建设覆盖城乡居民社会保障体系的重大决策；重构中央政府与地方政府之间的财政关系；合理划分地方各级财政之间的责任；等等。② 中国人民大学的郑功成教授，他较早地探讨了社会保障中的农民工权益，提出必须强化对农民工定特殊群体的权益保护。③ 南京大学的童星教授对影响农村社会保障制度的非经济因素进行了分析。④ 中南财经政法大学的刘俊霞教授针对公民社会保障权和社会保障之间的关系进行了研究。⑤ 四川大学的姜晓萍教授重点研究了农村土地使用权流转中农民权利保障机制

---

① 参见王思斌：《当前我国社会保障制度的断裂与弥合》，载《江苏社会科学》，2004（3）。

② 参见邓大松、薛惠元：《新型农村社会养老保险制度推行中的难点分析——兼析个人、集体和政府的筹资能力》，载《经济体制改革》，2010（1）。

③ 参见郑功成：《农民工的权益与社会保障》，载《中国党政干部论坛》，2002（8）。

④ 参见童星、赵海林：《影响农村社会保障制度的非经济因素分析》，载《南京大学学报（哲学·人文科学·社会科学版）》，2002（5）。

⑤ 参见刘俊霞：《公民社会保障权与农村社会保障制度》，载《中南财经政法大学学报》，2005（4）。

问题，并针对农村土地使用权流转中农民权利流失的现实困境、农村土地使用权流转中的农民权利保障机制建设等问题进行了深入论述。①

表 13—2 展示了 2004—2015 年国内城乡社会保障均等化研究领域居前 20 位高被引文献，主要来自公共管理学、经济学、社会保障学等学科。通过分析前 20 位高被引文献的内容，得出高被引文献的主要研究内容，一是阐述城乡社会保障均等化的发展路径、衔接机制、保障支出等宏观层面的内容；二是讨论城乡社会保障均等化的具体问题，包括农民工问题、农村社会保障问题、社会公平问题等。

表 13—2　　城乡社会保障研究居前 20 位的高被引文献

序号	作者	篇名	被引频次	年（期）	期刊名
1	杨翠迎	中国社会保障制度的城乡差异及统筹改革思路	346	2004（3）	浙江大学学报（人文社会科学版）
2	张启春	谈谈进城务工人员的社会保障问题	247	2003（4）	江汉论坛
3	樊小钢	土地的保障功能与农村社会保障制度创新	179	2003（4）	财经论丛（浙江财经学院学报）
4	安体富	完善公共财政制度　逐步实现公共服务均等化	143	2007（7）	财经问题研究
5	简新华 张建伟	构建农民工的社会保障体系	113	2005（1）	中国人口、资源与环境
6	丁元竹	促进我国基本公共服务均等化的对策	79	2008（3）	宏观经济管理
7	高利平	山东省社会保障水平及其适度选择	67	2002（5）	人口与经济
8	樊小钢	促进流动人口市民化的社会保障制度创新	66	2004（4）	商业经济与管理
9	刘俊霞	公民社会保障权与农村社会保障制度	65	2005（4）	中南财经政法大学学报
10	李雪萍 刘志昌	基本公共服务均等化的区域对比与城乡比较——以社会保障为例	63	2008（3）	华中师范大学学报（人文社会科学版）

① 参见姜晓萍、衡霞：《农村土地使用权流转中农民权利保障机制研究》，载《政治学研究》，2011（6）。

续前表

序号	作者	篇名	被引频次	年（期）	期刊名
11	樊小钢	城乡社会保障制度衔接模式探讨	60	2004（4）	浙江社会科学
12	马斌 汤晓茹	关于城乡社会保障一体化的理论综述	56	2008（3）	人口与经济
13	陈正光 骆正清	我国城乡社会保障支出均等化分析	49	2010（5）	江西财经大学学报
14	鲁全	城乡统筹的社会保障制度与和谐社会建设	42	2008（10）	山东社会科学
15	宋宝安	论我国城乡社会保障制度衔接的必要性与对策	42	2007（3）	学习与探索
16	迟福林	我国统筹城乡发展的基本公共服务均等化因素	41	2009（6）	东南学术
17	赵福昌	我国社会保障制度及运行中的不公平问题分析	41	2005（6）	财经问题研究
18	申曙光 孙健	论社会保障发展中的七大关系——基于社会公平的视角	37	2009（4）	学习与探索
19	刘岚 等	农村社会保障研究应关注哪些问题？——我国农村社会保障研究回顾与展望	36	2008（2）	农村经济
20	李迎生 等	构建城乡衔接的社会保障体系——以北京市为例	35	2006（6）	中国人民大学学报

三、城乡社会保障均等化研究的知识图谱

通过文献计量工具统计分析，发现 869 篇文献中包含有效关键词 1 109 个，关键词出现总频次为 3 931 次，平均每篇 4.52 个。表 13—3 为城乡社会保障均等化研究的前 50 个高频关键词列表，这些关键词展示了近年来城乡社会保障均等化研究的主题、范围和热点。其中，出现频次最高

的前5个关键词是均等化、社会保障、基本公共服务、公共服务和公共服务均等化，其出现的频次分别为144次、55次、44次、27次和23次。

表13—3　　城乡社会保障均等化研究的前50个高频关键词

序号	关键词	频次	序号	关键词	频次	序号	关键词	频次	序号	关键词	频次
1	均等化	144	14	新型城镇化	11	27	公共就业服务	7	40	医疗卫生	5
2	社会保障	55	15	财政支出	9	28	城乡一体化	7	41	义务教育	5
3	基本公共服务	44	16	公平	9	29	政策建议	6	42	养老保险	5
4	公共服务	27	17	城乡差距	9	30	财政均等化	6	43	老龄化	5
5	公共服务均等化	23	18	城乡基本公共服务	9	31	区域差异	6	44	基本社会保障	4
6	农民工	17	19	市民化	9	32	城市化	6	45	京津冀	4
7	基础教育	17	20	城乡统筹	8	33	农村	6	46	城乡二元结构	4
8	泰尔指数	16	21	基本医疗卫生服务	8	34	路径	6	47	医疗救助	4
9	转移支付	13	22	流动人口	8	35	农村社会保障	5	48	面板数据	4
10	城镇化	13	23	财政投入	7	36	公共卫生服务	5	49	政府责任	4
11	公共财政	11	24	社区卫生服务	7	37	社会保障均等化	5	50	弱势群体	4
12	基本公共卫生服务	11	25	指标体系	7	38	对策	5			
13	城乡	11	26	收入差距	7	39	基尼系数	5			

图13—2是城乡社会保障均等化研究的最小树聚类图谱，图谱中，节点圈层的大小和连线的粗细反映了关键词的重要程度和不同主题之间的关联度，即节点在图谱中的位置由自身的中心度控制。中心度的含义是指在网络中居于核心位置的节点或个体能够对信息的流动或传递起到重要的控制作用，因此关键词的频次、连线和中心度是判断主题聚类的重要指标。①在绘制城乡社会保障均等化知识图谱的过程中，本文对知识图谱的内容进行了一定的手动调整，以便更加清晰地显现图谱效果和聚类。

① 参见姜晓萍、苏楠：《国内服务型政府研究的知识图谱》，载《四川大学学报（哲学社会科学版）》，2014（2）。

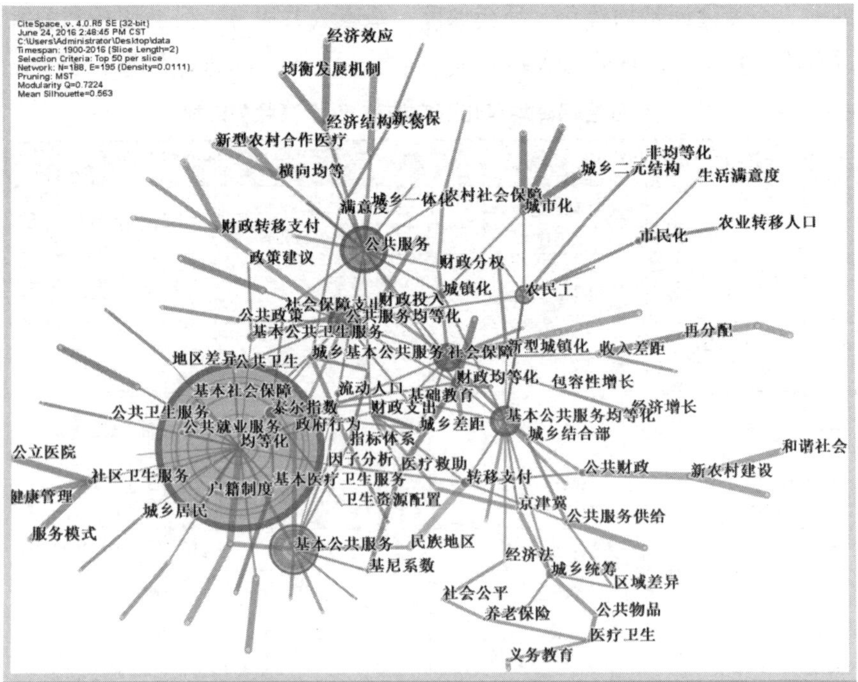

图 13—2　城乡社会保障均等化研究的最小树聚类图谱

分析城乡社会保障均等化研究的最小树聚类图谱，结合聚类情况、连线情况和中心度等，得出城乡社会保障均等化的 5 个领域标签，即社会保障（0.28，55）、公共服务（0.26，42）、基本公共服务（0.20，44）、均等化（0.19，144）和公共服务均等化（0.14，27），括号内的数字分别代表标签的中心度和频次，这与前文分析得出的高频关键词非常吻合，城乡社会保障均等化研究的前 50 个核心关键词也包括公共服务和均等化的内容。由此可知，均等化的实现路径、体制障碍和分析框架仍然是推进城乡社会保障均等化的重点和难点；另外，社会保障均等化与公共服务的关系非常密切，社会保障作为公共服务的重要内容，其均等化水平直接影响公共服务的水平和质量。除了这 5 个主要的领域标签，图谱还展现了与城乡社会保障均等化的其他关键词和领域标签，这也是学界最常提及和使用的术语，包括财政分权、转移支付、基尼系数、医疗救助、面板数据等，这不仅展现出城乡社会保障均等化的研究内容，还重现了采用的不同的研究方法。以“财政分权、转移支付”为例，之所以会出现这一标签，主要是因为在推进城乡社会保障均等化的过程中，财力保障尤其是农村地区财力投入问题等是其重要内容，学者研究中多次使用该类关键词以强调其重要性，也由此成为标签的基本内容之一。不同的主题分布与关键词之间存在影响关系，并根据彼此的影响程度形成不同的聚类，聚类之间互相连接，形成了一个相互联结的完整的网络体系，反映了2004年以来城乡社会保障均等化研究的发展脉络与主题特征。

四、城乡社会保障均等化研究的热点与专题分析

根据绘制图谱，分析高频关键词、高被引文献等内容，总结出我国城乡社会保障均等化研究的热点主题。在归纳总结城乡社会保障均等化研究的热点主题时，本文遵循以下路径：一是以绘制的图谱为基础，进一步分析关键词、关键节点、聚类之间的关系，深入了解城乡社会保障均等化领域的热点内容和系统结构；二是以高被引文献和其他重要文献为研究依据，进行内容分析和综合分析，因为高被引文献和经典文献往往反映出某一领域的研究热点和前沿内容，具有较高的参考价值。按照上述思路，得到了我国城乡社会保障均等化研究的五大热点专题。

（一）城乡社会保障均等化的内涵、价值

根据图13—2显示的内容，结合内容分析发现，城乡社会保障均等化的内涵、价值与目标一直以来都是研究的热点，这一聚类显示的关键词包括和谐社会、统筹城乡社会保障、城乡社会保障一体化等。

（1）城乡社会保障均等化的内涵。

目前，国内还没有形成对“城乡社会保障均等化”的统一界定。综合分析国内有关城乡社会保障均等化的文献资料，发现学者采用的说法不一。总结起来，学界大多采用以下几种方式来描述社会保障均等化的本质和内涵，即统一城乡社会保障、城乡社会保障一体化、整体城乡社会保障等，还包括城乡社会保障的整合、统一、衔接等说法。马斌、汤晓茹认为：“城乡社会保障一体化是指在社会保障制度设计上把城镇居民与农村居民作为一个整体来统筹谋划、综合研究，按照市场经济规律的要

求，通过体制改革和政策调整，消除制度性和体制性障碍，逐步缩小直至消灭城乡社会保障之间的基本差别。”① 樊小钢、陈薇同样指出：“统筹城乡社会保障是指不以城市割裂的方式来建立社会保障制度，而是要将城镇和农村作为一个整体来规划和建设社会保障制度。”② 林义强调：“当前中国构建统筹城乡的社会保障体系并非单纯的社会制度安排，它牵涉整个社会经济资源的分配与社会公正、政府责任等，实际上受到一定理论基础与价值偏好的影响。”③ 由此可知，虽然不同学者对城乡社会保障均等化的内涵的理解存在差异，但是却具有一定的内在一致性，即都非常重视城乡社会保障的统筹和一致性。

（2）城乡社会保障均等化的价值。

经济体制转型和社会发展的推进，推动了我国的城市化进程和市场化进程，社会对于保障模式和运行机制的需求也发生了改变。林义认为，在推进城乡社会保障均等化的过程中，应当坚持五大价值逻辑：城乡统筹到城乡统一具有过程性，正确树立社会保障城乡统筹理念，正确处理好社会公平与效率的关系，正确处理好社会发展与稳定的关系，正确处理好社会保障与就业的关系。④

（二）城乡社会保障均等化的问题与障碍研究

这一主题研究聚类的关键词包括公平与效率、财政、支出、农村社会保障等，图谱显示这一主题的节点比较复杂，足见在推进我国城乡社会保障均等化的过程中，存在许多障碍。总结起来，我国城乡社会保障均等化面临的问题主要包括以下几个方面：

（1）体制机制障碍。

由于体制机制层面的障碍，使得城乡社会保障均等化的实践过程中出现许多公平与效率的问题。体制机制障碍主要包括社保制度问题、户籍制度问题和分配制度问题。杜飞进、张怡淅指出：“现行中

① 马斌、汤晓茹：《关于城乡社会保障一体化的理论综述》，载《人口与经济》，2008(3)。

② 樊小钢、陈薇：《公共政策：统筹城乡社会保障》，17～18页，北京：经济管理出版社，2009。

③ 林义：《统筹城乡社会保障制度建设研究》，87页，北京：社会科学文献出版社，2013。

④ 参见上书，64～69页。

国社会保障制度已确立了公平性的制度框架，其公平性在不断提高，但离制度所应达到的公平度仍有很大差距。”① 王国军深入探究了城乡社会保障均等化的制度衔接的社会效应、时机选择和模式设计，提出城乡社会保障必须从二元模式过渡到三维模式。② 李绍光认为，目前我国社会保障存在两个重要的体制性问题，即如何使政府作用与市场作用相互协调和配合、如何恰当地划分中央和地方政府的责任和权力。③

（2）农村社会保障制度的缺失。

我国的国情、经济发展和社会环境决定了我国在推进城乡社会保障均等化的过程中需要破除诸多障碍，必须合理处理经济发展、人口活动和城市建设等问题。另外，基于历史原因，受户籍制度和土地制度的影响，在我国构建一套完全一样且覆盖城乡的社会保障制度是不现实的。因此，只能为城镇和农村建立规则不同的社会保障制度，同时强化农村社会保障制度的建设，进而实现城乡社会保障均等化。推进城乡社会保障均等化的重点是全面提高农村社会保障的水平，因此，农村社会保障制度的缺失也成为学界研究的重点。

（3）城市化进程中人口社会保障权缺失问题。

由于制度缺失等问题，使得那些非农化过程中的农民往往被置于边缘人地位，更谈不上基本的社会保障权。罗志先、刘俊霞、邹爱华就针对农民工的社会保障权的现状、缺失原因、征地农民的社会补偿权进行了研究，并提出了相应的改善策略和建议。④ 汪国华对“间架性社会保障权”与新生代农民工社会融合进行研究，指出“新生代农民工主观上愿意融入城市社会保障体系，客观上却与农村社会保障体系捆绑在一起，形成了‘间架性社会保障权’，在形成路径、表征和制度支持方面与二元

---

① 杜飞进、张怡湉：《中国社会保障制度的公平与效率问题研究》，载《学习与探索》，2008（1）。

② 参见王国军：《中国城乡社会保障制度衔接初探体制改革研究》，载《战略与管理》，2000（2）。

③ 参见李绍光：《当前社会保障改革的两个体制性问题》，载《经济社会体制比较》，2006（3）。

④ 参见罗志先：《当前农民工社会保障权现状、缺失原因及其对策思考》，载《中共中央党校学报》，2005（4）；刘俊霞：《公民社会保障权与农村社会保障制度》，载《中南财经政法大学学报》，2005（4）；邹爱华：《被征地农民的补偿权与社会保障权》，载《政法论坛》，2009（3）。

社会保障权差异明显。”①

（4）财力保障问题。

社会保障需要大量的资金支持，这是推进城乡社会保障均等化、可持续的重要保障。财政性社会保障经费即政府预算的社会保障经费主要用于各个地区社会保障服务的改善。② 但是，由于多种因素的影响，我国的社会保障财政支出存在极大的城乡差异，如何提高城乡社会保障均等化的财力保障水平也成为许多学者研究的热点。李先德、王士海、陈瑾玫、刘俊霞、刘峰等学者重点针对农村社会保障的资金需求、社会保障资金筹集的途径、农村社会保障资金的来源等问题进行了分析。③ 邓大松和薛惠元从个人、集体和政府筹资能力的角度研究了新型农村社会养老保险制度推行中的难点，并提出重构中央政府与地方政府之间的财政关系，合理划分地方各级财政之间的责任等建议。④

（三）城乡社会保障均等化的制度建设

这一主题的研究以统筹城乡社会保障制度和制度创新为主要内容，其主要连接词包括制度衔接、一体化、消费增长引擎、政府责任等。总结起来，学界关于统筹城乡社会保障制度的思考主要集中在以下两个维度：

（1）统筹城乡社会保障制度建设的宏观视角。

包含总体发展方略、制度设计、一体化路径、制度衔接、基本框架等内容，为实现城乡社会保障的均等化提供了指导。李迎生指出，在推进城乡社会保障一体化制度设计的过程中，必须从四个层面入手，即建立统一的社会保险制度、实现养老保险与医疗保险的统筹、强化财政对农村社会保障的支持、建立统一的社会保障个人专户。⑤ 宋宝安重点分

① 汪国华：《“间架性社会保障权”与新生代农民工社会融合》，载《中国青年研究》，2012（1）。

② 参见柯卉兵：《中国社会保障财政支出的地区差异问题分析》，载《公共管理学报》，2009（1）。

③ 参见李先德、王士海：《城乡统筹下农村社会保障的资金需求分析》，载《农业经济问题》，2010（10）；陈瑾玫：《社会保障资金筹集新途径探讨》，载《市场与人口分析》，2002（2）。

④ 参见邓大松、薛惠元：《新型农村社会养老保险制度推行中的难点分析——兼析个人、集体和政府的筹资能力》，载《经济体制改革》，2010（1）。

⑤ 参见李迎生：《探索中国社会保障体系的城乡整合之路》，载《浙江学刊》，2001。

析了我国城乡社会保障制度衔接的必要性，并提出衔接有制度路径，即建立农民工社会保险制度、建立农村贫困人口的社会保障制度和建立多方承担、机动灵活的缴费机制。[①] 景天魁以我国的国情为基础，提出了统筹城乡社会保障制度的基本战略，即强化城乡社会保障机制的适度性、适当性和适用性，并以公平为原则，建立“底线公平的福利模式”，从而最大限度地覆盖城乡不同区域。[②]

（2）统筹城乡社会保障制度建设的微观视角。

包括推进城乡社会均等化制度建设的基本问题、失地农民社会保障、农民工社会保障、残疾人社会保障、社会保障税、社会保障的财政责任和农村土地制度等内容。这些城乡社会保障均等化过程中面临的问题制约着我国城乡社会保障均等化的实现，与此同时，这些基本问题的出现受到许多原因的影响，包括体制机制、政策实施、资金等因素。因此，如何有效地解决城乡社会保障均等化制度建设过程中出现的问题就成为研究热点。陈信勇和蓝邓骏就重点研究了失地农民社会保障的制度建设问题，指出应当为失地农民建立社会养老保障和医疗保障制度，并逐渐形成完善的社会保障制度。[③] 芳菲认为，在推进城乡社会保障均等化制度建设的过程中，必须重视均衡性，破除“区隔化”“碎片化”“断裂化”，完善城乡社会保障待遇序列。[④] 在分析中发现，我国城乡社会保障均等化的制度建设与政府责任、财力保障等密切相关，旨在推进城乡社会保障均等化的制度建设时，必须充分发挥政府的推手作用。

（四）农村社会保障

通过分析发现，在推进城乡社会保障均等化的过程中，农村社会保障问题仍然是其重点和难点。近 10 年来，由于农村社会保障的重要性、复杂性，其一直是学界研究的重点和热点。数据来源中的 869 篇文献中，有 204 篇文献的研究内容与农村社会保障是相关的，有关农村社会保障的研究内容涉及农村社会保障的体制机制建设、财政资源配置、资

---

① 参见宋宝安：《论我国城乡社会保障制度衔接的必要性与对策》，载《学习与探索》，2007（3）。

② 参见景天魁：《大力推进与国情相适应的社会保障制度建设——构建底线公平的福利模式》，载《理论前沿》，2007（18）。

③ 参见陈信勇、蓝邓骏：《失地农民社会保障的制度建构》，载《中国软科学》，2004（3）。

④ 参见芳菲：《从失衡到均衡：统筹城乡社会保障制度的路径研究》，载《理论探讨》，2009（6）。

金筹集、政府责任等问题。收入差距、农民工和二元体制等关键词与农村社会保障形成了一个相互关联的系统，说明农村社会保障问题涉及的内容很广泛，包括体制机制建设，还涉及收入分配和财政投入等问题。总结起来，有关农村社会保障这一热点主题的研究主要包括以下几个层次：

（1）农村社会保障的概念内涵。

目前，学界对于农村社会保障的概念界定并不相同，但大多是从社会学和经济学的角度去探讨农村社会保障的概念内涵。原劳动和社会保障部部长张左己指出：我国的社会保障主要包括社会保险、社会福利、社会救济和社会优抚四部分。其中，社会保险又包括养老保险、失业保险、医疗保险、工伤保险和生育保险五个险种，是社会保障的核心内容。① 刘书鹤认为，农村社会保障与一般社会保障，内涵具有一致性是毫无疑义的。但鉴于人们对一般社会保障内涵的认识存有较大差异，而这种差异涉及农村社会保障发展的原则和方向。在界定农村社会保障时，必须将社会福利和社会保障区分开来。②

（2）农村社会保障的制度建设问题。

在推进农村社会保障制度建设的过程中，政府必须充分发挥自己的主导作用，这些主导作用通过构建和经济发展水平相适应的农村社会保障制度的基本框架、建立健全农村社会保障管理体制、兑现国家对农村社会保障的财政责任并推动多渠道筹集农村社会保障资金等方式来实现。③ 李郁芳指出，推进农村社会保障制度建设必须强化土地保障制度。④ 童星指出，影响农村社会保障制度建设的非经济因素包括土地政策、人口因素、政治因素、文化和心理因素，并强调“农村社会保障制度的建立和运作受到多种因素的制约，既有经济因素，又有非经济因素。政府在建立农村社会保障制度时应当综合考虑多种因素，既要顾及国家财政和农民家庭的经济承受力，又要考虑非经济因素在其中的作用及其可能带来的社会风险”⑤。

---

①② 参见刘书鹤：《农村社会保障的若干问题》，载《人口研究》，2001（9）。

③ 参见李迎生：《论政府在农村社会保障制度建设中的角色》，载《社会科学研究》，2005（4）。

④ 参见李郁芳：《试析土地保障在农村社会保障制度建设中的作用》，载《暨南学报（哲学社会科学版）》，2001（6）。

⑤ 童星：《赵海林影响农村社会保障制度的非经济因素分析》，载《南京大学学报（哲学・人文科学・社会科学版）》，2002（5）。

（3）农村社会保障的财力保障和筹资模式。

农村社会保障的财力支持和资金来源影响着农村社会保障的可持续性，也制约着农村社会保障长效机制的建立和完善。郭海清指出，由于资金缺乏，我国农村社会保障的开展面临许多问题，制约着农村社会保障的发展，可以通过征收社会保障税、建立农村社会保障专项资金来解决资金缺乏的问题。[①] 杨建国认为，农村社会保障的核心问题是资金筹集问题，必须摒弃传统的“个人账户与社会统筹”相结合的方式，而应当借鉴国外先进的经验和模式，将社会保障税、社会保障特种国税等新形式运用到完善农村社会保障的资金筹集活动中。[②] 总的来说，在推进农村社会保障建设的过程中，必须强化财力保障措施，不断创新资金筹措方式，从而为农村社会保障的实施提供资金支持。

（五）农业转移人口社会保障均等化问题

党的十八大报告指出，要“加快改革户籍制度，有序推进农业转移人口市民化”。这是统筹城乡发展、完善社会保障制度的重要举措。城市蓝皮书《中国城市发展报告》分别从狭义和广义的角度讨论了农业转移人口的内涵。其认为，从广义上看，农业转移人口具有两方面的含义：一是指从农村转移到城镇的人口，如进城务工经商人员、随迁家属、失地农民等；二是从农业转移到非农业的人口，包括进城务工经商及进入城镇就业和在农村从事非农生产的人。从狭义来看，“农业转移人口”是对“农民工”概念的替代。[③] 分析发现，与农业转移人口社会保障问题相关的节点包括农民工、失地农民、土地流转、城市化、市民化等。这一研究主题的具体内容包括农业转移人口的市民化问题、农民工的社会保障问题、新生代农民工问题和失地农民问题等。

（1）农业转移人口市民化问题。

必须积极推进我国农业转移人口市民化进程中的社会保障制度建设，解决农业转移人口在城市社会中的身份认同等社会问题。总的来说，学界对农业转移人口市民化进程中的社会保障问题的研究主要集中在两个

---

① 参见郭海清：《解决农村社会保障基金不足的根本办法是开征社会保障税》，载《农村经济》，2008（8）。

② 参见杨建国：《农村社会保障筹资方式的创新与选择》，载《开发研究》，2007（2）。

③ 参见朱冬梅、袁欣：《有序推进农业转移人口市民化问题研究综述》，载《城市发展研究》，2014（11）。

层面：一是农业转移人口社会保障制度建设的基本情况，包括社会保险、社会救助和社会福利的基本情况；二是农业转移人口社会保障制度建设的问题及解决策略。赵继颖和周利秋在研究中就指出："应该整合社会资源，破除农业转移人口市民化进程中的制度障碍，建立和完善对农业转移人口科学合理的社会保障制度，从而有效促进农业转移人口的合理流动。"① 张燕认为，由于存在巨大的城乡差异问题，因此很难在较短时间内实现城乡社会保障的均等化，其核心战略应当是完善农业转移人口的社会保险制度、社会救助制度和社会福利制度。②

（2）农业转移人口社会保障制度重构路径。

伴随我国城镇化进程出现了大量的农业转移人口，他们强烈的市民化需求往往由于社会保障的缺失而严重受阻。在推进农业转移人口市民化的过程中，如何完善社会保障制度，保障农业转移人口的社会保障权就成为研究的重点。罗志先指出，由于身份、观念、体制和法律上的原因，农民工社会保障权存在缺失。必须建立健全农民工社会保障法律机制，把农民工社会保障落实到法治层面。③ 张燕也强调，农业转移人口存在社会保障制度设计差异大、社会保障体系不健全、公平性不足、转移接续困难等问题，必须明确目标和任务，分步推进制度建设，制定全国统筹办法，完善跨地区有序转移接续机制。④ 另外，杨风、燕浩扬、叶伟春还研究了失地农民城市融入的障碍与路径，我国户籍制度改革的路径等问题。⑤

五、城乡社会保障均等化研究的发展趋势

科学知识图谱能够通过梳理已有研究成果来展现某一领域的研究进展情况，揭示已有研究与未来研究之间的关联。CiteSpace 的时区视图功

① 赵继颖、周利秋：《农业转移人口市民化进程中的社会保障问题研究》，载《学习与探索》，2013（11）。

② 参见张燕：《加快完善我国农业转移人口的社会保障制度》，载《经济纵横》，2014（1）。

③ 参见罗志先：《试论农民工社会保障权的法律保护》，载《现代法学》，2006（11）。

④ 参见张燕：《加快完善我国农业转移人口的社会保障制度》，载《经济纵横》，2014（1）。

⑤ 参见杨风、燕浩扬：《失地农民城市融入的障碍与路径——以山东省为例》，载《农村经济》，2015（5）；叶伟春：《中国户籍制度改革路径探析》，载《中国发展观察》，2013（11）。

能，可以从历史维度探测不同聚类主题之间的网络结构、历史演化等，为研究者提供该领域整个知识结构的图景全貌。

从图 13—3 可见近十年来我国城乡社会保障均等化研究的整个演进路径，社会保障研究与公共服务研究几乎同步发展。2005 年中共十六届五中全会首次提出“公共服务均等化”原则，而这一原则迅速成为我国一系列民生问题解决的重要指导依据。社会保障均等化研究也是从彼时成为一个新兴的研究方向，而城乡不均等、城乡差距是我国公共服务不均等最主要的矛盾，城乡社会保障均等化研究在国家政策引导与社会现实需求的双重推动下迅速发展起来。

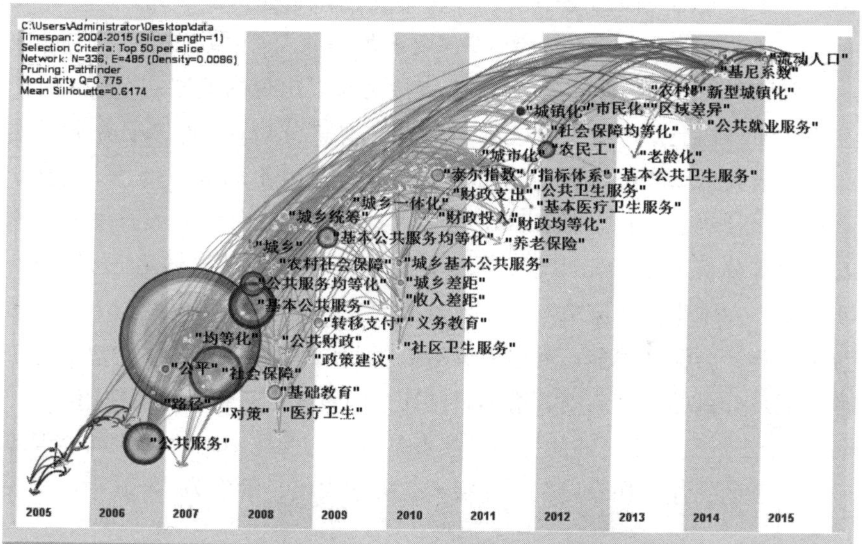

图 13—3　城乡社会保障均等化研究的时区视图

城乡社会保障均等化发展之初，低水平的农村社会保障、不可持续的社会保障财政支出、农民工社会保障不足等成为研究的重点。研究发现，农村社会保障覆盖狭窄、能力较弱，社会保障支出存在着明显的地区差距和城市偏向，中央与地方政府社会保障财权与事权严重错配，农民工基本社会保障难以满足。① 从研究发展来看，农村社会保障研究越来越受到重视，公共财政转移支付力度越来越大，弱势群体生存能力投入增加，基本社会保障体系建设的相关措施开始发挥重要作用，但是城

① 参见李雪萍、刘志昌：《基本公共服务均等化的区域对比与城乡比较——以社会保障为例》，载《华中师范大学学报（人文社会科学版）》，2008（3）。

乡“二元社会保障”旧格局仍然没有破除，城镇较高水平的社会保障是以牺牲农村的保障水平为代价的。① 从总体上讲，基本社会保障体系的重心仍在城镇，农村社会保障体系建设仍然滞后。② 随着民生问题越来越受到关注和社会主义新农村建设的深入，城乡社会保障应该建立“有差别的统一模式”得到政府和学界的认同。“城乡一体化的社会保障”成为我国基本社会保障体系建设的重要目标，农村开始成为社会保障工作重心。

2009 年 9 月，《国务院关于开展新型农村社会养老保险试点的指导意见》出台，是在农村尝试全面推行社会养老保险的重要一步，初步在农村确定了社会保障的基本底线。而在基于均等底线的城市与农村社会保障研究中，值得关注的是中央财政转移支付体制和机制研究。③ 2010 年前后，在学界研究中“泰尔指数”“财政均等化”“财政支出”“财政收入”“城镇化”“城市化”“农民工”等成为频繁出现的关键词。这一时期研究的典型特征在于城乡社会保障问题与对策分析。④ 许多研究通过泰尔指数或泰尔熵值法等测度城乡或区域社会保障不均等程度。⑤ 也有学者通过比较“十二五”初期不同地市城乡社会保障财力投入或失业保险覆盖率等分析城乡差距现状。⑥ 研究除继续呼吁“破除城乡二元结构，实现城乡一体化社会保障”外，尤其强调“加大公共财政投入力度，多渠道筹集社会保障基金，增加中央对农村的转移支付”⑦。这些建议对于改革城乡分割的户籍制度，增加农村社会保障投入起到了重要作用。

“十二五”时期研究的另一个热点是对于均等化中弱势群体社会保障享有问题的关注，如农民工、残疾人、失地农民、学生等。⑧ 其中包括农

① 参见申曙光、孙健：《论社会保障发展中的七大关系——基于社会公平的视角》，载《学习与探索》，2009（4）。

② 参见中国（海南）改革发展研究院：《中国人类发展报告 2007/08》，2008。

③ 参见丁元竹：《我国基本社会保障均等化初步评估》，载《开放导报》，2009（6）。

④ 参见孙德超、徐文才：《基本社会保障服务不均等的现实考察及均等化途径研究》，载《福建论坛（人文社会科学版）》，2012（12）。

⑤ 参见张建中：《中国社会保障服务水平均等化实证研究——基于 1999 年与 2008 年地区差别的对比分析》，载《经济问题探索》，2010（6）。

⑥ 参见翟秋阳、崔光胜：《我国城乡基本公共服务均等化研究——基于东、中、西部若干省市的比较分析》，载《求实》，2015（7）；翟新花：《均等化视角下的失业保险制度优化设计》，载《中国行政管理》，2014（10）。

⑦ 袁文全、邵海：《覆盖城乡居民的社会保障体系建设的路径选择——以重庆市统筹城乡社会保障为视角》，载《社会科学家》，2010（4）。

⑧ 参见王爱君：《均等化语境下不同群体社会保障制度的对接问题研究》，载《当代世界与社会主义》，2011（5）。

民工的社会保障转移接续问题，城乡接合部失地农民市民化中的社保待遇问题等。①

2013年，十八届三中全会提出，要“完善城镇化健康发展体制机制。坚持走中国特色新型城镇化道路，推进以人为核心的城镇化”。在新型城镇化进程中，城乡间严重不均等的社会保障还将持续一段时间，但是在均等化原则指导下，城乡二元分割的户籍制度正在发生深远改变，农村土地流转收入权益保障得以认可，农业转移人口、流动人口社会保障新机制正在形成，中央对农村社会保障转移支付力度不断增强，城乡社会保障均等化水平逐步提升。城乡社会保障均等化标准及绩效、农民参与缴费水平、农业转移人口社保接续便利化、城乡社会保障均等化立法、中央与地方社会保障财权与事权配置等越来越受关注是近期研究的发展趋势。

随着我国进入全面深化改革和全面建成小康社会的关键时期，一些经验总结式的研究正在出现，并将已有实践案例的有益经验拓展到了更广泛地区。② 在实践经验总结的同时不应忘记理论研究的规范化。当前，关于社会保障研究的系统回顾、制度创新与理论建构已经有所开展③，但是城乡社会保障均等化更多的是依托国家政策精神及公共服务一般理论指导，难以完全符合城乡社会保障均等化发展的自身属性。因而，在城乡社会保障均等化发展到一定阶段时，应该适时地开展研究梳理与理论总结工作，为未来推进城乡社会保障均等化的深化发展奠定本土化的理论基础。

---

① 参见马静：《我国城乡接合部社会保障的问题与对策：基于公共服务均等化视角的分析》，载《软科学》，2012（10）。

② 参见陆道平：《城乡一体化进程中社保服务均等化的路径探析——基于苏州经验的考察》，载《江汉论坛》，2014（12）；姜爱华、马静：《北京市城乡接合部社会保障的问题与对策研究》，载《中国行政管理》，2012（8）。

③ 陈斌、陶冶、张皓：《近十年国内社会保障研究历程与展望——基于人大复印资料〈社会保障制度〉（2005—2014年）的数据统计》，载《山东社会科学》，2015（8）；王增文：《中国社会保障治理结构变化、理念转型及理论概化——范式嵌入与法治保障》，载《政治学研究》，2015（5）。

第十四章
城乡基本公共卫生服务均等化研究述评

吕晶金　刘太敏　韦莉娟*

基本公共卫生服务作为基本的社会公共需求，与广大人民群众的生活和健康息息相关，推进城乡基本公共卫生服务均等化是改善民生、实现社会公平正义、实现小康社会的必然要求。2009 年，卫生部、财政部、国家人口和计划生育委员会提出了《关于促进基本公共卫生服务逐步均等化的意见》，意见明确指出："通过实施国家基本公共卫生服务项目和重大公共卫生服务项目，明确政府责任，对城乡居民健康问题实施干预措施……使城乡居民逐步享有均等化的基本公共卫生服务。……到 2020 年，基本公共卫生服务逐步均等化的机制基本完善，重大疾病和主要健康危险因素得到有效控制，城乡居民健康水平得到进一步提高。" 2014 年 5 月，国务院印发的《深化医药卫生体制改革 2014 年重点工作任务》也指出要将"完善公共卫生服务均等化制度"作为一项重点工作任务。这些政策和文件为城乡基本公共卫生服务均等化的实现提供了指导思想和政策支持。

随着医药卫生体制改革的推进和深入，各级地方政府在促进基本公共卫生服务均等化、开展国家基本公共卫生服务项目等方面也取得了很大进展。但城乡基本公共卫生服务均等化的实现是一个复杂、长期的过程，涉及管理体制、运行机制等诸多方面，且目前仍然存在许多问题。近年来，学界也对城乡基本公共卫生服务均等化进行了大量的研究。本文通过对学者们关于城乡基本公共卫生服务均等化的研究成果进行梳理，了解当前城乡基本公共卫生服务均等化的研究现状，总结研究成果与不足，以期为今后的研究做好铺垫，为实现城乡基本公共卫生服务均等化

---

* 吕晶金，湖北随州人，四川大学公共管理学院硕士研究生，研究方向：公共政策与社会治理。刘太敏，重庆巫溪人，四川大学公共管理学院硕士研究生，研究方向：地方政府治理。韦莉娟，四川宜宾人，四川大学公共管理学院硕士研究生，研究方向：地方政府治理。

的进程提供一定的理论指导。

一、数据来源与研究方法

（一）数据来源

本文所采用的数据来源于中国学术期刊网络出版总库（CNKI），以2000—2015年为时间节点，设置检索关键词为“城乡”“基本公共卫生服务”/“医疗卫生”“均等化”等，共检索到国内城乡基本公共卫生服务均等化主题相关学术论文共702篇。本文以此702篇文章作为本次知识图谱热点研究分析的文献基础。

（二）研究方法

本文的研究方法主要为科学计量学方法和可视化分析方法。科学计量学是应用数理统计和计算技术等数学方法对科学活动的投入、产出和过程进行定量分析，并从中找出科学活动规律性的一门科学学分支学科。①

在本文的研究中，我们使用CiteSpaceⅢ可视化应用软件为具体操作手段，对我国城乡基本公共卫生服务均等化的研究现状进行文献计量分析，通过直观的动态图像处理方式，来分析该领域研究的时间分布、研究机构、研究热点，绘制知识图谱并对热点主题进行相关阐释。

二、城乡基本公共卫生服务均等化研究的时区分布与研究力量

（一）文献年代分布

从文献时间分布来看，我国虽然从1996年就提出了基本公共服务的概念，但是对于基本公共卫生服务均等化的研究起步较晚，从2006年才

---

①　参见刘建军：《Publish or Perish被引分析工具在外语教学研究中的应用》，载《现代科学技术》，2010（6）。

逐步开始。从图14—1可以看到，自2006年以来，学界对该领域的研究整体上呈现上升趋势。随着2009年卫生部、财政部、国家人口和计划生育委员会促进基本公共卫生服务逐步均等化的意见的提出，明确指出通过实施国家基本公共卫生服务项目和重大公共卫生服务项目，使城乡居民逐步享有均等化的基本公共卫生服务之后，发文量迅速增加，表明了学界对该领域的研究有一定的政策导向意识。随着医疗改革的进一步深入，近几年来学者的研究成果数量保持着较高且稳定的发展态势。

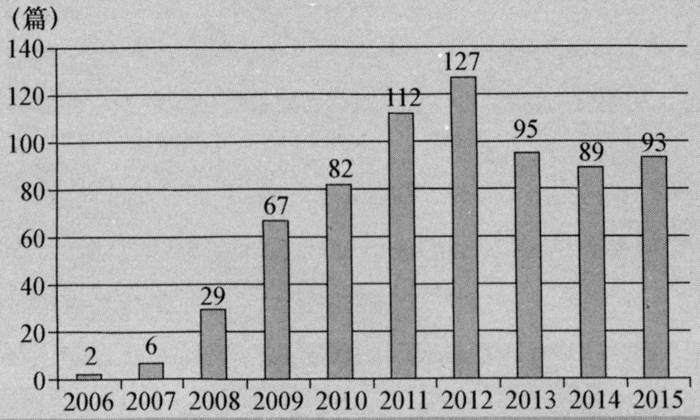

图14—1　文献的年度分布

（二）主要研究力量

表14—1是发文量居前20位的高产作者，表14—2是发文量居前20位的核心机构。通过对城乡基本公共卫生服务均等化领域的高产作者及研究机构的统计分析，我们可以看到复旦大学、华中科技大学是该领域的核心研究机构，此外，华中师范大学、山东大学、重庆医科大学、北京大学等也是该领域的发文数量的巨大贡献者，由此看出国内城乡基本公共卫生服务均等化研究的主要平台仍是各大高校，研究具有一定的独立性和专业性。此外，一些公共卫生事业单位如江苏省常州市疾病预防控制中心、重庆市卫生局等也对该领域研究给予了重大关注。需要注意的是，除了高校以及少数医疗卫生事业单位之外，其他公共部门较少涉及该领域研究，从事相关研究的高校不够普遍，不同类型机构之间的合作研究还不够深入，因而我们认为相关部门单位和学术界还应该投入更多精力从事该领域的相关研究，以便取得更多的学术成果，为城乡基本公共卫生服务均等化提供更多有建设性的意见。

表 14—3 为 2006—2015 年城乡基本公共卫生服务均等化领域居前 20 位的高被引文献，研究内容包括理论探讨、制度思考、指标体系、现状对策等多个方面，较为全面；高被引文献的发文刊物主要集中在医学卫生事业领域，管理学、经济学等领域的刊物较少，跨学科研究尚且不够深入。

表 14—1　　2006—2015 年发文量居前 20 位的高产作者

序号	作者	篇数	单位
1	吕军	14	复旦大学卫生发展战略研究中心
2	郝模	13	复旦大学卫生发展战略研究中心
3	励晓红	13	复旦大学卫生发展战略研究中心
4	郝超	10	江苏省常州市疾病预防控制中心
5	徐汉波	9	复旦大学卫生发展战略研究中心
6	何坪	9	重庆医药高等专科学校
7	张亮	8	华中科技大学同济医学院
8	张引	8	复旦大学卫生发展战略研究中心
9	吴海峰	7	重庆医药高等专科学校
10	张维斌	7	重庆市卫生局
11	闫凤茹	7	山西医科大学公共卫生学院
12	潘伦	7	重庆医药高等专科学校
13	李昊翰	7	复旦大学卫生发展战略研究中心
14	郑建中	7	山西医科大学公共卫生学院
15	蒲川	7	重庆医科大学公共卫生与管理学院
16	陈珉惺	6	复旦大学卫生发展战略研究中心
17	姜鑫	5	重庆工商大学经济贸易学院
18	罗佳	5	重庆工商大学计算机科学与信息工程学院
19	李雪平	5	重庆医科大学公共卫生与管理学院
20	胡善联	4	复旦大学公共卫生学院

表 14—2　　2006—2015 年发文量居前 20 位的核心机构

序号	单位	篇数
1	复旦大学	27
2	华中科技大学	27
3	华中师范大学	15
4	山东大学	14
5	重庆医科大学	11
6	北京大学	11
7	武汉大学	11
8	江苏省常州市疾病预防控制中心	10

续前表

序号	单位	篇数
9	中国人民大学	9
10	重庆医药高等专科学校	9
11	山西医科大学	8
12	中南财经政法大学	8
13	重庆市卫生局	8
14	四川大学	7
15	中国财政部财政科学研究所	7
16	东北财经大学	6
17	重庆工商大学	6
18	中山大学	6
19	山东财经大学	6
20	吉林大学	6

表 14—3　　　　2006—2015 年居前 20 位的高被引文献

序号	作者	篇名	被引频次	年（期）	期刊名
1	顾昕 方黎明	公共财政体系与农村新型合作医疗筹资水平研究——促进公共服务横向均等化的制度思考	111	2006（11）	财经研究
2	冯显威	促进基本公共卫生服务逐步均等化政策分析	93	2009（7）	医学与社会
3	杨宜勇 刘永涛	我国省际公共卫生和基本医疗服务均等化问题研究	87	2008（5）	经济与管理研究
4	刘宝 胡善联 徐海霞 高剑晖	基本公共卫生服务均等化指标体系研究	78	2009（6）	中国卫生政策研究
5	项继权	我国基本公共服务均等化的战略选择	68	2009（1）	社会主义研究
6	荆丽梅 徐海霞 刘宝 胡善联	国内公共卫生服务均等化的理论探讨及研究现状	66	2009（6）	中国卫生政策研究
7	蒲川	促进基本公共卫生服务均等化的实施策略研究——以重庆市为例	58	2010（5）	软科学

续前表

序号	作者	篇名	被引频次	年（期）	期刊名
8	王晓洁	中国公共卫生支出均等化水平的实证分析——基于地区差别视角的量化分析	58	2009（2）	财贸经济
9	刘琼莲	论基本公共卫生服务均等化及其判断标准	55	2009（9）	学习论坛
10	王伟 任苒	基本公共卫生服务均等化的内涵与实施策略	52	2010（6）	医学与哲学（人文社会医学版）
11	刘成奎 王朝才	城乡基本公共服务均等化指标体系研究	49	2011（8）	财政研究
12	陈丽 舒展 姚岚	基本公共卫生服务均等化的难点与对策	48	2011（8）	中国卫生经济
13	于风华 孙经杰 刘瑾	公共财政框架下基本公共卫生服务均等化探讨	46	2009（3）	中国卫生资源
14	朱晓丽 代涛 王芳 尤川梅	基本公共卫生服务均等化实施过程中的主要问题分析	45	2011（2）	中国社会医学杂志
15	王芳 刘晓曦 邱五七 许侠	加拿大与澳大利亚公共卫生服务均等化经验与启示	44	2010（5）	中国卫生政策研究
16	陈伟东 张大维	社区公共服务设施分类及其配置：城乡比较	44	2008（1）	华中师范大学学报（人文社会科学版）
17	罗震东 韦江绿 张京祥	城乡基本公共服务设施均等化发展的界定、特征与途径	42	2011（7）	现代城市研究
18	孙逊 张寓景 汤明新 刘丽娟 唐晓峰	基本卫生服务均等化界定、评价及衡量方法	42	2009（4）	卫生软科学
19	王俊华	城乡基本医疗保险制度衔接模式比较研究	42	2009（6）	苏州大学学报（哲学社会科学版）
20	吴雯 王玲 张翔	浅议新医改形势下农村基本公共卫生服务均等化问题	41	2010（5）	医学与社会

三、城乡基本公共卫生服务均等化研究的知识图谱分析

通过词频软件对关键词进行统计分析，发现 702 篇论文中一共包含有效关键词 248 个，所有关键词出现频次总数为 1 559 次，平均每篇 2.2 个。表 14—4 展示了关于城乡基本公共卫生服务均等化研究文献中居前 30 位的高频关键词列表，通过对高频词的统计，排除"均等化""城乡基本公共服务""公共卫生服务"等关键词后，我们发现学者的研究比较关注城乡差异的现状、问题对策、评价指标体系、公共财政等。

表 14—4　居前 30 位的高频关键词列表

序号	关键词	频次	序号	关键词	频次
1	均等化	212	16	医疗卫生	7
2	城乡基本公共服务	91	17	医疗卫生服务	7
3	公共卫生服务	40	18	公共服务均等化	7
4	公共卫生	25	19	基本医疗服务	7
5	基本医疗卫生服务	24	20	基本医疗	6
6	对策	17	21	公共服务	6
7	城乡	16	22	策略	5
8	泰尔指数	13	23	评价指标体系	5
9	基本公共卫生服务均等化	12	24	公共财政	5
10	基本公共卫生	10	25	公共卫生服务均等化	5
11	现状	8	26	基尼系数	5
12	城乡差距	7	27	卫生服务	5
13	农村	7	28	医改	4
14	问题	7	29	财政投入	4
15	基本公共服务	7	30	满意度	4

图 14—2 为城乡基本公共卫生服务均等化研究的最小树聚类图谱，全景式展现了 2006—2015 年城乡基本公共卫生服务均等化研究的图景全貌。该图谱以公共卫生服务均等化为核心向多个方向延伸，向上为公共卫生、基本医疗卫生服务、基本医疗，侧重于对基本公共卫生服务概念内涵的研究；向下主要为基本公共卫生服务、非均等化及策略；向左聚类为现状、对策、政府责任等；向右集中为城乡差距、农村、问题、泰

尔指数等，侧重于对城乡差距的评价及问题的展现。通过图谱关键词展现及聚类标签的联系，我们发现，城乡基本公共卫生服务涉及的范围比较广泛，但关键研究方向还比较清晰，目前的研究集中在对公共卫生服务概念内涵理解、评价指标体系、现状问题分析、路径对策研究等方面。

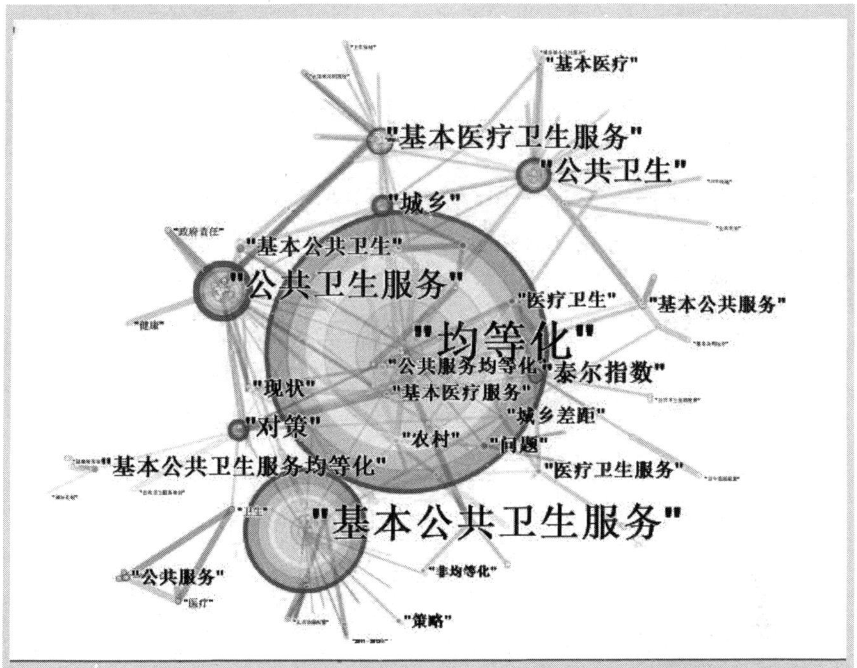

图 14—2　城乡基本公共卫生服务均等化的最小树聚类图谱

四、城乡基本公共卫生服务均等化研究的热点与专题分析

根据知识图谱及关键词的梳理，结合我们对相关文献的阅读，发现学者对我国城乡基本公共卫生服务均等化的研究内容主要包括以下几个方面：概念内涵、评价指标体系、责任主体、问题分析研究及实现路径。

（一）城乡基本公共卫生服务均等化的内涵研究

1. 关于基本公共卫生服务的内涵研究

基本公共卫生服务是基本公共服务的重要内容之一，《国民经济和社会发展第十二个五年规划纲要》指出，要改善民生，建立健全基本公共服务体系，其中列举了基本公共卫生服务的服务范围和重点，即免费提供居民健康档案、预防接种、传染病防治、儿童保健、孕产妇保健、老年人保健、健康教育、高血压等慢性病管理、重型精神病管理等。在此基础上，学者们主要从服务内容分类归纳、政府职能要求、公民权利需求三个角度对基本公共卫生服务的内涵进行了解析。一是从服务内容分类归纳的角度概括基本公共卫生服务的内涵。路冠军认为，基本公共卫生服务是社会全体成员能够均等享有基本健康保障的基础工程，主要包含了预防接种、健康教育、预防和控制疾病、保障社会公众健康等内容。① 二是从政府职能要求的角度解析基本公共卫生服务的内涵。桑凤平认为，政府提供基本公共卫生服务的职能，是指政府根据一定的社会、经济、科技、文化发展水平以及人口特征等，合理利用公共资源，为社会全体成员提供的医疗服务。② 三是从公民权利需求的角度阐述基本公共卫生服务的内涵。陈丽、姚岚、舒展认为，基本公共卫生服务是在一定的社会发展水平和可支配的公共卫生资源的基础上针对社会全体公民最集中、最迫切和最低水平的公共卫生服务需求所提供的具有可操作性、可持续性的服务。③

2. 关于基本公共卫生服务均等化的内涵研究

关于基本公共卫生服务均等化的内涵研究，学者们对于基本公共卫生服务要由政府主导且必须要实现均等化这一观点达成共识，但学者们对均等化的标准则有不同的界定。学者们主要从机会均等、权利均等、底线均等、内容均等、过程均等、结果均等、以需求为导向的均等、阶段性均等角度进行了阐述。在机会均等、权利均等方面，庄琴认为，基本公共卫生服务均等化主要体现在每个公民接受公共卫生服务的权益平等，有均等的机会享受公共卫生资源，并且公共卫生服务提供者的服务水平也要相对平衡。④ 在底线均等方面，于风华、孙经杰认为，基本公共卫生服务均等化是在承认城乡差异、地区差异、

---

① 参见路冠军：《均等化取向下的农村公共卫生服务体系构建——基于皖北三县的调查与分析》，载《农村经济》，2007（11）。

② 参见桑凤平：《城乡基本公共卫生服务均等化：经验观照与下一步》，载《改革》，2012（5）。

③ 参见陈丽、姚岚、舒展：《中国基本公共卫生服务均等化现状、问题及对策》，载《中国公共卫生》，2012（2）。

④ 参见庄琴：《上海市嘉定区公共卫生服务均等化实践与探索》，载《中国公共卫生管理》，2009（3）。

人群差异的前提下，保障全体社会成员都享有一定标准水平的基本公共卫生服务，其实质为“底线均等”。① 在内容均等方面，冯显威从两个角度界定了基本公共卫生服务均等化的内涵：一是从保障公民健康权的角度来看，基本公共卫生服务均等化意味着社会全体成员都有相同的权利享受公共卫生服务；二是从服务的内容角度来看，公民的健康卫生需要和政府的财政承受能力决定了基本公共卫生服务的内容，既有面向社会全体成员的公共卫生服务，也有针对个体的公共卫生服务。② 在结果均等和过程均等方面，陈丽、姚岚、舒展认为均等化是实现现代社会公平正义的必然要求，均等化不仅要求公民享受卫生服务结果的大致均等，而且也体现在公共卫生服务利用的机会平等和过程公平。③ 在以需求为导向的均等方面，孙逊等认为公共卫生服务均等化就是指社会成员不论处于何种社会地位和收入水平，都应该以需求为导向获得公共卫生服务，即拥有相同公共卫生服务需求的社会成员应该获得相同的公共卫生服务。④ 在阶段性均等方面，沈楠认为均等具有阶段性标准，即基本公共卫生服务最终大致均等，但在不同的阶段具有不同标准。⑤

（二）关于城乡基本公共卫生服务均等化的评价指标体系的研究

指标体系是评价城乡基本公共卫生服务均等化的基本工具。学者对城乡基本公共卫生服务均等化的评价指标体系研究集中在评价指标设计及指标权重设计两大方面。

（1）城乡基本公共卫生服务均等化的评价指标设计。对于城乡基本公共卫生服务均等化的评价指标设计研究，总结文献发现存在以下三种设计思路：

一种是以卫生系统概念框架为依据的指标设计。部分学者在进行指标

---

① 参见于风华、孙经杰：《公共财政框架下基本公共卫生服务均等化探讨》，载《中国卫生资源》，2009（3）。

② 参见冯显威：《促进基本公共卫生服务逐步均等化政策分析》，载《医学与社会》，2009（7）。

③ 参见陈丽、姚岚、舒展：《中国基本公共卫生服务均等化现状、问题及对策》，载《中国公共卫生》，2012（2）。

④ 参见孙逊、张寓景、汤明新、刘丽娟、唐晓峰：《基本卫生服务均等化界定、评价及衡量方法》，载《卫生软科学》，2009（4）。

⑤ 参见沈楠：《从均等化角度探析公共卫生支出结构问题》，载《中国商界（下半月）》，2008（1）。

设计时，参考了罗默模型① 和世界卫生组织提出的卫生系统模型，这两种模型都提出了资源、筹资、管理共同作用于卫生服务提供的机制以及健康结果的产生过程。如张力文、李宁秀从系统结构、过程、结果三个角度切入，全面考虑卫生服务的筹资方、供方、需方三个主体，分别用城乡关联度、城乡卫生资源分配均等化等指标评价城乡卫生一体化的实现程度。②

二是以公共卫生服务项目为依据的指标设计。《国家基本公共服务体系“十二五”规划》指出，政府为城乡居民免费提供居民健康档案、健康教育、预防接种、传染病防治、儿童保健、孕产妇保健、老年人保健、高血压等慢性病管理、重性精神疾病管理、卫生监督协管等国家基本公共卫生服务。③ 一些学者如吴建等以此为据，将居民健康档案、健康教育等九类国家基本公共卫生服务作为评估主体，从居民是否公平获得了各项服务的视角进行设计，衡量均等化实现程度。④

三是综合测量指标。以基础指标数据和其他相关数据为基础，通过特定的数据分析方法转化得到的综合测量指标，从不同角度服务于卫生决策。如徐凌中、邴媛媛认为，健康公平性的测量方法主要有极差法、洛伦兹曲线和基尼系数法、差异指数法、不平等斜率指数及相对指数法、集中曲线法等。⑤

（2）城乡基本公共卫生服务均等化指标体系权重系数的确定。城乡基本公共卫生服务均等化指标体系权重系数的确定常用的方法为德尔菲专家咨询法、层次分析法等。刘宝等根据专家对各级指标重要程度的评分，获得各级指标重要程度评分的平均数、变异系数和满分比例。⑥ 樊立华等在指标权重确定时采用网络分析法（ANP）建模，通过 Super Decisions 软件给出的优势度，获得一级和二级各个指标的权重。⑦

---

① M. I. Roemer，*National Health Systems of the World*，New York：Oxford University Press，1991.

② 参见张力文、李宁秀：《基于 AHP 的城乡卫生一体化评价体系研究》，载《软科学》，2011（12）。

③ 参见《国家基本公共服务体系“十二五”规划》，见 http://www.gov.cn/zwgk/2012-07/20/content_2187242.htm，2012-07-20。

④ 参见吴建、张亮、赵要军：《基本公共卫生服务均等化评估框架设计与构建》，载《中国卫生经济》，2011（8）。

⑤ 参见徐凌中、邴媛媛：《卫生服务的公平性研究进展》，载《中华医院管理杂志》，2001（5）。

⑥ 参见刘宝、胡善联、徐海霞、高剑晖：《基本公共卫生服务均等化指标体系研究》，载《中国卫生政策研究》，2009（6）。

⑦ 参见樊立华、张仲、孙涛：《基于 TOPSIS 分析法的基本公共卫生服务均等化实施过程评价》，载《中国公共卫生管理》，2015（2）。

（三）关于城乡基本公共卫生服务均等化的责任主体的研究

首先，从基本公共卫生服务均等化的供给主体来看，大部分学者认为政府是供给主体。陈蓓蓓认为，要实现我国基本公共卫生服务均等化，缩小城乡差距，应该明确政府的主导地位，对城乡之间的医疗卫生资源进行战略性的调整，实现城乡医疗资源的共享。① 此外，也有学者认为，基本公共卫生服务单一政府供给主体可能出现政府失灵，应形成多元供给的模式。桑凤平认为，在推进城乡基本公共卫生服务均等化的过程中要建立公私医疗机构的合作机制，发挥民间医疗机构的优势，提高市场参与公共服务的积极性。②

其次，中央政府与地方政府在基本公共卫生服务中承担着不同层次的责任。郁建兴、翁翠认为，鉴于“溢出效应”“施政优先权”“横向和纵向的均等化”等原则，中央政府对基本医疗卫生体系负有财政投入职能、制定基本医疗卫生规划和总体目标的职能。而地方政府是基本医疗卫生服务体系建设的直接责任者，是公共卫生服务的主要生产者，是基本医疗保障体系的安排者。③

（四）关于城乡基本公共卫生服务均等化的问题分析研究

实现基本公共卫生服务均等化是我国未来社会发展的重要目标之一，但均等化是一个非常复杂的过程，它的实现会受到很多因素的影响，对于我国城乡基本公共卫生服务均等化过程中出现的问题，学者们进行了探索和研究。

（1）从供给关系来看，存在供给总量不足及城乡失衡的问题。基本公共卫生服务的供给总量不足，现行的财政支出结构对公共卫生的投入较低。财政支出倾向于关注经济发展方面的服务，而对于公共卫生这种民生事业投入比重相对较低。李婉指出，我国的支出分权导致我国地方政府偏好于经济建设支出和除教科文卫之外的其他部门事业费的支出，而和居民的福利息息相关的教科文卫支出随着分权程度的加深，则会进

① 参见陈蓓蓓：《我国基本公共卫生服务城乡差距与均等化探析》，载《西安社会科学》，2009（12）。

② 参见桑凤平：《城乡基本公共卫生服务均等化：经验观照与下一步》，载《改革》，2012（5）。

③ 参见郁建兴、翁翠：《农村基本医疗卫生体系建设中的地方政府——基于宁波市江北区的研究》，载《浙江大学学报（人文社会科学版）》，2008（6）。

一步降低。[①] 赵云旗等认为，改革开放以来，政府对公共产品和公共服务的供给力度仍然不足，对科教文卫的支出是相对较少的。[②]

城乡基本公共卫生服务供给上的失衡。一方面，城乡二元结构导致公共卫生服务供给的差异。管仲军等认为由于历史原因，长期以来形成的城乡二元结构，对城乡之间的公共医疗卫生资源分配，造成了严重失衡性影响，而且这种影响尚未呈现明显改善的趋势。[③] 另一方面，区域供给失衡。杨宜勇等在对我国各地区在公共卫生服务机构数、床位数和人员数方面研究后得出，我国公共卫生服务省际差距大，经济发达地区优于落后地区，北方地区优于南方地区。[④]

（2）现行的财政制度不够完善，影响了城乡基本公共卫生服务均等化的实现。

一是分税制改革对城乡公共卫生服务均等化的历史影响。在分税制下，中央制定各项改革措施，地方负责执行，公共服务支出，包括公共医疗卫生服务支出成了地方政府，特别是县一级政府的责任。管仲军等表示对于大多数财政状况难以支撑公共卫生服务的县级政府，尤其是中西部地区政府来说，实际削弱了政府的公共卫生服务职能，加剧了城乡之间公共卫生服务的非均等化。[⑤]

二是公共卫生服务的财政支出结构影响了基本公共卫生服务均等化的实现。如沈楠提出，政府的公共卫生服务的财政支出结构如财政支出总额、地区间支出结构以及城乡间支出比例等会直接影响城乡基本公共卫生服务的均等化。[⑥]

三是各级政府之间事权和财权的划分问题。一方面，目前我国各级政府之间的职责划分不够规范。荆丽梅等认为各级政府间事权层层下放，

---

① 参见李婉：《财政分权与地方政府支出结构偏向——基于中国省级面板数据的研究》，载《上海财经大学学报》，2007（5）。

② 参见赵云旗、申学锋、史卫、李成威：《促进城乡基本公共服务均等化的财政政策研究》，载《经济研究参考》，2010（16）。

③ 参见管仲军、黄恒学：《公共卫生服务均等化：问题与原因分析》，载《中国行政管理》，2010（6）。

④ 参见杨宜勇、刘永涛：《我国省际公共卫生和基本医疗服务均等化问题研究》，载《经济与管理研究》，2008（6）。

⑤ 参见管仲军、黄恒学：《公共卫生服务均等化：问题与原因分析》，载《中国行政管理》2010（6）。

⑥ 参见沈楠：《从均等化角度探析公共卫生支出结构问题》，载《中国商界（下半月）》，2008（1）。

而财权和财力却层层上收，事权与财权划分不合理。① 另一方面，从财权和财力来看，基层政府没有税收立法权或举债权，也没有独立的主体税种，其掌控的收入极其有限。乔俊峰提到由于分权化改革的影响，公共卫生服务的事权主要由县、乡基层来承担，而相应的财权却不能相应匹配。②基层政府既没有制定地方税率的权力，也没有规定税基的自主权。

四是公共财政制度及财政转移支付制度的不完善，使得公共卫生服务（尤其是农村）的经费无法得到保障。刘钟明提到财政保障政策不合理且存在经费缺口，对农村公共卫生服务专项补助标准偏低，无论从服务半径还是交通条件看，农村公共卫生服务的成本肯定要比城市高，目前的公共卫生服务经费标准有失公平。③ 另一些学者认为，财政转移支付在城乡基本公共卫生服务均等化中发挥了一定的积极作用，但是发挥作用有限。管仲军等认为，到目前为止，中央财政对公共卫生的转移支付数额虽然年年递增，但在改善公共医疗卫生服务均等化、消除城乡之间差别和富裕与贫困地区差别以及城乡内部不同人群之间差别方面收效甚微。④

（3）公共卫生服务体系不健全。一是缺乏统一的法律规范。赵红等认为，我国公共卫生服务法律化缺失，应该逐步健全与基本医疗卫生制度、经济社会发展相协调的基本公共卫生法律制度，将中央与地方的财政分担和职责纳入法制化轨道，加强政府和市场在公共服务市场化过程中的职能法制化。⑤ 二是资金管理不到位。朱晓丽等认为，由于资金管理办法和绩效考核制度不完善，部分地区的基本公共卫生服务专项资金滞留在市级财政部门或卫生行政部门，资金被延迟拨付，且由于缺乏详细的管理办法，导致资金沉淀。⑥ 三是城乡基本医疗保险制度不均等。樊立华等认为，广大农村虽然已经实行了新型合作医疗制度，但新农合的筹资水平、报销比例等

---

① 参见荆丽梅、徐海霞、刘宝、胡善联：《国内公共卫生服务均等化的理论探讨及研究现状》，载《中国卫生政策研究》，2009（6）。

② 参见乔俊峰：《公共卫生服务均等化与政府责任：基于我国分权化改革的思考》，载《中国卫生经济》，2009（7）。

③ 参见刘钟明：《浙江省基本公共卫生服务均等化财政保障体制机制研究》，载《卫生经济研究》，2009（4）。

④ 参见管仲军、黄恒学：《实现我国公共卫生服务均等化需要注意的几个问题》，载《经济问题》，2010（12）。

⑤ 参见赵红、王小合、高建民：《基本公共卫生服务均等化研究综述》，载《中国卫生事业管理》，2010（11）。

⑥ 参见朱晓丽、代涛、王芳、尤川梅：《基本公共卫生服务均等化实施过程中的主要问题分析》，载《中国社会医学杂志》，2011（2）。

均明显低于城镇居民基本医疗保险，城乡差异明显，且城市不同群体之间的基本医疗保障水平也存在着差别，公务员医疗保障水平最高，而外来务工人员在医疗保障方面还存在空白。① 四是缺乏基本公共卫生服务标准和防御体系。谢标认为，我们找不到国家统一的基本公共卫生和基本医疗标准，地方政府各自为政，根据当地的情况，各自确定各自的标准，就会导致越富的地区保障越高，而落后的地区更加落后。② 蒲川认为，由于各地卫生事业的经济基础和政策环境差异，我国各地区之间疾病预防控制体系建设不均衡的现象还没有得到根本性的改变。③

（4）从人的角度来看，一是公共卫生服务系统尤其是农村地区的人力资源缺乏和素质不高。蒲川认为，农村卫生补助政策不完善，落实不到位，卫生技术人员收入低，工作环境差，造成农村卫生人员不稳定，农村卫生人才流失严重。④ 王伟、任苒认为，由于公共卫生服务机构缺乏稳定和吸引人才的条件，卫生人员业务素质不高、结构不合理，部分地区人员能力达不到工作要求。⑤ 二是城乡居民的健康状况本就存在巨大差距。樊立华等认为，城乡居民社会地位上的差异及社会资源分配方面存在不平等，“小病扛，大病拖”成为农民的无奈选择，农民的健康状况本就不如城市居民，加之基本公共卫生服务的分配不均，使得这一情况越来越严重。⑥ 三是公众的自觉参与程度不高。肖文涛认为，城乡基本公共卫生服务的建设不仅需要提高政府的基本公共服务供给能力，还要提高社会公众的享受能力。⑦ 夏芹等在对农民参加新农合的意愿进行调查后得出，农民对新农合的认识还不到位，参与的积极性不高。⑧ 四是居民的需求表达机制以及偏好会影响基本公共卫生服务的均等化发展。

---

① 参见樊立华、段孝建、于玺文、李恒、孙涛、李莉：《城乡基本公共卫生服务均等化存在问题与政策设计》，载《中国公共卫生管理》，2011，27（3）。

② 参见谢标：《武汉市城乡基本公共服务均等化研究——以公共卫生和基本医疗为例》，载《长江论坛》，2009（10）。

③④ 参见蒲川：《促进基本公共卫生服务均等化的实施策略研究——以重庆市为例》，载《软科学》，2010（5）。

⑤ 参见王伟、任苒：《基本公共卫生服务均等化的内涵与实施策略》，载《医学与哲学（人文社会医学版）》，2010（6）。

⑥ 参见樊立华、段孝建、于玺文、李恒、孙涛、李莉：《城乡基本公共卫生服务均等化存在问题与政策设计》，载《中国公共卫生管理》，2011，27（3）。

⑦ 参见肖文涛：《基本公共服务均等化：共享改革发展成果的关键》，载《科学社会主义》，2008（10）。

⑧ 参见夏芹等：《农民参合意愿考证新型农村合作医疗制度建设》，载《中国卫生经济》，2010（3）。

俞雅乖认为，要遵循供求均衡以需求为导向的原则，以有效地实现基本公共服务的城乡均等化，更好地体现公平。城乡基本公共服务的供给优先序，既要反映农民需求、又要符合财政支出政策，才能更有效地实现基本公共服务的城乡均等化。① 许敏兰、罗建兵认为，政府作为公共产品的主要供给者，其行使的职能应当符合社会成员对公共产品的偏好。中央及地方各级政府在提供公共产品时也应当按地区区别对待，以反映出经济发展程度不同的地区对公共产品需求的区域性差异。②

（五）关于基本公共卫生服务均等化的实现路径的研究

关于基本公共卫生服务均等化的实现路径，学者们从不同的角度对其进行了论述，主要包括改革财政和税收体制、调整公共卫生服务制度与政策、完善相关法律法规、完善基本公共卫生服务配套措施、适当引入市场机制等方面。

在改革财政和税收体制方面，余苏珍等特别强调要积极推进省直管县的财政管理体制改革，增强省级财政对市县级财政的指导和协调功能，逐步形成合理、平衡的纵向与横向财力分布格局，不断强化基层政府供给基本公共卫生服务的经济保障能力。③ 王芳、刘晓曦、邱五七认为，合理划分政府间事权财权是实现基本公共卫生服务均等化的关键，明确各级政府的责任与权利，责权利相统一是保证政府投入真正发挥作用的关键环节。④

在调整公共卫生服务制度与政策方面，王伟、任苒认为要分阶段推进，依靠制度保障和政策引导实现基本公共卫生服务均等化，制度是社会公平正义的根本保证，我国现阶段的基本公共卫生服务均等化必须制定相应的制度和政策。⑤

在完善相关法律法规方面，桑凤平认为，当前我国亟须制定一部卫

① 参见俞雅乖：《农民需求、优先序、表达机制与城乡基本公共服务均等化——以宁波市鄞州区为例》，载《浙江学刊》，2009（1）。

② 参见许敏兰、罗建兵：《我国公共卫生服务的区域均等化分析——基于公共卫生经费和公共卫生资源的视角》，载《经济论坛》，2010（12）。

③ 参见余苏珍、王力、王素珍、王军永：《促进基本公共卫生服务均等化的现实困境及对策》，载《中国卫生事业管理》，2011（6）。

④ 参见王芳、刘晓曦、邱五七：《加拿大与澳大利亚公共卫生服务均等化经验与启示》，载《中国卫生政策研究》，2010（5）。

⑤ 参见王伟、任苒：《基本公共卫生服务均等化的内涵与实施策略》，载《医学与哲学（人文社会医学版）》，2010（6）。

生基本法，立法的基本内容应当包括基本公共卫生服务的内容、基本公共卫生服务的经费保障机制以及基本公共卫生服务提供的相关法律责任。① 王芳、刘晓曦、邱五七认为，为了保证基本公共卫生服务的质量和提高服务的规范化和标准化程度，要通过专业规范机构和各省级法律条款设立专业标准、行为规范和司法标准。②

在完善基本公共卫生服务配套措施方面，桑凤平认为，随着信息化社会的发展和科技水平的提高，要建立一个城乡统筹的基本公共卫生服务信息管理系统，统筹的信息管理将有利于开展如远程会诊、电子病历等卫生信息化协同服务。③ 吕军城、王在翔提出，要构建均等化绩效评价体系和监管体系促进基本公共卫生服务的均等化，应该尝试成立新的独立考核机构保证考核的透明性和公正性。④

在适当引入市场机制方面，孙德超、徐文才认为可以建立政府主导下的市场机制发挥作用的医疗卫生体制，一方面通过政府管理避免医疗卫生服务机构在市场机制下过度的逐利行为；另外一方面，强调引入市场机制以发挥其优化医疗资源配置、激发医疗机构活力的作用。⑤ 桑凤平根据治理理论提出，要在推进城乡基本公共卫生服务均等化过程中，建立公立医疗机构和民间医疗卫生机构的合作机制，充分发挥民间医疗机构的优势，以弥补政府目前在提供基本公共卫生服务中的不足。⑥

五、城乡基本公共卫生服务均等化研究的发展趋势

通过对我国城乡基本公共卫生服务均等化相关文献的阅读与分析，

---

① 参见桑凤平：《城乡基本公共卫生服务均等化：经验观照与下一步》，载《改革》，2012（5）。

② 参见王芳、刘晓曦、邱五七：《加拿大与澳大利亚公共卫生服务均等化经验与启示》，载《中国卫生政策研究》，2010（5）。

③ 参见桑凤平：《城乡基本公共卫生服务均等化：经验观照与下一步》，载《改革》，2012（5）。

④ 参见吕军城、王在翔：《我国农村基本公共卫生服务均等化现状及优化对策》，载《中国卫生事业管理》，2014（2）。

⑤ 参见孙德超、徐文才：《医疗卫生服务不均等的现实考察及均等化途径》，载《经济问题》，2012（10）。

⑥ 参见桑凤平：《城乡基本公共卫生服务均等化：经验观照与下一步》，载《改革》，2012（5）。

我们发现学者对该领域的现实问题与改进措施等都有一定的研究，为城乡基本公共卫生服务均等化进程的推进提供了一些指导。但是，研究中也存在一些薄弱的环节。

一是缺乏系统性的理论指导。现有的文献大多从工具理性的角度出发，少有学者从价值理性的角度去深入探讨城乡基本公共卫生服务均等化的内在逻辑。在我国城乡政治、经济、文化各方面发展都不平衡的背景下，基本公共卫生服务均等化进程应遵循何种理论依据，如何明确均等化进程中所应坚持的价值导向，如何建立科学指标来合理地评估基本公共卫生服务均等化的实现情况与进展，目前的研究还相当欠缺。

二是研究的视角有待进一步扩宽。目前我国对城乡基本公共卫生服务均等化的研究大多从政治学、行政学的角度探讨基本公共卫生服务的责任主体、供给差异、制度保障等，缺乏多视角、跨学科的分析。还可以从社会学、心理学等角度进一步扩宽研究视角，丰富该领域研究成果。

三是研究深度不够。首先，缺乏战略性的顶层设计，学者多从技术的角度去寻找均等化的具体实现路径，但缺乏战略性的全局思考，如何从基本公共卫生服务的特性出发，从城乡角度去探索如何评价均等、如何保障均等还比较欠缺。其次，缺乏对城乡基本公共卫生服务均等化进程中的经验总结，学者大多是对某一地区具体措施与经验作介绍，缺乏从全国层面进行模式的归纳分析和规律性的提炼总结。最后，缺乏对具体措施的合理性论证，由于城乡不同、地区差异等原因，对城乡基本公共卫生服务均等化的实现路径研究也应该根据时空差异来具体问题具体分析。

四是研究方法单一。对城乡基本公共卫生服务均等化的实证和量化分析的高水平文献比较少，大多数文章依然是在进行规范的定性研究，部分学者建立了一些评价指标来评估城乡基本公共卫生服务均等化中存在的差异，但是评价指标的科学合理性还有待进一步论证，对实证研究地区的选择是否具有代表性，得出的经验结果是否具有普遍指导意义都有待探讨。如何将规范研究与实证研究相结合、综合定性与定量的研究方法，避免城乡基本公共卫生服务均等化研究的理论与实际脱节，依旧是今后研究需要注意的地方。

针对以上研究领域的不足，为了丰富该理论的研究成果，更好地指导城乡基本公共卫生服务均等化的进程，我们应该从以下几个方面努力：

一是要加强城乡基本公共卫生服务均等化的基础理论研究。现有研究主要以公共产品理论作为城乡基本公共卫生服务均等化研究的基础理论。理论基础单一且缺乏创新。因此，在未来的研究中，可从不同的学科理论和方法入手，对城乡基本公共卫生服务均等化的供给主体、实现路径、衡量指标和评价体系进行更深入系统的分析和研究。

二是要注重城乡基本公共卫生服务均等化的系统性、综合性研究。基本公共卫生服务包含的内容很多，在对某一项具体公共卫生服务项目进行研究的同时也要从整体上进行评估和分析。不仅要进行纵向研究，更要进行城乡比较研究和多区域的横向比较研究，全面分析基本公共卫生服务均等化的影响因素。此外，基本公共卫生服务均等化机制如何与其他公共服务保障机制以及配套措施衔接统筹也是未来的研究方向。

三是要善于借鉴国际经验和进行本土化探索。国外的基本公共卫生服务的供给机制、财政支付体系、绩效评估方式、非政府组织的参与等都发展得比较成熟，未来的研究可从国外实践中总结经验，并在学习国外经验的基础上，结合本国国情进行本土化探索，并在实践中不断创新，构建适合我国的基本公共卫生服务均等化体系。

四是要丰富研究方法。当前对基本公共卫生服务均等化的研究以定性研究为主，定量研究也有涉及，但主要以案例分析为主。但科学准确地研究我国基本公共卫生服务均等化的数量和质量问题应将定性研究方法与定量研究方法有机结合，从多个角度阐述研究问题，加强对基层数据的收集，以第一手资料为有效依据，保证研究结果的真实性、可信性以及可行性。

第十五章 城乡基本公共文化均等化研究述评

韩永君*

"文化是民族的血脉，是人民的精神家园"①，也是国家软实力的集中体现。"文化不仅包含知识、信仰、艺术与习俗，更是一种'潜在'的制度。"② 优秀文化具有"引领风尚、教育人民、服务社会、推动发展的作用"③。"相对于文化，公共文化的辐射范围较小，一般指能为广大社会公众接触或享用的具有物质或精神享受的一些产品或设施。"④ 而"公共文化服务则指公共文化的实现形式"⑤，"一般认为，公共文化服务是在建设服务型政府的背景下作为政府公共服务的重要内容提出来的"⑥。2013年，党的十八届三中全会公报提出："建设社会主义文化强国，增强国家文化软实力，必须坚持社会主义先进文化前进方向，坚持中国特色社会主义文化发展道路……坚持以人民为中心的工作导向……进一步深化文化体制改革。完善文化管理体制。……建立健全现代文化市场体系。……构建现代公共文化服务体系。……提高文化开放水平。"⑦ 2015年，党的十八届五中全会公报又强调："推动物质文明和精神文明协调发展，

---

* 韩永君，四川大学公共管理学院博士研究生，研究方向：公共政策。

① 胡锦涛：《坚定不移沿着中国特色社会主义道路前进　为全面建成小康社会而奋斗》，载《求是》，2012（22）。

② 胡税根、李倩：《我国公共文化服务政策发展研究》，载《华中师范大学学报（人文社会科学版）》，2015，54（2）。

③ 《中国共产党第十八届中央委员会第三次全体会议公报》，载《实践（党的教育版）》，2013（12）。

④ 胡税根、李倩：《我国公共文化服务政策发展研究》，载《华中师范大学学报（人文社会科学版）》，2015，54（2）。

⑤ 张桂琳：《论我国公共文化服务均等化的基本原则》，载《中国政法大学学报》，2009（5）。

⑥ 张波：《公共文化服务的均等化和多样性之逻辑解析》，载《社会科学战线》，2015（1）。

⑦ 《中国共产党第十八届中央委员会第三次全体会议公报》，载《实践（党的教育版）》，2013（12）。

加快文化改革发展，加强社会主义精神文明建设，建设社会主义文化强国，加强思想道德建设和社会诚信建设，增强国家意识、法治意识、社会责任意识，倡导科学精神，弘扬中华传统美德。”① 2015 年 1 月，中共中央办公厅、国务院办公厅印发了《关于加快构建现代公共文化服务体系的意见》，要求“构建体现时代发展趋势、适应社会主义初级阶段基本国情和市场经济要求，符合文化发展规律、具有中国特色的现代公共文化服务体系……推进基本公共文化服务标准化均等化”②。不难发现，文化对全面建成小康社会，实现中华民族伟大复兴具有重要助推作用，党和政府从国家战略层面认识文化的重要性，并给予了政策支持。

近年来，“我国公共文化建设投入稳步增长，覆盖城乡的公共文化服务设施网络基本建立，公共文化服务效能明显提高，人民群众精神文化生活不断改善，公共文化服务体系建设取得显著成效，呈现出整体推进、重点突破、全面提升的良好发展态势。但是，与当前经济社会发展水平和人民群众日益增长的精神文化需求相比，与基本建成公共文化服务体系的目标要求相比，公共文化服务体系建设水平仍然有待提高”③。这是本研究的逻辑起点与时空背景。

“基本公共文化服务是公共服务的重要内容，以保障公民的基本文化生活权利为目的。早在 2005 年，《中共中央关于制定国民经济和社会发展第十一个五年规划的建议》就正式提出了公共文化服务这一概念。”2011 年，党的十七届六中全会通过的《关于深化文化体制改革、推动社会主义文化大发展大繁荣若干重大问题的决定》，又进一步提出按照公益性、基本性、均等性、便利性的要求，让群众广泛享有免费或优惠的“基本公共文化服务”。2013 年，党的十八届三中全会通过的《中共中央关于全面深化改革若干重大问题的决定》，明确提出要“构建现代公共文化服务体系”“促进基本公共文化服务标准化、均等化”，这已经成为推进文化体制机制创新的重大命题。在这一背景下，我国公共文化服务研究重点转向“基本公共文化服务”。④ 而城乡基本公共文化服务均等化是

---

① 《中国共产党第十八届中央委员会第五次全体会议公报》，载《求是》，2015 (21)。

②③ 《关于加快构建现代公共文化服务体系的意见》，载《中国职工教育》，2015 (2)。

④ 参见《中国共产党第十八届中央委员会第五次全体会议公报》，载《求是》，2015 (21)。

我国公共文化服务的重要目标，所以梳理国内城乡基本公共文化服务均等化研究成果具有重要的意义：一是总结研究特点，发现研究规律，为我国基本公共文化服务理论与实践工作提供借鉴；二是有助于学界厘清已经取得的学术成果，避免重复选题；三是洞悉改革开放以来关于城乡基本公共文化服务研究存在的缺失，明确研究导向；四是运用文献计量软件 CiteSpaceⅢ，用数据说话，用图表立论，具有“一图胜万言”的特点，丰富了研究方式。

一、数据来源与研究方法

（一）数据来源

数据库：中国学术期刊网络出版总库（CNKI）。

检索方式：专业检索。检索式：TI＝（‘公共文化’＋‘基本文化’＋‘城乡文化’＋‘文化服务’＋‘图书馆’＋‘文化馆’＋‘博物馆’＋‘文化站’＋‘公共文化机构’＋‘公共文化设施’＋‘公共文化政策’－‘公共服务’）＊（‘均等化’＋‘均衡化’＋‘公平’＋‘公正’＋‘平等’）。

（二）研究方法

本文主要采用量化与质性相结合的研究方法。量化研究指借助计量学软件 CiteSpaceⅢ计算词频变化，建立关键词共现关系，绘制知识图谱，全景式再现中国城乡基本公共文化服务研究时空演进动态历程，实现探测学术力量、定位经典文献、挖掘热点、追踪前沿的目的。质性研究指在公共文化知识沉淀的基础上，通过靶向研究① 方法厘清改革开放以来中国公共文化服务政策发展脉络，实现解困的目的，达到对中国城乡基本公共文化服务研究实然描述与应然思考的统一。

---

① “靶向研究”是 2014 年 10 月 13 日四川大学博士生导师、公共管理学院院长姜晓萍教授在其主持的国家社科基金重大招标项目“城乡基本公共服务均等化的实现机制与监测体系研究”开题报告中首次定义并使用的研究方法。“靶向研究”一词是来源于医学领域内的“靶向治疗”，强调问题导向的前瞻研究方法。

二、城乡基本公共文化服务均等化研究的时区分布与研究力量

（一）研究的时区分布

发文量是反映学术研究的重要指标。2004 年以来，城乡基本公共文化服务均等化研究的发文量总体上呈上升趋势（见图 15—1），历史上曾出现过三次发文高涨期：2004—2008 年、2009—2011 年、2013—2014 年，其中 2013—2014 年的发文量达到历史最高。这反映出该研究在这三个时期很活跃，而且成果相对较多。同时，发文量也曾出三个下降期：2008—2009 年、2011—2013 年、2014—2015 年。这反映出学界文本输出呈现阶段性特征。

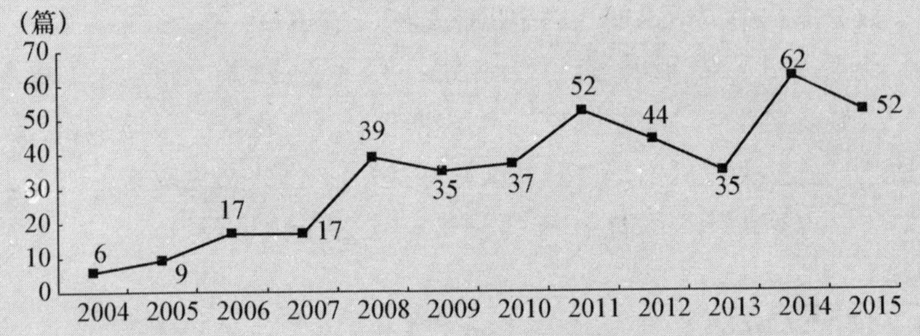

图 15—1 文献的年代分布

“2004 年，上海市明确提出‘公共文化服务体系’建设目标”，“2006 年，《国家“十一五”时期文化发展规划纲要》作为政府文件，首次将‘公共文化服务’纳入其中”。因为国家政策对于学术具有引领作用（这在学界已达成共识），所以就不难理解为何发文变化曲线从 2004 年起呈上升趋势。

（二）研究力量

本文通过高产作者、学科、期刊、机构、研究层次、资助基金、相关度七个方面的指标去综合考察基本公共文化服务领域的研究力量。刘学平、郭海明、陆阳、周九常和蒋永福等学者是高产作者（见表 15—1），说明他们是该领域研究的中坚力量。该研究领域主要涉及图书情报与数字图书馆、文化、文化经济、行政学及国家行政管理等学科，说明这些学科是基本公共文化服务研究的学科基础（见表 15—2）。《图书馆学研究》《现代

情报》《图书馆研究》和《图书馆杂志》等是这一领域论文经常选择刊发的期刊（见图 15—2），也就是说公共文化类研究论文刊发的对口期刊主要是图书馆学类杂志。河南科技大学、广州图书馆、福建师范大学和湖南科技大学等是这一领域的高产机构（见图 15—3），反映出这些机构具有较强的研究实力和研究基础。就研究层次而言，主要集中在基础研究层面，研究成果达 305 篇，而其他层面的研究成果数量均在两位数及以下，一方面反映了基础研究是该领域的研究热点，另一方面也反映了该领域研究结构不是很合理（见表 15—3）。该领域研究得到了国家社会科学基金、中国博士后科学基金和国家留学基金等的资助（见表 15—4），反映出该领域研究资助基金具有多样性，国家给予了一定的重视。学者韩伟发表的《马克思主义平等观视域下的社会公共文化服务均等化》、学者秦欣发表的《浅议信息公平和发展公共图书馆事业》、学者宗红侠发表的《对院校图书馆促进信息公平的思考》等文章与该主题具有较高相关度（见表 15—5），反映出国内学者们倾向于从图书馆学角度研究基本公共文化服务均等化。

表 15—1　　1996—2015 年发文量居前 8 位的高产作者

序号	作者	篇数	单位	序号	作者	篇数	单位
1	刘学平	7	潍坊学院图书馆	5	蒋永福	3	黑龙江大学
2	郭海明	5	潍坊学院图书馆	6	宋先龙	2	浙江大学
3	陆阳	3	长春图书馆	7	彭凌云	2	阿坝师范高等专科学校
4	周九常	3	郑州航空工业管理学院	8	李春火	2	华中师范大学

表 15—2　　1996—2015 年发文的学科分布情况

序号	学科	篇数	序号	学科	篇数
1	图书情报与数字图书馆	298	9	财政与税收	2
2	文化	89	10	民商法	2
3	文化产业	15	11	中国政治与国际政治	2
4	行政学及国家行政管理	14	12	民族学	1
5	文化产业	13	13	市场研究与信息	1
6	计算机软件及计算机应用	10	14	马克思主义	1
7	政党及群众组织	6	15	审计	1
8	行政法及地方法制	5	16	社会学及统计学	1

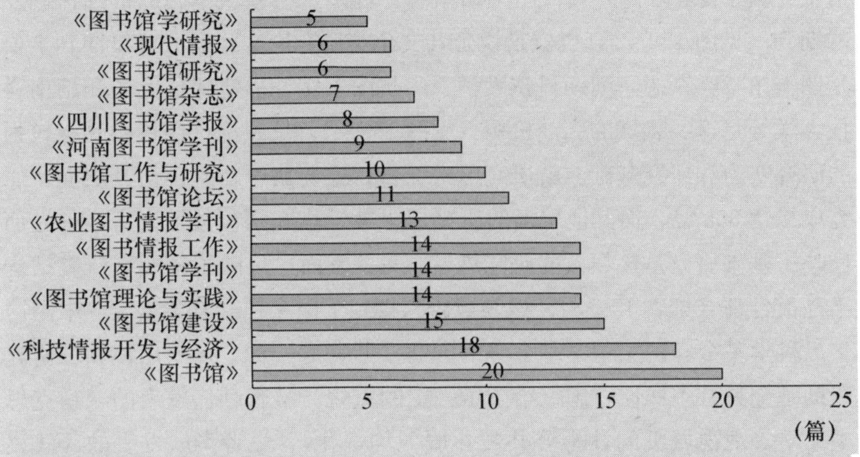

图 15—2　1996—2015 年发文量居前 15 位的期刊

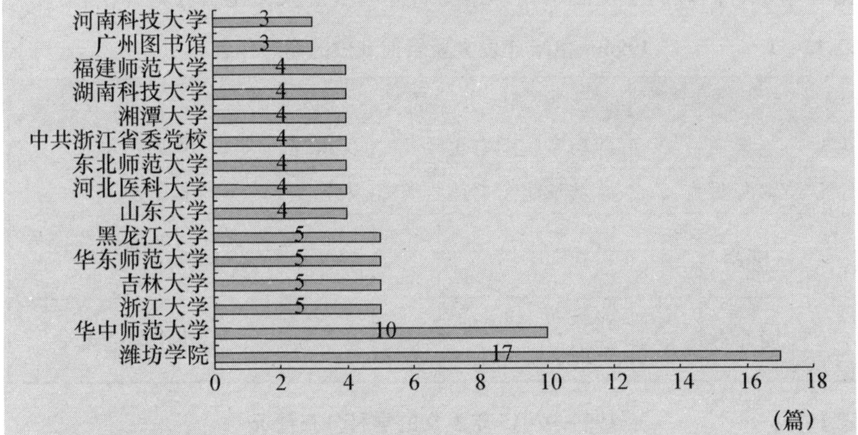

图 15—3　1996—2015 年发文量居前 15 位的机构

表 15—3　　1996—2015 年发文的研究层次分布

序号	机构	篇数	序号	机构	篇数
1	基础研究（社科）	305	6	高等教育	1
2	行业指导（社科）	67	7	党的建设与党员教育	1
3	政策研究（社科）	26	8	职业指导（社科）	1
4	工程技术（自科）	9	9	经济信息	1
5	基础教育与中等职业教育	2			

表 15—4　　1996—2015 年发文的研究资助基金分布

序号	研究资助基金	篇数	序号	研究资助基金	篇数
1	国家社会科学基金	17	5	江苏省教育厅人文社会科学研究基金	1
2	中国博士后科学基金	1	6	河北省软科学研究计划	1
3	国家留学基金	1	7	国家自然科学基金	1
4	江苏省科委社会发展基金	1			

表 15—5　　1996—2015 年相关度居前 15 位的文章

序号	作者	篇名	下载频次	年（期）	期刊名
1	韩伟 卫东刚	马克思主义平等观视域下的社会公共文化服务均等化	71	2014（12）	西部学刊
2	韩伟	马克思主义平等观视域下的社会公共文化服务均等化	27	2015（5）	牡丹江大学学报
3	秦欣	浅议信息公平和发展公共图书馆事业	46	2011（21）	中国西部科技
4	宗红侠	对院校图书馆促进信息公平的思考	128	2007（8）	现代情报
5	张永苏	平等、公平、公正及平等服务之思辨——兼论当前公共图书馆的差异服务	276	2007（6）	图书馆杂志
6	孙晓瑜	基于公共文化服务均等化的公共图书馆弱势群体服务探讨	52	2014（10）	农业图书情报学刊
7	鲜鹏	基于基本公共文化服务均等化的西部地区跨系统区域性图书馆联盟建设研究	57	2015（2）	农业图书情报学刊
8	徐浪 张四连	论阅读推广与图书馆公共文化服务均等化及其实现	208	2015（6）	图书馆
9	袁正兰	发展乡镇图书馆事业　实现公共文化服务均等化	24	2014（8）	科技情报开发与经济
10	孙晓瑜	基于公共文化服务均等化的公共图书馆弱势群体服务探讨	41	2014（10）	农业图书情报学刊
11	赵配影	跨系统区域图书馆联盟中的城乡公共文化服务均等化策略研究	112	2014（9）	图书馆工作与研究

续前表

序号	作者	篇名	下载频次	年（期）	期刊名
12	王惠娟 尹莉莹	公共文化服务均等化原则下的图书馆服务探析	60	2013（10）	科技信息
13	马新艳	高校图书馆与城乡基本公共文化服务均等化建设	137	2012（8）	图书馆学刊
14	宫平	公共文化服务领域的理论创新与决策支持——社科重大项目“促进我国基本公共文化服务标准化与均等化研究”开题	139	2015（1）	图书情报知识
15	段小虎	促进基本公共文化服务标准化、均等化——国家“公共文化服务保障”立法进展与内容解读	127	2015（3）	科技文献信息管理

三、城乡基本公共文化均等化研究的知识图谱分析

文献计量软件 CiteSpace 的设计理念是“改变看世界的方式”，“它主要基于共引分析（cocitation analysis）理论和寻径网络算法（pathfinder network scaling，PFNET）等，对特定领域文献（集合）进行计算，以探寻出学科领域演化的关键路径及知识转折点，并通过一系列可视化图谱的绘制来形成对学科演化潜在动力机制的分析和学科发展前沿的探索”①。从图谱析出结果看，可以划分为两个层次，即图谱与信息。本研究围绕这两个层次对城乡基本公共文化均等化知识图谱进行描述。

（一）视图展示

图 15—4 是关键词的共现图谱，即聚类图谱。“在最小树生成算法下，该图呈现出树状分叉，形象地展示了关键词的谱系结构。彼此相邻的关键词意味着它们经常出现在相同的文章中”。关键词共现图谱中主要有六大谱系：（1）以关键词“公共图书馆”为主干，连接的外围关键词有“均等化服务”“服务均等化”“图书馆事业”“社会公正”“图书馆事

① 陈悦等：《引文空间分析原理与应用：CiteSpace 实用指南》，12 页，北京，科学出版社，2014。

业”“效率”等；（2）以关键词“公平”为主干，连接的外围关键词有：“平等”“平等服务”“公平利用”等；（3）以关键词“信息公平”为主干，连接的外围关键词有：“数字鸿沟”“公平理论”“公平服务”等；（4）以关键词“图书馆”为主干，连接的外围关键词有：“高校图书馆”“读者服务”等；（5）以关键词“均等化”为主干，连接的外围关键词有：“信息服务均等化”“信息服务”“基本公共文化服务”“公共文化服务”“城乡”等；（6）以关键词“图书馆服务”为主干，连接的外围关键词有：“和谐社会”“弱势群体”等。这六大谱系是通过而“公平”“和谐社会”“图书馆”等枢纽关键词组成共现图谱。

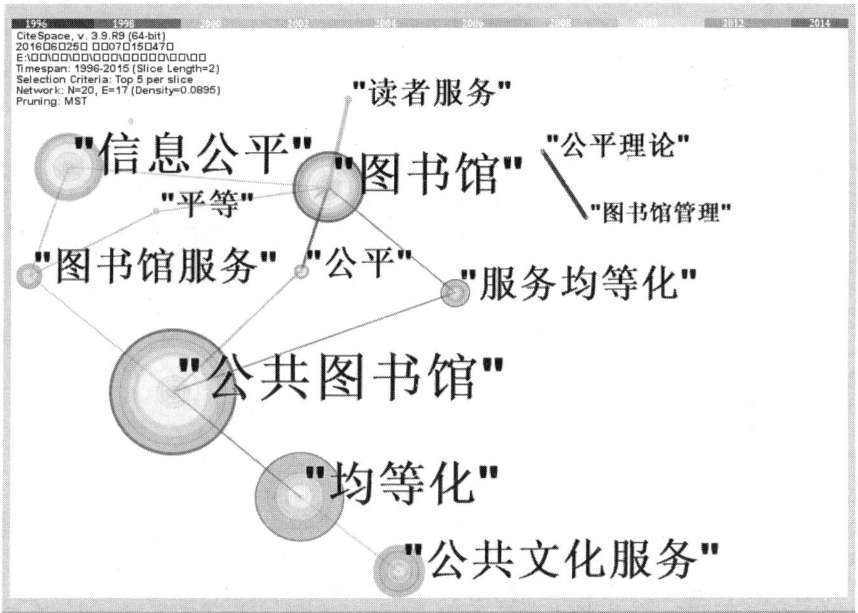

图 15—4　城乡基本公共文化服务研究最小树聚类图谱

通过对共现图谱的描述，反映出学界在基本公共文化服务均等化研究领域有六大关注点：“公共图书馆”“公平”“信息公平”“图书馆”“均等化”“图书馆服务”。

（二）信息显示

知识图谱的信息主要包括：聚类、词频、中心性、突现性、西格玛（Sigma）值和文献等内容，本研究通过这六个指标描述城乡基本公共文化均等化知识图谱特征。

1. 主要聚类

文献计量软件 CiteSpaceⅢ提供了自动聚类功能。“聚类标签词来源于施引文献，可以从施引文献的‘标题词条’或‘索引词条’或‘摘要词条’提取，提取办法基于三种排序算法，即 TF＊IDF 加权算法、对数似然率（log-likelihood rate，LLR）算法以及互信息（mutual information，MI）算法。TF＊IDF 提取出来的词语强调的是研究主流，LLR 算法和 MI 算法提取出来的词语强调的是研究特点。两者相结合，从中抽取共同的信息可谓是对聚类最佳的诠释和界定。”① 表 15—6 列出了 6 个主要聚类，如聚类＃0、聚类＃1 等。各聚类的规模、轮廓值和主要标签分别列在表中。以聚类＃0 为例，该聚类有 24 个节点；轮廓值是 0.69；聚类标签是“服务公平”（TF＊IDF 算法）、“图书馆”（LLR 算法）、“读者服务”（MI 算法）。

表 15—6　　居前 6 位的最大聚类及其标签信息

聚类号	规模	轮廓值	加权算法（TF＊IDF）	对数似然率算法（LLR）	互信息算法（MI）	引用平均年份
＃0	24	0.69	(12.95)“服务公平”	“图书馆”	“读者服务”“弱势群体”“联机检索”“网上预约”“虚拟咨询台”	2006
＃1	21	0.556	(11.07)“个人信息世界”	“现代图书馆”	“图书馆”“知识共享”“不平等”“中国”	2009
＃2	21	0.567	(12.06)“图书馆管理”	“图书馆”	“图书馆资源”“公平利用”“图书馆服务体系”“资源共享”	2006
＃3	20	0.496	(11.07)“免费服务”	“图书馆服务宣言”	“儿童图书馆”“服务均等化”“原则”“服务策略”	2008
＃4	19	0.737	(11.07)“公平性”	“藏书楼”	“公共图书馆”“信息获取”“公平”	2007
＃5	19	0.524	(9.35)“社会公平”	“公民文化权利”	“公共文化服务”“非均等”“对策”	2011

① 陈悦等：《引文空间分析原理与应用：CiteSpace 实用指南》，43～44 页，北京，科学出版社，2014。

2. 高频关键词

“高频关键词是研究领域的专业术语，一定程度上表征了研究主题、热点前沿的所在”①。表15—7中列出了居前10位高频关键词，排在前三位的热点词汇是“公共图书馆”“均等化”“图书馆”，频次分别是103、72和61。

表15—7　　1996—2015年居前10位的高频关键词信息

序号	频次	关键词	年份	聚类号
1	103	“公共图书馆”	2004	#4
2	72	“均等化”	2008	#14
3	61	“图书馆”	1999	#0
4	59	“信息公平”	2006	#1
5	46	“公共文化服务”	2008	#5
6	28	“图书馆服务”	2005	#10
7	26	“服务均等化”	2008	#15
8	20	“公平”	1999	#7
9	20	“高校图书馆”	2007	#6
10	19	“平等服务”	2006	#3

3. 高中心性关键词

“高中心性关键词意味着在结构上占据着重要位置的论文，即它们在连接其他节点或者几个不同的聚类上发挥着重要作用。”② 表15—8中排在首位的是“公平”，中心度是0.92，排第二位的是“弱势群体”，中心度是0.92。从文献计量学角度看，表中所列关键词对城乡基本公共文化服务均等化研究趋势，发挥着基础性、全局性和决定性的作用。

表15—8　　1996—2015年居前10位的高中心性关键词信息

序号	中心度	关键词	年份	聚类号
1	0.92	“公平”	1999	#7
2	0.92	“弱势群体”	2005	#3

---

① 姜晓萍、苏楠：《国内服务型政府研究的知识图谱》，载《四川大学学报（哲学社会科学版）》，2014（2）：98～109页。

② 陈悦等：《引文空间分析原理与应用：CiteSpace实用指南》，134～135页，北京，科学出版社，2014。

续前表

序号	中心度	关键词	年份	聚类号
3	0.87	“平等”	2005	#9
4	0.82	“图书馆精神”	2005	#3
5	0.81	“图书馆服务”	2005	#10
6	0.80	“图书馆”	1999	#0
7	0.79	“信息鸿沟”	2009	#3
8	0.73	“图书馆自由”	2007	#10
9	0.67	“和谐社会”	2006	#7
10	0.62	“效率”	1999	#11

4. 突现性关键词

高突现性关键词是指被引频次在时间维度出现突增的关键词，它包含两个维度：突现值和突现时间。表15—9列出了1996—2015年仅有的两个高突现性关键词及其突现时间段。“突现性高的节点意味着这些文献在相应的时间区间里受到了格外关注，一定程度上代表了该学科在相应时间区间的研究前沿和热点问题。”① 关键词“公共文化服务”“均等化服务”均在2013—2015年，突现率分别是5.503 5与3.098（见表15—9），说明“公共文化服务”与“均等化服务”是当前该领域的研究趋势。

表15—9　　1996—2015年居前两位的高突现性关键词信息

关键词	年份	突现率	始于	终于	1996—2015
“公共文化服务”	1996	5.503 5	2013	2015	
“均等化服务”	1996	3.098	2013	2015	

5. 高Sigma值的关键词

“Sigma值是基于中心性和突现性计算得到的。中心性和突现性越高的节点关键词，其Sigma值也越高。”② 1996—2015年城乡基本公共文化服务均等化研究领域具有高Sigma值的关键词有：“公共文化服务”“均等化服务”“公平”“弱势群体”等（见表15—10）。表明该领域研究是由这几个关键词来建构和牵引的。

① 陈悦等：《引文空间分析原理与应用：CiteSpace实用指南》，135～136页，北京，科学出版社，2014。

② 同上书，137页。

表 15—10　1996—2015 年居前 10 位的高 Sigma 值关键词信息

序号	Sigma 值	关键词	年份	聚类号
1	3.67	“公共文化服务”	2008	＃5
2	1.07	“均等化服务”	2009	＃3
3	1.00	“公平”	1999	＃7
4	1.00	“弱势群体”	2005	＃3
5	1.00	“平等”	2005	＃9
6	1.00	“图书馆精神”	2005	＃3
7	1.00	“图书馆服务”	2005	＃10
8	1.00	“图书馆”	1999	＃0
9	1.00	“信息鸿沟”	2009	＃3
10	1.00	“图书馆自由”	2007	＃10

6. 经典文献

“若一篇论文每年被引证 4 次或 4 次以上，则可列为经典著作。”① “目前，国际上运用的最有效的确定经典文献的方法，就是科学文献的引证分析方法。”② 被引频次排名前 5 位热门文献均可称为经典文献（见表 15—11）。

学者范并思“通过对国内外图书馆的历史考察，提出建设一个信息公平与信息保障制度，对我国图书馆建设具有深远意义”③。学者吴理财“通过对历史上我国农村文化服务财政支出状况的考察以及对当前农村文化服务现状的调查，发现我国农村文化服务主要存在服务水平的低度化、发展水平的非均衡化、文化服务和农民需求脱节、文化服务体制落后等四个方面的缺陷。在此基础上提出了促进农村文化服务均等化的对策及建议”④。学者蒋永福、李京研究认为信息公平的实质是信息权利的平等，提出“公共图书馆制度应该从关心平民的信息需求、促进民主政治和消除数字鸿沟角度，维护社会的信息公平”⑤。学者蒋永福研究认为：“公共图书馆属于‘价值性产品’，若采取市场化方式提供就会出现公平与效率

①② 栾春娟、赵呈刚：《基于 SCI 的基因操作技术国际前沿分析》，载《技术与创新管理》，2009 (1)。

③ 范并思：《建设一个信息公平与信息保障的制度——纪念中国近代图书馆百年》，载《图书馆》，2004 (2)。

④ 吴理财：《非均等化的农村文化服务及其改进对策》，载《华中师范大学学报（人文社会科学版）》，2008 (3)。

⑤ 蒋永福、李京：《信息公平与公共图书馆制度》，载《国家图书馆学刊》，2006 (2)。

相背离的问题。因此，政府应该成为发展公共图书馆事业的责任主体。”① 学者张桂琳基于公共文化服务的“非均等化”这一现状，提出“实现我国公共文化服务的均等化，现阶段应该遵循以下基本原则，即社会正义原则、渐进推进原则、差异对待原则、公民选择原则和政府主导原则”②。

通过经典文献分析，可以看出学者们论证逻辑是以公平为价值导向的，分析非均等化成因，提出从服务主体、制度环境、服务内容和绩效评估等方面推进城乡基本公共文化服务均等化。表明现有研究导向更加明确化，研究对象更加具象化，研究内容更加多样化。

表 15—11　　1996—2015 年被引频次居前 5 位的文章

序号	作者	篇名	被引频次	年（期）	期刊名
1	范并思	建设一个信息公平与信息保障的制度——纪念中国近代图书馆百年	215	2004（2）	图书馆
2	吴理财	非均等化的农村文化服务及其改进对策	85	2008（3）	华中师范大学学报
3	蒋永福 李京	信息公平与公共图书馆制度	75	2006（2）	国家图书馆学刊
4	蒋永福	信息能力平等、信息公平与公共图书馆制度	73	2006（1）	图书馆学研究
5	张桂琳	论我国公共文化服务均等化的基本原则	52	2009（5）	中国政法大学学报

四、城乡基本公共文化均等化研究的热点与专题分析

“利用文献题录中的关键词，并借助 CiteSpace 软件来确定研究的热

① 蒋永福：《信息能力平等、信息公平与公共图书馆制度》，载《图书馆学研究》，2006（1）。

② 张桂琳：《论我国公共文化服务均等化的基本原则》，载《中国政法大学学报》，2009（5）。

点领域。关键词在一篇文章中所占的篇幅虽然不大，往往只有三五个，但却是文章的核心与精髓，是文章主题的高度概括和凝练，频次高的关键词常被用来确定一个研究领域的热点问题。”①

从词频、中心性、Sigma值三个指标去考察关键词共现网络视图，发现“公共图书馆”“均等化”“图书馆”等高频关键词是研究领域的热点词汇（见表15—7），对热点主题定位起着导向作用。而“公平”“弱势群体”“平等”“图书馆精神”等高中心性关键词则对热点走势起着催化剂的作用（见表15—8）。高Sigma值关键词“公共文化服务”“均等化服务”“公平”“弱势群体”则对热点发挥着建构和牵引作用（见表15—10）。所以高频关键词、高中心性关键词和高Sigma值关键词对热点探测发挥着基础性作用。

为了把游离的热点词汇凝聚成热点主题和准确把握热点主题的形成逻辑，不仅要对关键词的高共引性与高中心性进行关注，而且还需要借助解读性和画面感强的时间线视图（time line）进行规律性考察。“时间线视图侧重于勾画聚类之间的关系和某个聚类中的文献的历史跨度。”②与热点关键词相比，由于热点聚类具有高度凝练和强大包容特征，所以通过研究热点聚类可以更有效地探测热点。

时间线视图显示，该研究领域内的热点词汇聚类为：“服务公平”“个人信息世界”“图书馆管理”等16个热点聚类（见图15—5）。这些聚类有4个主要特征：(1) 热点分布呈现多维性。聚类标签词是对涉及16个聚类关键词的高度凝练，表明1996—2015年中国城乡基本公共文化均等化研究领域的热点可以归纳为16个热点聚类。(2) 热点形成过程具有阶段性。从发展趋势看，城乡基本公共文化均等化研究中热点有过去与当前之别，推陈出新，趋向繁荣；从发展跨度看，热点主题学术积淀几乎都在5年以上，保持了研究的传承性与稳定性。(3) 热点变迁具有时空性。时间方面，2005年与2010年是热点变迁的高发期；空间方面，“公共文化服务”“均等化服务”“公平”“弱势群体”热点维度对整个城乡基本公共文化均等化研究热点分布具有全局性的影响作用。(4) 热点之间存在联系性。主要体现在三方面：首

---

① 栾春娟、赵呈刚：《基于SCI的基因操作技术国际前沿分析》，载《技术与创新管理》，2009 (1)。

② 陈悦等：《引文空间分析原理与应用：CiteSpace实用指南》，43～44页，北京，科学出版社，2014。

先，热点聚类♯0“服务公平”对整个热点聚类的形成做出了奠基性的贡献；其次，一些过时的热点聚类对当前热点聚类的形成发挥了催化剂的作用；最后，一些当前的热点聚类也彼此影响，酝酿新的热点聚类（如“社会公平”与“服务均等化”聚类有孕育新热点维度的趋势等）。

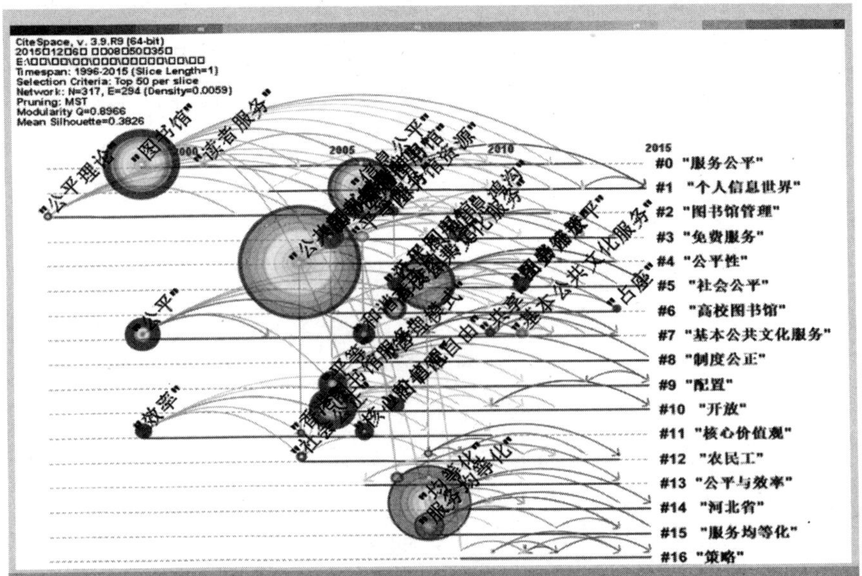

图 15—5　时间线视图

四川大学学者邓曦泽老师在谈《论六家要旨》的启示时说，“问题＋方法＋效用”的方法论切中了生存活动的基本结构，因而具有基础性、普遍性。① 笔者认可这一看世界的视角，所以将通过问题、方法与效用三个维度梳理关键词知识图谱，总结城乡基本公共文化均等化研究特征。

（一）问题

基于对知识图谱的解读，通过概念界定、价值导向、服务内容与项目三个方面对问题维度进行阐述。

1. 概念界定

“理顺基本公共文化服务的概念是实现基本公共文化服务均等化、标

① 参见邓曦泽：《面对问题本身：问题、方法与效用——〈论六家要旨〉的启示之一》，见陈明、朱汉民主编：《原道（第十六辑）》，北京，首都师范大学出版社，2010。

准化的基础。"① 对于公共文化服务概念，已有研究主要从公共文化产品、公民文化权益与政策管理视角来定义（见表 15—12、表 15—13、表 15—14）。"目前，我国关于基本公共文化服务的概念界定尚未明确，仍处于探讨阶段。虽然普遍认同基本公共文化服务既是政府公共服务职能的要求，也是文化建设的重要领域，但缺乏对基本公共文化服务的内涵与外延的更科学更准确的系统探究。"② 学者陈昊琳从均量文化服务视角出发，认为"基本公共文化服务可以定义为在政府现有服务能力与社会文化资源规模承受范围内，以政府为主体，以社会公平与法治为原则，以满足社会公众最低均量文化权益为标准的公共文化设施建设、产品生产、服务、制度建设的总称"③。这一定义对推进城乡基本公共服务均等化发展有重要作用。

表 15—12　部分从公共文化产品视角定义"公共文化服务"的表述

序号	作者	关于公共文化服务的表述
1	陈威	公共文化服务就是由公共部门或准公共部门共同生产或提供，以满足社会成员的基本文化需求为目的，着眼于提高全体公众的文化素质和文化生活水平的公共产品。
2	周晓丽 毛寿龙	基于社会效益，不以营利为目的，为社会提供非竞争性、非排他性的公共文化产品的的资源配置活动。
3	曹爱军 杨平	公共文化服务是指满足社会的公共文化需求，向公众提供公共文化产品与服务行为及其相关制度与系统的总称。
4	周武旺	公共文化服务是指为满足国民基本公共文化需求，由政府及文化主管部门为国民提供公共文化产品或服务的全部制度的总称。
5	曹海琴 等	公共文化服务是指为满足社会的公共文化需求，向公众提供公共文化产品和服务行为及其相关制度与系统的总称。
6	牛华 安俊美	公共文化服务是指由公共部门或准公共部门共同生产或提供的公共产品和服务的行为。

资料来源：陈昊琳：《基本公共文化服务：概念演变与协同》，载《国家图书馆学刊》，2015（2）。

① 陈昊琳：《基本公共文化服务：概念演变与协同》，载《国家图书馆学刊》，2015（2）。

② 柯平、宫平、魏艳霞：《我国基本公共文化服务研究评述》，载《国家图书馆学刊》，2015（2）。

③ 陈昊琳：《基本公共文化服务：概念演变与协同》，载《国家图书馆学刊》，2015（2）。

表 15—13　部分从文化权益视角定义“公共文化服务”的表述

序号	作者	关于公共文化服务的表述
1	蒋晓丽 石磊	为满足“公民基本文化权利”及伴随而来的“公共文化需求”而提供的“公共文化产品与服务”。
2	王霞	以保障大众基本文化需求，满足大众的多层次、多样化、整体性的公共利益为目的的文化机构和服务的总称。
3	蒋永福	保障公民的文化权利的实质就是满足公民的基本文化需求。公共文化服务，就是指以满足社会成员的基本文化需求为目的，着眼提高全体公众的文化素质和文化生活水平，营造社会文化环境，提供公众享有文化享受机会的文化环境与条件的公共产品和服务行为的总称。

资料来源：陈昊琳：《基本公共文化服务：概念演变与协同》，载《国家图书馆学刊》，2015（2）。

表 15—14　部分重要文件中有关“公共文化服务”的表述

序号	文件名称	关于公共文化服务的表述
1	中共中央关于制定国民经济和社会发展第十一个五年规划的建议	加大政府对文化事业的投入，逐步形成覆盖全社会的比较完备的公共文化服务体系。
2	国家“十一五”时期文化发展规划纲要	要从现阶段经济社会发展水平出发，以实现和保障公民基本文化权益、满足广大人民群众基本文化需求为目标，坚持公共服务普遍均等原则，兼顾城乡之间、地区之间的协调发展，统筹规划，合理安排，形成实用、便捷、高效的公共文化服务网络。
3	高举中国特色社会主义伟大旗帜　为夺取全面建设小康社会新胜利而奋斗	坚持把发展公益性文化事业作为保障人民基本文化权益的主要途径，加大投入力度，加强社区和乡村文化设施建设。
4	关于深化文化体制改革、推动社会主义文化大发展大繁荣若干重大问题的决定	要以公共财政为支撑，以公益性文化单位为骨干，以全体人民为服务对象……完善覆盖城乡、结构合理、功能健全、实用高效的公共文化服务体系。努力实现基本公共文化服务均等化。制定公共文化服务体系和绩效考核办法。
5	国家“十二五”时期文化改革发展规划纲要	构建公共文化服务体系。按照公益性、基本性、均等性、便利性的要求，以公共财政为支撑，以公益性文化单位为骨干，以全体人民为服务对象，以保障人民群众看电视、听广播、读书看报、进行公共文化鉴赏、参与公共文化活动等基本文化权益为主要内容，完善覆盖城乡、结构合理、功能健全、实用高效的公共文化服务体系。

续前表

序号	文件名称	关于公共文化服务的表述
6	文化部"十二五"时期公共文化服务体系建设实施纲要	公共文化服务体系是以公共财政为支撑，以公益性文化单位为骨干，以全体人民为服务对象，现阶段以保障人民群众看电视、听广播、读书看报、进行公共文化鉴赏、参与公共文化活动等基本文化权益为主要内容，向社会提供的公共文化设施、产品、服务及制度体系的总称。基本原则包括："政府主导、坚持公益""保障基本、促进公平""统筹城乡、突出基层""创新机制、强化服务"。

资料来源：陈昊琳：《基本公共文化服务：概念演变与协同》，载《国家图书馆学刊》，2015（2）。

2. 价值导向

"基本公共文化服务之所以具有中国特色，主要体现在其价值取向。"① 有学者认为："公共文化服务体系建设应当以此为基本的价值导向，不偏离'中国梦'与社会主义核心价值观的时代要求，在充分的文化自觉与自信的基础上，成为提升人民幸福指数的重要文化保障。"② 还有学者认为："公共文化服务是现代社会文明的基本标尺，表达着文明社会以人的发展为终极目标的理念，标志着国家赋予和保护公民基本文化权利的宪政文明，也体现着政府公共服务职责的行政文明。这是一种全民的文化自省、文化自觉的过程，是中国特色社会主义文化发展的基本题旨。"③ 价值取向是文化建设与发展的关键所在，但是现有研究并不多见。柯平等基于这一状况，以学者的使命感和紧迫感提出，基本公共文化服务"有必要提升到国家文化软实力的层面，将人类优秀文化传播、文化价值观、文化认同、文化竞争等问题纳入基本公共文化服务研究中"④。

3. 服务内容与项目

2015 年，中共中央办公厅、国务院办公厅印发《关于加快构建现代

① 柯平、宫平、魏艳霞：《我国基本公共文化服务研究评述》，载《国家图书馆学刊》，2015（2）。

② 王磊：《当前我国公共文化服务的理论基础、概念界定与价值取向》，载《河南教育学院学报（哲学社会科学版）》，2014（1）。

③ 曹爱军：《公共文化服务：理论蕴涵与价值取向》，载《湖北社会科学》，2009（6）。

④ 柯平、宫平、魏艳霞：《我国基本公共文化服务研究评述》，载《国家图书馆学刊》，2015（2）。

公共文化服务体系的意见》，文中规定了基本公共文化服务包括三大类内容与项目，即基本服务项目、硬件设施和人员配备（见图 15—6）。现有研究基本涵盖这三大类内容。

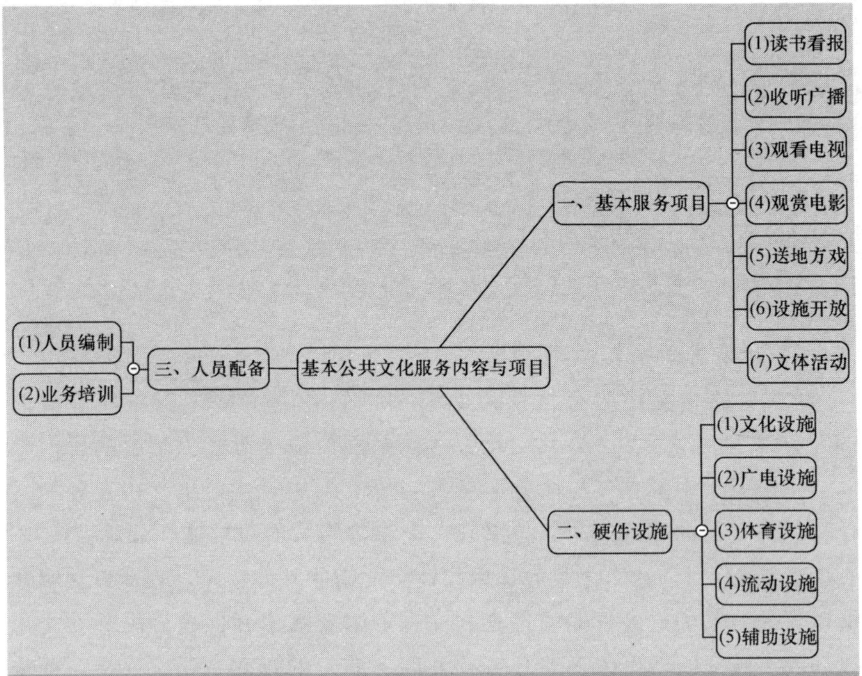

图 15—6　基本公共文化服务内容与项目

（二）方法

基于知识图谱的解读，通过服务体系、服务模式、制度环境三方面，对方法维度进行梳理。

1. 服务体系

关于对基本公共文化服务体系的认识，学界有多种观点。有学者基于系统论，认为公共文化服务体系是政府提供普惠型公共文化服务的保障机制和实现途径。公共文化服务体系主要包括五大体系：设施网络覆盖体系；产品生产服务供给体系；人才、资金和技术保障体系；组织支撑体系；运行评估体系。一个较为完善的公共文化服务体系，至少应具备三方面的特点：（1）设施，应具备规划科学、布局合理、固定网点和流动服务相结合、实现全覆盖的特点；（2）服务，应具备普遍均等、全民共享、方便快捷、优质高效的特点；（3）体制机制，应具备低成本、高效益、充满活力、富有效率的特点。① 有学者基于生态群落原理，“将公共文化服务体系主体归纳为公共文化产品与服务的生产者、消费者和供应者”②。有学者通过研究农村公共文化服务，提出：“公共文化服务体系是以实现公民文化权利为逻辑起点，满足社会的公共文化需求，向公众提供公共文化产品和服务行为及其相关制度与系统的总称，是国家公共服务体系的有机组成部分。”③ 还有学者基于“公共文化服务体系建设主体”这一概念，认为它是“指公共文化服务体系建设的决策、领导、组织、协调及具体执行的部门、机构、单位和组织。在文化服务体系建设的实践中，公共文化服务体系建设主体主要由主导主体、执行主体、参与主体三个部分构成”④。通过对上述几个代表性观点的陈述，可以发现在基本公共文化服务体系中各主体的角色定位是：政府主导，图书馆、博物馆、文化馆等文化事业单位是执行主体，社会与个人参与。

关于基本公共文化服务体系推动文化服务均衡发展方面的研究主要集中在以下方面：城乡基本公共文化服务均等化；革命老区、民族地区、边疆地区、贫困地区公共文化建设实现跨越式发展；保障特殊群体基本文化权益；基本公共文化服务标准体系；公共文化设施建设；管理和服务水平；等等。

关于如何构建基本公共文化服务体系，学界研究较为成熟。有学者认为：“现行政策已经比较明确，构建公共文化服务体系必须由政府主导，公共资金支持，公益性文化事业单位为骨干，鼓励全社会参与，以全民为服务对象，以基层、农村为重点，创新服务方式，提高服务质量。”⑤

2. 服务模式

“基本公共文化服务模式是基本公共文化服务供给的路径与方式。”⑥

---

① 参见李国新：《公共文化服务体系建设中的图书馆》，载《图书馆研究与工作》，2010（3）。

② 柯平、詹越：《基于群落生态原理的公共文化服务体系中公共图书馆定位研究》，载《图书馆论坛》，2008（6）。

③ 李少惠、余君萍：《公共治理视野下我国农村公共文化服务绩效评估研究》，载《图书与情报》，2009（6）。

④ 王春娥：《公共文化服务体系主体建设阐微》，载《黑龙江社会科学》，2009（4）。

⑤ 李国新：《公共文化服务体系建设中的图书馆》，载《图书馆研究与工作》，2010（3）。

⑥ 柯平、宫平、魏艳霞：《我国基本公共文化服务研究评述》，载《国家图书馆学刊》，2015（2）。

有的学者基于“我国公共文化服务依然存在着多方面的问题，政府不能充分履行公共文化服务职能，公民对公共文化服务的需求也没有得到充分的满足”① 的现状，提出：“公共文化服务供给可采用政府‘权威型供给’、市场‘商业型供给’以及第三部门‘志愿型供给’等，从而形成多元化的公共文化服务供给模式。”② 这三种模式基本是学界的主流。有学者从将城乡基本公共文化服务均等化纳入国民经济和社会发展总体规划及城乡规划的角度，提出了具体的实施路径：整合学校等现有闲置城乡公共设施，依托城乡社区综合服务设施，加大对城市社区和农村文化设施供给；拓展重大文化惠民项目服务“三农”内容；完善农家书屋出版物补充更新工作；大力开展流动服务和数字服务，打通公共文化服务“最后一公里”；建立公共文化服务城乡联动机制；加强对农家书屋的统筹管理，实现农村、城市社区公共文化服务资源整合和互联互通；推进城乡“结对子、种文化”，加强城市对农村文化建设的帮扶，形成常态化工作机制；等等。

3. 制度环境

“基本公共文化服务的顺利开展同样需要明确与健全国家在公共文化服务安排中的总责任、公共文化服务产品供给与生产制度、各类各级参与部门与组织的职责与分工、公共文化服务总体分类与服务标准等相应制度与法律，同时明确并用法律契约关系规定公民文化权利与责任等。制度安排从制度与法理上构建公共文化服务环境，是其他任何类型文化服务的基础。”③

（三）效用

“基本公共文化服务绩效评价能够客观地反映进程中的效率与落实效果，掌握推进进度，促进基本公共文化服务实践。”④ 已有研究主要集中在四个方面：第一，绩效考核。有学者提出：“考察公共产品和服务，首要关注点应是实际效果。中国当代公共文化服务指标体系，应当包括公共文化产品与服务的内容指标、社会需求度指标、资源状态指标、文化与科技含量指标、机构职业素质指标、服务功能效益指标、社会满意度

---

①② 周晓丽、毛寿龙：《论我国公共文化服务及其模式选择》，载《江苏社会科学》，2008（1）。

③ 陈昊琳：《基本公共文化服务：概念演变与协同》，载《国家图书馆学刊》，2015（2）。

④ 柯平、宫平、魏艳霞：《我国基本公共文化服务研究评述》，载《国家图书馆学刊》，2015（2）。

和成本运行状态指标、专业技术质量指标、行为流程规范性指标、资金运用指标等十大方面。”① 第二，服务能力评价。有学者提出：“评价政府提供公共文化服务的能力，从投入、产出、绩效三个方面综合测评。主要评价要素包括：公共文化的政府投入规模与结构；政府提供的公共文化服务设施的规模、数量；政府举办公共文化活动的次数、频率；已建公共文化设施利用情况。”② 第三，专项评价。有学者结合复合型绩效评估模式型，认为：农村公共文化服务指标体系需要“评估主体多元化的理念，尝试建立多重复合的农村公共文化服务绩效评估机制，将政府自我评估、上级评估与专家评估、社会公众评估相结合”③，有学者认为，“考核评估标准在基本公共文化服务的标准体系中是最为复杂，最需要认真对待的。确保科学性、公平性和激励性是制定这项标准的底线”④，而且“是一个寻找恰当平衡点的问题”⑤。第四，综合评价。有学者提出：“在当前中国公共文化服务建设的情境下，设置指数增量倒是一个可选的方案”，同时“指标的设定要综合考虑主客观因素，既要考虑难以量化的主观因素，又要重视客观的变化状态”，“尽可能地考虑周全，设置一个合理、全面的公共文化服务绩效评价的指标”⑥。

五、城乡基本公共文化均等化研究的发展趋势

“时区视图（timezone）是另一种侧重于从时间维度上表示知识演进的视图，它可以清晰地展示出文献的更新和相互影响。”⑦ 时区视图直观地展示了随着时间的推移，研究经历了从左至右、自下而上的研究主题演进过程（见图 15—7）。由图中议题连线可知，学界对“图书馆”与

① 沈望舒：《十大指标体系考量公共文化服务》，载《北京日报》，2007-06-05。

② 孔进：《我国政府公共文化服务提供能力研究》，载《山东社会科学》，2010（3）。

③ 李少惠、余君萍：《公共治理视野下我国农村公共文化服务绩效评估研究》，载《图书与情报》，2009（6）。

④⑤ 朱海闵：《基本公共文化服务标准化均等化研究》，载《文化艺术研究》，2014（1）。

⑥ 焦德武：《公共文化服务体系的绩效评价》，载《安徽农业大学学报（社会科学版）》，2011（1）。

⑦ 陈悦等：《引文空间分析原理与应用：CiteSpace 实用指南》，23 页，北京，科学出版社，2014。

“公平”问题的关注开启了城乡基本公共文化服务均等化问题的系统研究，“公共图书馆”“信息公平”“均等化”和“公共文化服务”等问题不仅是城乡基本公共文化服务均等化研究领域的永恒议题，而且是各个时期研究的学术热点，说明这些议题是城乡基本公共文化服务研究的学理基础和逻辑起点。

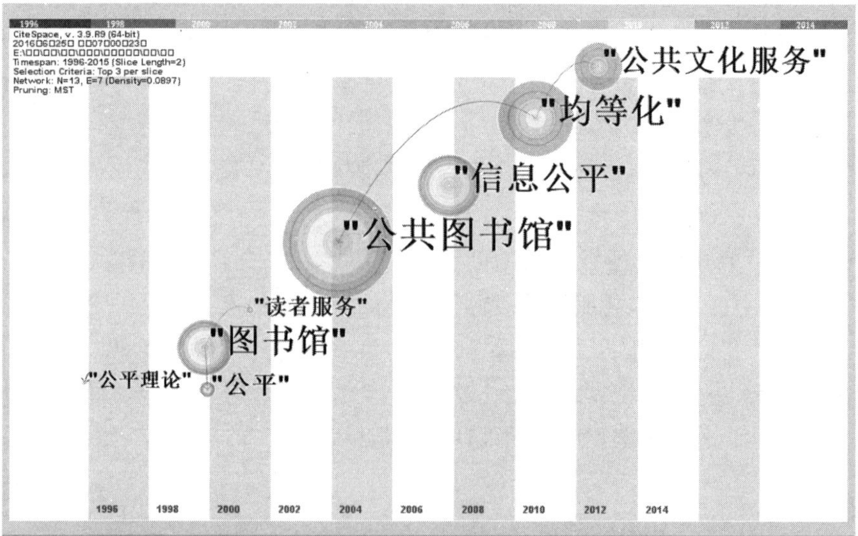

图 15—7　研究主题时区视图

由图 15—7 中各时区议题分布特征可知，2000 年是城乡基本公共文化服务研究的分水岭，在这之前学界几乎没有形成共识性的议题，而之后却发生了转折性的变化，研究主题逐渐增多，密集覆盖各个时区，特别是进入 2005 年以来，高中心性词和突现性词集中出现，并且连线稠密，学术议题的裂变与重构是这一时期最显著的特征。

“政策导向与学术研究历来相辅相成，学术研究为现实问题的发现、解决提供理论支持；政策的出台又促进相关领域研究的深入开展。”① 学者胡税根、李倩根据我国公共文化服务政策出台数量的变化和走势，结合我国公共文化服务政策不同时期的内容和特色，将我国公共文化服务政策发展的历程分为三个阶段。② 这三个阶段的划分与时区视图中反映的

① 陈昊琳：《基本公共文化服务：概念演变与协同》，载《国家图书馆学刊》，2015 (2)。

② 参见胡税根、李倩：《我国公共文化服务政策发展研究》，载《华中师范大学学报（人文社会科学版）》，2015，54 (2)。

研究演进趋势基本一致，1996—2015 年，我国城乡基本公共文化服务均等化研究演进历程可划分为三个阶段：肇始阶段（2000 年以前）、探索阶段（2001—2005 年）和深化阶段（2006 年至今）。

（一）肇始阶段（2000 年以前）

“2000 年及以前为我国公共文化服务政策的肇始阶段。肇始阶段的公共文化服务政策主要着眼于‘文化事业’‘文化产业’与‘文化市场’的相关规定。”①，并且“该阶段公共文化服务相关政策辐射面较小，政策的专业性、系统性均较弱”②。这一时期受国家政策引领作用影响，学界研究主题相对单一，以“公平理论”为价值导向，聚焦于图书馆领域是这一时期的研究主流，具有典型性的主题有：“图书馆管理”“图书馆事业”等（见图 15—8）。

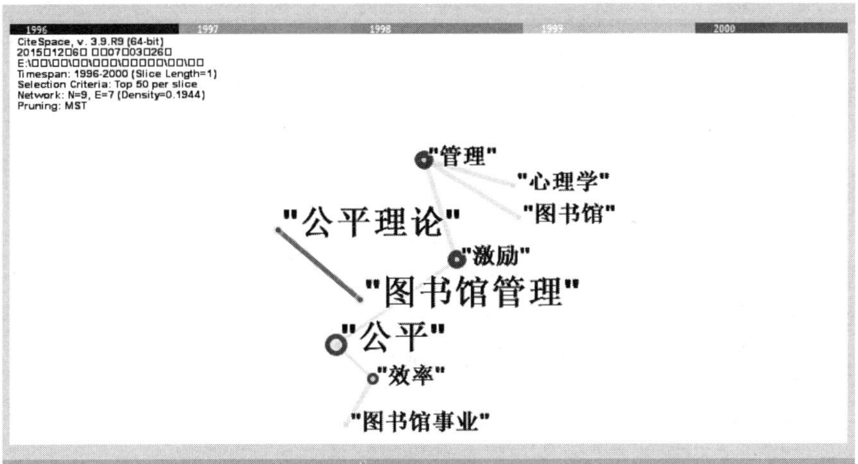

图 15—8 关键词共现视图（2000 年以前）

（二）探索阶段（2001—2005 年）

“2001—2005 年为我国公共文化服务政策的探索阶段。”③ 并且“该阶段的公共文化服务在政策层面勾勒了公共文化服务的轮廓，并对公共文化服务的主要方向与重点内容进行了整体把控，从而为公共文化服务体系的提出与初步构建奠定了基础。这一阶段把公共文化资源共享作为

①②③ 胡税根、李倩：《我国公共文化服务政策发展研究》，载《华中师范大学学报（人文社会科学版）》，2015，54（2）。

政策的重点进行推进，但系统的公共文化服务政策体系在此阶段尚未形成”①。受国家政策环境的影响，除了图书馆领域研究持续占据主导外，学界出现了以公共文化和公共性视角研究问题的新主题，如“公共图书馆”等（见图 15—9）。

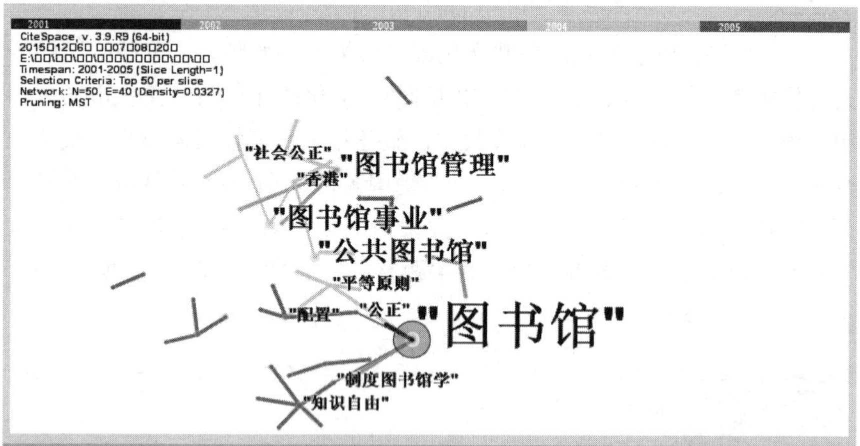

图 15—9　关键词共现视图（2001—2005 年）

（三）深化阶段（2006 年至今）

“2006 年至今为我国公共文化服务政策的深化阶段。”② “总体而言，这一阶段的公共文化服务政策的质量和效果缺乏评估，政策目标聚焦于基本公共文化服务和已有的公共文化服务工程，层次亦未随着时间的推进而得到较为明显的提升。”③ 基于国家政策的牵引，除了图书馆主题外，“公共文化服务”“均等化”“均等化服务”“信息公平”等主题是当前的研究主流（见图 15—10）。

结　语

（1）研究导向方面：国家政策引领研究发展。在这样的情境下，近几十年的学界大体遵循了“问题导向”研究思路，城乡基本公共文化服

①②③　胡税根、李倩：《我国公共文化服务政策发展研究》，载《华中师范大学学报（人文社会科学版）》，2015，54（2）。

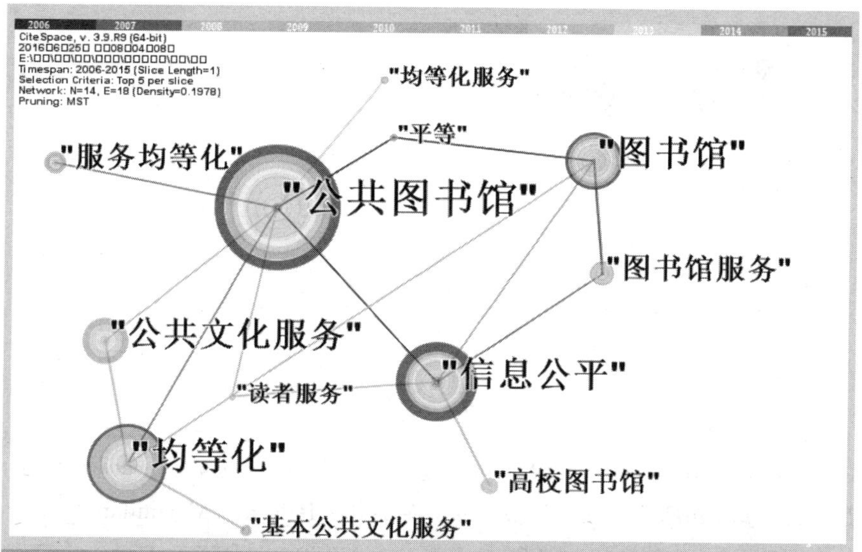

图 15—10 关键词共现视图（2006 年至今）

务均等化研究议题设置多聚焦于国家急需或社会热点等方面，为政策实践提供了学理支持。

（2）研究热点方面，从注重应然研究趋向应然与实然研究并重的方向。从“供给”为主转向更加关注“需求”。此外，研究热点突破理论命题范畴，更加推崇事实命题、现实命题等范畴，有助于其在民生问题、政策议题以及体系建构等方面取得成就。

（3）研究途径方面，跨学科研究趋势显著。由于学科交叉发展，促使该领域研究途径更加多元化、更具层次感，管理主义、经济理性等不断渗透到研究途径中，提升了学科稳定性、科学性和拓展性。

（4）研究演进方面，紧扣时代主旋律。研究演进过程可以分为：肇始阶段、探索阶段、深化阶段。通过对社会发展问题的研究，实现了与社会的有机互动，为中国的社会转型实践提供了智力与知识上的支持。

参考文献

一、外文文献

Alford, John (2009). *Engaging Public Sector Clients: From Service-Delivery to Co-Production*. Basingstoke, UK: Palgrave Macmillan

Ariely, G. (2011). "Why People (Dis) Like the Public Service: Citizen Perception of the Public Service and the NPM Doctrine". *Politics & Policy*, 39, pp. 997-1019

Barnett, Arnold I. (2014). "Measuring the Performance of Public Services: Principles and Practice". *Interfaces*, 44 (1), pp. 111-112

Bel, G., X. Fageda, and M. E. Warner (2010). "Is Private Production of Public Services Cheaper than Public Production? A Meta-regression Analysis of Solid Waste and Water Services". *J. Pol. Anal. Manage*, 29, pp. 553-577

Bilmes, Linda J., and Scott W. Gould (2009). *The People Factor: Strengthening America by Investing in Public Service*. Washington, D. C.: Brookings Institution Press

Bovaird, Tony (2007). "Beyond Engagement and Participation: User and Community Coproduction of Public Services". *Public Administration Review*, 67 (5), pp. 846-860

Box, Richard C., Gary S. Marshall, B. J. Reed, and Christine M. Reed (2001). "New Public Management and Substantive Democracy". *Public Administration Review*, 61 (5), pp. 608-619

Boyne, G. A. and R. M. Walker (2010). "Strategic Management and Public Service Performance: The Way Ahead". *Public Administration Review*, 70, s185-s192

Brandsen, Taco, and Victor Pestoff (2006). "Co-Production, the Third Sector and the Delivery of Public Services: An Introduction". *Public Management Review*, 8 (4), pp. 493−501

Brown, T. L. and M. Potoski (2004). "Managing the Public Service Market". *Public Administration Review*, 64, pp. 656−668

Brown, T. L., M. Potoski and D. M. Van Slyke (2006). "Managing Public Service Contracts: Aligning Values, Institutions, and Markets". *Public Administration Review*, 66, pp. 323−331

Bryer, T. A. (2009). "Explaining Responsiveness in Collaboration: Administrator and Citizen Role Perceptions". *Public Administration Review*, 69, pp. 271−283

Christensen, Robert K., and Steven W. Whiting (2009). "The Role of Task Performance and Organizational Citizenship Behavior in Performance Appraisals across Sectors: Exploring the Role of Public Service Motivation". *International Public Service Management Research Conference*, 6, pp. 7−9

Gronoos, Christian (1978). "A Service-Oriented Approach to Marketing of Services". *European Journal of Marketing*, 8, pp. 588−601

Cigler, Beverly A. (1994). "Pre-Conditions for Multi-Community Collaboration". In *Towards an Understanding of Multicommunity Collaboration*, eds. Beverly A. Cigler, A. C. Jansen, V. D. Ryan, and J. C. Stabler, pp. 53−74. Washington, DC: U. S. Department of Agriculture, Economic Research Service

A. Parasuraman, Valarie A. Zeithaml, Leonard L. Berry (1988). "SERVQUAL: A Multiple-Item Scale for Measuring Customer Perceptions of Service Quality". *Journal of Retailing*, 1

二、中文文献

龙兴海，曾伏秋. 农村公共服务研究. 长沙：湖南人民出版社，2009

中国（海南）改革发展研究院编. 基本公共服务与中国人类发展. 北京：中国经济出版社，2008

中国（海南）改革发展研究院. 中国人类发展报告：惠及 13 亿人的基本公共服务（2007/08）. 北京：中国对外翻译出版公司，2008

任宗哲，卜晓军．中国公共服务城乡均等化供给——基于制度分析的视角．北京：社会科学文献出版社，2013

刘德吉．基本公共服务均等化：基础、制度安排及政策选择——基于制度经济学视角．上海：上海交通大学出版社，2013

农业部软科学委员会办公室．城乡发展一体化与农村公共服务．北京：中国财政经济出版社，2013

胡志平．非均衡走向均衡：农村公共服务供给的政治经济学．北京：法律出版社，2012

唐娟莉．基于农户满意视角的农村公共服务投资效率研究．北京：经济科学出版社，2013

胡晓义．人力资源和社会保障大讲堂——人力资源和社会保障公共服务均等化．北京：中国劳动社会保障出版社，2013

金南顺．覆盖农民工的城市公共服务体系研究．北京：中国社会科学出版社，2012

苏明，刘军民．转变发展方式背景下的基本公共服务均等化与减贫．北京：中国农业出版社，2011

张晓杰．快速城市化过程中基本公共服务均等化研究．上海：上海三联书店，2013

姜鑫，罗佳．城乡基本公共服务均等化评价与对策．成都：西南财经大学出版社，2012

曾红颖等．基本公共服务均等化标准与阶段性目标研究．北京：中国计划出版社，2013

刘学之．基本公共服务均等化问题研究．香港：华夏出版社，2008

李淼．城乡二元结构下的基础教育公平问题．北京：中国社会科学出版社，2012

孟庆平．我国城镇养老保险制度改革．上海：上海三联书店，2009

薛新东．城镇居民医疗服务需求研究．北京：中国社会科学出版社，2012

林宝．人口老龄化与城镇基本养老保险制度的可持续性．北京：中国社会科学出版社，2014

魏国学．城镇化进程中的三大问题：就业、土地和公共服务．北京：人民日报出版社，2015

梁景和．首都新型城镇化与农业人口转移研究．北京：首都师范大学

出版社，2015

徐伟. 我国城镇基本医疗保险体系完善研究——基于筹资与补偿的角度. 北京：科学出版社，2015

张成福，党秀云. 公共管理学. 北京：中国人民大学出版社，2001

袁岳. 新公道：公共管理新视野. 北京：北京大学出版社，2005

［德］马克斯·韦伯. 经济与社会（下）. 北京：商务印书馆，1998

韩小威. 统筹城乡与农村基本公共服务供给模式的选择. 求索，2013（5）

何华兵. 基本公共服务均等化满意度测评体系的建构与应用. 中国行政管理，2012（11）

胡均民，艾洪山. 匹配“事权与财权”——基本公共服务均等化的核心路径. 中国行政管理，2009（11）

胡琳琳，郭万超. 城乡基本公共服务的均等化. 开放导报，2013（4）

胡亚昆. 实现城乡基本公共服务均等化的突破——山东诸城市推进农村社区化服务与建设的实践与启示. 中国经贸导刊，2010（13）

黄云鹏. “十二五”促进城乡公共服务均等化的对策研究. 宏观经济研究，2010（7）

贾康，孙洁. 农村公共产品与服务提供机制的研究. 管理世界，2006（12）

姜晓萍，郭金云. 基于价值取向的公共服务绩效评估体系研究. 行政论坛，2013（6）

姜晓萍. 统筹城乡中基本公共服务均等化研究——以成都市为例. 社会科学研究，2012（06）

姜晓萍. 中国公共服务改革30年. 中国行政管理，2008（12）

解建立. 城乡公共服务供给均衡化的目标探究. 财政研究，2009（9）

李成军，何昆蓉. 新农村背景下农村居民公共服务参与意识调查报告. 西南民族大学学报（人文社会科学版），2009（11）

李海金，危薇. 农村社区建设：城乡一体公共服务与治理体系的双向构建——以武汉市农村家园建设行动计划为分析对象. 社会主义研究，2012（6）

李继志. 城乡一体化背景下我国基本公共服务均等化问题探讨. 农

业现代化研究，2012（4）

李文进，李香媛．内蒙古推进完善覆盖城乡的社会保障体系建设研究——来自内蒙古城乡基本公共服务均等化的实践与探索．经济研究参考，2010（49）

李颖．我国城乡居民消费差距的成因及对策研究——基于财政基本公共服务支出视角．经济问题探索，2010（6）

梁绮惠．社区治理视角下村改居基本公共服务的现状及影响——基于珠三角的调研．云南行政学院学报，2013（3）

廖文剑．西方发达国家基本公共服务均等化路径选择的经验与启示．中国行政管理，2011（3）

刘成奎．自豪感、政府偏好与城乡基本公共服务供给的影响研究．管理世界，2012（9）

刘流．统筹城乡基本公共服务的路径思考．理论学刊，2011（8）

刘尚希，杨元杰，张洵．基本公共服务均等化与公共财政制度．经济研究参考，2008（40）

刘尚希．基本公共服务均等化：现实要求和政策路径．浙江经济，2007（13）

刘长久，周建波．我国城乡基本公共服务均等化问题探析．理论月刊，2010（11）

柳艳丽．我国农村公共服务体制建立的路径选择．商业时代，2010（3）

陆道平．我国城乡公共均等化：问题与对策．江汉论坛，2013（12）

罗静．城乡基本公共服务非均等化与行政障碍——一个制度分析框架．城市发展研究，2010（2）

骆鹏．促进公共服务均等化的现实指向．改革，2009（5）

麻宝斌，季英伟．中国基本公共服务均等化改革分析．政治学，2009（12）

马海涛，程岚，秦强．论我国城乡基本公共服务均等化．财经科学，2008（12）

庞力．我国基本公共服务均等化研究综述．湖南社会科学，2010（3）

邵明昭，张念明．城乡一体化与基本公共服务均等化．中共山西省委党校学报，2010（4）

史传林．农村公共服务社会化的模式构建与测量探讨．中国行政管理，2008（8）

苏时鹏. 城乡基本公共服务差距测算与均等化技术路线比较——以福建为例，中国农学通报，2009（16）

孙德超. 农民工群体享有基本公共服务的现状及改善途径. 吉林大学学报，2012（5）

孙德超. 推进基本公共服务均等化的直接路径——规范支付转移的结构与方法，东北师大学报（哲学社会科学版），2013（4）

王守恒，查晓虎. 进城农民工随迁子女的教育公平. 安徽师范大学学报（人文社会科学版），2011（1）

尚紫薇. 建立农民工随迁子女教育经费保障机制. 中国财政，2012（3）

龚宝成，胡志琦，殷世东. 农民工子女义务阶段后教育：问题与对策. 教育发展研究，2012（7）

许丽英，荀丽芳. 新生代农民工随迁子女教育问题新探. 学习与探索，2012（10）

陈小华. 多维视角下的城市农民工子女义务教育问题研究述评. 教育发展研究，2010（23）

徐爽，闫逢柱. 农民工随迁子女教育问题分析——以北京市 X 镇和广州市 Y 镇为例. 农村经济，2010（12）

祁恒珺. 用“三圈理论”探究困扰农民工社会养老保险制度的痼疾——以甘肃省为例. 农村经济，2010（4）

刘玮玮. 农民工养老保险收支与我国养老金缺口精算分析. 山东社会科学，2010（5）

赵坤. 农民工养老保险转移接续态势与政策效果评估. 改革，2010（5）

徐燕，陶建平. 农民工养老保险问题研究——解决农民工“老有所养”的制度性思考. 农业经济，2009（1）

卢驰文. 统一全国农民工养老保险制度的目标模式研究. 农村经济，2009（3）

周振，谢家智. 重庆市农民工养老保险现状及其思考. 金融理论与实践，2009（4）

吕鹏博，雒庆举. 中国农民工养老保险政策对比分析. 金融与经济，2009（3）

章贝贝，冯履冰. 农民工养老保险改革中“分段计算”模式的借鉴——基于社会公平的视角. 西北农林科技大学学报（社会科学版），2009（3）

肖云，吴国举. 农民工养老保险的模式选择. 安徽农业科学，2009（9）

黎民，赵航飞. 农民工社会养老保险模式新探. 福建论坛（人文社会科学版），2009（6）

刘珍玉. 我国新生代农民工医疗保障现状和问题的实证研究. 中国卫生事业管理，2013（8）

汪国华. 断裂与弥补：农民工医疗保障的理性思考. 医学与哲学（人文社会医学版），2006（11）

代宝珍，周绿林，周建再，詹长春. 城镇化进程中农民工与失地农民的基本医疗保险问题探究. 中国卫生经济，2009（11）

苏时鹏. 城镇化进程中的城乡基本公共服务均等化研究. 北京：中国农业出版社，2011

代宝珍，毛宗福. 农民工、失地农民基本医疗保险权益研究. 中国卫生事业管理，2010（9）

夏丽霞，高君. 新生代农民工进城就业问题与市民化的制度创新. 农业现代化研究，2011（1）

魏下海，黄乾. 天津市农民工就业现状与收入影响因素研究. 农业技术经济，2011（5）

李爱红. 农民工平等就业权实现的制度设计与政策安排. 探索，2010（5）

李雄. 不歧视原则与农民工的平等就业权保障. 理论与改革，2009（1）

刘洪均，赵泽洪. 统筹城乡发展背景下扩大农民工就业的障碍及策略选择. 安徽农业科学，2009（17）

张智勇. 最低工资会打击农民工就业吗. 财经科学，2007（10）

张慧. 农民工就业歧视问题分析. 上海经济研究，2005（10）

寇恩惠，刘柏惠. 城镇化进程中农民工就业稳定性及工资差距——基于分位数回归的分析. 数量经济技术经济研究，2013（7）

张波，李开宇，李呈琛. 西部新生代农民工城市就业特征与城市化的政策响应研究. 西安财经学院学报，2012（5）

冯虹，艾小青. 农民工就业满意度及其影响因素研究——基于北京市抽样调查数据. 北京工业大学学报（社会科学版），2012（6）

王亚丽. 推进城乡公共服务均等化的财政路径选择. 财政监督，2011（4）

黄麟. 促进城乡公共服务均等化的地方财政体制改革研究. 改革与战略，2011（12）

陈永正. 城乡公共服务均等化视角下地方公共财政体制改革. 财经科

学，2010（1）

任广浩，解建立. 论中央与地方事权财权配置——以城乡基本公共服务均等化为视角. 河北师范大学学报（哲学社会科学版），2009（1）

胡志平. 从制度匹配检视农村公共服务均等化. 社会科学研究，2013（1）

韩俊. "十二五"时期我国农村改革发展的政策框架与基本思路. 改革，2010（5）

王伟同. 城市化进程与城乡基本公共服务均等化. 财贸经济，2009（2）

夏杰长，张晓欣. 我国公共服务供给不足的财政因素分析与对策探讨. 经济研究参考，2007（5）

余长林. 财政分权、公共品供给与中国城乡收入差距. 中国经济问题，2011（5）

李香菊，刘浩. 税制、公共服务对收入分配的影响机制与实证分析. 财经科学，2014（3）

李斌，李拓，朱业. 公共服务均等化、民生财政支出与城市化——基于中国286个城市面板数据的动态空间计量检验. 中国软科学，2015（6）

丁焕峰，曾宝富. 基本公共服务均等化研究综述. 华南理工大学学报（社会科学版），2010（5）

沈霞. 利益共同体观：城乡基本公共服务均等化政策优化研究. 河北学刊，2015（4）

李一花. 城乡基本公共服务均等化研究. 税务与经济，2008（4）

杨驭豪. 基于福利经济学的统筹城乡公共服务探析. 中国集体经济，2011（10）

丁元竹. 促进我国基本公共服务均等化的战略思路及基本对策. 经济要参，2008（38）

王海峰，胡志平. 公共服务拉动内需研究. 湖南社会科学，2010（4）

财政部财政科学研究所课题组. 城镇化进程中的地方政府融资研究. 经济研究参考，2013（13）

贾康，白景明. 中国地方财政体制安排的基本思路. 财政研究，2003（8）

刘尚希. 实现基本公共服务均等化的政策路径和方案选择. 经济研究参考，2007（60）

刘仁忠，罗军. 可持续发展理论的多重内涵. 自然辩证法研究，2007（4）

丁建定．中国社会保障制度整合与体系完善纵论．学习与实践，2012（8）

黄杉，胡慧溢，蒋正蓉．可持续的经济开发区公共服务体系构建——以浙江省杭州湾经济开发区为例．特区经济，2007（5）

姜异康等．国外公共服务体系建设与我国建设服务型政府．中国行政管理，2011（2）

张启春．区域基本公共服务均等化的财政平衡机制——以加拿大的经验为视角．华中师范大学学报（人文社会科学版），2011（6）

孙德超，贺晶晶．基本公共服务均等化的国际经验及借鉴．河南师范大学学报（哲学社会科学版），2012（6）

樊丽明，郭健．城乡基本公共服务均等化的国际比较：进程与经验．中央财经大学学报，2012（7）

朱金鹤，崔登峰．借鉴国外经验实现中国城乡公共服务均等化——以新疆为例．世界农业，2012（12）

甘行琼，刘大帅．论户籍制度、公共服务均等化与财政体制改革．财政研究，2015（3）

俞雅乖．农民工市民化的基本公共服务投入成本及其财政分担机制研究．西南民族大学学报（人文社会科学版），2014（8）

安体富．完善公共财政制度　逐步实现公共服务均等化．财经问题研究，2007（7）

彭健．基本公共服务均等化视角下的财政体制优化．财经问题研究，2010（2）

李明阳．论农村公共服务有效供给视角下的三级财政体制．思想战线，2013（S1）

马国贤．基本公共服务均等化的公共财政政策研究．财政研究，2007（10）

宁静，赵国钦，贺俊程．省直管县财政体制改革能否改善民生性公共服务．经济理论与经济管理，2015（5）

张恒龙，秦鹏亮．转移支付、财政激励与基本公共服务均等化目标的匹配．改革，2012（9）

蒋琳．浅议基本公共服务均等化——基于中国财政转移支付制度的思考．经济研究导刊，2009（31）

曹忻．浅析财政转移支付与基本公共服务均等化．科技资讯，2011（26）

王达梅．构建横向援助机制，推进基本公共服务均等化．西北师大学

报（社会科学版），2009（2）

石光. 促进基本公共服务均等化的财政转移支付制度研究. 特区经济，2011（5）

郝日虹. 提升中国“质量”的学术团队. 中国社会科学报，2015-11-11

程虹. 面向世界的中国质量问题研究——《宏观质量研究》发刊词. 宏观质量研究，2013（1）

姜晓萍，郭金云. 我国政府部门实施质量管理体系的探索. 北京行政学院学报，2004（2）

左霞辉. 地方政府公共服务质量管理体系构建研究. 湘潭大学硕士学位论文，2009

赵雪娇，王树文. 政府部门引入ISO9000质量管理体系的思考. 理论探索，2009（1）

吴小莹，蒲爱平. 基于ISO9000标准的公共部门质量管理体系及其实施. 中共浙江省委党校学报，2009（5）

钟恢波. 政府公共服务质量及ISO9000质量管理体系的构建研究. 南昌大学硕士学位论文，2010

韩玉. 通过全面质量管理提升我国地方政府公共服务能力研究. 河南大学硕士学位论文，2011

卓越，刘洋. 基于公共服务标准化的ISO9000政府质量管理. 新视野，2013（4）

姜晓萍，陈朝兵. 我国基本公共服务体系的共同趋势与地区差异——基于国家和地方基本公共服务“十二五”规划的比较. 上海行政学院学报，2013（6）

刘武，朱晓楠. 服务接受者满意度指数模型：服务型政府绩效评估的新方法及其应用. 公共管理研究，2006（0）

张亚明，郑景元. 基于CSI的政府服务评价研究. 北京行政学院学报，2008（4）

刘武，刘钊，孙宇. 公共服务顾客满意度测评的结构方程模型方法. 科技与管理，2009（4）

罗晓光，张宏艳. 政府服务质量SERVQUAL评价维度分析. 行政论坛，2008（3）

吕维霞，陈晔，黄晶. 公众感知行政服务质量模型与评价研究——跨地区、跨公众群体的比较研究. 南开管理评论，2009（4）

朱琳. 公共服务质量评价体系的模型选择. 企业经济，2010（7）

李晓园，张汉荣. SERVQUAL 模型下县域公共服务质量的改进——基于江西省六县公共服务的调查分析. 南昌大学学报（人文社会科学版），2009（4）

彭国甫，盛明科，刘期达. 基于平衡计分卡的地方政府绩效评估. 湖南社会科学，2004（5）

邵祖峰. 城市公共交通服务质量评价神经网络模型. 城市管理与科技，2005（4）

程方升. 服务型政府构建中地方政府服务质量：缺口与完善——基于 RATER 指数五维度的分析. 华中农业大学学报（社会科学版），2007（5）

李晓莉. 基于模糊积分的公共服务质量评价研究. 见 Proceedings of International Conference on Engineering and Business Management（EBM2010）. 武汉大学、美国詹姆斯·麦迪逊大学、美国科研出版社，2010

姚升保. 基于语言评价的政府服务质量测评方法及实证分析. 情报杂志，2011（2）

睢党臣，肖文平. 农村公共服务质量测度与提升路径选择——基于因子聚类分析方法. 陕西师范大学学报（哲学社会科学版），2014（5）

吕维霞. 论公众对政府公共服务质量的感知与评价. 华东经济管理，2010（9）

杨永恒，王有强，王磊. 公共服务质量的评价维度和指标：市民与官员的认知对比. 绩效评估与政府创新国际研讨会（浙江）论文集，2007

吕维霞，刘彦波，陈晔. 顾客感知行政服务质量管理. 兰州大学学报，2009（1）

张钢，牛志江，贺珊. 地方政府公共服务质量评价体系及其应用. 浙江大学学报（人文社会科学版），2008（6）

陈振明，李德国. 基本公共服务的均等化与有效供给——基于福建省的思考. 中国行政管理，2011（1）

邓悦. 我国质量公共服务评价结果差异及其分析——基于消费者满意度的评价. 武汉大学学报（哲学社会科学版），2014（5）

马飞炜. 政府公共服务质量改进的对策：一种系统的视角. 理论导刊，2010（4）

王家合. 质量管理理念与公共服务管理. 求索，2010（12）

李晓园. 提高县域农村公共服务质量的主要对策探讨. 中州学刊，

2008（5）

肖陆军. 论政府公共服务质量管理体系建构. 宁夏社会科学，2008（4）

丁辉侠. 公共服务质量评价体系构建思路分析. 商业时代，2012（7）

龚禄根. 英国社会服务承诺制提高了公共服务质量. 中国行政管理，1998（11）

王家合. 论地方政府公共服务质量管理的制度创新. 理论探讨，2011（6）

罗英. 提高公共服务质量. 理论学习，2013（1）

吕维霞，陈晔，黄晶. 公众感知行政服务质量模型与评价研究——跨地区、跨公众群体的比较研究. 南开管理评论，2009（4）

徐晓林，周立新. 信息技术对政府服务质量的影响研究. 中国行政管理，2004（4）

吕维霞，钟敬红. 论信息公开对政府公共服务质量的影响. 情报科学，2010（11）

孙永怡. 我国公民参与公共政策过程的十大困境. 中国行政管理，2006（1）

姜晓萍. 构建服务型政府进程中的公民参与. 社会科学研究，2007（4）

杨光斌. 公民参与和当下中国的治道变革. 社会科学研究，2009（1）

孙柏瑛. 我国公民有序参与：有序、分歧和共识. 中国人民大学学报，2009（1）

王建军. 论公共政策制定中的公民参与. 四川大学学报，2006（5）

张开云，张兴杰，李倩. 地方公共服务供给能力：影响因素和实现路径. 中国行政管理，2010（1）

于新恒. 公共服务型政府建设与公民参与. 长白学刊，2007（1）

刘素仙. 公民参与：建设公共服务型政府的根本路径. 理论探索，2007（4）

汪锦军. 公共服务中的公民参与模式分析. 政治学研究，2011（4）

谢正阳等. 体育公共服务体系建设中公民参与的必要性、可行性和路径. 体育学刊，2011（5）

孙晓莉. 公共服务中的公民参与. 中国人民大学学报，2009（4）

何文盛等. 中国地方政府绩效评估中公民参与的障碍分析及对策. 兰州大学学报，2011（1）

彭向刚，张杰. 论我国公共服务创新中公民参与的价值和路径. 吉林大学学报，2010（4）

杨雪冬．公共权力、合法性与公共服务型政府建设．华中师范大学学报（人文社会科学版），2007（2）

万玲，何华兵．公众参与基本公共服务均等化的制度设计．云南行政学院学报，2013（3）

彭正波．地方公共服务供给决策中的公众参与研究．经济体制改革，2009（3）

朱国玮．公众满意度测评理论与实证研究．兰州大学学报（社会科学版），2007（3）

陈振明，刘祺，蔡辉明，邓剑伟，陈昱霖．公共服务绩效评价的指标体系建构与应用分析——基于厦门市的实证研究．理论探讨，2009（5）

王佃利，宋学增．公共服务满意度调查实证研究——以济南市市政公用行业的调查为例．中国行政管理，2009（6）

朱玉春，唐娟莉，郑英宁．欠发达地区农村公共服务满意度及其影响因素分析——基于西北五省 1 478 户农户的调查．中国人口科学，2010（2）

李倩，张开云．农村公共服务满意度现状与对策——基于广东省农村公共服务调查的分析．社会科学家，2010（6）

杨敏．公民参与：群众参与和社区参与．社会学研究，2005（5）

姜晓萍，衡霞．社区治理中的公民参与．湖南社会科学，2007（1）

傅广宛，张继平，傅雨飞．政策制定中的公民参与：途径、偏好与绩效——基于社会性别主流化的角．江汉论坛，2008（2）

沈荣华，鹿斌．我国地方服务型政府建设的建构与调整．上海行政学院学报，2014（3）

魏娜，袁博．城市公共政策制定中的公民网络参与．中国行政管理，2009（3）

杨柯．公共服务中政府与社会组织合作机制优化路径分析．云南行政学院学报，2013（4）

图书在版编目（CIP）数据

基本公共服务均等化：知识图谱与研究热点述评/姜晓萍，田昭等著. —北京：中国人民大学出版社，2016.9
（国家治理研究书系）
ISBN 978-7-300-23313-0

Ⅰ. ①基… Ⅱ. ①姜… ②田… Ⅲ. ①公共服务-城乡一体化-研究-中国 Ⅳ. ①D669.3

中国版本图书馆 CIP 数据核字（2016）第 199887 号

国家治理研究书系
基本公共服务均等化
知识图谱与研究热点述评
姜晓萍　田　昭　等　著
Jiben Gonggong Fuwu Jundenghua

出版发行	中国人民大学出版社		
社　　址	北京中关村大街 31 号	**邮政编码**	100080
电　　话	010－62511242（总编室）		010－62511770（质管部）
	010－82501766（邮购部）		010－62514148（门市部）
	010－62515195（发行公司）		010－62515275（盗版举报）
网　　址	http://www.crup.com.cn		
	http://www.ttrnet.com（人大教研网）		
经　　销	新华书店		
印　　刷	北京易丰印捷科技股份有限公司		
规　　格	160 mm×235 mm　16 开本	**版　　次**	2016 年 9 月第 1 版
印　　张	20 插页 1	**印　　次**	2016 年 9 月第 1 次印刷
字　　数	319 000	**定　　价**	68.00 元